TOEFL iBT® リーディングのエッセンス

TOEFL and TOEFL iBT are registered trademarks of ETS.
This publication is not endorsed or approved by ETS.

論理性×実戦力を高めるトレーニング

Z会編集部 編

Z会

はじめに

　TOEFL® テストは，英語を母国語としない人の英語力を，「読む」「聞く」「話す」「書く」の4つの面から測定するテストです。主に英語圏への留学を希望する学生の英語力の指標として活用されており，日本では大学院入試や企業内の試験にも取り入れられています。また，英語教育が大きく変わろうとしている中で，大学入試への活用も検討されており，英語4技能を総合的に評価することのできる TOEFL は，今非常に大きな注目を集めています。

　また，TOEFL では，「限られた時間で情報を正確に理解する」，「文脈や論理展開を理解する」，「書き手の意図を捉える」といった力が問われます。つまり，TOEFL では，単に「英語を理解する力」だけではなく，「英語で考える力」が問われているのです。したがって，TOEFL でハイスコアを獲得するには，そもそもの思考のベースとなる論理性を身につける必要があるのです。これは Critical Thinking（批判的思考力）と呼ばれるスキルであり，本書では，本番のテストにおける実戦力と同時に，一貫してこれを身につけることを目指します。

　そこで本書は，リーディングセクションの各設問について，解答の考え方・取り組み方を学ぶ「解答のエッセンス」，実戦的な問題演習を積む「集中トレーニング」，本番前のシミュレーションを行う「確認テスト」を設けています。この一冊で，基礎になる考え方を学び，それを本番で使える力へと磨き上げることができるようになっています。リーディングの対策の中で身につけられる「問題処理能力」と「論理的思考力」は，他の3技能（聞く，話す，書く）の確かな基礎になります。本書を使ってリーディングセクションでハイスコアを獲得するとともに，英語力全体を磨きあげましょう。

　本書が，皆さんの夢や目標を達成するための学習の一助となることができれば幸いです。皆さんが，真の英語力を身につけ，さまざまな場でご活躍されることを心よりお祈り申し上げます。

2016年9月　Z会編集部

目次

はじめに ……………………………………………………………………… 3
目次 …………………………………………………………………………… 4
本書の構成と利用法 ………………………………………………………… 6
TOEFL iBT® とは …………………………………………………………… 9
TOEFL リーディングの対策を行うにあたって〜「論理的に読む」とは〜 …… 14

各設問の対策と実戦演習

TOEFL リーディングを知る …………………………………… 18

解答のエッセンス

  例題 動物学 …………………………………………… 21
  演習問題1 文学 ……………………………………………… 40
  演習問題2 物理学 …………………………………………… 52

集中トレーニング

  問題1 建築学 …………………………………………… 66
  問題2 工学 ……………………………………………… 80
  問題3 言語学 …………………………………………… 92
  問題4 微生物学 ………………………………………… 106
  問題5 経済学 …………………………………………… 120
  問題6 気象学 …………………………………………… 134
  問題7 アメリカ史 ……………………………………… 148
  問題8 地球科学 ………………………………………… 162
  問題9 社会学 …………………………………………… 174
  問題10 地理学 …………………………………………… 188
  問題11 農業 ……………………………………………… 202
  問題12 植物学 …………………………………………… 216
  問題13 人類学 …………………………………………… 230
  問題14 医学 ……………………………………………… 244
  問題15 哲学 ……………………………………………… 258
  問題16 化学 ……………………………………………… 270
  問題17 映画学 …………………………………………… 284
  問題18 森林経営学 ……………………………………… 298

確認テスト 第1回

- 問題1　生態学 …………………………………………………314
- 問題2　歴史学 …………………………………………………319
- 問題3　環境科学 ………………………………………………324
- 解答解説 …………………………………………………………331

確認テスト 第2回

- 問題1　経済史 …………………………………………………356
- 問題2　園芸学 …………………………………………………362
- 問題3　教育学 …………………………………………………368
- 解答解説 …………………………………………………………375

コラム一覧

- スピードリーディング ………………………………………… 39
- アメリカの大学での Reading の課題 ………………………… 133
- 語彙力の増強 …………………………………………………… 229
- アメリカの大学のシラバス …………………………………… 243

本書の構成と利用法

　本書は TOEFL iBT® テストのリーディングセクションの各設問に対し，以下のステップで効果的な学習ができるよう構成されています。以下に示す利用法を参考にして取り組みましょう。

[1] TOEFL リーディングを知る

リーディングセクションの概要がまとまっています。出題される設問パターンが一覧になっていますので，学習に入る前に必ず確認しましょう。

[2] 解答のエッセンス

ハイスコア獲得のための効果的な取り組み方を解説したページです。本書では，各設問パターンの傾向と対策について解説しています。また，各段落の要旨を LOGIC NOTE にまとめる方法を紹介しています。

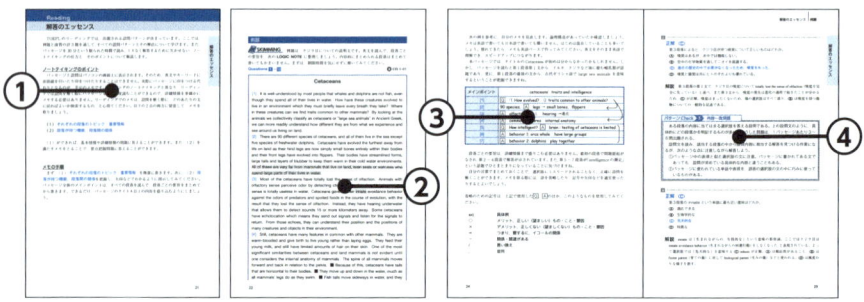

① ノートテイキングのポイント
段落ごとに要旨をまとめていく作業について，ポイントを解説しています。

② 例題・演習問題
実際に問題に取り組みながら，TOEFL リーディングの問題について理解を深めます。

③ LOGIC NOTE
読み取った情報を整理するのに活用します。書き込み欄を設けていますので，是非活用してください。解答解説の LOGIC NOTE の例を参考に，効果的なノートテイキングの仕方を学びましょう。

④ パターン Check
出題される各設問パターンについて，傾向と対策を学ぶことができます。

[3] 集中トレーニング

各問題について，本番に即した実戦形式の問題で集中的に演習を積みましょう。

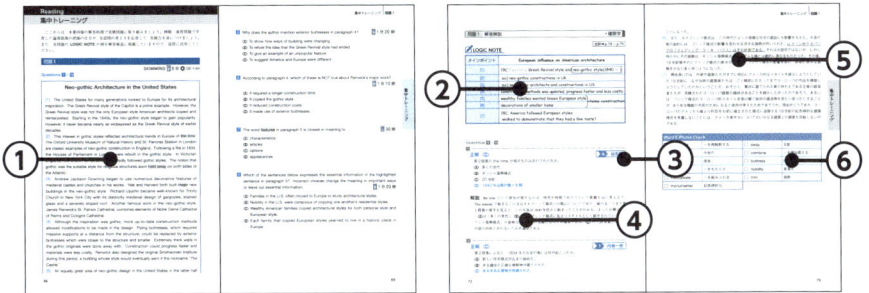

① 問題・設問
本番と同様の英文量・出題形式の問題となっています。各設問には解答時間の目安を表示しています。この時間を超えないように意識して取り組んでください。

② LOGIC NOTE
各パッセージについて，LOGIC NOTE の例を示しています。自分のメモと比べてみてください

③ 設問パターン
各設問について，解答のエッセンスで学んだどの設問パターンにあたるのかを確認できます。苦手な設問パターンがある場合には，パターン Check に戻って対策を確認しましょう。

④ 解説
解説では，それぞれの設問について解答の根拠を明示しています。復習の際には，間違った設問はもちろんのこと，正解だった設問についても，正解の根拠が自分自身の理解と一致しているか，すり合わせましょう。

⑤ 全訳
パッセージの和訳です。単文挿入問題の挿入文には，下線を引いています。

⑥ Word & Phrase Check
各英文の中に出てくる，覚えておくべき単語や表現をまとめています。復習の際に活用してください。

[4] 確認テスト

リーディングセクション全体の模擬問題を2回分収録しています。1回あたり60分の解答時間で取り組み，本番のシミュレーションを行いましょう。

■付属CD／音声ダウンロードサイトについて

CDに収録されている内容は，下記Webサイトより音声ファイルをダウンロードすることができます。

※ダウンロードは無料です。

https://www.zkai.co.jp/books/toeflrl/

音声のトラック番号は，以下のように確認してください。

［例］ 🔘 1-01 → CD：Disk 1 のトラック番号01 という意味です。
　　　　　　音声ファイル：toefl_R1_01 というファイルが該当します。

TOEFL iBT® とは

TOEFL® テスト (Test of English as a Foreign Language) は，英語を母語としない人々の英語力を測るためのテストです。英語圏の国（アメリカ，カナダ，イギリス，オーストラリアなど）の高等教育機関（大学や大学院）への正規留学の際，入学審査基準の1つとして提出が求められます。日本では 2006 年 7 月より iBT 形式が導入されました。

1. 試験概要

リーディング，リスニング，スピーキング，ライティングの 4 つのセクションから構成されています。スピーキングセクションとライティングセクションにおいて，Integrated Task（統合型問題）が導入されたことが iBT の特徴の 1 つと言えます。純粋にスピーキングやライティングの力を問うだけでなく，リーディングやリスニングを含む 4 技能が統合的に測定されます。なお，すべてのセクションでメモを取ることが可能です。試験時間はトータルで約 2 時間です。

【構成】

セクション	問題数	試験時間
リーディング	20 問	35 分
リスニング	28 問	36 分
スピーキング	4 問	16 分
ライティング	2 問	29 分

上記の構成は，2023 年 7 月以降のテストに対応しています。本書の p.21 以降の内容（解答のエッセンス，集中トレーニング，確認テスト第 1 回・第 2 回）は，2019 年 7 月までのテスト時間と問題数に対応しています。詳しくは p.18 を確認してください。

2. 解答方法

TOEFL iBT テストでは，コンピュータ上で問題に解答します。リーディングセクションとリスニングセクションでは，マウスを使って正解の選択肢をクリックやドラッグして問題に解答します。スピーキングセクションでは，ヘッドセットのマイクに向かい問題に解答し，録音された音声がインターネットを通じて採点者に送られます。ライティングセクションでは，キーボードを使ってタイピングをします。

【リーディングセクションの操作】

①英文を読む

　まず，右の画面のように，右半分にパッセージが表示されます。この時点では，まだ設問は表示されていません。英文をスクロールすると，画面上の表示が Beginning → More Available → End と変わります。パッセージの最後になると End が表示されるので，CONTINUE をクリックして設問に進みます。End にならないと，設問には進めません。

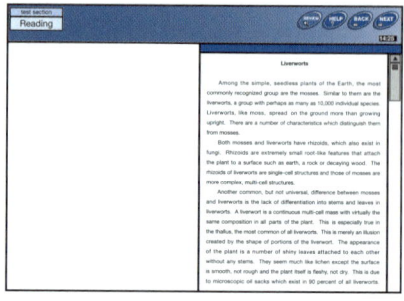

②選択問題

　ほとんどの問題は，4つの選択肢から正しいものを1つ選ぶ客観問題です。画面の左側に設問と選択肢が表示されます。正しい選択肢の記号をクリックして解答します。次の問題に進むためには NEXT を，前の問題に戻るためには BACK をクリックします。

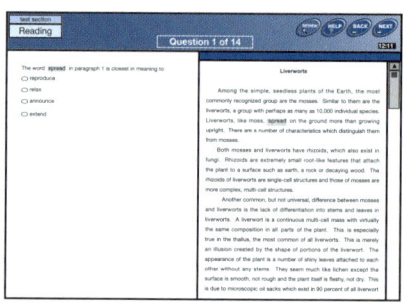

③単文挿入問題

　英文の適切な箇所に与えられた文を挿入する問題があります。文が入る箇所は右側の英文内にある [■] で示された箇所です。4つの■から正しい挿入箇所を選んでください。英文の■をクリックすると，その部分に文が挿入された形で表示されます。別の■をクリックすることで，解答を変更することもできます。文章中に文が挿入された形で読めるので，前後のつながりをチェックすることができます。

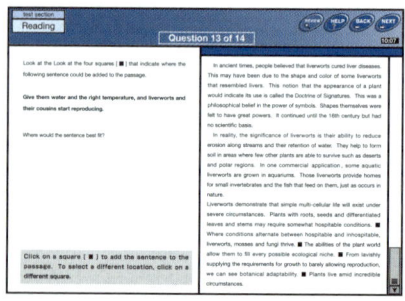

④要点把握問題／要点分類問題

　パッセージの要約を複数の選択肢の中から選んだり，適切な項目に分類したりする問題があります。この問題では，画面上に表が表示され，正解だと思う選択肢を解答欄にドラッグして入れると，表内に文が挿入されます。この問題が表示されている間は，パッセージは表示されないので，参照する場合には View Text をクリックします。すべての設問に解答したら，CONTINUE をクリックして終了します。また，制限時間が来ても自動的に終了します。

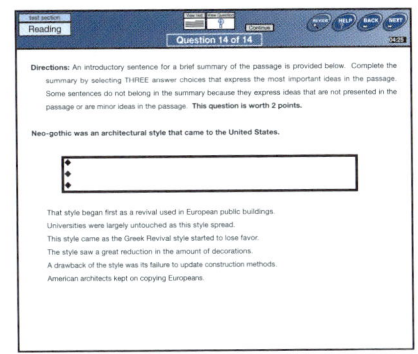

⑤その他の機能

　リーディングセクションにおいては，Review と Glossary の機能があります。前者は設問一覧を表示させて未解答の問題を確認できる機能で，後者は下線が引かれている語句の解説が表示される機能です。ただし，Glossary はすべてのパッセージに設けられているわけではありません。

　Review で未解答の設問をチェックしたり，解答に自信が持てない設問を再度チェックするための時間も残しておきたいはずです。したがって，本書の「実戦問題」では，各設問に表示されている目標解答時間よりも少しだけ短い時間で解けるようにトレーニングしておきましょう。

3. スコアについて

　4つのセクションはそれぞれ0～30点で採点され、トータルのスコアは0～120点です。スピーキングセクションとライティングセクションは、複数の採点者によって採点されます。スピーキングセクションは、各設問0～4の素点の平均点が、ライティングセクションでは、0～5までの素点の平均点が30点満点に換算されます。リスニングセクションでは、素点の合計から換算表を用いて30点満点に換算されます。

　出願の際、一般大学レベルは61～80点、難関大学・大学院レベルは80～100点、超難関校レベルは105点以上が目安になりますが、それぞれの大学や専門分野によって要求されるスコアが異なるので、志望する大学、大学院のホームページなどで必要なスコアを確認するようにしましょう。スコアは受験終了後、受験日の4～8日後からオンラインで確認することができます。スコアの有効期限は2年間です。

　リーディングのスコアは、素点の合計から換算表を用いて、30点満点に換算されます。要点把握問題の素点は、正答数に応じて2点満点、要点分類問題は正答数に応じて3点満点です（解答のエッセンス p.36, p.49 参照）。問題数・換算表は個別の試験回によって異なります。ここでは、本書の確認テストの構成を例にします。この換算表はZ会が独自に作成したものであり、TOEFLの公式なスコアとは関係ありません。あくまで目安として参照してください。

■確認テスト第1回

素点	換算点	素点	換算点
44	30	21	13
43	30	20	12
42	29	19	11
41	29	18	9
40	28	17	8
39	28	16	7
38	27	15	6
37	27	14	5
36	26	13	4
35	26	12	3
34	25	11	2
33	24	10	1
32	23	9	0
31	23	8	0
30	22	7	0
29	21	6	0
28	20	5	0
27	19	4	0

素点	換算点		
26	18	3	0
25	17	2	0
24	16	1	0
23	15	0	0
22	14		

■確認テスト第2回

素点	換算点	素点	換算点
45	30	22	14
44	29	21	13
43	29	20	12
42	29	19	11
41	29	18	10
40	28	17	9
39	28	16	8
38	27	15	6
37	27	14	5
36	26	13	4
35	25	12	3
34	25	11	2
33	24	10	1
32	23	9	1
31	23	8	0
30	22	7	0
29	21	6	0
28	20	5	0
27	19	4	0
26	18	3	0
25	17	2	0
24	16	1	0
23	14	0	0

4. 申し込み方法

　　TOEFL® Information Bulletin（受験要綱）を入手し，受験に関する情報を熟読してください。また，ETS（Educational Testing Service）やETS Japan（TOEFL® テスト日本事務局）のWebページに受験方法が詳しく記載されているので，確認してください。

TOEFL リーディングの対策を行うにあたって
～「論理的に読む」とは～

TOEFL リーディングの難しさとは

　日本人の英語学習者にとって、リーディングセクションが得点源であるという方は多いかもしれません。しかし、実際に TOEFL を受験してみると、時間内に解き終わらない、語彙が難しい、設問の意図がつかめず正答率が上がらないなどの悩みを抱えている人もいるでしょう。TOEFL のリーディングセクションは、アカデミックなテキストを素材にしており、留学後に大学レベルの課題に耐えうる読解量を課すことから、日常的な英語力にある程度の自信がある人にとっても、簡単ではない試験と言えます。まずは基礎的なリーディングの体力をつけることが必要です。そして、TOEFL の出題形式を十分に理解し、アカデミックリーディングの手法に慣れることが必要です。

　本書では、基礎的なリーディングスキルを鍛えることはもちろん、さらなるスコアアップにつながる「論理的に読む力」を鍛えます。

基礎体力の作り方

　TOEFL リーディングにおいて、まず必要なのは語彙力です。少なくとも日本の難関大学入試レベルか、それを超える語彙力をつけておくことが望ましく、TOEFL 対策用の単語集を利用するとよいでしょう。語彙力を上げることで、内容把握だけでなくリーディングスピードの向上にも効果があります。

　基本的な内容理解に対処するには、代名詞（it、he、that、them など）の把握も欠かせません。設問で問われていなくても、パッセージに出てくる指示語が何を指しているかを把握しながら読解することを習慣としましょう。

著者の意図を理解して読む

　ある論文が書かれる時、そこには著者がその英文を書こうとした意図が必ずあります。すなわち、A というトピックについてある主張を展開したい、B という現象を説明したい、似通った事柄について整理したいといったことです。読み手はただ漫然と読むのではなく、「著者は何を言いたいのか」考えながら読むことが大切です。そこで身につけるべきものが Critical Thinking（批判的思考力）です。ここでの Critical（批判的）とは分析的、合理的という意味合いで、物事を論理的に捉え、思考し、それを、説得力をもって表現する力と言えます。TOEFL の 4 つのセクションはいずれにおいても、Critical Thinking の観点を持っているかが問われているのです。

論理構成を意識して読む

　上記のように，ある論文が書かれる背景には著者の意図があります。その主張を支えるために，段落があり，さらには文があります。文章全体の意図を汲み取ることと同様に，著者の意図を汲み取る作業は，段落単位，文単位にブレイクダウンしていく必要があります。

　一般的に英語の文章は，段落ごとに役割を持っています。そして，1～複数の段落の単位で，Introduction・Body・Conclusion という3つのパートを構成しています。Introduction は導入の役割を果たしており，これから展開されるトピックが示されます。また，読み手が内容を予測しながら読むことができるように，全体の構成が示されることもあります。Body はトピックの内容を具体的に展開する部分です。トピックの骨格となるメインアイディアに対して，サポートアイディアとして詳細情報や具体例が示され，主張を裏づけるための論証がなされます。最後に，文章の締めくくりとして，Conclusion で内容がまとめられます。

　また，文章の構成をわかりやすく示すために，ディスコースマーカーがしばしば用いられます。ディスコースマーカーは，論理の流れを明確にするための接続表現のことで，述べられた情報同士をつなぐ役割を持っているため，これらに注目することで，情報を整理しやすくなります。逆に自分が英語で発信する際にも，これらを上手に利用することで，相手に自分の意図が伝わりやすくなります。

　もっとも TOEFL リーディングでは，700 語前後という語数の制限のために，もっと長い論文からの抜粋である場合は3つのパートのうちの一部であるということも十分にあります。しかし，段落単位で役割を持たせて論を展開するという大原則は，特にアカデミックリーディングの素材においては顕著に現れます。著者が自然に意識している論理構成を知っておくと，TOEFL のような難解な内容であっても，展開を予測しながら，要旨を的確に捉えることができるのです。

TOEFL でハイスコアを獲得するために

　本書では，LOGIC NOTE を用いた学習を提案しています。LOGIC NOTE を用いて読み取った情報を整理する練習を繰り返すことで，著者の意図を捉え，要旨をすばやく的確に捉えることができるようになります。さらに，TOEFL ではリーディングセクションのみならず，スピーキング・ライティングセクションでも文章の要旨をまとめる力が問われるため，これは TOEFL 全体に通じる土台となる力を築くことにもつながるのです。本書で効果的にリーディングスキルを鍛え，さらなるスコアアップを目指しましょう。

MEMO

各設問の対策と実戦演習

Reading Section

TOEFL リーディングを知る

■ TOEFL リーディングセクションの概要

　北米の大学で実際に用いられるテキストで接するような，アカデミックな内容の文章を読んで，設問に答えます。詳細は以下の通りです。（本書の p.21 以降の内容（解答のエッセンス，集中トレーニング，確認テスト第1回・第2回）は，2019年7月までのテスト時間と問題数に対応しています。）

	2019 年 7 月まで （※本書の内容）	2023 年 7 月以降
問題数	3～4 題	2 題
設問数	1 題あたり 12～14 問	1 題あたり 10 問
パッセージの長さ	1 題あたり 700 語前後	
試験時間	60～80 分	35 分
満点	30 点	

TOEFL リーディングには，以下のような特徴があります。

（1）与えられる制限時間が短い

　1つのセット（パッセージと 10 問の設問）に与えられた解答時間は 18 分です。受験者の中には，パッセージを読まずにすぐに問題にとりかかる人も多いかと思いますが，少なくとも最初にざっとパッセージには目を通すことをお勧めします。ただし，精読，つまり文法や構文，個々の単語の意味にこだわるような読み方をしていては，時間が足りません。

（2）幅広い出題テーマと語彙への対応

　科学，社会学，芸術，経済などテーマは幅広く，英語圏の国に留学した後に大学の授業で接するような学術的な問題が主に出題されます。ご自身の専攻以外の分野とその語彙にも関心を深めておく必要があります。ただし，各分野では入門的な内容ですので，過度に専門的な知識を必要とするわけではありませんし，設問の解答は必ず文章内を参照すれば求めることができます。

　すべてのパッセージは，筆者がその文章を書く目的に応じて，(1) Exposition（説明文），(2) Argumentation（議論），(3) Historical（歴史）の 3 種類に大別できます。

■設問パターン

　TOEFLリーディングセクションの設問は，いくつかのパターンに分けることができます。それぞれの設問でどんな力が問われているのかを理解することは，どのような対策を行うかを考える上で非常に重要です。各設問パターンの特徴の詳細は次からの**解答のエッセンス**で学びますが，まずは一覧してみましょう。

●段落ごとの読み取りに関する問題

（1）内容一致問題（Factual Information Questions）
特定の段落の内容に当てはまる選択肢を選ぶ。
- 例）Which of the following is true according to paragraph 2?
    According to paragraph 2, how are trees harvested in the traditional method normally replaced?

（2）内容不一致問題（Negative Factual Information Questions）
特定の段落の内容に当てはまらない選択肢を選ぶ。
- 例）Which of the following is NOT true according to paragraph 1?
    All of the following ideas are mentioned in paragraph 1 EXCEPT

（3）推測問題（Inference Questions）
具体的に明示されていない内容を推測する。
- 例）Which of the following can be inferred from paragraph 4?
    What is implied in paragraph 4 about ～ ?
    In paragraph 4, the author suggests that ～

（4）修辞意図問題（Rhetorical Purpose Questions）
著者の意図や目的，結論などを問う。
- 例）Why does the author describe the situation of ～ ?
    In paragraph 4, the author discusses ～ in order to
    The author mentions ～ as an example of

（5）語彙問題（Vocabulary Questions）
単語や表現の意味を問う。
- 例）The word ～ in paragraph 7 is closest in meaning to
    When the author stated ～ in paragraph 7, he meant they

（6）指示語問題（Reference Questions）
代名詞や関係代名詞がどの語や表現を示すか問う。
例）The word that in paragraph 3 refers to
The word which in paragraph 3 refers to

（7）文の書き換え問題（Sentence Simplification Questions）
パッセージ中のハイライトされた文と同じ意味を表す文を選ぶ。
例）Which of the sentences below best expresses the essential information in the highlighted sentence in paragraph 3? Incorrect choices change the meaning in important ways or leave out essential information.

（8）単文挿入問題（Insert Text Questions）
与えられた脱落文が，パッセージ中のどの空所に入るかを問う。
例）Look at the four squares [■] that indicate where the following sentence could be added into the passage.
（ここに挿入すべき文が表示される）
Where would the sentence best fit?

●パッセージ全体の理解に関する問題
（9）要点把握問題（Prose Summary Questions）
選択肢6つから，パッセージの要約にふさわしいものを3つ選ぶ。この問題は1問あたり2点が与えられる。
例）An introductory sentence for a brief summary of the passage is provided below. Complete the summary by selecting the THREE answer choices that express the most important ideas in the passage. Some sentences do not belong in the summary because they express ideas that are not presented in the passage or are minor ideas in the passage. **This question is worth 2 points.**

（10）要点分類問題（Fill in a Table Questions）
パッセージの要約をカテゴリー別に分類する。この問題は1問あたり3点が与えられる。
例）Complete the table below to summarize information about the two types of ～ discussed in the passage. **This question is worth 3 points.**

Reading
解答のエッセンス

　TOEFLのリーディングでは，出題される設問パターンが決まっています。ここでは，例題と演習の計3題を通して，すべての設問パターンとその解法について学びます。また，パッセージを20分という限られた時間で読み，ミスなく解答するために欠かせない，ノートテイキングの仕方と，そのポイントについて解説します。

ノートテイキングのポイント

　パッセージと設問はパソコンの画面上に表示されます。そのため，英文やキーワードに直接線を引いたり印をつけたりすることはできません。実際にパッセージに印をつける代わりとなるのが，手元のメモです。リスニングのノートテイキングと異なり，リーディングでは設問を解く際にパッセージをもう一度読むことができるので，詳細情報を事細かにメモする必要はありません。リーディングでのメモは，設問を解く際に，どのあたりの文に戻ればよいか検索するもの，と心得てください。以下の2点の両方に留意して，メモを取りましょう。

　（1）それぞれの段落のトピック・重要情報
　（2）段落が持つ機能，段落間の関係

　（1）ができれば，基本情報や詳細情報の問題に答えることができます。また，（2）を満たすメモをとることで，要点把握問題に答えることができます。

メモの手順

　まず，（1）それぞれの段落のトピック・重要情報　を簡潔に書きます。次に，（2）段落が持つ機能，段落間の関係を把握し，矢印などでわかるように図示してみてください。パッセージ全体のメインポイントは，すべての段落を読んで，段落ごとの要旨をまとめてから書きます。できるだけ，パッセージのタイトル以上の内容を盛り込むようにしましょう。

例題

SKIMMING　例題は，クジラ目についての説明文です。英文を読んで，段落ごとの要旨を，次の **LOGIC NOTE** に整理しましょう。内容的にまとめられる段落はまとめて書いてもかまいません。まずは，制限時間を気にせずに解いてみてください。

Questions **1** – **13**　　　　　　　　　　　　　　　　　　　　　　CD 1-01

Cetaceans

[1]　It is well-understood by most people that whales and dolphins are not fish, even though they spend all of their lives in water. How have these creatures evolved to live in an environment which they must briefly leave every breath they take? Where in these creatures can we find traits common to other mammals? By looking at the animals we collectively classify as cetaceans or "large sea animals" in Ancient Greek, we can more readily understand how different they are from what we experience and see around us living on land.

[2]　There are 90 different species of cetaceans, and all of them live in the sea except five species of freshwater dolphins. Cetaceans have evolved the furthest away from life on land as their hind legs are now simply small bones entirely within their bodies and their front legs have evolved into flippers. Their bodies have streamlined forms, large tails and layers of blubber to keep them warm in their cold water environments. All of these are very far from mammals that live on land, even seals or walruses who spend large parts of their lives in water.

[3]　Most of the cetaceans have totally lost the sense of olfaction. Animals with olfactory sense perceive odor by detecting chemicals in the air, which means the sense is totally useless in water. Cetaceans gave up their innate avoidance behavior against the odors of predators and spoiled foods in the course of evolution, with the result that they lost the sense of olfaction. Instead, they have hearing underwater that allows them to detect sounds 15 or more kilometers away. Some cetaceans have echolocation, which means they send out signals and listen for the signals to return. From those echoes, they can understand their position and the positions of many creatures and objects in their environment.

[4]　Still, cetaceans have many features in common with other mammals. They are warm-blooded and give birth to live young rather than laying eggs. They feed their young milk, and still have limited amounts of hair on their skin. One of the most significant similarities between cetaceans and land mammals is not evident until one considers the internal anatomy of mammals. The spine of all mammals moves forward and back in relation to the pelvis. ■ Because of this, cetaceans have tails that are horizontal to their bodies. ■ They move up and down in the water, much as all mammals' legs do as they swim. ■ Fish tails move sideways in water, and they

have spines that are substantially different from those of mammals.

[5]　The main question about understanding cetaceans is how intelligent they are. Whales and dolphins have larger brains than humans and the dolphin brain has nearly the same internal complexity that a human brain has. Cetaceans even possess some brain facilities that humans do not have. The cetacean brain includes a paralimbic lobe. This allows the cetacean to continue breathing when it is asleep. In tests of abstract knowledge, one of the best tools is the ability to understand the number of objects seen in the environment. Tests show that dolphins at least match chimpanzees. However, testing of cetaceans is limited by both the size of many species and the large variety of cetacean species. Due to this, it is hard to say exactly how intelligent cetaceans as a group are.

[6]　A different measure of intelligence is the study of animal behavior. Some cetaceans live together in small groups, but orca whales have large groups that are stable for up to 50 years. Male orca whales stay with their mother during her entire life and are even known to stay together as groups of brothers after the death of the mother. They exhibit such specific patterns of movement as taking turns accompanying the mother in the case of two or more brothers living together. Tests of vocalizations show that orca whales make sounds that are similar to related whales and distinctly unlike the sounds of unrelated whales.

[7]　Dolphins are known to play together in complex ways. One favorite dolphin game is to blow bubbles in the shape of a ring. It seems that dolphins blow such rings, look at them and then bite the ring to break it into a mass of smaller bubbles. This is done again and again by different dolphins in turn. It suggests that some cetaceans are well aware of their environments and interact with others in social groups. This aspect of mammal life is as true for sea-dwelling cetaceans as it is for land-dwelling humans and assorted other social animals.

LOGIC NOTE　下の表を使って，各段落の要旨を埋めてみましょう。

メインポイント	
[1]	
[2]	
[3]	
[4]	
[5]	
[6]	
[7]	

次の例を参考に，自分のメモを見直します。論理構造があっていたか確認しましょう。メモは英語で書いても日本語で書いても構いません。はじめは混在していることも多いでしょう。慣れてきたら，メモも英語ベースで作ってみてください。英文をそのまま英語で理解でき，スピードアップにつながります。

本パッセージでは，タイトルの Cetaceans が初めは分からなかったかもしれません。しかし，パッセージを読むと第1段落第1文から，イルカ・クジラなど海に棲む哺乳類が話題であり，更に，第1段落の最後の文から，古代ギリシャ語で large sea animals を意味するということが把握できますね。

メインポイント	cetaceans' traits and intelligence
[1]	Q ① How evolved?　② traits common to other animals?
[2]	90 species, A legs → small bones, flippers
[3]	A olfaction → なし　hearing → 進化
[4]	A common features : internal anatomy
[5]	Q How intelligent? A brain : testing of cetaceans is limited
[6]	A behavior 1: orca whale : have large groups
[7]	A behavior 2: dolphins : play together

段落ごとの要旨は，詳細情報まで盛りこむ必要はありません。最初の段落で問題提起がなされ，第2〜4段落で解答が示されています。また，第5〜7段落が「intelligence の測定」という話題でひとまとまりになっていることに気づけますね。

自分の言葉でまとめておくことで，選択肢にミスリードされることなく，正確に設問を解くことができます。メモを取る際には，語を省略したり，記号や矢印などを適宜使ったりするとよいでしょう。

省略のための記号は，上記で使用した Q, A のほか，このようなものを使用してみてください。

ex)	具体例
○	メリット，正しい（望ましい）もの・こと・要因
×	デメリット，正しくない（望ましくない）もの・こと・要因
=	つまり，要するに，イコールの関係
ー	関係・関連がある
/	言い換え
,	並列

❓ QUESTIONS   それでは、**LOGIC NOTE** を参照しながら、次の設問に答えましょう。

1 Which of the sentences below expresses the essential information in the highlighted sentence in paragraph 2? Incorrect choices change the meaning in important ways or leave out essential information.

   Ⓐ These characteristics are not at all like those of land mammals, even those of seals and walruses.
   Ⓑ These animals live very far out at sea while seals and walruses prefer to be halfway in and out of the water.
   Ⓒ Animals of this kind consume even more water than seals or walruses.
   Ⓓ After having eaten a seal or a walrus, these animals will then swim until they're out of sight of land.

2 According to paragraph 3, what is true about the senses cetaceans have?

   Ⓐ They have the sense of smell, but it is useless in water.
   Ⓑ They detect smells through chemicals in the air.
   Ⓒ They have lost the sense of smell because they didn't need it in their evolutionary history.
   Ⓓ Both their smelling sense and their hearing sense are superior to those of human beings.

3 The word innate in paragraph 3 is closest in meaning to

   Ⓐ adaptive
   Ⓑ biological
   Ⓒ inborn
   Ⓓ peculiar

4 According to paragraph 4, what do cetaceans have to a very limited extent?

   Ⓐ pelvises
   Ⓑ spines
   Ⓒ body hair
   Ⓓ vertical tails

5 Which of the following is true about cetaceans from paragraph 4?

   Ⓐ Cetaceans no longer have pelvic bones.
   Ⓑ Their spines clearly mark them as mammals.
   Ⓒ Cetaceans internally are nearly identical to fish.
   Ⓓ Their tails are vertical to their bodies.

6 According to paragraph 5, what does the paralimbic lobe allow these animals to do?

   Ⓐ Breathe while sleeping in water
   Ⓑ Live with brains smaller than humans
   Ⓒ Demonstrate superior intelligence
   Ⓓ Understand abstract knowledge

7 According to paragraph 5, what is NOT true about the testing of cetacean intelligence?

   Ⓐ There are many different species to test.
   Ⓑ Testing huge animals is difficult.
   Ⓒ Testing sites need large bodies of water.
   Ⓓ Dissecting whales is morally unacceptable.

8 The author mentions whale vocalizations in paragraph 6 in order to

   Ⓐ explain why orca whales live separately
   Ⓑ suggest a method for whale groups to stay together
   Ⓒ refute the idea that whales have language
   Ⓓ show how whale groups change over time

9 According to paragraph 7, what can be inferred about bubble play by dolphins?

   Ⓐ Dolphins prefer to play alone.
   Ⓑ Dolphins notice the effects of their actions.
   Ⓒ Dolphins frequently bite each other.
   Ⓓ Dolphins are far less social than land mammals.

10 The phrase This aspect in paragraph 7 refers to

Ⓐ orca whales' taking turns accompanying the mother
Ⓑ orca whales' emitting sounds just like those of related whales
Ⓒ dolphins' blowing rings, seeing them, and then breaking them into bubbles again and again
Ⓓ cetaceans' being conscious of their surroundings and being involved with other members of their social group

11 The word assorted in paragraph 7 is closest in meaning to

Ⓐ various   Ⓑ distinct   Ⓒ conflicting   Ⓓ separate

12 Look at the four squares [■] that indicate where the following sentence could be added into the passage.

This is unlike fish, which have tails that are vertical.

Where would the sentence best fit?

13 **Directions:** An introductory sentence for a brief summary of the passage is provided below. Complete the summary by selecting the THREE answer choices that express the most important ideas in the passage. Some sentences do not belong in the summary because they express ideas that are not presented in the passage or are minor ideas in the passage. **This question is worth 2 points.**

Cetaceans have skills and behavior that suggest they are highly aware of their environments.

Ⓐ These animals were the original mammals before any started to live on land.
Ⓑ Some cetaceans can perceive sounds as far as fifteen kilometers away.
Ⓒ Dolphins do at least as well as chimpanzees in tests to recognize the number of objects around them.
Ⓓ With rare exceptions, these animals live in the fresh water of lakes and rivers.
Ⓔ Orca whales are aware of their blood relationships and live together in large groups.
Ⓕ Although they have many skills, these animals do not form social groups.

例題　解答解説　　　　　　　　　　　　　　　　　　　　　　　　　・動物学

全訳 ➡ p.36 〜 p.37

? ANSWERS　各設問の解答を確認します。　パターン Check では，各設問パターンに取り組む際のポイントを学びましょう。

Questions 1 - 13

1

正解　Ⓐ

第2段落でハイライトされた文の重要な情報を表しているのは以下のうちどれか。不正解の選択肢は，意味を大きく変えるか，もしくは重要な情報を含んでいない。

Ⓐ　これらの特徴は陸生動物のそれとまったく似ていないし，アザラシやセイウチとさえ似ていない。

Ⓑ　アザラシやセイウチが水陸を半々で暮らすことを好むのに対し，これらの動物は海の遠い沖合で生活する。

Ⓒ　これらの種類の動物は，アザラシやセイウチよりもたくさんの水を消費する。

Ⓓ　アザラシやセイウチを食べてしまうと，これらの動物は陸地から見えなくなるまで泳ぎ去っていく。

解説　ハイライトされた文の All of these というのは，第2段落でここまでに述べられている，クジラやイルカの生態や体の形などの特徴を指す。これらが陸生動物やアザラシ，セイウチなどと大きく異なっていると述べているのである。これを表現しているのが Ⓐ である。Ⓑ は very far out at sea の部分が誤り。使われている語句などに惑わされないこと。Ⓒ の水の消費量についての記述はない。Ⓓ は「アザラシやセイウチを食べる」という記述が誤り。

パターン Check 7　文の書き換え問題

　この問題は，複雑な英文を書き換え，同じ意味を表す文を選ぶものである。1つのパッセージに出題されたとしても1問のみ。まったく出題されないこともある。

　まず，ハイライトされた文がパッセージ全体の中でどのような意味になるかをしっかりと判断すること。選択肢が間違っていることを確認する方法には，次の2つが考えられる。

①反対のことを述べている
②重要なことが抜けている

　反対のことを述べているかどうかを判断する手がかりとして，接続詞は大きなポイントとなる。接続詞の意味を誤解しないように文の意味をつかむこと。not only 〜 but also … などの相関語句も理解のポイントとなる。次に重要なのは前置詞の理解である。例えば，with や without などを誤解しないこと。また，ハイライトされた文に代名詞が使われていたら，それが前のどの語を指しているのかも確実に理解しよう。

2

正解 Ⓒ

第3段落によると、クジラ目が持つ感覚について正しいものはどれか。
- Ⓐ 嗅覚はあるが、水中では機能しない。
- Ⓑ 空中の化学物質を通してニオイを認識する。
- Ⓒ 進化の歴史の中で必要がなくなったため、嗅覚を失った。
- Ⓓ 嗅覚と聴覚は共にヒトのそれよりも優れている。

解説 第3段落の第1文で、クジラ目の嗅覚について totally lost the sense of olfaction (嗅覚を完全に失っている) と述べ、また第3文から、嗅覚の喪失は進化の過程で起きたことが分かるため、Ⓒ が正解。嗅覚はまったくないため、他の選択肢はすべて誤り。Ⓑ は嗅覚を持つ動物についての一般的な記述である。

パターン Check 1 　内容一致問題

ある段落の内容に当てはまる選択肢を答える設問である。上の設問文のように、具体的にどの段落かを明記するものが多い。こうした問題は、1パッセージあたり3〜6問出題される。

設問文を読み、該当する段落の中から設問内容に相当する解答を見つける作業になるが、次のような点に注意しながら解答しよう。
① パッセージ中の表現と似た選択肢の文に注意。パッセージに書かれてある文であっても、設問が求めている具体的な内容と違うこともある。
② パッセージに使われている単語や表現を、誤答の選択肢の文の中に巧みに使っているものがある。

3

正解 Ⓒ

第3段落の innate という単語に最も近い意味はどれか。
- Ⓐ 適応できる
- Ⓑ 生物学的な
- Ⓒ 先天的な
- Ⓓ 特異な

解説 innate は「生まれながらの、生得的な」という意味の形容詞。ここではクジラ目は innate avoidance behavior (生まれながらの回避行動) をしなくなった、と表現されている。よって選択肢では「先天的な」を意味する Ⓒ inborn が正解。Ⓐ は順応性があること、Ⓑ は foster parent (育ての親) に対して biological parent (生みの親) などと使われる。Ⓓ は風変わりな様子を指す。

| パターンCheck 5 | 語彙問題 |

　単語や表現の意味を問う問題である。その単語や表現がパッセージの中でどういう意味で使われているかを問うもので，純粋に語彙力を試す難語が選ばれたり，文脈で判断する多義語が問われたりすることもある。語彙力をつけて，語彙問題には時間をかけずに選択できる状態にしておくのが望ましい。この問題は1パッセージあたり3〜5問出題される。
　その語彙に不安がある場合，また見直しの際には，その選択肢を入れてパッセージをもう一度読み直し，確かに意味が通じるということを確認しよう。

4

正解 Ⓒ　　　　　　　　　　　　　　　　　　　　　　　　　1　内容一致

第4段落によると，クジラ目の動物が非常に限られた程度で持っているのは何か。
Ⓐ　骨盤
Ⓑ　脊椎
Ⓒ　体毛
Ⓓ　垂直の尾

解説　第4段落ではクジラ目が他の哺乳類と共有している特徴が挙げられている。その中でlimited なものを探すと，第3文に，..., and still have limited amounts of hair（限られた量ではあるが毛がある）とある。よって，Ⓒの body hair が正解。第5文で，Ⓐ「骨盤」と Ⓑ「脊椎」は連動して動くと述べているが limited ではなく，most significant similarities の1つである体内の構造についての記述である。1つ目の■の直後の文ではクジラ目の尾は体に対して horizontal（水平な）と書かれており，Ⓓ「垂直の尾」も当てはまらない。

5

正解 Ⓑ　　　　　　　　　　　　　　　　　　　　　　　　　1　内容一致

次のうち，第4段落からクジラ目について正しいものはどれか。
Ⓐ　クジラ目にはもはや骨盤の骨がない。
Ⓑ　彼らの脊椎は，彼らが哺乳類であると明確に特徴づけている。
Ⓒ　体内の構造上，クジラ目は魚類とほぼ等しい。
Ⓓ　彼らの尾は体に対して垂直である。

解説　それぞれの選択肢の正誤を判断していこう。Ⓐの pelvic bones については，第5文で「pelvis と連動して脊椎が動く」と述べているので，骨盤は残っているのである。Ⓑの spine についても，同じ文で「哺乳類の脊椎は〜」という内容を述べているので，これは正しい記述である。後半で，クジラと魚では尾の形状と機能がまったく違うと述べているので，Ⓒの記述も誤りである。同じ箇所から，クジラ目の尾は体と水平であることがわかるので，Ⓓも誤り。

6

正解 Ⓐ　　　　　　　　　　　　　　　　　　　　　　**1　内容一致**

第5段落によると，旁辺縁葉によってこれらの動物たちは何をすることができるか。
- Ⓐ 水中で眠りながら呼吸する
- Ⓑ ヒトよりも小さい脳で生きる
- Ⓒ 非常に高い知性を発揮する
- Ⓓ 抽象的な知識を理解する

解説　設問文の paralimbic lobe については，第5段落第4文に出てくる。この後の This allows は「これで～ができるのである」ということなので，これに続く内容が正解の選択肢を説明していることになる。「眠っている時にも continue breathing（息をし続けている）」とあり，Ⓐとまったく同じことを表しているので，これが正解。Ⓑ の脳に関してはヒトよりも大きいと述べられているので誤り。Ⓒ の知性と Ⓓ の抽象的な知識については paralimbic lobe との直接の関連性が述べられていない。

7

正解 Ⓓ

第5段落によると，クジラ目の知性のテストについて当てはまらないものはどれか。
- Ⓐ テストすべき多くの種がある。
- Ⓑ 巨大な動物をテストするのは難しい。
- Ⓒ 実験場には大量の水が必要である。
- Ⓓ クジラの解剖は倫理的に受け入れられない。

解説　設問文に NOT が使われていることを見逃さないこと。第5段落の最後に，クジラ目の the large variety のために it is hard to say ... とあるので，Ⓐ の記述は正しい。最後から2つ目の文の中の，testing of cetaceans is limited by both the size of many species ... で，体の大きなクジラ目のテストには制限があることがわかるので Ⓑ は正しい記述である。また，このように体が大きい動物の実験には大量の水が必要となるので Ⓒ の内容も正しい。Ⓓ については，触れられていない。よってこれが正解となる。

パターン Check　2　内容不一致問題

パッセージの内容に当てはまらない選択肢を答える設問である。設問文の中にNOT や EXCEPT がすべて大文字で書かれている。1パッセージあたり1～2問出題される。まったく出題されないこともある。

まず，NOT や EXCEPT を見逃さないこと。パターン1の「内容一致問題」と同じように思えるが，この問題は4つの選択肢のうち3つがパッセージの内容と一致していることを確認しなければならない。また，正解の選択肢は，パッセージの内容と反対の記述になっているものもあれば，まったくパッセージには出てこない内容のものもあるので，十分に注意が必要である。

8

正解 Ⓑ

第6段落で，著者がクジラ目の発声について言及しているのはなぜか。
- Ⓐ なぜシャチが別々に暮らすかを説明するため
- Ⓑ クジラの群れが離れずにいる方法を示唆するため
- Ⓒ クジラは言語を有するという説に反駁するため
- Ⓓ 長い期間をかけてクジラの集団がどのように変化するかを示すため

解説 まず設問文にある whale vocalization の持つ意味を考える。第6段落では，最後に vocalization のことが書かれているが，その前後の内容と選択肢の意味を関連づけながら正解を考える。段落の第3文に，Male orca whales stay with their mother ... stay together as groups of brothers ... とあるので「離れて暮らす」という Ⓐ は不適。段落最後の「身内の声が似ており，関係のないクジラ目の声は似ていない」という内容は，一緒に暮らす身内を判別する手がかりを示していると考えられるので，Ⓑ が適切である。Ⓒ のような反駁の意見は出てこないし，Ⓓ の変化についても述べられていない。

パターン Check 4 修辞意図問題

この問題は，筆者の意図や目的，結論などを問う問題である。設問文の中に why や in order to, as an example of などの表現が使われる。こうした問題は1パッセージあたり1～2問出題される。

まずこうした出題形式に使われる典型的な表現を覚えておこう。describe や mention のほかにも，illustrate や explain などがよく使われる。

この問題の特徴は，2つの段落にまたがって内容をチェックしなければならない場合が多いということである。例えば，「筆者はなぜ第4段落で○○について述べているか」という設問があり，正解の選択肢が「▲▲の変遷の例を示すため」というものだった場合，第4段落より前（第3段落以前）に▲▲が変遷していることを述べていることになる。

この問題において，前に述べたように，前もってパッセージを読まずにいきなり設問にとりかかると，前後関係に気づくのが遅くなり，結果的に時間をロスしかねない。

9

正解 Ⓑ

第7段落によると，イルカのシャボン玉の遊びについて推測できるものはどれか。
- Ⓐ イルカは単独で遊ぶ方が好きである。
- Ⓑ イルカは自らの行動の結果に気づいている。
- Ⓒ イルカは頻繁にお互いを噛み合う。
- Ⓓ イルカの社会性は陸生哺乳類に比べてはるかに低い。

解説 段落冒頭に，イルカは複数で遊ぶとあるので Ⓐ は play alone が誤り。シャボン玉の遊びでは，a ring を噛むと細かい泡の集まりになることがわかってそうしているわけだから，the effects を知っていることになる。Ⓑ が正解。Ⓒ は each other が誤りで，噛むのは bubble である。最終文からヒトやその他の陸生哺乳類と同様，クジラ目は社会的集団の中で他者と関わることがわかるので，Ⓓ も不適切。

パターン Check 3 推測問題

パッセージで具体的に明示されていない内容を推測して答える問題である。infer や suggest，imply といった動詞が設問文に使われる。1 パッセージあたり 1 ～ 3 問出題される。

例えば，パッセージに結果が述べられている場合，この推測問題では，その原因となったものを選択肢から選ばせることがある。解き方のポイントは，あくまでもパッセージの内容から推測されるものを選ぶものだということである。因果関係や時系列を論理的に捉えることが重要である。

10

正解 Ⓓ

第 7 段落の This aspect が指すものは次のどれか。

Ⓐ シャチが交替で母親に付き添うこと
Ⓑ シャチが血縁のあるシャチとそっくりの発声をすること
Ⓒ イルカが輪のシャボン玉を吹き，それを見て，そして潰して泡にする，という行為を繰り返すこと
Ⓓ クジラ目は周りの環境を認識し，社会的集団の他者と関わりを持つこと

解説 This aspect が指す内容はすぐ近くにあると見当がつく。直前の文を見ると，「自らを取り巻く環境について十分な認識を持ちつつ，社会的集団の中で他者と相互に関わる者があるということ」とあり，Ⓓ が同じ内容であることから，これが正解である。Ⓐ と Ⓑ は第 6 段落で述べたシャチの生態についてである。Ⓒ はイルカの遊び方の説明をしているに過ぎないので，is as true for 以下の内容につながらない。

パターンCheck 6 ▶ 指示語問題

　itやthatなどの代名詞や関係代名詞，this approachといった指示語＋名詞が，パッセージの中のどの語や表現を示すかを問う問題である。この問題は1パッセージあたり1～2問出題される。まったく出題されないこともある。
　itやthatなどの代名詞は，たいてい前に出てきた語句を指すが，まれに後方照応の場合もあるので注意したい。

①代名詞は単数か複数かで判断する
　　単数を表す代名詞（it, this, thatなど）と複数を表す代名詞（they, weなど），そして人称（1人称，2人称，3人称）を確実に区別して考えること。
②文脈から判断する
　　文法の面から手がかりを得たら，次に意味から判断する。正解だと思って選んだ選択肢をその代名詞の部分に当てはめ，意味がきちんと通るか確認すること。

11

正解　Ⓐ

第7段落のassortedという単語に最も近い意味はどれか。

Ⓐ　さまざまな
Ⓑ　異なった
Ⓒ　対立する
Ⓓ　分かれた

解説　assortedは動詞assort（類別する）の形容詞の形で，「分類された」のほか，「各種取り揃えた」など多種多様な様子を表す。この段落では，land-dwelling humans and assorted other social animals（陸生のヒトや他の社会性を持ったさまざまな動物）と表現しており，Ⓐのvariousが適切である。「同じ観点が当てはまる」という内容の文なので，Ⓑのdistinct（明らかに異なった）では意味がつながらない。Ⓒのconflicting，Ⓓのseparateは，共に文意に合わない。

12

正解　3つ目

文中の4つの■のうち，以下の文が入るのに最も適する箇所はどこか。
これは垂直の尾ひれを持つ魚類とは異なっている。

解説　挿入文 This is unlike fish, which have tails that are vertical. の文頭のThisが何を指すのか，またunlike fish, ...とあるので，「垂直の尾ひれを持つ魚」とは違う意味合い，つまり「哺乳類に関する内容」だと気づくことがポイントである。まず1つ目の■の前の文では「哺乳類の体内の構造」について述べており，「尾」の話に移るのは不自然。また，「よってクジラ目の尾は体に対して水平だ」という次の文とも話がつながらない。2つ目の■は一見適切に見える。だがここに入れると，その次の文の主語Theyが魚のtailsを指すこととなり，話が矛

盾する。3つ目の■の前では，水中での「クジラ目の尾の動き」と，「他の哺乳類の足の動き」の類似点を挙げていることから，この後に挿入文を入れるとThisは「クジラ目の尾の動き」を指すことになり，またこの後の魚の尾ひれの話につながることからも，最適な場所は3つ目の■である。

パターンCheck 8　単文挿入問題

パッセージの中に4つの黒い [■] が見られることがある。これが「単文挿入問題」である。問題指示文の後に挿入する文が示され，どこに挿入すべきかを選ぶ。この形式の問題は1パッセージあたり1問出題される。

挿入文の位置を確認するポイントはいくつかある。
①挿入文に含まれている代名詞は重要なポイントとなる
　代名詞を該当する名詞に置き換えて，文の意味を判断するとよい。
②「つなぎ言葉」は重要なヒントである
　つなぎ言葉 as a result（結果として），therefore（したがって），however（しかしながら）などから意味の展開を判断しよう。挿入文の前と挿入文の関係が「順接」なのか「逆接」なのかなどをしっかりと見極めることが大切である。

13

正解　Ⓑ Ⓒ Ⓔ

本文の簡単なまとめの導入文が下に与えられている。本文の最も重要な考えを述べている選択肢を3つ選んで，要約を完成させよ。いくつかの選択肢は，文章で述べられていないか，もしくは文の重要な考えではないため，要約には含まれない。この問題は2点が与えられる。
クジラ目には，周囲の環境をよく認識していることを示す能力と習性がある。
Ⓐ　この動物たちは，陸で生活し始める前の最初の哺乳類である。
Ⓑ　15キロも離れた音を認識できるクジラ目もいる。
Ⓒ　イルカは，周囲の物の数を認識するテストでは，少なくともチンパンジーと同じくらいの結果を出す。
Ⓓ　稀な例外を除き，この動物たちは湖や川などの淡水に棲んでいる。
Ⓔ　シャチは血縁を認識し，大集団で共同生活をしている。
Ⓕ　この動物たちは多くの能力を備えているが，社会的な集団を形成することはない。

解説　Ⓐ 第2段落では，クジラ目が陸生の動物からは一番遠いところまで進化したと述べているが，最初の哺乳類とは書かれていない。よって誤り。Ⓑ 第3段落中ほどのクジラ目の聴力に関する内容と一致するので正解。Ⓒ イルカが数を認識し，チンパンジーの知能とも遜色がないことは第5段落に書かれているので正解。Ⓓ 第2段落に，淡水に棲んでいる種の方がずっと少ないとあるので誤り。Ⓔ このことは第6段落に書かれている。よって正解。Ⓕ 第6～7段落に，クジラ目の動物は社会的で，集団を作って暮らすと書かれているので，これは誤り。

パターンCheck 9　要点把握問題

6つの選択肢の中から，正解の要約に含めるべきものを3つ選んで，パッセージ全体を要約する問題である。配点は2点で，正しい3つの選択肢のうち，すべて正解の場合は2点，2つ正解の場合は1点，0～1つ正解の場合は0点である。1パッセージにつき，この問題か「要点分類問題」のいずれかが1問出題される。

選択肢のところにカーソル（ポインター）を置いてドラッグすれば，表の中にその選択肢が移動する仕組みになっている。間違えたと思ったら，またドラッグして元に戻せばよい。

不正解の選択肢には次のようなものが含まれている。
①パッセージの内容と反対のことが書かれている。
②パッセージの内容に合っているように思えて，実は重要な情報が削られている。
③パッセージにはまったく書かれていない情報を述べている。

③の選択肢にはひっかかりやすい。パッセージに書かれていなくても，常識的に事実と思える内容であったりすると，当然正解だと思いがちである。選択肢を吟味する時は，いつもパッセージの内容を頭に残しておいて，選択肢の是非を検討すること。

【全訳】
クジラ目

[1]　クジラやイルカはその一生を水中で過ごすが，彼らが魚ではないことは，多くの人々によく理解されている。こうした生き物はどのような進化を経て，呼吸するたび束の間そこを離れなければならないような環境に棲むことになったのだろうか。こうした生き物のどこに，その他の哺乳類との共通項を見出すことができるのだろうか。クジラ目，すなわち古代ギリシャ語の「大きな海の動物」とまとめて分類するような動物を観察することで，私たちは，陸上に棲んでおり身近なところで実際に感じたり見たりできる動物と彼らが，どのように異なっているかをより容易に理解することができるのである。

[2]　クジラ目には90の異なる種があり，淡水に棲む5種のイルカを除いた全種が海に棲んでいる。クジラ目は，陸上生活の生命体から最も遠くまで進化してきており，後ろ脚は今や単なる小さな骨となってすっかり体内に収まり，前脚は水かきに進化している。彼らの体は流線形で，尾は大きく，冷たい水の中にいても温かさを保てるように脂肪は幾層にもなっている。これらすべては陸地に暮らす哺乳類はもちろん，生活の大部分を水の中で過ごすアザラシやセイウチなどとさえ，かなりかけ離れている。

[3]　クジラ目のほとんどの種は，嗅覚を完全に失っている。嗅覚をもつ動物は空中の化学物質を知覚することでニオイを認識しているが，水中ではまったく役に立たないのだ。彼らは進化の過程で，天敵や腐敗物のニオイに対して生来の回避行動をしなくなり，その結果嗅覚を喪失した。その代わり，彼らは水中での聴力を有し，15キロメートル以上離れた音を感知することができる。一部のクジラ目は反響定位を行うが，これは，信号を送り，はね返ってきた信号を聴くというものである。この反響から，彼らは自らの位置を知り，彼らの周囲にいる多くの生き物

や物体の位置を知ることができるのである。

[4] それでも，クジラ目は他の哺乳類と共通した特徴を多く備えている。彼らは温血動物で，卵ではなく赤ん坊を産む。彼らは子に乳を与え，皮膚にはわずかながら毛がある。クジラ目と陸生哺乳類の最も大きな類似点の1つは，哺乳類の体内の構造を考慮して初めて明らかになる。すべての哺乳類の脊椎は骨盤と連動して前後に動く。このため，クジラ目は体に対して水平の尾を持っている。この尾は，すべての哺乳類が泳ぐ時の脚の動きと同様，水の中で上下に動くのである。12 これは垂直の尾びれを持つ魚類とは異なっている。魚の尾は水の中で左右に動き，彼らは哺乳類とは大幅に異なる脊椎を持っている。

[5] クジラ目を理解する上での最も重要な問いは，彼らがいかに利口であるかということである。クジラとイルカはヒトよりも大きな脳を持ち，イルカの脳の内部の複雑さはヒトの脳のそれとほぼ同等である。クジラ目はヒトが持っていない脳の機能を持ってさえいる。クジラ目の脳には旁辺縁葉(ぼうへんえんよう)がある。これによってクジラ目は，眠っている時でも呼吸を続けることができる。抽象的知識のテストで最も助けになるものの1つは，周囲に見えている物体の数を理解する能力である。テストの結果，イルカは少なくともチンパンジーに匹敵することがわかっている。しかし，クジラ目をテストすることは，その多くの種のサイズによっても，クジラ目の種が多様であることによっても制限がある。このため，グループとしてのクジラ目がどの程度知的であるかということを正確に述べるのは難しいのである。

[6] 知性を測る別の基準は，動物行動の研究である。クジラ目の中には小さい群れで一緒に暮らす種もあるが，シャチは長ければ50年にわたり安定した大集団で過ごす。オスのシャチは母親が死ぬまで一緒に暮らし，母親の死後は兄弟たちの群れにとどまり離れないということまで知られている。彼らは，2頭以上の兄弟が一緒に暮らす場合，交替で母親につき添うという，特有の行動パターンを示している。発声の調査で，シャチの出す声は血縁のあるシャチと似ているが，血縁のないシャチとは明らかに異なることがわかっている。

[7] イルカは複雑な方法で一緒に遊ぶことが知られている。イルカのお気に入りのゲームの1つは，輪の形のシャボン玉を吹くことである。イルカたちはこうした輪を吹き，それらを見ると輪に噛みつき，潰して，より小さな泡の集まりにしてしまう。別のイルカと交替で，これが繰り返し行われる。これは，クジラ目の中には，自らを取り巻く環境について十分な認識を持ちつつ，社会的集団の中で他者と相互に関わる者があるということを示唆している。哺乳類の生活におけるこの観点は，陸生のヒトやその他のさまざまな社会性をもった動物に当てはまるのと同様，海生のクジラ目にも当てはまるのである。

Word & Phrase Check			
☐ cetacean	クジラ目	☐ streamlined	流線型の
☐ blubber	脂肪	☐ seal	アザラシ
☐ walrus	セイウチ	☐ echolocation	反響定位
☐ spine	脊椎	☐ pelvis	骨盤
☐ orca	シャチ	☐ vocalization	発声

このパッセージについて

すべての TOEFL® のパッセージは,
（1）Exposition（説明文）
（2）Argumentation（議論）
（3）Historical（歴史）
の3種類に大別できることを前に述べました。
　説明文と議論の線引きがやや難しいのですが,（2）Argumentation（議論）は,作者から疑問が呈され,その疑問に対する解答を展開する形で論が進められていきます。LOGIC NOTE を作る過程でわかったと思いますが,例題で扱った Cetaceans は,第1段落の第2文,第3文で「こうした生き物はどのような進化を経て,ひと呼吸するごとに束の間そこを離れなければならないような環境に棲むようになったのだろうか。こうした生き物にはいったいどこに哺乳類との共通項を見出すことができるのだろうか。」と疑問が示されています。さらに,第5段落でも「〜 最も重要な問いは,彼らがいかに利口であるかということである。」と,新たな疑問が提示されました。このパッセージは（2）Argumentation（議論）の例として,出題しました。

Column スピードリーディング

よく「日本人は英語の読み書きはできるが，聞いたり話したりが苦手」という言葉を聞く。しかし，本当に「読むのは得意」なのだろうか。聞く音声はその場で消えるが，読む英文は長く目の前に留まっていてくれる。よって，辞書を片手に何分もかけて1ページを読むことはできるだろう。実際，そのような姿勢で今までの英語学習に臨んでいた人も多いのではないだろうか。

読むスピードは理解スピード

例えば，1分間に100語で英語を読める人がいるとする。ある英文があり，その中には知らない単語は何もない。この英文を1分間に150語で聞いたとしたら，この人はどれくらい理解できるであろうか。実は，この人はこの英文をほとんど理解できない。知らない単語は1つもないにもかかわらずである。なぜかというと，この人の理解スピードが「1分間に100語」しかないからである。読むスピードが，すなわちその人の理解スピードなのである。

理解スピードを上げよう

読むスピードを上げて理解スピードを上げることがリーディング力強化につながり，リスニング力強化にも効果を発揮する。では，どのくらいの理解スピードが必要なのだろうか。通常，ネイティブスピーカーが普通に話すスピードが「1分間に150語」だと言われている。TOEFL® のリスニング問題やスピーキング，ライティング問題の講義の英文などがこのスピードである。よって，これらをすべて理解するためには，1分間に150語の理解スピードが必要ということになる。リーディングのための理解スピードは，それよりも当然速くなければならないが，最初は，「1分間に150語」のトレーニングをやるとよい。つまり，ナチュラルスピードの英文を何度も何度も聞いて，そのまま理解できるようにする。一見リスニングトレーニングのようだが，実は，リーディングトレーニングとしても非常に有効な方法なのである。本書の付属CDもこのように活用してほしい。

演習問題 1

SKIMMING 例題とは異なる設問パターンの組み合わせも練習してみましょう。今回は，ご自身の解答スピードを知るために，解答時間を計って取り組んでみてください。

CD 1-02

Questions 1 - 12

George Washington Cable

[1]　George Washington Cable has been described as the American South's most important writer of the late 19th century. Leave aside the fact that Samuel Clemens, or Mark Twain, lived during this time. As his background was the small town of Hannibal, Missouri, at the border between the South and the Midwest, Clemens was not rooted in the Deep South in his life and his literature. Cable was. A native of New Orleans, Louisiana, Cable was a young man when the Civil War broke out and fought on the side of the Confederacy. Cable returned to New Orleans after the war and began his writing career there. Later in his life, he moved to Massachusetts.

[2]　In order to understand George Washington Cable, we must look first at the communities who lived in New Orleans at the time he was born. Locally, cajuns and creoles have been significant New Orleans and Louisiana population groups. Cajuns are the descendants of the French who lived in modern Nova Scotia during the time it was French Acadia. Their community was relocated to French Louisiana just prior to that territory becoming American. Creoles are the descendants of French or Spanish immigrants to Louisiana or people with either background mixed with African heritage.

[3]　Cable was not a creole in either sense of the word but knew the community well from his upbringing and wrote frequently of creole New Orleans. This is seen in his three major works, *Old Creole Days* (1879), *The Grandissimes* (1880) and *Madame Delphine* (1881). Although he wrote nostalgically of the past conditions in New Orleans, he was a white critic of racial attitudes of the time. This brought him into conflict with the dominant white society of the day, which led to his relocation to the North in 1885. Cable felt many of the problems seen in the South of his day could be traced to excessive racial pride on the part of the dominant white population.

[4]　In *Old Creole Days*, Cable wrote a romantic view, but it was one that reflected life clearly in its natural scenes and use of the Creole dialect. It included detailed descriptions of old people, old names and old customs. *The Grandissimes* realistically shows race and class in New Orleans during the early American period. ■ It follows one family, the Grandissimes, who include people of both races, mixed race individuals and people of all social levels. ■ An important point is the inclusion of a northerner who joins the family. ■ This allows Cable to describe New Orleans

40

and its racial situation through the voice of the novel's main character, Honore Grandissimes. ■ *Madame Delphine* deals specifically with a woman of mixed parentage. Again, this makes racial attitudes a major focus of the work.

[5]　At the time of his move to the North, Cable was in close contact with Samuel Clemens who wrote under the name Mark Twain. The two of them held readings together in various cities, notably Louisville, Kentucky, and Cincinnati, Ohio. Clemens not only considered Cable to be a great writer, but also a strong influence in his dislike of meaningless shows of Christian habits. Both writers looked critically at the society and developed an eye for recognizing the truth around them. This has been one major reason their works remain worth our consideration to this day.

[6]　After moving to Massachusetts, Cable continued to write. Beginning with *The Cavalier* (1901), his works took a new turn. Instead of writing about racial relations, which had occupied much of Cable's attention, *The Cavalier* returns to an idyllic past. From that point on, Cable primarily wrote about earlier times and more pleasant subjects.

[7]　Due to his enlightened racial attitudes, Cable came to be called the first modern Southern writer. His style has been considered to have anticipated the writings of the later William Faulkner. In modern times, white writers of the South are widely presumed to possess enlightened views of racial relations. Numerous Southern writers, both white and black, write frankly about racial incidents with great sensitivity. An early example of this can be seen in the writings of George Washington Cable.

LOGIC NOTE
複数の段落でまとまりのある内容をもつ場合には，印をつけておきましょう。それぞれの段落が持つ機能を考えながら読むことで，正しい理解につながります。正答率を上げるために，欠かせないステップです。

メインポイント	
[1]	
[2]	
[3]	
[4]	
[5]	
[6]	
[7]	

次の例を参考に，自分のメモを見直します。論理構造の理解ができていたか確認しましょう。このパッセージは時系列を追って説明されています。第6段落でケイブルの新しい主題について触れていますが，第7段落では再度，人種問題に対する批判的な姿勢でまとめていることから，南部作家としてのケイブルの半生を一貫して述べようとしているということがわかりますね。

メインポイント	George Washington Cable as a Southern writer
[1]	more rooted in the South than Clemens(= Mark Twain) fought on the side of Confederacy in the Civil War
[2]	New Orleans background： cajuns and creoles → France, mixed culture
[3]	wrote about Creoles, critic of racial attitude → relocation to the North ～ 1885
[4]	works: focused on racial attitudes
[5]	moved to the North, contact with Clemens both looked critically at the society　1885 ～
[6]	took a new turn: 1901- × racial issues
[7]	enlightened views of racial relations

QUESTIONS　それでは，**LOGIC NOTE**を参照しながら，次の設問に答えましょう。

1 The phrase leave aside in paragraph 1 is closest in meaning to

- Ⓐ consider carefully
- Ⓑ ask about
- Ⓒ make room for
- Ⓓ forget about

2 In paragraph 1, why does the author mention where Samuel Clemens came from?

- Ⓐ To show that Cable's southern roots were stronger than Clemens'
- Ⓑ As an example of Clemens' being born in a major American city
- Ⓒ To reflect that Clemens was a typical traditional Massachusetts native
- Ⓓ As a contrast with Cable's having lived at the edge of two regions

3 The word heritage in paragraph 2 is closest in meaning to

Ⓐ ancestry
Ⓑ community
Ⓒ education
Ⓓ land

4 According to paragraph 3, what was Cable's relationship with the dominant local culture?

Ⓐ He called it superior.
Ⓑ He had little contact with it.
Ⓒ He often criticized it.
Ⓓ He moved to the city to study it.

5 What does the author imply in paragraph 5 about Cable's opinion of Christian habits?

Ⓐ He thought they were the basis for his writings.
Ⓑ He hoped they would spread in society.
Ⓒ He was unaware people criticized them.
Ⓓ He believed many of them were meaningless.

6 According to paragraph 5, what did Cable and Clemens do in Cincinnati?

Ⓐ Attended church
Ⓑ Wrote books
Ⓒ Saw stage shows
Ⓓ Presented their works

7 Why does the author mention racial relations in paragraph 6?

Ⓐ To remind the reader of Cable's previous focus
Ⓑ To suggest what Cable would soon write about
Ⓒ To refute the idea that Cable was racist
Ⓓ To point out how Cable and Clemens were different

8 The word enlightened in paragraph 7 is closest in meaning to

Ⓐ changed
Ⓑ controversial
Ⓒ broad-minded
Ⓓ weak

43

9 According to paragraph 7, what was Cable's relationship with William Faulkner?

Ⓐ Faulkner influenced Cable.
Ⓑ They had similar styles.
Ⓒ They were opposite types of writers.
Ⓓ They described two different regions.

10 The word sensitivity in paragraph 7 is closest in meaning to

Ⓐ thoughtfulness
Ⓑ weakness
Ⓒ irritation
Ⓓ explosiveness

11 Look at the four squares [■] that indicate where the following sentence could be added into the passage.

Naturally, the northerner is unfamiliar with the city.

Where would the sentence best fit?

12 Directions: Complete the table below by indicating answer choices that describe the two writers mentioned in the passage. **This question is worth 3 points.**

Cable	Clemens
➤	➤
➤	➤
➤	

Ⓐ He died during the early part of the 19th century.
Ⓑ He fought for the Confederacy.
Ⓒ He started to write about lighter themes in his later years.
Ⓓ He spoke against those who criticized the South.
Ⓔ He had only a limited connection with the Deep South.
Ⓕ His greatest works dealt with creole culture.
Ⓖ He did not write under the name he was born with.

解答のエッセンス｜演習1

演習問題1　解答解説　　　　　　　　　　　　　　　　　　　　　　・文学

全訳➡p.50〜p.51

? ANSWERS　各設問のパターンと解答を確認します。「内容分類問題」以外は例題で学習しました。それぞれの設問に対して，正しいアプローチができましたか。

1

正解　Ⓓ　　　　　　　　　　　　　　　　　　　　　　　**5　語彙**

第1段落の leave aside という語句に最も近い意味はどれか。
- Ⓐ　〜を注意深く考える
- Ⓑ　〜について尋ねる
- Ⓒ　〜の場所を空ける
- Ⓓ　〜のことを忘れる

解説　leave aside とは，「〜は考慮に入れない」の意味。よって選択肢の中では Ⓓ forget about（〜のことを忘れる）の意味が近い。Ⓐ の consider carefully（〜を注意深く考える）は逆の意味，Ⓑ の ask about（〜について尋ねる），Ⓒ の make room for（〜の場所を空ける）はいずれも文脈に合わない。

2

正解　Ⓐ　　　　　　　　　　　　　　　　　　　　　　　**4　修辞意図**

第1段落において，なぜ著者はサミュエル・クレメンスの故郷に言及しているのか。
- Ⓐ　ケイブルがクレメンスよりも強く南部に根差していたことを示すため
- Ⓑ　クレメンスがアメリカの大都市生まれであることの一例として
- Ⓒ　クレメンスが伝統的なマサチューセッツ出身者の典型であることを示すため
- Ⓓ　2つの地域の境界で暮らしていたケイブルとの対比として

解説　第1段落第3文で，著者はクレメンスの故郷の位置を示して Clemens was not rooted in the Deep South in his life and his literature（彼の人生と文学は深南部に根差してはいない）と説明した後，Cable was. と続けていることに注目しよう。この後には rooted in the Deep South が省略されていることに気づけば，両者の対比とわかる。よって正解はⒶ。Ⓑ は small town of Hannibal, Missouri と矛盾する。Ⓒ のマサチューセッツ州はケイブルが後に移り住んだ地である。Ⓓ の内容はクレメンスに関するもので当てはまらない。

3

正解 Ⓐ　　　　　　　　　　　　　　　　　　　　　**5　語彙**

第2段落の heritage という単語に最も近い意味はどれか。

- Ⓐ 起源
- Ⓑ 地域共同体
- Ⓒ 教育
- Ⓓ 土地

解説　heritage は「遺産，地位」で，「受け継いだもの」という意味。Ⓐ ancestry は「祖先」という意味で知られるが，「家系，家柄」という意味もあり，これが正解である。Ⓑ community は，「祖先から受け継いだもの」という意味までは付加されないので不適切。Ⓒ education，Ⓓ land のような限定的な意味ではない。

4

正解 Ⓒ　　　　　　　　　　　　　　　　　　　　　**1　内容一致**

第3段落によると，支配的な地元文化とケイブルとの関わりはどんなものだったか。

- Ⓐ 彼はその文化が優れていると言った。
- Ⓑ 彼はほとんど関わりを持たなかった。
- Ⓒ 彼はそれをたびたび批判した。
- Ⓓ 彼はそれを研究するためにその町へ引っ越した。

解説　設問文にある dominant という単語は第3段落に2回出てくる。the dominant white society of the day と the dominant white population がそれで，設問の「支配的な地元文化」は白人社会のそれを指すと判断できる。その白人社会の有り様について，ケイブルは公に批判した。よってⒸの「批判した」が正しい。Ⓓ 地元社会とは，ケイブルの生まれ育った町であるニューオーリンズのことなので，研究のために引っ越したという記述は不適。

5

正解 Ⓓ　　　　　　　　　　　　　　　　　　　　　**3　推測**

キリスト教の習慣に対するケイブルの意見について，著者は第5段落でどう示唆しているか。

- Ⓐ それらは彼の著作の土台となったと考えた。
- Ⓑ 彼はそれらが社会に広まることを期待した。
- Ⓒ 彼はそれらが人々に批判されていることを知らなかった。
- Ⓓ 彼はそれらの多くが無意味だったと考えていた。

解説　第5段落にある Christian habits を含む第3文の後半を見てみよう。ケイブルがクレメンスに与えた影響についての説明であり，クレメンスがキリスト教的習慣の無意味な誇示を嫌悪するのは，ケイブルの影響だという内容である。よってケイブルはキリスト教的習慣の「無意味さ」を嫌悪していたと言えるためⒹが正解である。嫌悪していたのであるから，Ⓐのように basis にはなり得ない。同じ理由から，ⒷもⒸも不適切である。

6

正解 Ⓓ　　　　　　　　　　　　　　　　　　　　　　　　　1　内容一致

第5段落によると，シンシナティでケイブルとクレメンスは何をしたか。
- Ⓐ 教会へ行った
- Ⓑ 本を書いた
- Ⓒ 舞台を見た
- Ⓓ 彼らの作品を発表した

解説　第5段落ではケイブルとクレメンスの親しい間柄が描写されている。第2文にオハイオ州シンシナティについての記述がある。2人はさまざまな都市で readings（朗読会）を一緒に行ったが，とりわけオハイオ州シンシナティではよく行ったということ。選択肢のうち，これに当てはまるのは Ⓓ の presented their works のみである。present は「提示する，公開する」という意味。

7

正解 Ⓐ　　　　　　　　　　　　　　　　　　　　　　　　　4　修辞意図

第6段落で著者が人種問題に言及しているのはなぜか。
- Ⓐ ケイブルの以前の関心事を読者に念押するため
- Ⓑ ケイブルがまもなく何について書くのかを示唆するため
- Ⓒ ケイブルが人種差別論者であるという意見に反論するため
- Ⓓ ケイブルとクレメンスがいかに違っていたかを指摘するため

解説　第6段落第2文に彼の作品が took a new turn（新しい路線を取った）とあり，ずっと人種問題をテーマに作品を書いてきたケイブルの新しい主題が語られる導入となっている。つまり，人種問題がケイブルの以前の関心事であったということになるので，正解は Ⓐ である。Ⓑ は，「人種問題についてこれから書こうとしていた」という意味になるので，不適。Ⓒ，Ⓓの内容はどこからも読み取れない。

8

正解 Ⓒ　　　　　　　　　　　　　　　　　　　　　　　　　5　語彙

第7段落の enlightened という単語に最も近い意味はどれか。
- Ⓐ 変化した
- Ⓑ 議論の的となる
- Ⓒ 理解のある
- Ⓓ 弱い

解説　enlighten は「～を啓蒙する」という動詞で，ここでは過去分詞で使われており「啓蒙的な」という意味になる。よって正解は「理解のある」の Ⓒ となる。

9

正解 Ⓑ　　　　　　　　　　　　　　　　　　　**1　内容一致**

第7段落によると，ケイブルのウィリアム・フォークナーとの関係はどんなものか。
- Ⓐ フォークナーはケイブルに影響を与えた。
- Ⓑ 彼らは似たような文体だった。
- Ⓒ 彼らは正反対のタイプの作家だった。
- Ⓓ 彼らは2つの異なる地域を描写した。

解説　フォークナーの名が出てくる第7段落第2文を見ると，「彼（ケイブル）の文体は後のフォークナーの文体を先取りした」とある。よって，Ⓐは時系列的に逆であると判断できる。この writing を style と言い換えたのがⒷで，フォークナーの文体を予期させるものだったということは，両者の文体が似ていたということである。よって，Ⓑが正解。Ⓒは本文の内容と反対である。Ⓓのような記述はない。

10

正解 Ⓐ　　　　　　　　　　　　　　　　　　　**5　語彙**

第7段落の sensitivity という単語に最も近い意味はどれか。
- Ⓐ 思慮
- Ⓑ 弱点
- Ⓒ 焦燥
- Ⓓ 強烈さ

解説　sensitivity は「敏感さ，神経の細やかさ」といった意味である。Ⓐの thoughtfulness は「思慮深さ，思いやり」の意なので，これが最も近く正解となる。Ⓑの weakness は「弱さ」，Ⓒの irritation は「いらだち」という意味で，いずれも文意と合わない。Ⓓの explosiveness は動詞 explode「爆発する」に関連した名詞で，「爆発性，強烈さ」といった意味なので，sensitivity には合わない。

11

正解 3つ目　　　　　　　　　　　　　　　　　　**8　文挿入**

文中の4つの■のうち，以下の文が入るのに最も適する箇所はどこか。
もちろん，その北部出身者はその都市には馴染みがない。

解説　挿入文の北部出身者（the northerner）という語を手がかりに考えよう。northerner は northern に「人」を表す -er がついた形。これが初めて出てくるのは，2つ目の■の後の文で，小説のあらすじが言及されている。ここでは，北部出身者には a northerner と不定冠詞の a が使われているのに対して，挿入文では the northerner と定冠詞の the が使われていることがポイントである。したがって，挿入文は a northerner の文よりも後に来ると判断できる。そして，3つ目の■の次の文では内容がすでに小説のあらすじから離れているので，3つ目の■に入れるのが最もふさわしい。なお，挿入文の the city は New Orleans のことである。

12

正解　ケイブル　　Ⓑ Ⓒ Ⓕ
**　　　クレメンス　　Ⓔ Ⓖ**

本文に出てくる2人の作家を説明している選択肢を示して，下の表を完成させなさい。この問題は3点が与えられる。

- Ⓐ　19世紀の前半に死んだ。
- Ⓑ　南部連合国のために戦った。
- Ⓒ　後年には軽いテーマについて書き始めた。
- Ⓓ　南部を批判する人々を非難した。
- Ⓔ　深南部との関わりはごく限られたものであった。
- Ⓕ　彼の最高傑作はクレオール文化を扱っていた。
- Ⓖ　持って生まれた名前では書かなかった。

解説　Ⓐ 第1段落第1～2文より，両者とも19世紀後半に活躍したので，どちらも「19世紀の前半に死んだ」はずはない。Ⓑ 第1段落の最後から3文目にあるように，ケイブルについて当てはまる。Ⓒ 第6段落の第2～4文以降の内容で，ケイブルについてである。Ⓓ 「南部を批判する人々」の記述はないので，どちらにも当てはまらない。Ⓔ 第1段落第3文にあるように，クレメンスについての記述。Ⓕ 第3段落第1～2文にあるように，ケイブルについて当てはまる。Ⓖ 第5段落第1文参照。ペンネームを使ったのはクレメンスである。

パターン Check 10　要点分類問題

　パッセージの要約をカテゴリー別に分類する問題である。1題につき，この問題か，「要点把握問題」かいずれか1問が出題される。要点分類問題は3点の配点で，正解数に応じた点数が与えられる。全問正解で3点，正解が4つで2点，3つで1点，0～2つの場合は0点である。

　重要な情報の関係を理解する能力が求められるので，メモを生かして情報をまとめよう。

【全訳】
ジョージ・ワシントン・ケイブル

[1] ジョージ・ワシントン・ケイブルは，19世紀後半のアメリカ南部を代表する最も重要な作家とされてきた。サミュエル・クレメンスすなわちマーク・トウェインがこの時代を生きたという事実はさて置くとする。クレメンスの背景は南部と中西部の境にあたるミズーリ州のハンニバルという小さな町であったが，彼はその人生においても文学においても，深南部と関わりが深かったわけではない。ケイブルはそうだった。ルイジアナ州ニューオーリンズに生まれ育ったケイブルは，南北戦争が勃発した時は青年であり，南部連合国側に立って戦ったのである。戦後，ケイブルはニューオーリンズに帰り，その地で文筆生活を始めた。後年，彼はマサチューセッツ州へ移った。

[2] ジョージ・ワシントン・ケイブルを理解するために，私たちはまず，彼が生まれた時代にニューオーリンズにあったコミュニティに目を向けなければならない。このあたりでは，ニューオーリンズとルイジアナ州の大きな住民のグループとして，ケイジャンとクレオールがあった。ケイジャンは，今のノバスコシアがフランス領アカディアだった時代，そこで暮らしたフランス人の子孫のことである。彼らのコミュニティは，この地域がアメリカ領になる直前にフランス領ルイジアナへ移動した。クレオールは，ルイジアナ州へ渡ったフランス系またはスペイン系移民の子孫，あるいは，そのいずれかの背景を持つ人とアフリカにルーツを持つ人との混血を指す。

[3] ケイブルはこの語のいずれの意味においてもクレオールではなかったが，その生い立ちから彼らのコミュニティをよく知っており，しばしばクレオールの住むニューオーリンズについて書いた。それは彼の3冊の代表作である『回想のクレオール』（1879年），『グランディシム一族』（1880年），『デルフィーヌ夫人』（1881年）に見ることができる。ニューオーリンズのかつての状況を郷愁を込めて描いてはいるが，彼は当時の人種問題への態度について白人を批判していた。その結果，彼は当時の支配層であった白人社会と対立し，1885年に北部へ移住することとなった。ケイブルは，彼の時代に南部で見られた問題の多くは，優勢な白人側に過度な民族的プライドがあるせいだと感じていた。

[4] 『回想のクレオール』で，ケイブルは空想的な情景を描いたが，自然の風景やクレオール方言の使用によって，生活を鮮やかに映し出した作品であった。そこでは，老人たちや古い名前，古い習慣が詳細に描写されている。『グランディシム一族』では，アメリカ統治時代初期のニューオーリンズにおける人種と階級が写実的に描かれている。それはグランディシム家というある一族を追ったもので，その一族には両方の人種，混血の人々，そしてあらゆる社会階級の人々が含まれている。重要な点は，この一族に加わる北部の人間が顔を連ねることである。[11] <u>もちろん，その北部出身者はその都市には馴染みがない</u>。これによりケイブルは，この小説の主人公オノレ・グランディシムの声を通じて，ニューオーリンズとその人種的状況を描き出すことに成功している。『デルフィーヌ夫人』では，特に両親の家系が違う女性を扱っている。ここでもまた，人種問題についての考え方が作品最大の焦点となっている。

[5] 彼が北部へ移住した当時，ケイブルは，マーク・トウェインの名で作品を書いていたサミュエル・クレメンスと親交を結んでいた。彼ら2人はさまざまな都市で，特にケンタッキー州ルイスヴィルやオハイオ州シンシナティにおいて，共に朗読会を催した。クレメンスは，ケイブルが偉大な作家であるとみなしていただけでなく，キリスト教的習慣の無意味な誇示を自分が

嫌悪するのは，彼の影響が大きいということも認めていた。2人の作家は共に，社会を批判的な目で見つめながら，周囲の真実を見抜く目を養っていった。これは，今日に至るまで彼らの作品が取り上げられる大きな理由の1つである。

[6] マサチューセッツ州に移り住んでからも，ケイブルは著作を続けた。『騎士』(1901年)から，彼の作品は新しい路線を取った。それまでケイブルの関心の大部分を占めてきた人種問題に関する文章とは異なり，『騎士』は牧歌的な過去へと回帰していく。それからというもの，ケイブルは主として以前の時代および，より心地よい主題について書いた。

[7] その人種問題に対する啓蒙的な態度によって，ケイブルは近代的南部作家の先駆けと呼ばれるようになった。彼の文体は，後のウィリアム・フォークナーの文体を先取りしていると評されてきた。現代では，南部の白人作家は人種関係について進歩的な観点を持っていると広く考えられている。白人も黒人も含め，多くの南部の作家たちは，人種に関する事件を率直に，鋭い感性をもって描く。その初期の例が，ジョージ・ワシントン・ケイブルの作品に見られるのである。

Word & Phrase Check

☐ Confederacy	南部連合国	☐ cajun	ケイジャン
☐ creole	クレオール	☐ descendant	子孫
☐ relocate	移転する	☐ upbringing	生い立ち
☐ nostalgically	郷愁を抱いて	☐ realistically	写実的に
☐ northerner	北部地方の人	☐ parentage	家系
☐ idyllic	牧歌的な	☐ enlightened	見識ある

このパッセージついて

本問は(3)Historical(歴史)のパッセージの例として，出題しました。Historicalな文章の特徴は，パッセージ全体が時系列に述べられていることです。本問の第6段落第2文 Beginning with *The Cavalier* (1901), his works took a new turn. のように，話題の転換点は，年号や時間の経過を表す語句が手がかりになります。

本問で出てきたルイジアナ州ニューオーリンズは，古くからフランスやアフリカの文化が混ざり合い，ジャズの発祥地としても知られます。多様な文化が共存するアメリカらしさの源泉とも言える地域です。

演習問題 2

SKIMMING 設問パターンにはだんだん慣れてきたでしょうか。この問題からは，まずは 5 分程度で本文の内容をざっと把握し，次に設問を 10 ～ 15 分程度で解くという時間配分を意識してみましょう。

CD 1-03

Questions 1 - 14

Harmonics

[1] Sound waves have physical properties that can be measured and described. Their regular structures illustrate many principles of regularity in the natural world. In acoustics, one characteristic of a sound wave is its harmonic repetition. This means the wave will repeat on a periodic basis. The frequency of the wave is measured in hertz. High and low points of the wave will occur at multiples of the base frequency. This means the waves are in harmony. Therefore, f can represent the frequency, and its harmonics will be 2f, 3f, 4f and so on. Whether a sound is felt to be pleasant or not is largely a function of its frequency components being harmonic or inharmonic. Oscillators such as the human voice or a violin emit harmonic signals.

[2] Various kinds of waves can be **propagated** through different mediums, but all will exhibit harmonic repetition and all will spread in all directions. Ocean waves moving through water will have intervals, as will radio waves, microwaves, light and electromagnetic radiation moving through either a medium or a vacuum. Sound moving through air, liquid or a solid will have an interval. Seismic waves move through matter with harmonic intervals, and even the movement of vehicles controlled by traffic signals or branches waving on a windy day will demonstrate harmonic waves.

[3] A wave can be described in terms of two measurements, the amplitude and the wavelength. The amplitude of a wave is how much disturbance a wave creates from its low point to its high point. In a diagram of a wave, the amplitude would be the measurement vertically for a wave moving horizontally. ■ The units of amplitude for sound waves are pascals of pressure and for electromagnetic waves, volts per meter. ■ The wavelength is the distance between two crests or high points on a wave or the distances between two troughs or low points on a wave. ■

[4] Variations in frequencies are one kind of oscillation. They go above and below a steady rate like the swing of a pendulum. Changes back and forth between two states are a different kind of oscillation. ■ These could be switching between light and dark or powered or unpowered. Alternating electrical power is this second kind of oscillation.

[5] An interesting form of harmonic repetition or oscillation is light from variable

stars. For a variety of reasons, these stars become brighter and then dimmer over a fixed period of time. These can be caused by the star expanding and then contracting, eclipsing a star it orbits with as a pair, or rotating when one side of the star is brighter than another side. The significance of these variations is that they are among the most stable intervals that occur in the natural universe.

[6]　In sound, our perception of pitch is due to our ability to hear fundamental frequencies repeating within a sound. We can normally hear a difference of pitch when sounds are five hundredths of a semitone different. A semitone is one twelfth of an octave. In the case of perception of pitch, humans hear pitch in a geometric progression. For notes spaced equally apart, to the human ear the frequencies have intervals which are multiples. The perceived difference in pitch between 100 Hz and 150 Hz is the same as between 1,000 Hz and 1,500 Hz. Generally, human beings are able to hear sounds between 20 Hz and 20,000 Hz. As people age, we lose more of the upper range.

[7]　We see and experience harmonic waves in many ways and are part of them even when the wave cannot be perceived on our scale or in our time. Periodic changes such as seasons or even longer cycles exhibit constants. The orbits of planets occur with timing in relation to other heavenly bodies. All of these become harmonic over vast periods of time and vast spaces. These harmonics can be seen as the natural regulation of the universe.

LOGIC NOTE

下の記入欄に各段落の要点を書き出しましょう。長いパッセージを一度に読み，重要な情報（main idea）と，比較的重要でない情報（minor idea）を分類するという作業は，確固たる読解力をつけるのには重要なトレーニングです。

メインポイント	
[1]	
[2]	
[3]	
[4]	
[5]	
[6]	
[7]	

次の例を参考に，自分のメモを見直します。このパッセージではさまざまな具体例が示されていました。具体例はふつう，重要な情報（main idea）を説明するために引き合いに出されます。何を説明しているのかを考えながら読むことができたでしょうか。

また，第5段落の第1文で harmonic repetition or oscillation（調和振動の反復すなわち振動）と言い換えられていることから，それ以前の本文でもほぼ同意で使われていることに気づいたと思います。次の例では下線で示しました。難解な語彙が多いパッセージでしたが，本文中の手がかりをもとに要旨を捉えていきましょう。

メインポイント	Harmonics in nature : periodic repetition
[1]	sound waves = regularity in the natural world frequency components → pleasant
[2]	all waves exhibits <u>harmonic repetition</u>
[3]	measurements: amplitude(pascal, V/m) and wavelength
[4]	<u>oscillation</u>(2 kinds)
[5]	ex) light from variable stars → the most stable ⎫ Examples of
[6]	ex) our perception of pitch ⎭ harmonics
[7]	harmonics: We are in part of them

❓ QUESTIONS　それでは，**LOGIC NOTE** を参照しながら，次の設問に答えましょう。

1 According to paragraph 1, why do people regard the human voice as pleasing?

Ⓐ Because the human voice produces sounds at multiples of a base frequency.
Ⓑ Because unlike stringed instruments, it is impossible to measure human voice frequency in hertz.
Ⓒ Because the human voice has double the sounds of a base frequency.
Ⓓ Because only the human voice and violin have unique sounds that manipulate a listener's emotions.

2 Why does the author mention human voices and violins in paragraph 1?

Ⓐ To show two things that do not produce waves
Ⓑ To challenge the idea of transference of energy
Ⓒ To speculate that all sounds are harmonic
Ⓓ To give two examples of sounds that people find pleasing

3 The word propagated in paragraph 2 is closest in meaning to

　Ⓐ stopped
　Ⓑ enlarged
　Ⓒ produced
　Ⓓ visualized

4 What is said about waves in paragraph 2?

　Ⓐ They cannot occur in a vacuum.
　Ⓑ Harmonic waves need water.
　Ⓒ Every wave is harmonic.
　Ⓓ They are stopped by solid matter.

5 According to paragraph 3, what is NOT true about amplitude?

　Ⓐ For sound, it is a measure of pressure.
　Ⓑ It is measured horizontally for a horizontal wave.
　Ⓒ Amplitude can also refer to electromagnetic waves.
　Ⓓ It is sometimes measured in pascals.

6 In paragraph 4, what is implied about pendulums and electric power?

　Ⓐ They both show wave-like patterns.
　Ⓑ Electric power creates high-frequency oscillation.
　Ⓒ Pendulums produce electric power.
　Ⓓ They represent opposite kinds of oscillation.

7 The word eclipsing in paragraph 5 is closest in meaning to

　Ⓐ silencing
　Ⓑ brightening
　Ⓒ destroying
　Ⓓ blocking

8 According to paragraph 6, how do people perceive pitch?

Ⓐ We hear sounds of at least 20,000 Hz.
Ⓑ We hear 12 different octaves.
Ⓒ We understand every 100th of a semitone.
Ⓓ We can hear continuing vibrations.

9 Which of the sentences below expresses the essential information in the highlighted sentence in paragraph 6? Incorrect choices change the meaning in important ways or leave out essential information.

Ⓐ People can only recognize about 500 different sounds.
Ⓑ Five percent of human beings have perfect pitch.
Ⓒ Humans can perceive a difference of 1/20th of a semitone.
Ⓓ Sounds generated by our pitch have 500 different types of waveforms.

10 The word spaced in paragraph 6 is closest in meaning to

Ⓐ divided
Ⓑ arranged
Ⓒ amplified
Ⓓ repeated

11 According to paragraph 7, how are seasons different from the other examples in the passage?

Ⓐ Their changes are non-periodic.
Ⓑ Humans do not recognize their patterns.
Ⓒ The changes are ones of space, not time.
Ⓓ They happen over longer periods of time.

12 The word exhibit in paragraph 7 is closest in meaning to

Ⓐ display
Ⓑ demonstrate
Ⓒ act
Ⓓ claim

13 Look at the four squares [■] that indicate where the following sentence could be added into the passage.

This is measured in meters or nanometers of distance.

Where would the sentence best fit?

14 Directions: An introductory sentence for a brief summary of the passage is provided below. Complete the summary by selecting the THREE answer choices that express the most important ideas in the passage. Some sentences do not belong in the summary because they express ideas that are not presented in the passage or are minor ideas in the passage. **This question is worth 2 points.**

Sound waves have various features that demonstrate the regularity of the natural world.

- Ⓐ Harmonic waves spread in all directions.
- Ⓑ Some waves have amplitude and others have wave length.
- Ⓒ Stars have some of the most unstable natural variables.
- Ⓓ Intervals of variable stars and perception of pitch demonstrate harmonic waves.
- Ⓔ In the phenomena we can observe around us, there are frequencies beyond human conception.
- Ⓕ People perceive changes of pitch in a geometric progression.

演習問題2　解答解説　　　　　　　　　　　　　　　　　　　　　　　　　　●物理学

全訳 ➡ p.63～p.64

1

正解 Ⓐ　　　　　　　　　　　　　　　　　　　　　　　　　　**1　内容一致**

第1段落より，人々が人間の声を心地よいと感じるのはなぜか。
- Ⓐ 人間の声は基本周波数の倍数の音を出すため。
- Ⓑ 弦楽器と異なり，人間の声の周波数をヘルツで測定することは不可能なため。
- Ⓒ 人間の声は基本周波数の2倍の音を持っているため。
- Ⓓ 人間の声とバイオリンだけが，聞き手の感情を動かす極めて稀な音を持つため。

解説　第1段落の最後から2文目に「心地よく感じられる音か否か」の見分け方として，その周波数成分が harmonic or inharmonic（倍音かそうでないか）の作用であると述べ，次の最終文で Oscillators such as the human voice or a violin（人間の声やバイオリンのような発振器）は harmonic signals（倍音の信号）を出していると書かれている。よって Ⓐ が正解である。人間の声の周波数はヘルツで impossible to measure（測定できない）とする Ⓑ は誤り。Ⓒ Ⓓ についても書かれていない。

2

正解 Ⓓ　　　　　　　　　　　　　　　　　　　　　　　　　　**4　修辞意図**

著者が第1段落において人間の声やバイオリンについて触れているのはなぜか。
- Ⓐ 波を発生させない2つのものを示すため
- Ⓑ エネルギー転移という考え方に異議を唱えるため
- Ⓒ すべての音は調和していると推測するため
- Ⓓ 人が心地よいと感じる音の2つの例を挙げるため

解説　前問を参考に，文の流れから判断できる。第1段落の最後の2文では「人が心地よいと感じる音」の条件が書かれ，さらに最終文でそういった音の例として「人間の声やバイオリン」が挙げられていることから，正解は Ⓓ。人間の声やバイオリンも音波を出しているため，Ⓐ は do not produce waves（波を発生させない）が誤り。Ⓑ の transference of energy（エネルギー転移）については書かれていない。同段落の最後から2文目に，音が快適に聞こえるか否かはその周波数が harmonic か inharmonic かによるとあるので，harmonic でない音もあると判断でき，Ⓒ も誤りである。

3

正解 Ⓒ　　　　　　　　　　　　　　　　　　　　　　　　　　**5　語彙**

第2段落の propagated という単語に最も近い意味はどれか。
- Ⓐ 停止された
- Ⓑ 拡大された
- Ⓒ 作られた

Ⓓ 可視化された

解説 propagated が出てくるのは第2段落の冒頭である。さまざまな種類の音波（Various kinds of waves）がいろいろな媒質を通じて（through different mediums）「増幅される」（can be propagated）となるので，選択肢の中では Ⓒ「作られた」の意味が近く，これが正解。Ⓑ enlarged も迷うかもしれないが，この語は規模や範囲の拡大，増大を意味するため，waves を主語にとるのは不適切。Ⓐ Ⓓ では意味が通じない。

4

正解 Ⓒ　　　　　　　　　　　　　　　　　　　　　　　　**1 内容一致**

第2段落では，波についてどのように述べられているか。
Ⓐ それらは真空状態では起こらない。
Ⓑ 調和波には水が必要である。
Ⓒ すべての波は調和している。
Ⓓ それらは固体物質によって止められる。

解説 第2段落では音波を含むいろいろな波について記述されている。Ⓒ は第2段落第1文で all will exhibit harmonic repetition（すべては調和的な繰り返しを示す）と述べている内容から，正しい。all は all waves のこと。また，第2文に，あらゆる種類の波が mediums（媒介物）や vacuums（真空）さえも通って動くことが書かれているので，Ⓐ は誤りである。さらに第3文より，音は液体や気体と同様 solids（固体）を通るとあるので，Ⓓ も誤りである。また，水の中を通ることができても「水が必要」とは書かれていないので，Ⓑ も誤り。

5

正解 Ⓑ　　　　　　　　　　　　　　　　　　　　　　　　**2 内容不一致**

第3段落によると，振幅について正しくないものはどれか。
Ⓐ 音の圧力の尺度である。
Ⓑ 水平波動に対して水平に測られる。
Ⓒ 振幅はまた電磁波にも当てはめることができる。
Ⓓ ときどきパスカルでも測られる。

解説 amplitude（振幅）について書かれている第3段落を見る。1つ目の■の直後の文に「音波の振幅の単位は圧力を表すパスカルである」とある。このことから，Ⓐ と Ⓓ は正しい内容であると判断できる。また，同じ文の後半に，「音波の振幅の単位がパスカルであるのに対し，電磁波の振幅の単位はボルト毎メートルである」と述べられているので，Ⓒ は正しい内容である。第3段落第3文に「水平に進む波に対して垂直に（vertically）表されるのが振幅である」と述べられている。よって Ⓑ は誤りであり，これが正解となる。

6

正解 Ⓓ　　　　　　　　　　　　　　　　　　　　　　　**3 推測**

振り子と電力について，第4段落ではどのようなことが示唆されているか。
- Ⓐ 両方とも波状のパターンを示す。
- Ⓑ 電力は高周波振動を生み出す。
- Ⓒ 振り子は電力を生む。
- Ⓓ それらは反対の種類の振動を表す。

解説　第4段落では，pendulum（振り子）と electrical power（電力）の対比について述べられている。Ⓐ は they both が誤り。wave-like なのは pendulum の方である。Ⓑ の電力の周波数についての記述はない。また，Ⓒ のように「振り子が電気を生み出す」という記述もない。振り子は wave-like pattern で，電力の方はオンとオフの状態の行き来であると述べられているので，両者は反対の種類の振動と言え，Ⓓ が正解となる。

7

正解 Ⓓ　　　　　　　　　　　　　　　　　　　　　　　**5 語彙**

第5段落の eclipsing という単語に最も近い意味はどれか。
- Ⓐ 〜を沈黙させる
- Ⓑ 〜を明るくする
- Ⓒ 〜を破壊する
- Ⓓ 〜を遮断する

解説　第5段落では variable stars（変光星）と呼ばれる星が，一定の時間をおいて明るくなったり暗くなったりする現象について書かれている。設問の eclipsing は，第3文でこの現象の説明に使われている。eclipsing a star it orbits with as a pair は，対になって軌道上を回る星に「影を作る」という意味なので，「〜を遮断する」の Ⓓ blocking で言い換えることができ，これが正解。星の話なので，Ⓐ の silencing（〜を沈黙させる）と Ⓒ（〜を破壊する）は当てはまらない。Ⓑ の brightening は「〜を明るくする」で，逆の意味になる。

8

正解 Ⓓ　　　　　　　　　　　　　　　　　　　　　　　**1 内容一致**

第6段落によると，人々はどのようにして音程を知覚するか。
- Ⓐ 少なくとも 20,000 ヘルツの音が聞こえる。
- Ⓑ 異なる 12 オクターブの音を聞き分ける。
- Ⓒ 半音の 100 分の 1 の音をすべて理解する。
- Ⓓ 連続する振動を聞くことができる。

解説　設問文の perceive pitch が本文のどこに相当するかをまず判断すること。第6段落の冒頭に our perception of pitch is ... とあり，設問はこの部分を指している。まず Ⓐ だが，第6段落の最後から2文目に「人間は 20 ヘルツから 20,000 ヘルツまでの音を聞くことができる」

と書かれている。したがって，at least（少なくとも）が誤りである。また，第3文には「半音とは1オクターブの12分の1である」という記述があるが，これは1オクターブに12半音あるということで，「12オクターブ認識できる」という意味ではないので，Ⓑも誤り。第2文では半音の100分の5の違いまで認識できると述べており，Ⓒのように「半音の100分の1ごとに」ではない。Ⓓは，第1文の hear fundamental frequencies repeating within a sound（1つの音の中で基本的な周波数が反復されるのを聞き分ける）を hear continuing vibrations（持続する振動を聞き分ける）と言い換えたものである。よって，これが正解。

9

正解 Ⓒ　　　　　　　　　　　　　　　　　　　　　　7　文書き換え

第6段落でハイライトされた文の重要な情報を表しているのは以下のうちどれか。不正解の選択肢は，意味を大きく変えるか，もしくは重要な情報を含んでいない。
Ⓐ 人は約500の異なる音のみ認識できる。
Ⓑ 完璧な音程を持っている人間は5パーセントである。
Ⓒ 人間は半音の20分の1の違いを認識できる。
Ⓓ 音程によって作られた音は500の異なる種類の波形を持つ。

解説　ハイライトされた文の意味は「通常我々は，半音の100分の5の音程の違いを聞き分けられる」ということ。半音の100分の5の違い（five hundredths of a semitone different）が分かるということは，Ⓒの20分の1（1/20th of a semitone）の識別もできるということなので，これが正解。これ以外についてはいずれも述べられていない。

10

正解 Ⓑ　　　　　　　　　　　　　　　　　　　　　　5　語彙

第6段落の spaced という単語に最も近い意味はどれか。
Ⓐ 分けられた
Ⓑ 配列された
Ⓒ 倍増された
Ⓓ 反復された

解説　For notes spaced equally apart の notes はこの段落の内容から「音符」である。ここでの space は動詞で，「～を一定の間隔に置く」という意味。For は「～なので」と理由を表し，「音符は等間隔に置かれているので」という意味である。よってⒷ arranged（配置された）が正解。Ⓐ divided「分けられた」は equally apart と一見つながりがよさそうであるが，音符が分けられるということではないため，不適。動詞 space にはⒸ amplified「倍増された」，Ⓓ repeated「反復された」の意味はない。

11

正解 Ⓓ　　　　　　　　　　　　　　　　　　**1　内容一致**

第7段落によると，季節は本文中の他の例とどのように異なるか。
- Ⓐ それは周期と関わりなく変化する。
- Ⓑ 人間はそのパターンを認識していない。
- Ⓒ その変化は空間的なものであり，時間的なものではない。
- Ⓓ もっと長い時間をかけて起こる。

解説　第7段落第1文から2文では，たとえそれと気づかなくても，我々は harmonic waves の中にいると述べ，そうした我々を取り巻く harmonic waves の一例として seasons を挙げている。その周期は音や波などの他の例よりも長く，Ⓓ が正解。また第2文に periodic changes such as seasons とあるので，Ⓐ の non-periodic（周期的でない）は誤り。Ⓑ の their は設問中の seasons を指す。人間は季節やそのパターンを十分認識しているので，誤りである。季節は時間の流れに従った変化であるから，Ⓒ も誤りとわかる。

12

正解 Ⓑ　　　　　　　　　　　　　　　　　　**5　語彙**

第7段落の exhibit という単語に最も近い意味はどれか。
- Ⓐ ～を陳列する
- Ⓑ ～を証明する
- Ⓒ ～を演じる
- Ⓓ ～を要求する

解説　exhibit の目的語の constants は，「不変のもの，普遍，定数」という意味で，文の意味は，「季節のような定期的な変化やもっと長いサイクルでさえも一定を保つ」となる。ここでの exhibit は「～を展示する」ではなく「～を見せる，示す」という意味。Ⓑ demonstrate は「デモをする」や「実演する」の他に「～を明示する，立証する」などの意味がある。よって Ⓑ が適切である。Ⓐ display は「～を展示する」という意味なので誤り。Ⓒ act は他動詞では「～を演じる，～のように振る舞う」といった意味だが，いずれも適切ではない。Ⓓ claim は「～を主張する，要求する」といった意味で，ここでは不適切。

13

正解 3つ目　　　　　　　　　　　　　　　　**8　文挿入**

文中の4つの■のうち，以下の文が入るのに最も適する箇所はどこか。
これは距離を示すメートルやナノメートルで表す。

解説　主語 This が指すものを考えながら，挿入に適切な箇所を探す。meters or nanometers of distance と何らかの距離を表すものに注意して第3段落の中ほどから順に見ていくと，1つ目の■の前の文では，振幅は水平な波の動きに対して垂直の尺度であるという内容で，距離とは関係なく，不適切。次に2つ目の■の前の文は音の振幅と電磁波の単位がそれぞれパス

カル（pascal）とボルト毎メートル（volts per meter）だという内容。次の３つ目の前の文は波長の定義を，波の頂点どうしの間の距離と底値どうしの間の距離（the distance between）と述べており，挿入文を入れると自然な文脈となる。４つ目の■の前の文では振動の話に移っており，距離は関係ない。よって３つ目が正解。

14

正解 Ⓐ Ⓓ Ⓕ　　　　　　　　　　　　　　　9　要点把握

本文の簡単なまとめの導入文が下に与えられている。本文の最も重要な考えを述べている選択肢を３つ選んで，要約を完成させよ。いくつかの選択肢は，文章で述べられていないか，もしくは文の重要な考えではないため，要約には含まれない。この問題は２点が与えられる。
音波は自然界の規則性を示すさまざまな特徴を持っている。

Ⓐ　調和波はあらゆる方向へ広がる。
Ⓑ　ある波は振幅を持ち，またある波は波長を持つ。
Ⓒ　星はある意味で最も安定の悪い自然振動を持つ。
Ⓓ　変光星の間隔や音程の認識は調和波を示す。
Ⓔ　我々が身の周りの物を認識できる現象において，人間の発想を超えた周波数がある。
Ⓕ　人間は音程の変化を等比数列的に認識する。

解説　それぞれの選択肢を吟味していこう。Ⓐ第２段落第１文の記述と合致するので正しい。Ⓑ第３段落よりどの波も振幅と波長を持つので，誤り。Ⓒ「安定の悪い」という表現が第５段落の記述と逆である。Ⓓ第５段落最後の文の変光星に関する内容と，第６段落第５文の音程に関する記述から正解。Ⓔ第６段落第１文に挙げられている音の例「我々の音程の認識は，ある音の中で繰り返される基本周波数を聞き分ける能力によるものである」の記述に反する。Ⓕ第６段落第４文の意味と一致する。よって正解。

【全訳】

ハーモニクス

[1]　音波には，測定し描写することのできる物理的な特徴がある。その規則的な構造は，自然界における規則性の多くの原則を説明する。音響学では，音波の１つの特徴は，その調和振動の繰り返しである。これは，その音波が周期に則って繰り返されることを意味する。音波の周波数はヘルツで計測される。その波の最高値と最低値は基本周波数の倍数になる。これは，それらの波が調和していることを意味する。したがって，f が周波数を表すことができるとすると，その倍音は2f，3f，4f …となる。ある音が心地よく感じられるか否かは，おおまかに言えばその周波数成分が倍音かそうでないかということの作用である。人間の声やバイオリンのような発振器は，倍音信号を出している。

[2]　さまざまな種類の波がいろいろな媒質を通じて増幅するが，すべては調和的な繰り返しを示し，またすべては全方向へと広がる。水の中を進む海洋波は間隔を持っており，これはラジオ波やマイクロ波，電灯や電磁波の放射が，媒質や真空中を進む時と同じである。空気や液体，固形物などを通って移動する音は，間隔を持っている。震動性の波は調和的な間隔を持って物質中を移動し，交通信号に制御された車両や風の日にそよぐ木の枝の動きすら，調和波を実証

しているといえる。

[3]　波は、振幅と波長という2つの尺度で表される。波の振幅は、波がその低い点から高い点までの間でどの程度かく乱を起こすかを示す。音波の平面図においては、振幅は水平に移動する波の動きに対して垂直の尺度である。音の振幅の単位は圧力を表すパスカル、電磁波の振幅の単位はボルト毎メートルである。波長は2つの頂点つまり波の高い点どうしの間の距離、あるいは2つの底値つまり波の低い点どうしの間の距離である。13 これは距離を示すメートルやナノメートルで表す。

[4]　周波数の変動は、振動の一種である。振り子の揺れのように、それは安定した振幅よりも上に行ったり下に行ったりする。2つの状態を行ったり来たりするものが別の種類の振動である。これは光と闇、あるいは電源につながっているかいないかといったことを言う。電流の切り替えは、この2つ目の振動である。

[5]　調和振動の反復すなわち振動の示す、ある興味深い形態が、変光星から届く光である。さまざまな理由から、これらの星は一定時間明るくなったり暗くなったりする。こうしたことは、星が拡大したり収縮したり、対になって軌道上を回る星に影を作ったり、あるいは星のある面が他よりも明るかったりといったことの繰り返しによって起こっている。こうした変化の意義深い点とは、それらが自然界で起きる中では、最も安定した間隔を持つものであるということである。

[6]　音について言えば、我々の音程の認識は、ある音の中で繰り返される基本周波数を聞き分ける能力によるものである。通常我々は、半音の100分の5の音程の違いを聞き分けられる。半音とは1オクターブの12分の1である。音程を認識する場合、人間は等比数列的に音程を聞き分ける。音符は人間の耳にとっては均等な間隔になっているので、その周波数は倍加された間隔を持つ。100ヘルツと150ヘルツの間にある音程の認識の違いは、1,000ヘルツと1,500ヘルツの間と同じである。一般的に、人間は20ヘルツから20,000ヘルツの間の音を聞くことができる。年をとるにしたがい、高い方の範囲が失われていく。

[7]　我々はさまざまに調和波を見たり経験したりしており、その波を自分たちの尺度や時間の中で認識できない時でさえ、その中にいるのである。季節のような定期的な変化や、もっと長いサイクルでさえも、一定を保っているのである。惑星の軌道は、他の天体と関連するタイミングで生じている。これらすべては、莫大な時と空間とを経て調和する。これらの調和は宇宙において自然に起きる規則として見られるものである。

Word & Phrase Check

☐ property	特徴	☐ frequency	周波数
☐ medium	媒体物	☐ seismic	振動の
☐ wavelength	波長	☐ pendulum	振り子
☐ pitch	音程	☐ semitone	半音
☐ geometric	等比数列の、幾何学的な	☐ orbit	軌道

このパッセージについて

　本問は（1）Exposition（説明）のパッセージの例として、出題しました。TOEFL のリーディング・セクションの素材の中でも最も一般的なタイプです。

　TOEFL では理系のものから文系のものまで幅広いジャンルの英文が出題されます。科目を問わず、高校範囲程度の科目の知識が役立つことがあります。このパッセージで言えば、物理の波動を思い浮かべた方もいたでしょう。とはいえ、大学レベルの研究内容にまで踏み込んだ知識が要求されるわけではありません。重要な情報はパッセージ内で説明されますから、丁寧に main idea を読み取る訓練を続けていきましょう。

Reading
集中トレーニング

ここからは，本番同様の解答時間で実戦問題に取り組みましょう。例題・演習問題で学習した論理展開の把握の仕方や，各設問の考え方を応用して，実戦力を身につけましょう。また，各問題の **LOGIC NOTE** の例を解答解説に掲載していますので，復習に活用してください。

問題 1

SKIMMING 5分 CD 1-04

Questions 1 – 14

Neo-gothic Architecture in the United States

[1] The United States for many generations looked to Europe for its architectural inspiration. The Greek Revival style of the Capitol is a prime example. However, the Greek Revival style was not the only European style American architects copied and reinterpreted. Starting in the 1840s, the neo-gothic style began to gain popularity. However, it never became nearly as widespread as the Greek Revival style of earlier decades.

[2] This interest in gothic styles reflected architectural trends in Europe of the time. The Oxford University Museum of Natural History and St. Pancras Station in London are classic examples of neo-gothic construction in England. Following a fire in 1834, the Houses of Parliament in London were rebuilt in the gothic style. In Victorian England, new church construction repeatedly followed gothic styles. The notion that gothic was the suitable style for religious structures soon held sway on both sides of the Atlantic.

[3] Andrew Jackson Downing began to use numerous decorative features of medieval castles and churches in his works. Yale and Harvard both built major new buildings in the neo-gothic style. Richard Upjohn became well-known for Trinity Church in New York City with its distinctly medieval design of gargoyles, stained glass and a severely sloped roof. Another famous work in the neo-gothic style, James Renwick's St. Patrick Cathedral, combines elements of Notre Dame Cathedral of Reims and Cologne Cathedral.

[4] Although the inspiration was gothic, more up-to-date construction methods allowed modifications to be made in the design. Flying buttresses, which required massive supports at a distance from the structure, could be replaced by exterior buttresses which were closer to the structure and smaller. Extremely thick walls in the gothic originals were done away with. Construction could progress faster and materials were less costly. Renwick also designed the original Smithsonian Institute during this period, a building whose style would eventually earn it the nickname "The Castle."

[5] An equally great area of neo-gothic design in the United States in the latter half

of the 19th century was home construction. New homes for wealthy families made visual statements that their occupants were the American nobility. They lived in newly-built castles of stone which either copied earlier structures or incorporated architectural features common to gothic homes of Europe. Alexander Jackson Davis built the Walpole home in the Hudson Valley of New York with medieval decorations. The Biltmore estate near Asheville, North Carolina, was an especially famous example of this trend. At the time, it was the largest private home in the country. As time progressed, numerous architectural styles of Europe were copied as each family wished to create an American palace that would be both distinctly different from others in the country and a historically authentic example of a known European style.

[6]　The neo-gothic style also influenced smaller home construction of the time. ■ Wooden homes were designed with decorative trim that suggested gothic influences. ■ It was not a huge castle, but clearly its decorations were dramatically different from the simple lines of the Greek Revival style. ■ In time, many Victorian homes of the late 19th century had considerable amounts of highly decorated trim due to gothic influences. ■

[7]　It is interesting to consider why architects of the 19th century were copying European works in great detail while writers and painters were already establishing distinctly American styles. Perhaps, the businessmen owners of richly-built homes wished to demonstrate that they had a taste for fine European structures. Possibly, governments felt that citizens of all classes would benefit from seeing and using government buildings that maintained gothic European styles. Whatever the reason, no architectural survey of the eastern half of the United States would be complete without including the monumental structures of the 19th century that followed styles established hundreds of years before the European settlement of America.

1 The phrase the time in paragraph 2 refers to

Ⓐ many generations
Ⓑ the Greek Revival style
Ⓒ the 20th century
Ⓓ the decades after 1840

2 According to paragraph 2, what happened after the fire of 1834?

Ⓐ A new housing style started to spread.
Ⓑ An exact copy of a legislature went up.
Ⓒ A famous building was built again.
Ⓓ An old home was lost forever.

3 The phrase held sway in paragraph 2 is closest in meaning to

Ⓐ had influence
Ⓑ caused damage
Ⓒ was enforced
Ⓓ became criticized

4 The word major in paragraph 3 is closest in meaning to

Ⓐ significant
Ⓑ studious
Ⓒ adult
Ⓓ military

5 Why does the author mention exterior buttresses in paragraph 4?

Ⓐ To show how ways of building were changing
Ⓑ To refute the idea that the Greek Revival style had ended
Ⓒ To give an example of an unpopular feature
Ⓓ To suggest America and Europe were different

6 According to paragraph 4, which of these is NOT true about Renwick's major work?

Ⓐ It required a longer construction time.
Ⓑ It copied the gothic style.
Ⓒ It reduced construction costs.
Ⓓ It made use of exterior buttresses.

7 The word features in paragraph 5 is closest in meaning to

Ⓐ characteristics
Ⓑ articles
Ⓒ options
Ⓓ appearances

8 Which of the sentences below expresses the essential information in the highlighted sentence in paragraph 5? Incorrect choices change the meaning in important ways or leave out essential information.

Ⓐ Families in the U.S. often moved to Europe to study architectural styles.
Ⓑ Nobility in the U.S. were conscious of copying one another's residential styles.
Ⓒ Wealthy American families copied architectural styles for both personal style and European style.
Ⓓ Each family that copied European styles yearned to live in a historic place in Europe.

9 According to paragraph 5, what was unusual about the house mentioned near Asheville, North Carolina?

Ⓐ It was the largest private home in the United States.
Ⓑ It began the neo-gothic style.
Ⓒ It used steel and not stone.
Ⓓ It was owned by a European noble.

10 When the author stated in paragraph 7, the owners had a taste, he meant they

Ⓐ had experienced something
Ⓑ included something in their diet
Ⓒ were culturally refined
Ⓓ considered something offensive

11 It can be inferred from paragraph 7 that native painters of this period

Ⓐ copied Europeans carefully
Ⓑ owned the greatest homes of the East
Ⓒ were less inventive than architects
Ⓓ began to create their own styles

12 What is mentioned in the passage about gothic influences and building materials in the 19th century?

Ⓐ Gothic styles only occurred in stone structures.
Ⓑ The materials used inherited those of traditional gothic style.
Ⓒ Elaborate decorations were not limited to large homes.
Ⓓ Gothic styles could only be seen in wooden homes.

13 Look at the four squares [■] that indicate where the following sentence could be added into the passage.

The "Wedding Cake" House of Kennebunk, Maine, is a prime example.

Where would the sentence best fit?　　　　　　　　　　　⏳ 1 分 20 秒

14 **Directions:** An introductory sentence for a brief summary of the passage is provided below. Complete the summary by selecting the THREE answer choices that express the most important ideas in the passage. Some sentences do not belong in the summary because they express ideas that are not presented in the passage or are minor ideas in the passage. **This question is worth 2 points.**　　⏳ 2 分 40 秒

Neo-gothic was an architectural style that became popular in the United States.

- Ⓐ This style was first used in European public buildings.
- Ⓑ Universities were largely unaffected as this style spread.
- Ⓒ This style incorporated modern construction methods and influenced home construction.
- Ⓓ The style saw a great reduction in the amount of decorations.
- Ⓔ A drawback of the style was its failure to update construction methods.
- Ⓕ A study of American architectural styles requires focusing on their imitation of European structures.

| 問題1　解答解説 | ・建築学 |

全訳 ➡ p.78〜p.79

LOGIC NOTE

メインポイント	European influence on American architecture
[1]	19C.(Century): Greek Revival style and neo-gothic style(1840〜)
[2]	ex) neo-gothic constructions in UK
[3]	ex) neo-gothic architects and constructions in US
[4]	construction methods was updated, progress faster and less costly
[5]	wealthy families wanted known European style ⎫ home construction
[6]	decorations of smaller home ⎭
[7]	19C. America followed European styles wished to demonstrate that they had a fine taste?

Questions 1 - 14

1

正解　Ⓓ　　　　　　　　　　　　　　　　　　　▶ 6　指示語

第2段落の the time が指すものは次のうちどれか。
Ⓐ　多くの世代
Ⓑ　ギリシャ復興様式
Ⓒ　20世紀
Ⓓ　1840年以降の数十年間

解説　the time という語句が指すものは，時代や時間であろうという推測を元に考えよう。This interest で始まるこの文はネオゴシック様式への関心についてであり，前の文，つまり第1段落の後半を見ると，この人気は1840年代から始まったことがわかる。よって正解は Ⓓ。Ⓐは「多くの世代」，Ⓑはネオゴシック様式に先立つスタイルとして紹介されている「ギリシャ復興様式」の意味なので，共に文脈に合わず不適切である。Ⓒの「20世紀」は時代が話の内容と合わないため不適切である。

2

正解　Ⓒ　　　　　　　　　　　　　　　　　　　▶ 1　内容一致

第2段落によると，1834年の火災の後には何が起こったか。
Ⓐ　新しい住宅様式が広まり始めた。
Ⓑ　ある議会の正確な複製物が建てられた。
Ⓒ　ある有名な建物が再建された。

72

Ⓓ ある古い住宅が永久に失われた。

解説 1834年の火事について書かれているのは，第2段落の第3文である。following は「〜に続いて，〜の後に」という意味の前置詞で，設問のように after と言い換えられる。本文の were rebuilt を was built again と言い換えているⒸ が正解。住宅の建築についての記述が出てくるのは第5段落以降なので，Ⓐ と Ⓓ は不適切である。また，同じものを copy したのではなく，様式を変えて再建したのであるから，Ⓑ も誤り。legislature は「州議会」の意味。

3

正解 Ⓐ

第2段落の held sway という語句に最も近い意味はどれか。

Ⓐ 影響を及ぼした
Ⓑ 損害を与えた
Ⓒ 強いられた
Ⓓ 非難された

解説 sway は名詞で「支配」。まずこの文の主語である the notion that ... structures は「宗教的建造物にはゴシック様式がふさわしいという概念」の意味。これが，大西洋の両側，つまりヨーロッパとアメリカの両方において held sway したという内容になるので，適切なのは「影響を及ぼす，影響力を持つ」のⒶ となる。Ⓑ，Ⓒ，Ⓓ はそれぞれ「損害を与えた」，「強いられた」，「非難された」の意。ネオゴシック様式の人気を示す例を列挙してきた文章の流れにそぐわないため，いずれも不適切である。

4

正解 Ⓐ

第3段落の major という単語に最も近い意味はどれか。

Ⓐ 重要な
Ⓑ 勉強好きな
Ⓒ 大人の
Ⓓ 軍の

解説 第3段落第2文は，major の直後を見ると，new buildings（新しい建造物）とある。よって major は「建造物」を修飾する形容詞であることが分かる。またその建造物が Yale and Harvard の大学のものであることや，同文の最後に neo-gothic style であると記されていることから，「軍用の」という意味のⒹ ではなく，「重要な」の意味を表すⒶ が適切であると言える。同様の理由から，Ⓑ とⒸ は建造物の形容詞としてふさわしくないため，共に不適切である。

5

正解 Ⓐ　　　　　　　　　　　　　　　　　　　　　　　**4　修辞意図**

第4段落で著者が外梁について触れたのはなぜか。

- Ⓐ 建設様式がどのように変わりつつあったかを示すため
- Ⓑ ギリシャ復興様式は終わったとする考えに反駁するため
- Ⓒ 人気のない特徴の例を挙げるため
- Ⓓ アメリカとヨーロッパは違うということを示唆するため

解説　第4段落の第1文にこの段落の趣旨がまとめられている。つまり，ゴシックという古い様式から感化を受けつつも，最新の建築方法はこれを当代風に改良したのである。第2文以降の，flying buttress が exterior buttress に取って代わったことや，分厚い壁がなくなり，工期は短くなり，資材費は下がったことがその実例である。よって，変遷を述べた Ⓐ が正解。ここではギリシャ復興様式については触れていないので，Ⓑ は誤り。Ⓒ は「人気のない」が誤り。パッセージ全体がヨーロッパを意識したアメリカ建築の発展史だが，この第4段落は「違い」ではなく，アメリカ建築史の変貌についての記述なので，Ⓓ も不適切である。

6

正解 Ⓐ　　　　　　　　　　　　　　　　　　　　　　　**2　内容不一致**

第4段落によると，レンウィックの主要作について本文で述べられたことに当てはまらないものは次のうちどれか。

- Ⓐ より長い建設期間を必要とした。
- Ⓑ ゴシック様式を模倣した。
- Ⓒ 建築コストを削減した。
- Ⓓ 外梁を使用した。

解説　まずレンウィックの作品について述べられている第3段落について考えよう。LOGIC NOTE を参照してもわかる通り，第3段落はアメリカにおけるネオゴシック様式の代表的建築家と作品の例示という機能を持っている。よって，レンウィックの主要作がネオゴシック様式に該当するかどうかという観点から選択肢を検討すればよい。Ⓑ～Ⓓ は特にレンウィックのみについての記述ではないが，第4段落の一般的なネオゴシック様式の流れを汲む建築（家）に関することと合っている。その中に「建設はより速くなった」との記述があるので，本文と合致しないのは Ⓐ である。

7

正解 Ⓐ　　　　　　　　　　　　　　　　　　　　　　　**5　語彙**

第5段落の features という単語に最も近い意味はどれか。

- Ⓐ 特徴
- Ⓑ 記事
- Ⓒ 選択肢
- Ⓓ 外観

集中トレーニング 問題1

解説 features の前後の意味を確実につかむこと。前に incorporated architectural（建築様式の〜を取り込んだ）があり，後に common to gothic homes of Europe（ヨーロッパのゴシック風住宅に共通する）がある。このことから，「建築物の風合い」つまり「特徴」という意味を表すⒶ characteristics が適切である。Ⓓ appearances（外観）が紛らわしいが，architectural（建築学の）と合わない。appearance は，具体的な建築物などの外観を表す。

8

正解 Ⓒ　　　　　　　　　　　　　　　　　　　　　　7　文書き換え

第5段落でハイライトされた文の重要な情報を表しているのは以下のうちどれか。不正解の選択肢は，意味を大きく変えるか，もしくは重要な情報を含んでいない。
Ⓐ アメリカの家族は，建築様式を学ぶためしばしばヨーロッパに引っ越した。
Ⓑ アメリカの富裕層は，互いの住宅様式をまねようと意識していた。
Ⓒ アメリカの裕福な家族は，個人的な住宅様式とヨーロッパ様式の両方を求めて，建築様式を模倣した。
Ⓓ ヨーロッパ様式を模倣した家族はみな，ヨーロッパの歴史的に有名な場所に住むことに憧れていた。

解説 この段落では，個人の住宅もネオゴシック様式で建設されるようになった風潮と，アメリカ人富裕層の趣向が述べられている。ハイライト部分では，さらに彼らが，国内の他の住宅とも，ヨーロッパ様式の歴史的な住宅とも異なったアメリカ風大邸宅を求めてヨーロッパの多くの建築様式を模倣したと書かれている。よってⒸの情報が当てはまる。Ⓐの「ヨーロッパに引っ越した」という内容は述べられていない。彼らは誰とも異なる住宅を求めていたため「まねようと意識していた」とするⒷも不適切。Ⓓの内容も当てはまらない。

9

正解 Ⓐ　　　　　　　　　　　　　　　　　　　　　　1　内容一致

第5段落によると，ノースカロライナ州アシュビル近郊の家について通常と異なっていた点は何か。
Ⓐ アメリカ合衆国で最大の個人住宅だった。
Ⓑ それがネオゴシック様式を採り入れた最初の建物だった。
Ⓒ 石を使わず鋼鉄を用いた。
Ⓓ ヨーロッパ貴族の所有であった。

解説 第5段落中ほどに，「アシュビルに近いビルトモア・エステート」という家が，ネオゴシック様式による住宅建築の有名な例であり，「個人住宅として国内最大」であったことが書かれている。よって，正解はⒶ。Ⓑは began が間違い。example of this trend なので，何かを踏襲したことになる。また，この家についてだけ石造りが鋼鉄に変わったとの記述はないので，Ⓒも誤り。Ⓓの記述もない。

10

正解 Ⓒ　　　　　　　　　　　　　　　　　　　　　　　5 語彙

第7段落で，著者が「持ち主たちが had a taste」と言う時に意味しているのは，次のうちどれか。
- Ⓐ 何かを経験したということ
- Ⓑ 食事に何かを採り入れたということ
- Ⓒ 文化的に洗練されていたということ
- Ⓓ 何かを気に障ると思ったということ

解説　have a taste for はイディオムで「～の趣味がある，～のよさがわかる」という意味。該当文より，家主であるアメリカの実業家たちがヨーロッパの洗練された趣味を解することを示したかったと判断できる。したがって，正解は culturally という語を使って感性の高さを表している Ⓒ。have a taste for は「～の趣味がある」という状態を表す表現であり，Ⓐ のように特定の出来事を経験したということにはならない。また，Ⓑ のように taste を「味，味覚」の意味に取らないこと。Ⓓ は逆のことを述べているので不適切。

11

正解 Ⓓ　　　　　　　　　　　　　　　　　　　　　　　3 推測

第7段落より，この時代のこの国の画家たちについて推測できることはどれか。
- Ⓐ ヨーロッパ人を綿密に模倣した
- Ⓑ 東海岸の大きな家を所有していた
- Ⓒ 建築家ほど独創的ではなかった
- Ⓓ 自らのスタイルを創造し始めていた

解説　第7段落の最初に，当時のアメリカで，作家や画家に比べ建築家がどう特異であったかが記述されている。writers and painters were already establishing distinctly American styles とあることから，正解は Ⓓ。Ⓐ はアメリカの建築家について述べられていることなので間違い。画家が所有した家のことは書かれていないので，Ⓑ も不適切である。独創的でなかったのは作家や画家に比較した建築家なので，Ⓒ も誤りである。

12

正解 Ⓒ　　　　　　　　　　　　　　　　　　　　　　　1 内容一致

19世紀におけるゴシックの影響と建築資材について，本文で述べられていることは何か。
- Ⓐ ゴシック様式は石の建築物においてしか起こらなかった。
- Ⓑ 使われた資材は伝統的なゴシック様式を引き継いだ。
- Ⓒ 手の込んだ装飾は大邸宅に限定されたものではなかった。
- Ⓓ ゴシック様式は木造の家においてしか見られなかった。

解説　設問は，たいていは段落ごとに問われるが，本問のように複数の段落あるいはパッセージ全体を参照させる問題が出題されることがある。Ⓐ については，第6段落にゴシック様

式が木造の住宅建築に与えた影響が書かれている。よって，誤り。Ⓑ は第4段落に工法は近代的なものに改良され，資材のコストも下がったと書かれているので不適。Ⓓ は第5段落で石造りの城がゴシック風の住宅の特徴を取り入れたものだと述べられているので誤り。第6段落では，ネオゴシック様式が小規模な住宅建設にも影響を与え，派手な装飾が用いられたことが書かれているため，Ⓒ が正解である。

13

正解　2つ目　　　　　　　　　　　　　　　　　　　　　　　▶ 8　文挿入

文中の4つの■のうち，以下の文が入るのに最も適する箇所はどこか。
メーン州ケネバンクの「ウェディング・ケーキ・ハウス」はその好例である。

解説　挿入文にある The "Wedding Cake" House という住宅が，何の prime example（好例）となるのかが鍵となる。この住宅と同様のものが挿入文の直前にくることを予想しつつ，第6段落冒頭から見ていこう。第1文は，ネオゴシック様式は当時の smaller home construction（小規模住宅の建設）にも影響を与えたという内容，1つ目の■の次の文は，wooden homes（木造住宅）にゴシック様式の派手な装飾が用いられたことが書かれている。よって挿入文の The "Wedding Cake" House は，1つ目の■の次の文の木造住宅の例えと考えるのが妥当であり，答えは2つ目の■となる。これに続く文の初めの It は挿入文の The "Wedding Cake" House を指し，この住宅を説明している。最後の第4文は，その後に続くビクトリア様式についてである。

14

正解　Ⓐ Ⓒ Ⓕ　　　　　　　　　　　　　　　　　　　　　　▶ 9　要点把握

本文の簡単なまとめの導入文が下に与えられている。本文の最も重要な考えを述べている選択肢を3つ選んで，要約を完成させよ。いくつかの選択肢は，文章で述べられていないか，もしくは文の重要な考えではないため，要約には含まれない。この問題は2点が与えられる。
ネオゴシックはアメリカ合衆国で人気が出た建築様式の1つであった。

Ⓐ　この様式はまず，ヨーロッパの公共建築物に使われた。
Ⓑ　大学はこの様式が広まっていく過程にはほとんど無関係であった。
Ⓒ　この様式は，近代的な建築工法を取り入れ，住宅建築に影響を与えた。
Ⓓ　この様式では，装飾の総量において大きな減少が見られた。
Ⓔ　この様式の難点は，建築工法を新しいものに変換できなかったことだった。
Ⓕ　アメリカの建築様式を研究するには，その様式がヨーロッパ建築を模倣したものであることに焦点を当てる必要がある。

解説　Ⓐ は，第2段落に博物館や駅，国会議事堂などがまずこの様式で建てられたとあるので，正しい。Ⓑ は，第3段落で，イェール大学やハーバード大学の校舎がこの様式で建てられたとあるので誤り。Ⓒ は，第4段落で，この様式にはより近代的な建築工法を取り入れたことで設計に改良が加えられたことが書かれており，また第6段落で，この様式が住宅建築にも影響を与えたことが書かれているため，正しい。Ⓓ は，第5〜6段落に，ゴシッ

クの特徴の1つが豊富な装飾であったことが示されているので，誤り。Ⓔは，第4段落に，より近代的な建築工法によってゴシック様式が改良されたことが書かれているので，誤り。Ⓕは，第7段落の最後の文をまとめた内容であるため，正しい。

【全訳】
アメリカ合衆国のネオゴシック建築

[1]　アメリカ合衆国は，何世代にもわたって建築の発想をヨーロッパに求めてきた。国会議事堂のギリシャ復興様式がその最たる例である。しかし，ギリシャ復興様式は，アメリカの建築家たちが模倣し再解釈した唯一のヨーロッパ様式というわけではなかった。1840年代からは，ネオゴシック様式が人気を博し始めた。しかし，それに先立ち数十年にわたって広く知られていたギリシャ復興様式ほど広がりはしなかった。

[2]　ゴシック様式へのこの関心は，当時のヨーロッパにおける建築の潮流を反映するものだった。オックスフォード大学自然史博物館や，ロンドンのセント・パンクラス駅は，イギリスにおけるネオゴシック建築の典型的な例である。1834年の火災の後，ロンドンの国会議事堂はゴシック様式に建て直された。ビクトリア朝時代のイギリスでは，新しい教会の建設はゴシック様式が繰り返し採り入れられた。ゴシック様式が宗教建築物に適したスタイルであるという認識は，まもなく大西洋の両側で支配的となった。

[3]　アンドリュー・ジャクソン・ダウニングは，中世の城や教会のさまざまな装飾的特徴を，自らの作品に採り入れるようになった。イェール大学とハーバード大学は共に，主要な新しい校舎をネオゴシック様式で建設した。リチャード・アップジョンは，際立って中世的なデザインのガーゴイルやステンドグラス，ならびに極端に傾斜した屋根を持つ，ニューヨーク市のトリニティ教会で有名になった。ネオゴシック様式のもう1つの有名な作品である，ジェームズ・レンウィックによるセント・パトリック大聖堂は，ランスのノートルダム大聖堂とケルン大聖堂の要素をあわせ持っている。

[4]　発想はゴシック様式であったが，より近代的な建築工法によって，その設計に改良を加えることが可能になった。飛び梁は基本構造から離れたところに大きな支えを必要とするものであったが，より基本構造に近く，より小さい外梁が，これに取って代わるようになった。元々のゴシック建築が持っていた極端に厚い壁は使われなくなった。建設は速く進むようになり，資材のコストは下がった。レンウィックはまた，この時期にスミソニアン研究所の原型を設計しているが，これはやがてその様式から，「城」という異名を得るところとなった。

[5]　19世紀後半のアメリカのネオゴシック設計において同様に大きな領域を占めたのは，住宅建築であった。裕福な家族のための新しい住宅は，その居住者がアメリカの高貴な人々であるという視覚的な宣言となった。彼らは新築の石造りの城に住んだが，これらは以前の建築をまねたものであるか，あるいはヨーロッパのゴシック風住宅に共通する特徴を採り入れたものであった。アレクサンダー・ジャクソン・デイビスは，ニューヨークのハドソンバレーに，中世的な装飾を用いてウォルポールの家を建てた。ノースカロライナ州アシュビルに近いビルトモア・エステートは，この流れを汲む，際立って有名な例である。当時，それは個人の住宅としては国内で最大のものだった。時代が進むにつれ，個々の家庭が，国内の他のどの住宅とも，またよく知られたヨーロッパ様式の歴史的にも信頼できる実例とも明らかに異なったアメリカ風大邸宅を造ることを望んだために，ヨーロッパのありとあらゆる建築様式が複製されていく

78

ことになった。

[6]　また，ネオゴシック様式は，この時代のより小規模な住宅の建設にも影響を与えた。木造の家の設計には，ゴシック様式の影響を思わせる派手な装飾が用いられた。13 メーン州ケネバンクの「ウェディング・ケーキ・ハウス」はその好例である。それは大邸宅ではないが，しかし明らかにその装飾は，ギリシャ復興様式のシンプルな趣とは劇的に異なるものだった。その後，19世紀後半のビクトリア様式の家々の多くは，ゴシック様式の影響を受け，非常に派手な装飾をかなり多く持つようになった。

[7]　興味深いのは，作家や画家たちがすでに明白にアメリカ的なスタイルを確立しようとしていた19世紀に，なぜ当時の建築家たちは，ごく細部にわたってまでヨーロッパの作品を模倣しようとしていたのかということだ。おそらく，贅沢に建てられた家の持ち主である企業の経営者たちが，洗練されたヨーロッパ建築の趣味があることを誇示したがったのであろう。あるいは，ゴシック様式のヨーロッパ的スタイルを受け継ぐ政府の建造物を見たり使ったりすることが，あらゆる階級の市民のためになると政府が考えたためであろうか。理由がどうであれ，ヨーロッパのアメリカ入植より何百年も前に確立された様式に追随する19世紀の記念碑的な建築様式を考慮しないことには，アメリカ東半分についてのいかなる建築上の調査も完結しないのである。

Word & Phrase Check

☐ reinterpret	～を再解釈する	☐ sway	支配
☐ medieval	中世の	☐ combine	～を兼ね備える
☐ modification	改良	☐ buttress	控え壁
☐ earn	～をもたらす	☐ nobility	高潔さ
☐ incorporate	～を組み入れる	☐ trim	装飾
☐ monumental	記念碑的な		

問題 2

SKIMMING ⏳ 5分 ● CD 1-05

Questions **1** - **13**

Levee Construction

[1] Flooding on either a periodic or an irregular basis has been a problem throughout the history of people living along rivers. Flooding may have a number of beneficial effects, but the immediate result has been the loss of housing, crops, human and animal life, and disruption of economic activities. For these reasons, technology has been employed to control water flow and prevent flooding. One way this has been done is to build dams. Another has been the construction of levees along the sides of rivers.

[2] Some levees are temporary constructions during the time of a flood, such as stacks of sandbags to keep floodwaters out of city areas. These are created where the property values or the threat to human life make it impossible to live with flooding. In the most dramatic cases, cities that lie below the natural level of the river are protected by extensive systems of permanent levees. Despite some well-known failures, prime examples of levee systems are in the area around New Orleans, Louisiana, and on various rivers that flow through the Netherlands.

[3] The basic material of a permanent levee is piled earth. This extends over many kilometers parallel to the river on both sides. Levees are normally not immediately at the point where the water routinely flows. They are set back some tens of meters from the water and follow a straighter path than the river itself. This allows some area for the water to rise before it puts pressure on the levees. This low area, or flood plain, is normally parkland or farmland. If the river is left alone, it will meander back and forth across the flood plain that serves to slow the flow of water.

[4] Although earth itself is the basic barrier that stops flooding when it encounters a levee, levees need reinforcement to prevent them being penetrated by floodwaters. ■ Reinforcement is achieved through two techniques. ■ First, extensive planting covers an earth levee. ■ On the land side of a levee, a terrace, or banquette, near the foot reduces the erosion stress on the entire levee. The earth of the terrace may effectively be bound together by planting willows, trees known for root systems that grow fast and deep.

[5] Second, the top portions of levees are covered with concrete revetments. ■ Revetments are lengthy concrete structures built to absorb the force of waves. During a severe storm, the strongest waves would breach a levee system at some point or points if it were not for the reinforcement. Once a breach occurs, flood waters will flow through until the hole is filled or the water equalizes on the two sides

of the levee. If the water equalizes, the flooded area may require weeks of pumping until it is dry once again.

[6]　Besides maintenance of revetments to avoid breaches during storms, levee systems force continuous removal of silt. Under natural conditions, particles suspended in the water would be deposited all over the flooded areas of the valley. If a levee system is created, all of the particles carried by the river are either deposited on the riverbed or carried into the lake or sea where the river ends. In either case, the build-up raises the level of the river or the lake as the same amount of water must flow above the silt deposit. The silt, therefore, must continually be dug out.

[7]　The Mississippi River levee system is one of the largest in the world. It begins over 1,600 kilometers back from the mouth of the river. The original portion around New Orleans, Louisiana, then only one meter high, dates back to the 18th century. On average, the Mississippi levees are seven meters high, but some portions are as high as 15 meters. Some individual levees are as long as 611 kilometers.

[8]　Although people have long built levees to protect river areas from flooding, rivers can create these features naturally. The kinetic force of an extremely strong flood will deposit branches and other materials at the high-point the waters reach. When this repeats, a natural levee will be created. Rivers that flood frequently and with great force reach equilibrium within the environment by establishing boundaries. Humans have only reinforced this development with earth and concrete.

1 The word **irregular** in paragraph 1 is closest in meaning to

Ⓐ constant
Ⓑ strong
Ⓒ inhuman
Ⓓ occasional

2 According to paragraph 2, what is true of levees when they are made of sandbags?

Ⓐ They have the best possible construction.
Ⓑ They are only suitable for the countryside.
Ⓒ They only last a limited time.
Ⓓ They cause more flooding.

3 In paragraph 2, the author mentions New Orleans, Louisiana, in order to

- Ⓐ show not all areas feel this system is necessary
- Ⓑ predict where the system might be added next
- Ⓒ provide an example of a place with this system
- Ⓓ prove this system never fails

4 Generally, where are levees built, according to paragraph 3?

- Ⓐ Just at the edge of the water
- Ⓑ At the side of the flood plain
- Ⓒ Kilometers away from the water
- Ⓓ Wherever footpaths are built

5 The phrase left alone in paragraph 3 is closest in meaning to

- Ⓐ considered the supervisor
- Ⓑ put into isolation
- Ⓒ not interfered with
- Ⓓ overtaken in a race

6 The word penetrated in paragraph 4 is closest in meaning to

- Ⓐ separated from
- Ⓑ saturated
- Ⓒ brought together
- Ⓓ made stronger

7 Which of the sentences below expresses the essential information in the highlighted sentence in paragraph 4? Incorrect choices change the meaning in important ways or leave out essential information.

- Ⓐ If trees are planted, a terrace will not be needed.
- Ⓑ The trees must be removed to make room for a terrace.
- Ⓒ Small plants are the best thing to grow in the soil here.
- Ⓓ These trees strengthen the terraced earth with their roots.

8 According to paragraph 6, what is NOT true about silt deposits?

- Ⓐ They only occur when levees exist.
- Ⓑ They raise the level of the river.
- Ⓒ They can be deposited on lakebeds and seabeds.
- Ⓓ They make continuous digging necessary.

9 What does the author imply about the Mississippi River levee system in paragraph 7?

- Ⓐ The system was once much larger.
- Ⓑ The system has a very brief history.
- Ⓒ Each levee is quite small.
- Ⓓ The levees have been built higher.

10 The word kinetic in paragraph 8 is closest in meaning to

- Ⓐ moving
- Ⓑ natural
- Ⓒ gentle
- Ⓓ artificial

11 According to paragraph 8, what material becomes a major part of natural levees?

- Ⓐ Floodwaters
- Ⓑ Tree branches
- Ⓒ Piled earth
- Ⓓ Concrete

12 Look at the four squares [■] that indicate where the following sentence could be added into the passage.

Bermuda grass is often used on the river side of a levee due to its ability to bind earth together.

Where would the sentence best fit?　　　　　　　　　　⧖ 1 分 20 秒

13 **Directions:** An introductory sentence for a brief summary of the passage is provided below. Complete the summary by selecting the THREE answer choices that express the most important ideas in the passage. Some sentences do not belong in the summary because they express ideas that are not presented in the passage or are minor ideas in the passage. **This question is worth 2 points.**　　⧖ 2 分 40 秒

Rivers and mankind both create levees around areas that often flood.

　Ⓐ Earth and sandbags are major materials for manmade levees.
　Ⓑ The best levees are built entirely of concrete.
　Ⓒ Whenever possible, flood plains should be removed.
　Ⓓ Trees and tree branches bind earth together in many levees.
　Ⓔ Levees need to be as close to rivers as possible.
　Ⓕ Rivers will deposit silt both in flooded areas and underwater.

集中トレーニング　問題2

問題2　解答解説　・工学

全訳➡ p.90〜p.91

LOGIC NOTE

メインポイント	technology for levee construction
[1]	flooding → construction of levee
[2]	temporary levees (stacks of sandbags) and permanent levees
[3]	permanent levees: tens of meters from the water
[4]	① earth levee: covered with planting
[5]	② top: covered with concrete revetments
[6]	③ continuous removal of silt
[7]	the largest = the Mississippi River levee　18 C. (century)〜
[8]	humans have only reinforced natural levee

[4]〜[6] reinforcement

Questions 1 - 13

1

正解　Ⓓ　　　　　　　　　　　　　　　　　　　　　　　5　語彙

第1段落の irregular という単語に最も近い意味はどれか。
Ⓐ　絶え間ない
Ⓑ　強い
Ⓒ　冷酷な
Ⓓ　たまたまの

解説　irregular は regular の反意語。ir- は r の前に付く，否定の意を表す接頭辞。この単語は periodic（定期的な）と共に either A or B（A または B のどちらか）の表現に使われている。よって irregular は periodic と相対する意味になると判断される。したがって「定期的な」の反対の意味を表す Ⓓ の occasional（不定期の）が適切である。

2

正解　Ⓒ　　　　　　　　　　　　　　　　　　　　　　　1　内容一致

第2段落によると，堤防が土嚢で造られる時，正しいものはどれか。
Ⓐ　それらは考えられる最高の構造物である。
Ⓑ　それらは田舎の地方にのみ適する。
Ⓒ　それらは限られた時間しかもたない。
Ⓓ　それらはさらなる洪水を引き起こす。

85

解説 設問文の sandbags は第2段落第1文に出てくる。主語の some levees が are を挟んで temporary constructions とイコールの関係になっている。さらに such as と続き，stacks（積み重ね，堆積）of sandbags ともイコールの関係になっているという構文。よって「いくつかの堤防は土嚢の山のような一時的な構造である」という意味になる。この文の during the time of a flood を a limited time と言い換えたのが Ⓒ である。これが正解。

3

正解 Ⓒ　　　　　　　　　　　　　　　　　　　　　　　　　　　▶ 4　修辞意図

第2段落で，著者がルイジアナ州ニューオーリンズに言及しているのはなぜか。
Ⓐ　すべての地域がこのシステムの必要性を感じているわけではないことを示すため
Ⓑ　このシステムが次にどこに追加されるかを予言するため
Ⓒ　このシステムが存在する場所の例を挙げるため
Ⓓ　このシステムが絶対に失敗しないことを証明するため

解説 New Orleans を含む第2段落最終文は despite で始まっており，この前置詞句の意味は「よく知られた失敗例があるにもかかわらず」なので，主節では「成功」に類するよいことが書かれていると予測できる。永久堤防の prime examples（主要な例）がこの地域にあると言っており，Ⓒ に an example of ～とあるので，これが正解。Ⓐ も大筋では近いが，そのような否定的な目的で言及しているのではない。また，既存の堤防しか提示されていないので Ⓑ も誤り。Ⓓ も，文中では堤防の決壊と考えられる「失敗」について触れられているので，誤りと判断できる。

4

正解 Ⓑ　　　　　　　　　　　　　　　　　　　　　　　　　　　▶ 1　内容一致

第3段落によると，一般的に堤防が構築されるのはどこか。
Ⓐ　水辺の際
Ⓑ　氾濫原のそば
Ⓒ　水辺から数キロメートル離れたところ
Ⓓ　歩道が造られるところはどこでも

解説 第3段落に堤防の具体的な構造の説明が書かれているので，場所や距離を示す語に注目しよう。まず，第3文 not immediately at the point where ... より，levees は普通，川の流れのすぐそばには造られないので，Ⓐ は誤り。第3段落の最後から3文目の some area for the water to rise が，その後では this low area，さらには flood plain と言い換えられている。つまり，flood plain（氾濫原）とは，堤防と川の間の，水があふれることが想定された土地のことである。したがって，堤防とは隣接するはずなので，Ⓑ が正解。また，第2文に many kilometers とあるが，これは堤防の長さであって川までの距離ではない。よって Ⓒ も不適切。Ⓓ の footpaths は第4段落の terrace の言い換えと考えられるが，堤防に terrace を付設するのであるから順序が逆である。

5

正解 Ⓒ

第3段落の left alone という語句に最も近い意味はどれか。

- Ⓐ 管理者とみなされる
- Ⓑ 孤立させられる
- Ⓒ 干渉されない
- Ⓓ レースで追い越される

解説 川が left alone であるとは，川の流れ方に人工的な改修が施されていない，自然の状態を表し，これと同様の意味を示すのは Ⓒ である。したがって，これが正解。主語が river であるから Ⓐ はふさわしくない。Ⓑ の isolation は他と隔離されていることを意味するが，曲がって進むことと隔離されていることは無関係で，不適切。Ⓓ は race の指すものも，overtake する主体も不明であるので不適切。

6

正解 Ⓑ

第4段落の penetrated という単語に最も近い意味はどれか。

- Ⓐ 離される
- Ⓑ 飽和した
- Ⓒ 集められる
- Ⓓ 強化される

解説 penetrate は弾丸や光などを主語とすると「貫通する」だが，液体やにおいが主語の場合「しみ込む」という意味。第4段落の第1文は，後半の主節で levees need reinforcement（堤防には補強が必要だ）とあり，penetrated はそれに続けて理由を述べる箇所に出てくる。them は levees を指すので，「堤防が洪水によって penetrated されるのを防ぐため」ということである。よってこの文脈に合うのは「飽和した，染み込んだ」の意の Ⓑ であり，これが正解となる。ⒶⒸ では意味が通じず，Ⓓ は逆のことを述べているため，誤りである。

7

正解 Ⓓ

第4段落でハイライトされた文の重要な情報を表しているのは以下のうちどれか。不正解の選択肢は，意味を大きく変えるか，もしくは重要な情報を含んでいない。

- Ⓐ 木々が植えられれば，張り出し歩道は必要がなくなる。
- Ⓑ 張り出し歩道の場所を作るために木々は除去されなければならない。
- Ⓒ この土壌で生育するには小さな植物が最も適する。
- Ⓓ これらの木々は張り出し歩道になった土壌をその根で強化する。

解説 ハイライトされた文は受動態で書かれていて，trees 以下は willows を説明している。これを能動態に直し，willows を these trees と再び置き換えた内容になっているのが Ⓓ である。よって，これが正解。この直前の文より，terrace（張り出し歩道）そのものにも水圧を緩衝する役割があることがわかるので，Ⓐ は不適切。Ⓑ の make room for は「～のために場所を空ける」の意味。terrace のための場所を空けるということは書かれていない。Ⓒ のような記述もないので誤り。

8

正解 Ⓐ　　　　　　　　　　　　　　　　　　　　　　　**2　内容不一致**

第6段落によると，沈泥の堆積について当てはまらないものはどれか。
Ⓐ 堤防が存在する時にだけ起こる。
Ⓑ 川の水位を上げる。
Ⓒ 湖底や海底に堆積し得る。
Ⓓ 継続的に掘ることを必要とする。

解説「当てはまらないもの」を問われていることに注意しよう。Ⓐ では堆積が「堤防が存在しない時にも起こる」ことが確認できればよい。Under natural conditions（自然の条件下では）で始まる第2文に，「 particles（粒子）が低地の浸水地帯全体に堆積する」とあるので，Ⓐ が正解。第1文の silt（沈泥）は particles が堆積したものだと理解することがポイント。Ⓑ は段落最後から2文目にある通り，正しい内容である。除去が必要なゆえんである。Ⓒ は第3文に記述がある。沈泥は川底のみならず，川の終点である湖や海にもたまるのである。Ⓓ は最終文と同義で，正しい。

9

正解 Ⓓ　　　　　　　　　　　　　　　　　　　　　　　**3　推測**

第7段落でミシシッピ川の堤防システムについて著者が示唆していることはどれか。
Ⓐ そのシステムは以前もっと大きかった。
Ⓑ そのシステムの歴史は非常に短い。
Ⓒ どの堤防も大変小さい。
Ⓓ その堤防はより高く建てられるようになった。

解説 ミシシッピ川の世界最大の堤防についての説明である。第3文に，ニューオーリンズに残る the original portion（もともとの部分）は18世紀にさかのぼり，1メートルの高さしかないとある。ミシシッピ川の堤防全体の高さは平均7メートルで，15メートルのものもあると述べているので，少しずつ高くなってきていることになり，Ⓓ が当てはまる。本文には規模が小さくなったと言える根拠はないので，Ⓐ は誤り。Ⓑ は，18世紀からの歴史が「非常に短い」とは言えないので不適切。長さが611キロメートルに及ぶものもあるので，Ⓒ の記述も誤り。

10

正解 Ⓐ　　　　　　　　　　　　　　　　　　　　　**5　語彙**

第8段落の kinetic という単語に最も近い意味はどれか。

- Ⓐ　動く
- Ⓑ　自然の
- Ⓒ　穏やかな
- Ⓓ　人工的な

解説　kinetic は物理学における「運動の」という意味で，kinetic energy（運動エネルギー）という形で覚えておきたい。ここでの kinetic は，of an extremely strong flood（非常に強力な洪水の）と共に，その直後にある force（力）を修飾している。よって，ⒸとⒹはつながりが悪いため除外できる。続く文章を見ると，この力は水が届く限りの高さまで枝や他の物質を「積み上げる」ことがある，という内容が続くため，ⒷよりもⒶが適切と判断できる。

11

正解 Ⓑ　　　　　　　　　　　　　　　　　　　　　**1　内容一致**

第8段落によると，天然の堤防の大部分を成すのはどんな材料か。

- Ⓐ　洪水の水
- Ⓑ　木の枝
- Ⓒ　積み上げられた土
- Ⓓ　コンクリート

解説　material が「材料」を指すことがわかれば解ける問題。第8段落の第2〜3文に，洪水によって水が届く高さまで枝などが積み上がることがあり，それが繰り返されると天然の堤防になるとあるので，Ⓑが正解である。Ⓐの「水」は堤防の材料にはなり得ない。Ⓒの piled earth およびⒹの concrete は，natural ではなく人工の堤防の材料の1つである。

12

正解　3つ目　　　　　　　　　　　　　　　　　　　**8　文挿入**

文中の4つの■のうち，以下の文が入るのに最も適する箇所はどこか。
土を寄せてまとめる力があるため，堤防の川側にはギョウギシバがよく植えられる。

解説　挿入文にある bermuda grass はギョウギシバという植物の名前。このような固有名詞が唐突に出てくることは考えにくい。よってまずは植物についての言及がある文を探そう。第1文，第2文には見当たらないため，1つ目と2つ目は違う。第3文を見ると，First, extensive planting covers an earth levee. と planting の記述があり，意味は「広範囲に植物を植えて土手を覆う」となる。ギョウギシバの働きや，この植物が堤防に植えられるということが書かれた挿入文とのつながりもよく，挿入箇所としてふさわしい。よって正解は3つ目の■となる。第5段落では，補強の話がコンクリート擁壁に進んでいるため，4つ目の■は不適切。

13

正解 Ⓐ Ⓓ Ⓕ

> **9 要点把握**

本文の簡単なまとめの導入文が下に与えられている。本文の最も重要な考えを述べている選択肢を3つ選んで，要約を完成させよ。いくつかの選択肢は，文章で述べられていないか，もしくは文の重要な考えではないため，要約には含まれない。この問題は2点が与えられる。

川と人類の両方が，たびたび洪水が起こる地域の周りに提防を造る。

- Ⓐ 土と土嚢は人工堤防の主な材料である。
- Ⓑ 最高の堤防は全体がコンクリートで造られたものである。
- Ⓒ いつでも可能な時に，氾濫原は取り除かれるべきである。
- Ⓓ 多くの土手では木や木の枝が土をつなぎとめている。
- Ⓔ 堤防は可能な限り川に近い必要がある。
- Ⓕ 川は浸水した地域にも水底にも沈泥を堆積させる。

解説 それぞれの選択肢を吟味していこう。Ⓐ 第2～3段落の記述と合うので，正しい。Ⓑ第5段落第1文の「堤防の頂上部分はコンクリートで覆われる」という記述と異なる。Ⓒ第6段落より，取り除かれるべきなのは氾濫原ではなく沈泥である。Ⓓ 第8段落の記述より，正しい。Ⓔ 第3段落の記述に反する。Ⓕ 第6段落の記述と合うので，正しい。

【全訳】

堤防の建設

[1] 定期的であれ不定期的であれ，洪水は川沿いに居住する人々にとり，歴史を通しての課題であった。洪水には数々のよい影響もあるだろうが，直後に生じる結果は，住居，農作物，人間や動物の生命の喪失，あるいは経済活動の破綻であった。こうした理由から，水の流れを制御して洪水を防ぐために，科学技術が採用されてきた。そうした一例がダムの建設である。もう1つは，川の両岸に沿った堤防の建設である。

[2] 堤防には，洪水の最中の一時的な建造物もある。例えば，あふれた水が市街地へ流れ込まないように土嚢を積み上げるものである。それらは，資産の価値や人命に対する脅威のため，洪水と共存できないような場所に造られる。最も劇的な事例では，河川の元の水位より低い位置にある都市は，広範囲にわたる永久的な堤防システムによって防護される。よく知られた失敗例はいくつかあるが，堤防システムの主要例としては，ルイジアナ州ニューオーリンズ周辺の地域や，オランダを流れるさまざまな川において見られる。

[3] 永久堤防の基本的な材料は積み上げられた土である。これは川と並行し，両岸何キロメートルにも及ぶ。堤防は通常，水が普段流れる場所からすぐのところに築かれるのではない。水から何十メートルか離れたところに造られ，川の流れそのものよりも直線的な軌道に従う。これによって，ある範囲では，堤防に水圧がかかる前に水位が上がることになる。この低い土地つまり氾濫原は，通常は緑地や農耕地である。川は，自然な状態で置かれていれば氾濫原を行き来しながら曲がって進み，水の流れを減速する役割を果たす。

[4] 土は，堤防としてはそれ自体が水を止める基礎的な防壁ではあるが，堤防というものは洪水に貫通されるのを防ぐための補強を必要とする。補強は2つの技術によって達成される。まず，広範囲に植物を植えて土手を覆う。<u>12 土を寄せてまとめる力があるため，堤防の川側にはギョ</u>

ウギシバがよく植えられる。堤防の陸地側の最下部に張り出し歩道を造れば，土手全体にかかる浸食の圧力を軽減できる。歩道の土は，根が速く深く張ることで知られるヤナギの木を植えることで効果的に固めることができる。

[5]　第2に，堤防の頂上部分はコンクリートの擁壁で覆われる。擁壁は長いコンクリートの構造物で，波の力を吸収するために建設される。厳しい嵐では，補強されていない堤防システムは，極めて強い波がきたらどこか1か所あるいは数か所が破壊されてしまう。一旦決壊が起これば，その穴を埋めるか堤防の両側の水位が均等になるまで，氾濫した水が貫流する。水位が同じになれば，浸水した地域は再び乾くまで何週間にも及ぶ排水作業が必要となる。

[6]　嵐の間の決壊を防ぐための擁壁のメンテナンスの他に，堤防システムでは絶えず沈泥の除去作業を余儀なくされる。自然の条件下では，水に含まれる粒子は低地の浸水地帯全域に堆積する。堤防システムが造られると，川によって運ばれる粒子はすべて河床に堆積するか，あるいは川の終点である湖や海へ運ばれる。いずれの場合も，同じ量の水が堆積した沈泥の上を流れるわけなので，この堆積物が川や湖の水位を上げることになる。したがって，沈泥は絶えず掘り出さなければならないのである。

[7]　ミシシッピ川の堤防システムは，世界で最も大きいものの1つである。それは河口から1,600キロメートル以上さかのぼったところから始まる。ルイジアナ州ニューオーリンズ周辺の建築当初からの部分は，当時の高さがわずか1メートルであったが，18世紀までさかのぼる。平均すると，ミシシッピ川の堤防は高さ7メートルであるが，15メートルもの高さになるところもある。1つ分の長さが611キロメートルにも及ぶ堤防もある。

[8]　人類は長い間，洪水から川沿いの地域を守ろうと堤防を建設してきたが，川は自然にこうした地形を創造することができる。非常に強力な洪水の原動力で，水が届く限りの高さに枝や他の物質を積み上げることがある。これが繰り返されると，天然の堤防ができるのである。頻繁に，そして非常な威力で氾濫する川は，境界を作り上げることによって自然環境内で平衡に達する。人類は土とコンクリートを使ってこの展開を補強してきたにすぎないのである。

Word & Phrase Check

☐ levee	堤防		☐ meander	曲がって進む
☐ terrace	土壇		☐ banquette	（堤防の）小段
☐ erosion	浸食		☐ revetment	擁壁
☐ breach	～を破壊する，破壊		☐ silt	沈泥
☐ kinetic	運動によって起こる		☐ equilibrium	平衡

問題3

SKIMMING 5分 CD 1-06

Questions 1 – 14

The Use of Constructed Languages

[1] Throughout history, when people from different language groups come in contact, there are a few possible ways for them to communicate. One person may fully learn the other person's language, or the people in contact may use a simplified version of one language or the two languages mixed. These mixtures tend to demonstrate regularity in their features, without the vast array of exceptions seen in all natural languages. In some cases where contact across language groups is anticipated, languages have been created to make it easier to communicate. The most famous language intentionally constructed to do this has been Esperanto.

[2] Esperanto has existed since its creation in 1887. The grammar was purposely kept simple in comparison to languages that developed naturally. Many of the words were chosen to be similar to words in European languages. Currently, there are between one million and two million speakers. Annual world Esperanto congresses have been held more than a hundred years continuously. Over 100 periodicals are published. And currently there are over 3,000 Esperanto books in print.

[3] Still, almost every meeting of Esperanto speakers is scheduled. Without an area where Esperanto is the dominant language, as every natural language possesses, one might expect there is no natural use for even the most successful of all constructed languages. However, Esperanto has native speakers. About 200 to 2,000 people now living can claim to be native speakers of Esperanto. In most cases, both parents of the child who learns Esperanto early in childhood are themselves native speakers of different languages. Instead of one primarily speaking the other partner's language, Esperanto functions in such families as the common language between the parents. In such families, the child is either intentionally raised with Esperanto as the primary language or the child picks up Esperanto early in life in addition to another language, such as the language spoken outside of the home. People raised from childhood with a native knowledge of Esperanto are certainly among the most enthusiastic people about the language. They guarantee that the vocabulary and structure of the language will not be limited to a few simple lessons and set phrases. A language with native speakers can be used for every possible communication need.

[4] This transformation with the development of native speakers had a parallel in the spread of a natural language, Hebrew. Hebrew regained its role as a native language in the late 19th century. At that time, Hebrew was only studied by adults who already

spoke other languages. Itamar Ben-Avi was resolutely raised without any language other than Hebrew in the 1880s. Later, the situation became more common as Hebrew grew as the language of modern Israel. Can such a situation develop for Esperanto native speakers?

[5]   A significant need for the growth of a constructed language is high level of contact among the speakers. For children who speak Esperanto, the children's Esperanto congress is an important gathering place. About 70 children attend the annual congress most years compared to 2,000 to 4,000 at the adult congress. This is very far from the number one would expect in even the smallest areas where a language is spoken. ■ Instead, children are among Esperanto's greatest advocates. ■ As long as Esperanto is only spoken by selected individuals who learned it because of personal interest, it will have limited use in daily communication. ■ The solution is for Esperanto to be taught more widely. ■

[6]   As a constructed language, its learners advance quickly and are likely to master the language fully. In writing, Esperanto may be quite useful. Exchanging e-mail in Esperanto would be a perfect use for people who do not meet face to face. Some societies commonly use a few languages for different roles and Esperanto could be one of them. If such a situation came to pass, Esperanto might be used more when strangers meet around the world. A day might actually come when a person could walk down the street in Moscow, Nairobi, Shanghai or Dallas and hear someone say, Kiel vi fartas? (How are you?) with the answer Bone (Fine). Currently, this doesn't really happen.

1 The word mixed in paragraph 1 is closest in meaning to　　⏳ 30 秒

　Ⓐ disputed
　Ⓑ confused
　Ⓒ blended
　Ⓓ bred

2 According to paragraph 2, all of the following statements are true about Esperanto EXCEPT　　⏳ 1 分 10 秒

　Ⓐ Esperanto has existed for over a century.
　Ⓑ Simple grammar is an intentional feature of Esperanto.
　Ⓒ Global meetings are held for many times.
　Ⓓ Millions of books in Esperanto are being published.

3 According to paragraph 2, how were words in Esperanto chosen?　　⏳ 1 分 10 秒

　Ⓐ They are equally similar to words in every language.
　Ⓑ They are exactly the same as common European words.
　Ⓒ They were made similar to European ones.
　Ⓓ They were planned to be unlike any natural words.

4 The word dominant in paragraph 3 is closest in meaning to　　⏳ 30 秒

　Ⓐ commanding
　Ⓑ major
　Ⓒ weighty
　Ⓓ solitary

5. In paragraph 3, why does the author describe the situation of Esperanto being used within a family?

    Ⓐ To explain why people prefer natural languages
    Ⓑ To compare natural and constructed languages
    Ⓒ To predict how Esperanto will change
    Ⓓ To describe how native Esperanto speakers are born

6. The word raised in paragraph 3 is closest in meaning to

    Ⓐ nurtured
    Ⓑ awakened
    Ⓒ collected
    Ⓓ provoked

7. According to paragraph 3, how does having native speakers affect a constructed language?

    Ⓐ It forces the language to develop rules.
    Ⓑ It reduces the enthusiasm for the language.
    Ⓒ It means phrases will become set.
    Ⓓ It requires the language to have a complete vocabulary.

8. What is implied about the natural language mentioned according to paragraph 3 and 4?

    Ⓐ Itmar Ben-Avi did not speak Hebrew very well.
    Ⓑ Having a territory meant more native speakers.
    Ⓒ Once a language has no native speakers it will die.
    Ⓓ Hebrew is easier to learn than Esperanto.

9 The word parallel in paragraph 4 is closest in meaning to

- Ⓐ benefit
- Ⓑ challenge
- Ⓒ role
- Ⓓ equivalent

10 In paragraph 5, how does the children's congress compare with the one for adults?

- Ⓐ It is not held as often.
- Ⓑ The children do not consider it important.
- Ⓒ Its attendance is vastly lower.
- Ⓓ Nearly as many children attend as adults do.

11 When the author uses came to pass in paragraph 6, he means something

- Ⓐ lost its life
- Ⓑ changed location
- Ⓒ took place
- Ⓓ received credit

12 According to the passage, what advantage does Esperanto have?

- Ⓐ It is now standard as a native language.
- Ⓑ It has over 400 years of history.
- Ⓒ It is now common in many societies.
- Ⓓ It is easy to learn.

13 Look at the four squares [■] that indicate where the following sentence could be added into the passage.

Low attendance among the children does not mean lack of interest.

Where would the sentence best fit?

14 **Directions:** An introductory sentence for a brief summary of the passage is provided below. Complete the summary by selecting the THREE answer choices that express the most important ideas in the passage. Some sentences do not belong in the summary because they express ideas that are not presented in the passage or are minor ideas in the passage. **This question is worth 2 points.**

Esperanto is an example of a language created for the purpose of easier communication.

Ⓐ Created in 1887, Esperanto is spoken by over a million people.
Ⓑ Hebrew, which Itamar Ben-Avi grew up speaking, is now the native language of Israel.
Ⓒ Magazines are being published in Esperanto, but many books are unavailable.
Ⓓ There is a small but significant number of native speakers of Esperanto.
Ⓔ Esperanto could be a way for people of different cultures to communicate.
Ⓕ Many Esperanto words were created by random combination of words.

問題 3　解答解説　　　　　　　　　　　　　　　　　　　　　● 言語学

全訳 ➡ p.104 〜 p.105

📝 LOGIC NOTE

メインポイント	Constructed languages 歴史と展望 - Esperanto	
[1]	Esperanto = intentionally constructed	
[2]	created in 1887, simple grammar, 1-2 mill(million) speakers, 3000 books	ex) Esperanto
[3]	native speaker の存在	
[4]	Hebrew's revival → language of Israel	ex) Hebrew
[5]	significant need : 1) contact / gathering　2) taught widely	
[6]	easy to master + useful writing → 期待	

Questions **1** - **14**

1

正解 Ⓒ　　　　　　　　　　　　　　　　　　　　　**5　語彙**

第1段落の mixed という単語に最も近い意味はどれか。
- Ⓐ 争われた
- Ⓑ 混乱した
- Ⓒ 混ぜ合わされた
- Ⓓ 交配された

解説　mix は「混ざる」という意味の動詞。ここでは mixed という過去分詞形で，前にある two languages にかかり「混合された2つの言語」と表現している。Ⓒ の blended は「混ぜられた，混ざっている」ことを表すので，文脈に合っており，正解。Ⓐ の disputed は「争われた，議論された」で，mixed の意味合いは持たない。Ⓑ の confused は，気持ちが混乱している様子や，似たものなどが混同されていることを表すので，適切でない。Ⓓ の bred は breed（交配させる）の過去分詞で，意味もトピックも合わない。

2

正解 Ⓓ　　　　　　　　　　　　　　　　　　　　　**2　内容不一致**

第2段落によると，以下の文のうちエスペラント語について正しくないものはどれか。
- Ⓐ エスペラント語は1世紀以上にわたり存在している。
- Ⓑ 単純な文法はエスペラント語の意図された特徴である。
- Ⓒ 世界会議が何度も開催されている。
- Ⓓ 何百万冊ものエスペラント語の本が出版されている。

解説　第2段落と照らし合わせながら，選択肢を順に見ていこう。第1文にエスペラント語が作られたのは1887年とあるため，Ⓐは正しい。第2文にその文法が単純に保たれたとあり，Ⓑも正しい。次の第5文の内容からⒸも正しい。エスペラント語の本については最後の文に「3,000冊を超える」とあるが，Ⓓのmillions of booksには程遠いため，不適切。よってこれが正解となる。

3

正解　Ⓒ　　　　　　　　　　　　　　　　　　　　　　　　▶ 1　内容一致

第2段落によると，エスペラント語の単語はどのように選ばれたか。
- Ⓐ　すべての言語の単語に等しく似ている。
- Ⓑ　ヨーロッパの共通した単語とまったく同じである。
- Ⓒ　それらはヨーロッパの単語に似せて作られた。
- Ⓓ　どの自然発生した単語にも似ないように計画された。

解説　第2段落前半で，エスペラント語の特徴が簡単に説明されている。したがって，第3文（Many of the words were chosen ...）の内容を言い換えているⒸが正解。Ⓐは，Ⓒと同じ部分を根拠として考えると，in every languageの部分が誤りである。Ⓑはexactly the sameが誤り。similar（似ている）であって「まったく同じ」ではない。Ⓓは，コミュニケーションや学習が容易であることがこの言語の目的なので，間違いである。

4

正解　Ⓑ　　　　　　　　　　　　　　　　　　　　　　　　▶ 5　語彙

第3段落のdominantという単語に最も近い意味はどれか。
- Ⓐ　命令権を持つ
- Ⓑ　主要な
- Ⓒ　重要な
- Ⓓ　唯一の

解説　dominantは「支配的な，主要な，優勢な」の意味を持つ形容詞。第3段落では，Without an area where Esperanto is the dominant language（エスペラント語が主要言語である地域はないので）のように表現されている。したがって，Ⓑのmajor（主要な）が適切である。Ⓐのcommandingは「命令する」という意味合いなので，languageには合わない。Ⓒのweightyは「重要な」だが，importantというよりも「負担に感じる」という意味合いなので，これもlanguageには合わない。Ⓓのsolitaryは「唯一の」という意味で，文脈上そぐわない。

5

正解 Ⓓ　　　　　　　　　　　　　　　　　　　　　　　　**4　修辞意図**

第3段落で，著者が家庭内でエスペラント語が使用されている状況を描写しているのはなぜか。

Ⓐ　なぜ人々は自然言語をより好むのかを説明するため
Ⓑ　自然言語と人工言語を比較するため
Ⓒ　エスペラント語がどう変わっていくかを予言するため
Ⓓ　エスペラント語のネイティブ・スピーカーがどのように生まれるのかを描くため

解説　第3段落の半ばの In most cases 以降の2文で，異なる言語を母語とする両親が，一方の言語を優先して話す代わりに，エスペラント語を共通言語として使っているという家庭内でのエスペラント語の使用状況が書かれている。この次の，最後から4文目では，そのような家庭では，子供が「意図的 (intentionally) にエスペラント語を第一言語 (as the primary language) として育てられる」，あるいは「子供が幼少期に (early in life) エスペラント語を覚える (picks up)」と，子供がエスペラント語を習得する様子の説明が続く。よって Ⓓ が正解となる。

6

正解 Ⓐ　　　　　　　　　　　　　　　　　　　　　　　　**5　語彙**

第3段落の raised という単語に最も近い意味はどれか。

Ⓐ　養育された
Ⓑ　目覚めさせられた
Ⓒ　集められた
Ⓓ　引き起こされた

解説　raise は「〜（子供など）を育てる，飼育する」という意味の動詞。ここでは the child is raised with Esperanto as the primary language（子供は意図的にエスペラント語を第一言語として育てられる）のように使われている。よって Ⓐ の nurtured（育てられた）が最も近い。Ⓑ の awakened と Ⓒ の collected は，後の from childhood と文脈上合わない。Ⓓ の provoke は事柄を「引き起こす」という意味なので，people を修飾するには適さない。

7

正解 Ⓓ　　　　　　　　　　　　　　　　　　　　　　　　**1　内容一致**

第3段落によると，ネイティブ・スピーカーを持つことは人工言語にどのように影響するか。

Ⓐ　その言語に規則の発達を促す。
Ⓑ　その言語に対する熱心さを弱める。
Ⓒ　語句が定まることを意味する。
Ⓓ　その言語に完全な語彙を持つことを要求する。

解説　第3段落最終文に著者の考えが述べられている。すなわち，その言語を常用する人がいるということは，生活のすべての必要をその言語が完全に満たす必要があるということ。これを言い換えているのが Ⓓ である。Ⓐ の規則の記述はない。Ⓑ は reduces が不適切。Ⓒ の phrases については段落最後から2文目に出てくるが，人工言語だから語彙などが不十分であろうという見方を想定し反論している箇所なので，当てはまらない。

8

正解　Ⓑ　　　　　　　　　　　　　　　　　　　　　　　　　　　　3　推測

第3・4段落によると，述べられている自然言語については何が言われているか。
Ⓐ　イタマール・ベナウィはヘブライ語をあまり上手に話せなかった。
Ⓑ　言語分布があるということはネイティブ・スピーカーがより多いということだ。
Ⓒ　ネイティブ・スピーカーがいなくなるとその言語は途絶える。
Ⓓ　ヘブライ語はエスペラント語より学ぶのが易しい。

解説　この文章では，人工言語としてエスペラント語が，自然言語としてヘブライ語が紹介されている。その中で，Ⓐ の人物は近代ヘブライ語初のネイティブ・スピーカーとして挙げられている人物なので，この記述は誤りである。Ⓑ の記述は，第3段落第2文で述べていることと同様の意味を表している。エスペラント語の大きな負の特徴が言語分布の欠落である。この記述から，「territory があったほうがネイティブ・スピーカーは多い」と著者が考えていると判断できる。Ⓒ は，第4段落第2～3文より，ヘブライ語のネイティブ・スピーカーは一度絶えたがその後復活したことがわかるので，誤り。Ⓓ のような比較はされていない。

9

正解　Ⓓ　　　　　　　　　　　　　　　　　　　　　　　　　　　　5　語彙

第4段落の parallel という単語に最も近い意味はどれか。
Ⓐ　利益
Ⓑ　挑戦
Ⓒ　役割
Ⓓ　同等物

解説　parallel は「平行線，並行，類似」という意味の名詞である。ここでは前に冠詞がつき a parallel となっていることから名詞であり，前後の文脈からエスペラント語とヘブライ語を比較し「類似したもの」と表現していることがわかる。よって選択肢の中で意味が近いのは，「同等物」の Ⓓ equivalent である。Ⓐ benefit と Ⓑ challenge は主語である「変化」とつながらない。エスペラント語についての「変化」がヘブライ語の普及に関係したわけではないので，Ⓒ role も間違い。

10

正解 Ⓒ　　　　　　　　　　　　　　　　　　　　　　　　　1　内容一致

第5段落において，子供の会議は大人のそれとどう比較されているか。
- Ⓐ 同じくらい頻繁には開催されない。
- Ⓑ 子供たちはそれを重要だと思っていない。
- Ⓒ 参加者がはるかに少ない。
- Ⓓ 大人と同じくらい多くの子供が参加する。

解説　第5段落では大人の会議と子供の会議について，参加人数と頻度が述べられている。参加者については，第3文で70人と2,000〜4,000人で比較しており，大人の会議に比べ子供の会議参加者が極端に少ないことがわかる。よって，Ⓒ が正解。両会議とも annual（年1回）とあるので，頻度は同じである。よって，Ⓐ は誤り。Ⓑ は逆のことを述べているので誤り。1つ目の■の直後の Instead, children are among Esperanto's greatest advocates. から，重要に思っていることが示唆される。advocate は「支持者」。また，Ⓓ は本文とまったく違う内容なので誤り。

11

正解 Ⓒ　　　　　　　　　　　　　　　　　　　　　　　　　5　語彙

第6段落で came to pass と著者が言う時に意味しているのは，どれか。
- Ⓐ 命を失った
- Ⓑ 場所を変えた
- Ⓒ 起こった
- Ⓓ 信用を得た

解説　come to pass は「起こる，実現する」という意味の熟語。ここでは過去形が使われ，If such a situation came to pass,（そのような状況が実現すれば）と表現している。よって，「実現した」という意味の Ⓒ が当てはまる。なお，came と過去形なのは，仮定法を用いて実現の可能性が低いことを暗に示しているためである。Ⓐ と Ⓓ は主語「状況」と相いれない。Ⓑ も意味が合わないため不適切である。

12

正解 Ⓓ　　　　　　　　　　　　　　　　　　　　　　　　　1　内容一致

文章全体から，エスペラント語にはどのような長所があるか。
- Ⓐ 常用語として今や標準的なものになっている。
- Ⓑ 400年以上の歴史がある。
- Ⓒ 多くの社会において一般的なものである。
- Ⓓ 習得しやすい。

解説　エスペラント語について第6段落冒頭に「早く上達し，完全にマスターするのも早い」とあるので，Ⓓ は，正解。エスペラント語は，ネイティブ・スピーカーはいてもその数は

限られているので，Ⓐは誤り。第2段落第1文に「1887年に作られた」とあるので，Ⓑも誤り。また，第6段落第4文に，エスペラント語の可能性が希望的に書かれているが，現在はそうではないので，Ⓒも誤り。

13

正解　1つ目　　　　　　　　　　　　　　　　　　　　　▶ 8　文挿入

文中の4つの■のうち，以下の文が入るのに最も適する箇所はどこか。
子供たちの参加が少ないのは，関心がないからではない。

解説　4つの■のうちで attendance（出席）と関連があるのは，1つ目と2つ目の■である。この2つのうち，1つ目の■の後に Instead という語があり，これは「と言うよりもむしろ」という意味で，前に述べられた内容に対して反対したり強めたりする役割を持つことがポイントである。1つ目の■に挿入文を当てはめれば，「関心がないのではない。それよりむしろ支持者である。」という流れになり自然なので，1つ目が正解。

14

正解　Ⓐ Ⓓ Ⓔ　　　　　　　　　　　　　　　　　　　▶ 9　要点把握

本文の簡単なまとめの導入文が下に与えられている。本文の最も重要な考えを述べている選択肢を3つ選んで，要約を完成させよ。いくつかの選択肢は，文章で述べられていないか，もしくは文の重要な考えではないため，要約には含まれない。この問題は2点が与えられる。
エスペラント語はより簡単なコミュニケーションを目的に作られた人口言語の一例である。
Ⓐ　エスペラント語は1887年に作られ，100万人以上の人に話されている。
Ⓑ　ヘブライ語は，イタマール・ベナウィが子供の頃から話していた言語であるが，今日ではイスラエルの母国語である。
Ⓒ　エスペラント語の雑誌は発行されているが，多くの本は手に入らない。
Ⓓ　少ないが，影響力を持つ数のエスペラント語のネイティブ・スピーカーがいる。
Ⓔ　エスペラント語は異文化の人々のコミュニケーション手段となる。
Ⓕ　多くのエスペラント語の言葉は，無作為な言葉の組み合わせにより作られた。

解説　選択肢を順に吟味していこう。Ⓐ 第2段落の第1文と第4文の内容と一致しており，正しい。Ⓑ 第4段落のヘブライ語に関する情報と合致するが，本文の要旨とは言えないため当てはまらない。Ⓒ エスペラント語の書物についての第2段落の最後の2文の内容と異なるため，不適切である。Ⓓ 第3段落第4文のエスペラント語のネイティブ・スピーカーに関する記述から正解。Ⓔ 第1段落第4文と第5文に，エスペラント語が作られた経緯が書かれており，これと合致するので正解。Ⓕ 第2段落第3文に，エスペラント語の語彙はヨーロッパ言語の単語に似るように選択されたとあり，無作為な組み合わせではないので不適。

【全訳】
人工言語の使用

[1] 歴史を通じて，異なる言語グループからやってきた人々が接触する際には，彼らが意思疎通を図るためのいくつかの考え得る方法があった。一方が他方の言語を完全に習得するか，接触する人々が1つの言語の簡略化されたものを用いるか，または2つの言語を混合させて使うかである。混合されることにより，すべての自然言語に見られるあらゆる例外ではなく，それぞれの特性における規則性が明示される傾向がある。言語グループをまたいだ接触が予期されるような場合には，コミュニケーションをより容易にするために，言語が創造されてきた。この目的のために意図的に構築された最も有名な言語が，エスペラント語である。

[2] エスペラント語は1887年に創造されて以来存続してきた。その文法は，自然に発達した言語に比べて意図的に単純に保たれた。多くの単語はヨーロッパ言語の単語に似るように選択された。現在，話し手は100万～200万人存在する。毎年行われているエスペラント語世界会議は継続的に100回以上開催されている。定期刊行物は100点を超え，3,000冊を超えるエスペラント語の本が出版されている。

[3] それでも，エスペラント語話者が会う機会はほとんどすべて計画されたものである。すべての自然言語が持っているような，エスペラント語が第一言語であるという地域が存在しないため，人工言語の中で最も成功したとは言え，それを自然に使用することはないのではないかと思われるかもしれない。しかし，エスペラント語を母語とする人々もいるのである。現在生存している約200～2,000人の人々が，エスペラント語のネイティブ・スピーカーであると明言することができる。ほとんどの場合，幼い頃からエスペラント語を学ぶ子供の両親自身は，それぞれ異なる言語のネイティブ・スピーカーである。このような家庭では，一方の言語を優先して話す代わりに，エスペラント語が両親の間の共通言語として機能する。このような家庭では，子供は意図的にエスペラント語を第一言語として育てられるか，あるいは子供が，家の外で話されている言語のような他の言語に加えて，エスペラント語を幼少期に習得する。子供の頃からエスペラント語を母語として教わりながら育ってきた人々は，この言語について最も熱心な人々の部類に入ることは確かだろう。彼らはエスペラント語の語彙と構造は，数回の簡単な授業で習得できるものではなく，いくつかの決まり文句に限られるものでもないことを保証している。ネイティブ・スピーカーを持つ言語は，考え得るすべてのコミュニケーションの必要性のために用いられるものなのである。

[4] この変化はネイティブ・スピーカーの出現を伴うものであったが，同じことが自然言語であるヘブライ語の広がりにおいても起きた。ヘブライ語は，19世紀の後半に母語としての地位を再び獲得した。当時ヘブライ語は，すでに他の言語を話す大人しか学ばないものだったのである。イタマール・ベナウィは，1880年代，断固として他の言語を排されヘブライ語のみで育てられた。後に，ヘブライ語が現代イスラエルの言葉として成長するにつれて，この状況はより普通のことになった。エスペラント語を母語とする人々にも，このような状況の展開はあり得るだろうか。

[5] 人工言語が成長するために非常に大切なことは，話し手同士が大いに触れ合うことである。エスペラント語を話す子供にとって，子供エスペラント語会議は集まる場として重要である。毎年行われるこの会議には，ほぼどの年も約70人の子供が参加するが，大人の会議の参加者は2,000人～4,000人である。これは，1つの言語が話される最も小さな地域において期待

される数字より，はるかに少ない。₁₃子供たちの参加が少ないのは，関心がないからではない。むしろ，子供たちもまたエスペラント語の大いなる支持者なのである。エスペラント語が，個人的な興味からそれを学んだ，選ばれた個人によってしか話されない限り，日常では限定された用途にしか使われないだろう。エスペラント語にとっての解決法とは，より広くそれが教えられることなのである。

[6] 人工言語であるため，これを学ぶ人は急速に上達し，その言語を完全にマスターしてしまうようである。書くことについては，エスペラント語はかなり実用的かもしれない。顔を合わせることのない人々がエスペラント語でEメールをやりとりするのは，完璧な使い方と言えるだろう。一部の社会では，異なる役割を担った2，3の言語が共通語として使われており，エスペラント語がそのうちの1つになることもあり得るだろう。もしそのような状況が到来すれば，エスペラント語は見知らぬ者同士が世界中で出会う時，より多く使用される可能性がある。モスクワやナイロビ，上海あるいはダラスの通りを歩いていて，誰かが Kiel vi fartas?（調子はどう？）と言うと，Bone.（元気だよ。）と返事があるのを耳にする，などという日が実際にくるかもしれないのだ。今のところ，このようなことはあまり起こらないのだが。

Word & Phrase Check

☐ constructed	人工の	☐ an array of 〜	ずらりと並んだ〜
☐ anticipated	予想された	☐ purposely	故意に
☐ congress	大会，会議	☐ periodical	定期刊行物
☐ primarily	主として	☐ enthusiastic	熱心な
☐ parallel	類似	☐ resolutely	断固として

問題 4

Questions 1 - 14

SKIMMING 5分 CD 1-07

Virology

[1]　Life on Earth exists in a vast variety of sizes and forms, and the plant and animal kingdoms are most significant for human beings. At the single-cell end of the size scale are bacteria, but far smaller than those are viruses. Indeed, an argument exists for considering viruses not to be forms of life at all. They cannot reproduce without entering some sort of cell and causing that cell to begin production of the virus. In a very narrow sense, viruses could be considered nothing more than an organic material found inside cells.

[2]　The vast number of different viruses that exist can be classified according to what they infect: animals, plants, fungi or bacteria. Alternatively, viruses are classified according to their shape, such as a helix or an icosahedron, a 20-sided figure composed of triangles. The most common classification, however, is based on the type of nucleic acid they use and their viral replication method. These are DNA viruses, RNA viruses and reverse transcribing viruses. ■ The herpes virus is of the DNA type. ■ Influenza viruses are of the RNA type and HIV, which causes AIDS, is the best-known reverse transcribing virus. ■ Over 5,000 different viruses are known to mankind. ■ Not only are more viruses being identified, but new viruses are also evolving all the time.

[3]　Like all vertebrates, human beings protect ourselves from viruses with an immune system. Our bodies produce antibodies which bind to viruses and destroy them one by one. We have different antibodies for each virus, and their presence in our systems indicates which viruses have attacked us individually. Medically, we encourage the production of antibodies by vaccinating people. Vaccines use a weakened or lifeless form of the virus as an agent to trigger the production of that particular antibody. Because vaccines require exposure to a modified form of the virus itself, one effect can be the development of the disease itself in certain individuals. Making sure this does not happen or only happens in the rarest of cases is a primary part of the vaccine testing process. Unfortunately, vaccination cannot be made totally risk-free.

[4]　One aspect of viral infections is that they can jump from one species to another. Humans can become sick when they come in contact with sick animals. A virus which attacks pigs or birds may later attack humans. The main risk this carries is that a virus which is rather insignificant for one species may be quite deadly for another species. When we are stronger than the animal the virus normally attacks,

we may hardly notice that we are affected by the virus at all. When the reverse is true and we are the weaker species, devastating effects may result. Some of the worst epidemics that have swept mankind may have developed in this way.

[5]　The fact that a virus attacks various species is an important factor in developing anti-viral drugs. If this were not true, we would not be able to use animal experiments to test the effectiveness of vaccines. Rats and other animals stand in for humans to determine how viruses operate at the cellular level. The usefulness of animals for predicting human reactions to viruses may soon be greatly strengthened by genetic manipulation. It is now possible to create animals with some human cells in their bodies. Those cells react roughly like the cells within humans even though the hosts are not humans. The similarity between these animals and humans only occurs at the cellular level. It does not produce creatures which have visible characteristics of both animals and humans.

[6]　Another interesting development in the fight against viruses might be the creation of "good" viruses. While some bacteria perform vital functions within human beings, this is generally not true for viruses. A few viruses naturally attack cancer cells along with more desirable cells of the body. If a person were exposed to a virus whose only target were cells that harm the body, the virus could hunt down and remove the unwanted cells. In the future, such a specially-targeted virus might exist.

[7]　The ways in which viruses move from host to host and attack their hosts are complex. The treatments necessary to defeat the tiny agents that prey on lifeforms of all levels need to be equally complex.

1 The word those in paragraph 1 refers to

Ⓐ human beings
Ⓑ bacteria
Ⓒ viruses
Ⓓ plants

2 The word narrow in paragraph 1 is closest in meaning to

Ⓐ ignorant
Ⓑ tight
Ⓒ particular
Ⓓ intense

3 According to paragraph 2, how do researchers most commonly classify viruses?

⏳ 1 分 10 秒

Ⓐ According to their targets
Ⓑ By when they were identified
Ⓒ By their shapes
Ⓓ Based on their way of copying themselves

4 According to paragraph 3, how do we commonly protect people against viruses?

⏳ 1 分 10 秒

Ⓐ With vaccines made of a weakened form of a virus
Ⓑ By removing the agents from cells
Ⓒ By weakening every agent
Ⓓ Through preventing antibody creation

5 The word trigger in paragraph 3 is closest in meaning to

⏳ 30 秒

Ⓐ cause
Ⓑ hinder
Ⓒ kill
Ⓓ describe

6 Which of the following can be inferred from paragraph 3?

⏳ 1 分 10 秒

Ⓐ Vaccines have been confirmed to be completely harmless.
Ⓑ Some people oppose conducting more tests.
Ⓒ We need to study the origin of viruses.
Ⓓ Vaccinations must be assumed to involve some degree of risk.

7 According to paragraph 4, what can the agents attacking human beings first attack?

Ⓐ Other viruses
Ⓑ Animals living near us
Ⓒ The plants we eat
Ⓓ Human antibodies

8 The word swept in paragraph 4 is closest in meaning to

Ⓐ attacked
Ⓑ carried
Ⓒ cleaned
Ⓓ blown

9 According to paragraph 5, what effect do agents attacking various species have for humans?

Ⓐ Agents shift their attacks from us to other species.
Ⓑ Our antibodies are created for us by other animals.
Ⓒ This is how we stop genetic manipulation.
Ⓓ They allow us to test animal species in labs.

10 What does the author imply by describing hosts with human cells in paragraph 5?

Ⓐ One creature can have cells of another creature.
Ⓑ Mixed creatures look quite different.
Ⓒ Humans are totally unlike animals.
Ⓓ Viruses can change one animal into another one.

11. According to paragraph 6, what is a major difference between bacteria and viruses?

   Ⓐ Unlike bacteria, viruses do not perform vital functions in the human body.
   Ⓑ Unlike viruses, bacteria attack their victims in complex ways.
   Ⓒ Some viruses perform vital functions in human beings and bacteria do not.
   Ⓓ Bacteria naturally attack cancer cells in people and viruses do not.

12. The word exposed in paragraph 6 is closest in meaning to

   Ⓐ revealed
   Ⓑ subjected
   Ⓒ radiated
   Ⓓ provided

13. Look at the four squares [■] that indicate where the following sentence could be added into the passage.

   Each of these three kinds has examples that are widely known.

   Where would the sentence best fit?

14 **Directions:** An introductory sentence for a brief summary of the passage is provided below. Complete the summary by selecting the THREE answer choices that express the most important ideas in the passage. Some sentences do not belong in the summary because they express ideas that are not presented in the passage or are minor ideas in the passage. **This question is worth 2 points.**　　2分40秒

Viruses are extremely small units of life that enter cells and replicate inside them.

- Ⓐ Viruses are generally classified depending on which of the types of nucleic acids they use.
- Ⓑ Viruses are roughly the size of plant or animal cells.
- Ⓒ Vaccines are useful in generating antibodies against specific viruses in humans.
- Ⓓ Animal experiments make use of the tendency of viruses to attack multiple species.
- Ⓔ Humans cannot live without good viruses inside their bodies.
- Ⓕ Symptoms always develop whenever a person is infected with a virus.

問題4　解答解説　　　　　　　　　　　　　　　　　　　　　　　　●微生物学

全訳➡p.118〜p.119

📝 LOGIC NOTE

メインポイント	the features of viruses
[1]	virus = smaller than bacteria, organic material in cells
[2]	分類：what they infect, shape, nucleic acid / replication method
[3]	vaccine：use weakened or lifeless form of virus ※ not totally risk-free
[4]	infections：異種間も
[5]	→ animal experiments で利用　｝ virus の性質
[6]	In the future：creation of good viruses?
[7]	both mechanism and treatments are complex

Questions 1 - 14

1

正解　Ⓑ　　　　　　　　　　　　　　　　　　　　　6　指示語

第1段落の those が指しているものはどれか。

Ⓐ 人類
Ⓑ 細菌
Ⓒ ウイルス
Ⓓ 植物

解説　第1段落第2文は前後どちらの節も倒置されており，主語はそれぞれ bacteria と viruses である。but からの後半は，補語である far smaller than those が強調されており，「単細胞生物では細菌が最小だが，ウイルスは細菌よりもさらに小さい」という意味である。よって Ⓑ の bacteria が正解。bacteria は複数形で，単数形は bacterium である。those だからと言って -s の付いた複数形を探さないこと。その発想で考えると，Ⓐ の human beings が前文にあるために紛らわしい。大きさの比較のために人間を持ち出す意味がないので，Ⓐ は誤り。Ⓒ の viruses は，viruses の比較対象が viruses になってしまうので誤り。Ⓓ の plants は，第1文に単数形でしか出てこないので，those では受けない。

2

正解　Ⓒ　　　　　　　　　　　　　　　　　　　　　5　語彙

第1段落の narrow という単語に最も近い意味はどれか。

Ⓐ 無知な
Ⓑ きつい

ⓒ 特殊な
Ⓓ 強烈な

解説　narrow は「(場所などが) 狭い」ということの他に「(範囲・意味が) 限られた」という意味も持つ。意味が限定されるということは「特殊な意味」を指すことになるので，ⓒ の particular がこれに近い。Ⓐ の ignorant は「(人が) 無知な」ということで，sense とつながらない。Ⓑ の tight は「(服やスケジュールなどが) きつい，(関係が) 密接な」という意味であり，Ⓓ の intense は「強烈な，熱情的な」の意味で，いずれも sense とつながらない。

3

正解　Ⓓ　　　　　　　　　　　　　　　　　　　　　　　▶ 1　内容一致

第2段落によると，最も一般的には，研究者はウイルスをどのように分類するか。
Ⓐ　その標的によって
Ⓑ　確認された時によって
ⓒ　形状によって
Ⓓ　自らを複製する方法に基づいて

解説　第2段落ではウイルスの分類の仕方がいくつか紹介されているが，設問には most commonly とあることに注意する。第1文から見ていくと，what they infect (それらが感染するもの) に従って分類されるとあり，これは Ⓐ に該当する。また第2文には，らせん状や20面体といった shape に従って分類されるとあり，これが ⓒ に当たる。ただ，Ⓐ も ⓒ も most commonly とは言われていないので誤り。さらにその次の第3文に，The most common classification ... is based on the type of nucleic acid they use and their viral replication method とあるので，この後半部分を way of copying themselves と言い換えた Ⓓ が正解となる。replication と copying が同じ意味を表していることに気づくかどうかがポイント。Ⓑ については書かれていない。

4

正解　Ⓐ　　　　　　　　　　　　　　　　　　　　　　　▶ 1　内容一致

第3段落によると，我々は通常これらのウイルスからどのようにして人々を守るか。
Ⓐ　弱められたウイルスでできたワクチンを使って
Ⓑ　細胞から病原体を取り除くことによって
ⓒ　すべての病原体を弱めることによって
Ⓓ　抗体の生成を阻止することを通して

解説　第3段落は「人が自身をウイルスから守る方法」を説明している。第4文に「ワクチン接種によって抗体の生産を促進している」，第5文に「ワクチンには弱められた，あるいは命のない形態のウイルスを用いる」とあり，Ⓐ の内容と合致する。Ⓑ や ⓒ に関連したことは書かれていない。Ⓓ も抗体の生成を止めたらウイルスを増長させることになるので，誤り。

5

正解 Ⓐ　　　　　　　　　　　　　　　　　　　　　　　　**5 語彙**

第3段落の trigger という単語に最も近い意味はどれか。
- Ⓐ ～を引き起こす
- Ⓑ ～を妨げる
- Ⓒ ～を殺す
- Ⓓ ～を描写する

解説　trigger「(引き金) を引く，～を引き起こす」という意味の動詞。第3段落では，ワクチンが特定の抗体生産を「誘発する」病原体として用いられるということが述べられている。これを踏まえて考えると，選択肢の中では Ⓐ cause が「～を引き起こす，～の原因となる」という意味で，正解となる。Ⓑ の hinder は「～を妨げる」，Ⓒ の kill は「～を殺す，止める」で，共に逆の意味になる。Ⓓ describe は「～を描写する，記載する」など内容説明に関することであり，ここの trigger とは意味がまったく異なる。

6

正解 Ⓓ　　　　　　　　　　　　　　　　　　　　　　　　**3 推測**

第3段落から推測できることはどれか。
- Ⓐ ワクチンは完全に無害であることが確認された。
- Ⓑ さらなる検査の実施に反対する人もいる。
- Ⓒ ウイルスの起源を調べる必要がある。
- Ⓓ ワクチンにはある程度の危険性があることを認識しなければならない。

解説　この段落ではワクチンが作用する仕組みと，ワクチンの検査の意義について述べられている。最後の文 Unfortunately, vaccination cannot be made totally risk-free. で，ワクチン接種の危険性を完全に排除できないと述べていることから，Ⓐ は誤りで，Ⓓ が正解と言える。Ⓑ のように，検査に反対する人や，Ⓒ にあるウイルスの起源の話は出てこない。

7

正解 Ⓑ　　　　　　　　　　　　　　　　　　　　　　　　**1 内容一致**

第4段落によると，人類を攻撃する病原体が最初に攻撃するものは何か。
- Ⓐ 他のウイルス
- Ⓑ 我々の近くで生活する動物
- Ⓒ 我々が食べる植物
- Ⓓ ヒトの抗体

解説　第4段落第2文に記述がある。come in contact with は「～と接触する」という意味で，文意は「病気の動物と接触したためにヒトが病気になることがある」。続いて第3文で，ブタや鳥を攻撃するウイルスが後でヒトを攻撃することもあると言っているので，Ⓑ が正解である。Ⓐ のように，ウイルスが他のウイルスを攻撃するという記述はない。また Ⓒ のよ

うに，食べた植物からヒトがウイルスに感染したという例は取り上げられていない。Ⓓ は，第 4 段落ではこのようなことは述べられていない。

8

正解 Ⓐ　　　　　　　　　　　　　　　　　　　　　　　　　5　語彙

第 4 段落の swept という単語に最も近い意味はどれか。

- Ⓐ　〜を攻撃した
- Ⓑ　〜を運んだ
- Ⓒ　〜を掃除した
- Ⓓ　〜を吹き飛ばした

解説　swept は sweep「掃く」の過去形・過去分詞形だが，比喩的に「〜を一掃する，襲う」という意味がある。よって，Ⓐ の attacked が正解。「伝染病が人類を攻撃してきた」という意味で使われている。Ⓑ の carried は，ここでの目的語が「人類」なので意味が通らない。Ⓒ の cleaned は「〜を取り除く，駆除する」だが，攻撃性に欠ける。Ⓓ の blown は blow の過去分詞で「〜を吹き飛ばす，爆破する」の意味があるが，伝染病が人類を襲う様子としては適切ではない。

9

正解 Ⓓ　　　　　　　　　　　　　　　　　　　　　　　　　1　内容一致

第 5 段落によると，さまざまな種を攻撃する病原体はヒトに対してどのような影響を持つか。

- Ⓐ　病原体が攻撃の標的を我々から他の種へ移す。
- Ⓑ　我々の抗体が他の動物によって我々のために作られる。
- Ⓒ　これは我々が遺伝子操作を止める手段である。
- Ⓓ　我々に実験室での動物実験を可能にしている。

解説　ウイルスが多様な種を攻撃することについて，第 5 段落冒頭で，その性質が抗ウイルス薬の開発へ寄与することが説明されている。第 2 文で「これ（＝ウイルスが多種を攻撃すること）が事実でないとすると，動物実験でワクチンの有効性を検査することができない」と述べており，これを「実験室での動物実験を許容している」と言い換えた Ⓓ が正解。Ⓐ は，第 4 段落の記述とは合うが，ヒトに対する影響にはならない。本文では抗体はヒトが自分の体で作っていると述べられているので，Ⓑ も誤り。Ⓒ は「遺伝子操作を止める」が誤りである。

10

正解 Ⓐ　　　　　　　　　　　　　　　　　　　　　　　　　4　修辞意図

第 5 段落でヒトの細胞を持つ宿主について記述することによって，著者が言おうとしていることは何か。

- Ⓐ　ある生物は他の生物の細胞を持つことができる。
- Ⓑ　かけ合わされた生物はかなり異なって見える。

Ⓒ　ヒトはまったく動物と似ていない。
　　Ⓓ　ウイルスはある動物を別の動物に変えることができる。

解説　Ⓐ は第5段落第5文の It is now possible to create ... の内容と合うので正解。「ヒトの細胞を体内に持つ動物を創り出すことができる」とある。これによってある程度ウイルスのヒトへの働きを予測できるというのである。Ⓑ は第5段落最終文と合致しない。ヒトの細胞を持つ生物の見た目をヒトに似せることは遺伝子操作の目的ではないし，著者の説明の目的とも異なる。また第3段落で，「ラットがヒトに代わってウイルスの働きを究明してくれる」というのは，ラットがヒトと似た構造を持つことを前提にしているのである。よって Ⓒ は不適切。また，ここは抗ウイルス薬の開発のために行われている人的操作についての記述であり，Ⓓ のようなことはまったく言われていない。

11

正解　Ⓐ　　　　　　　　　　　　　　　　　　　　　　　　　**1　内容一致**

第6段落によると，細菌とウイルスの大きな違いは何か。
　　Ⓐ　細菌とは異なり，ウイルスは人体において生命維持に必要な機能を果たさない。
　　Ⓑ　ウイルスと違い，細菌は複雑な方法でその標的を攻撃する。
　　Ⓒ　ウイルスにはヒトの中に生命維持に必要な機能を持つものもあるが，細菌は持たない。
　　Ⓓ　細菌は自然にヒトのガン細胞を攻撃するが，ウイルスはしない。

解説　それぞれの選択肢を吟味していこう。第6段落第2文で，「細菌にはヒトの体内で生命維持に必要な役割を果たすものもあるが，これは一般的にはウイルスには当てはまらない」と述べている。よって，これと同じ意味となる Ⓐ が正解。細菌の攻撃性についての記述はないが，第6段落ではウイルスのさまざまな攻撃性のことを述べているので，Ⓑ の内容は逆である。ヒトの中に重要な機能を持つのは細菌なので，Ⓒ も誤り。ヒトのガン細胞を攻撃するのはウイルスであると述べており，細菌ではない。よって Ⓓ も誤りである。

12

正解　Ⓑ　　　　　　　　　　　　　　　　　　　　　　　　　**5　語彙**

第6段落の exposed という単語に最も近い意味はどれか。
　　Ⓐ　解明された
　　Ⓑ　さらされた
　　Ⓒ　放射された
　　Ⓓ　提供された

解説　exposed to は「～にさらされる」という意味である。選択肢の中では Ⓑ の subjected が exposed と同様〈be subjected to O〉の形で「～にさらされる」という意味になり，正解。ここでの subject は動詞。形容詞の subject が〈be subject to O〉の形で使われると「～にかかりやすい，～を受けやすい」という意味になることに注意したい。Ⓐ の reveal は，受動態では「中身が明らかになる」という意味で，外の何かにさらされるということにはならない。Ⓒ の

radiated は「放射を浴びる」という意味になり，ウイルスは「放射」されるわけではないので妥当でない。Ⓓ の provided は「提供〔供給〕される」という意味で，物理的に「さらされる」ということとずれる。

13

正解　1つ目　　　　　　　　　　　　　　　　　　　　　▶ 8　文挿入

文中の4つの■のうち，以下の文が入るのに最も適する箇所はどこか。
これらの3種類にはそれぞれ，広く知られた例がある。

解説　挿入文全体が大きなヒントである。these three kinds（これらの3種類）が何かを判断することがポイント。この文の内容から，まず3種類のウイルスが挙げられ，その後，それぞれについて例が示される展開になると考えられる。そして，挿入文は例を示す際にその直前に入ると予測できる。これを念頭に置いて第2段落の4つの■の周辺を見ると，第4文で，DNA viruses, RNA viruses, そして reverse transcribing viruses という3つのウイルスが紹介されている。さらに第5文からは，これら3つのウイルスについて具体例が挙げられているので，該当する箇所は第4文と第5文の間，つまり1つ目の■であると判断できる。

14

正解　Ⓐ Ⓒ Ⓓ　　　　　　　　　　　　　　　　　　　　▶ 9　要点把握

本文の簡単なまとめの導入文が下に与えられている。本文の最も重要な考えを述べている選択肢を3つ選んで，要約を完成させよ。いくつかの選択肢は，文章で述べられていないか，もしくは文の重要な考えではないため，要約には含まれない。この問題は2点が与えられる。
ウイルスとは，細胞に侵入してその中で複製する，極めて小さな生命単位である。

Ⓐ　ウイルスは通常使用する核酸のタイプによって分類される。
Ⓑ　ウイルスは植物や動物の細胞とほぼ同じ大きさである。
Ⓒ　ワクチンはヒトのなかで特定のウイルスに対する抗体を作るのに有効である。
Ⓓ　動物実験は，種を超えて攻撃するというウイルスの特質を利用する。
Ⓔ　ヒトは体内によいウイルスを持たずには生きられない。
Ⓕ　ヒトがウイルスに感染した時はいつでも，必ず症状が現れる。

解説　それぞれの選択肢の内容を考えていこう。Ⓐ 第2段落第3文の内容と一致するため，正しい。Ⓑ 第1段落第2文から，ウイルスは最小の単細胞生物である細菌よりもはるかに小さいとわかるため，不適切。Ⓒ 第3段落第4文と第5文のワクチン接種についての説明と内容が合うため，正しい。Ⓓ 第5段落第1文と第2文の内容を言い換えたものであるため，正しい。Ⓔ 第6段落第1文・第2文から現在「よい」ウイルスはないと判断できる。第2文から，これは細菌の説明である。Ⓕ 第4段落第5文に，ウイルスに感染しても気づかないこともあると述べられていることから，当てはまらない。

【全訳】
ウイルス学

[1] 地球上の生物は非常に多岐にわたる大きさや形で存在しており，植物界と動物界は人類にとって最も注目すべきものである。最小の単細胞生物は細菌だが，それよりもはるかに小さいのがウイルスである。実際，ウイルスを生命の形態とはまったくみなさないという意見もある。ウイルスはなんらかの細胞に入り込み，しかもその細胞にウイルスの製造を開始させない限り繁殖することができない。非常に狭い意味では，ウイルスは，細胞内にある有機物質に過ぎないと言える。

[2] 存在する膨大な数のさまざまなウイルスは，動物，植物，菌類または細菌といった感染対象によって分類される。また別の分類では，ウイルスはらせん状あるいは20面体，すなわち三角形で構成される20の面がある形など，形状によっても分けられる。しかし，最も一般的な分類法は，使われる核酸のタイプとウイルス複製法に基づくものである。これらはDNAウイルス，RNAウイルス，そして逆転写ウイルスである。13 これらの3種類にはそれぞれ，広く知られた例がある。ヘルペスウイルスはDNA型に属する。インフルエンザウイルスはRNA型であり，エイズを引き起こすHIVは最もよく知られた逆転写ウイルスである。5,000種を超すさまざまなウイルスが人類に知られている。多くのウイルスの存在が次々に確認されているだけでなく，新しいウイルスは常時進化している。

[3] すべての脊椎動物と同様，ヒトは免疫系によってウイルスから自分を守っている。我々の体は，ウイルスと結びついてそれらを一つひとつ破壊する抗体を生産する。我々はそれぞれのウイルスに対し異なる抗体を持っているため，体内に現れる抗体を見ることで，我々を攻撃したウイルスが個別にわかるのである。医学的には，人にワクチンを接種することで抗体の生産を促進している。ワクチンには，その特定の抗体生産を誘発する病原体として，弱められた，あるいは命のない形態のウイルスを用いる。ワクチンはウイルスそのものの変種にさらされる必要があるため，人によってはその病気を発症させてしまう作用もある。このような事態が発生しないか，ごく稀な場合にしか発生しないと確認することが，ワクチン検査過程の第一義である。残念ながら，ワクチン接種の危険性を完全に排除することはできない。

[4] ウイルス感染の一つの特徴として，ある種から他の種への飛び移りが可能なことがある。ヒトは病気の動物との接触により，病気になる可能性がある。ブタや鳥に感染するウイルスは，後にヒトに感染する可能性がある。これに起因する大きなリスクは，ある種に対しては取るに足りないウイルスが，別の種に対しては致命的になり得るということである。本来そのウイルスが攻撃する動物よりも我々のほうが強い場合，我々はそのウイルスに多少なりとも感染したことにほとんど気づかないかもしれない。その逆の場合で，我々がより弱いほうの種であれば，ひどい結果になるかもしれない。人類を襲ってきた最悪の伝染病のいくつかもこのように広がったのであろう。

[5] あるウイルスがさまざまな種に感染するという事実は，抗ウイルス薬の開発において重要な要素である。もしもこれが事実でないとすれば，我々は動物実験によってワクチンの有効性を検査することはできないだろう。ラットや他の動物は，ヒトに代わってウイルスが細胞レベルでどのように機能するのかを究明する。ウイルスに対するヒトの反応を動物によって予測することの有用性は，まもなく遺伝子操作によって大きく高まるだろう。体内にヒトの細胞を持った動物を創り出すことは，すでに可能なのである。宿主はヒトではないにもかかわらず，そう

した細胞はヒトの体内の細胞とほぼ似たような反応を示す。こうした動物とヒトとの類似性は細胞レベルでしか起こらない。動物とヒトの特徴を、目に見える形で両方備えた生き物を創り出すわけではない。

[6]　ウイルスとの戦いにおけるもう一つの興味深い展開は、「よい」ウイルスの創造かもしれない。細菌にはヒトの体内で生命維持に必要な役割を果たすものもあるが、これはウイルスには通常当てはまらない。いくつかのウイルスは、体内のより好ましい細胞を攻撃すると同時に、ガン細胞を自然に攻撃する。もし体に有害な細胞だけを標的とするウイルスに人がさらされれば、そのウイルスは不要な細胞を追い詰めて排除してくれるかもしれない。将来は、そのような特殊な標的を持つウイルスが存在するかもしれない。

[7]　ウイルスが宿主から宿主へと移動したり、その宿主を攻撃したりする方法は複雑である。あらゆるレベルの生物体をむしばむその微細な病原体を負かすのに必要な治療にも、また同じように手間をかける必要がある。

Word & Phrase Check			
☐ fungi	菌類	☐ replication	複製
☐ vertebrate	脊椎動物	☐ immune	免疫の
☐ vaccination	ワクチン接種	☐ infection	感染
☐ epidemic	伝染病	☐ sweep	～を一掃する
☐ genetic	遺伝子の	☐ manipulation	操作

問題 5

Questions **1** – **13**

SKIMMING ⏳5分 🔘 CD 1-08

Barter in Changing Societies

[1] The evolution of economic systems began when surplus goods started to be exchanged or bartered. Through social interaction, goods of one type such as flour were determined to be equal in value to goods of another type such as fish. Even though such early economic activity seems primitive by modern standards, it still necessitated four important social advances.

[2] The first major development was the measurement of goods. Quantities had to be determined and verified. This led to the evolution of weights and measures. Many were based on the human body, such as the distance between one's thumb and one's nose, while others came from human activities, such as the amount of land a person could plow in one day. Still others were based on the size or weight of a common object, such as a wheat seed or barleycorn. These were rough quantities, but they were sufficient for determining the scale of goods for trading within the barter system. A subsequent development was the spread of knowledge of the unit within the area of economic activity. In ancient Egypt, measurement rods were created so the standards could easily be reproduced in various places.

[3] The second development necessary for the early barter economy was a system of transporting surplus goods. Surpluses did not occur throughout a whole trade area. A seaport would have excess fish while an agricultural valley would have excess wheat. Water or land transport was needed to move the goods. Even crude boats were efficient for carrying large quantities in ancient times. Water transport was also favored because it made use of water or air currents to drive the vehicle. In areas water transport could not reach, paths developed into roads. On land, a further development was necessary. Beasts of burden for carrying or dragging quantities allowed economic activity to proceed.

[4] A third development was a level of security that could permit goods to be moved without theft. This was particularly necessary during land transport. It was a major reason why the far safer transport by boat was used whenever possible. The danger of theft required protection with weapons, as the thieves themselves were armed. Private armies were deployed to guard the goods until they could be turned over to the buyer. Military tactics evolved as thieves and private armies developed strategies. Such private armies would eventually evolve into the forces city-states would use to protect themselves.

[5] A system to record transactions symbolically constituted the fourth major

effect of the barter economy. There had to be an agreed way to document an agreement, so that face-to-face meetings of the parties to an agreement did not have to be repeated at every stage. Writing systems or other forms of recording the meanings symbolically were needed. Quantities had to be marked, which led to the development of the mathematics of accounting. Stone and clay tablets were used to record transactions in the ancient world of the eastern Mediterranean. In the evolution of civilization, writing systems allowed transactions to be recorded even when very few people were literate.

[6]　Once a barter system became established, a vital item would typically evolve into a quasi-monetary item. ■ This is known as a monetary commodity. ■ This occurred in widely diverse areas as values were calculated in terms of rice in one region or cows in another region. Tobacco and salt have at various times served as both bartered goods and commodities in which values could be calculated. ■ In the New World, the use of wampum carried the process one step further, as a decorative item evolved into an early currency. ■ Certain monetary commodities suffered from disadvantages, however. Rice, as a staple crop, is relatively heavy and cows can be of various ages and health conditions. Live animals require care and are not divisible. Other materials are perishable. Tobacco loses its value once its freshness disappears. Salt has to be kept dry.

[7]　The development of barter was closely tied to the increasing interdependence of societies. The exchange of goods, first directly and later in quasi-monetary trades, stimulated the development of numerous social systems that we associate with civilization.

1 The phrase based on in paragraph 2 is closest in meaning to

Ⓐ proven by
Ⓑ erected by
Ⓒ inspired by
Ⓓ judged by

2 According to paragraph 3, why might traders choose water transport?

Ⓐ It could reach every part of the trade area.
Ⓑ Boats of the time were light enough to carry.
Ⓒ Animals dragged the boats from paths.
Ⓓ It was able to carry more goods.

3 The word drive in paragraph 3 is closest in meaning to

Ⓐ guide
Ⓑ command
Ⓒ locate
Ⓓ power

4 Based on paragraph 4, what can be inferred about traders during this time period?

Ⓐ They did not rely on governments for security.
Ⓑ They only moved goods on land.
Ⓒ They sold most of their goods to armies.
Ⓓ They developed modern sales strategies.

5 The phrase turned over to in paragraph 4 is closest in meaning to

- Ⓐ arrested
- Ⓑ reversed
- Ⓒ flipped
- Ⓓ given

6 Which of the sentences below expresses the essential information in the highlighted sentence in paragraph 5? Incorrect choices change the meaning in important ways or leave out essential information.

- Ⓐ A major advancement occurred when each party understood the contract through documentation.
- Ⓑ Each trader could understand the agreement on the basis of face-to-face communication.
- Ⓒ Because there were difficulties in understanding the agreement, the barter economy necessitated careful examinations before transactions took place.
- Ⓓ As the final advancement of the barter economy, traders stipulated that contracts must be checked repeatedly.

7 Why does the author mention the evolution of civilization in paragraph 5?

- Ⓐ To suggest the symbolic record of transactions led to a basic literacy
- Ⓑ To explain that more evolved societies did not rely on the trading of goods
- Ⓒ To give evidence for the use of mathematics in advanced regions
- Ⓓ To show how different regions developed different forms of writing

8 What does the author imply about monetary commodities in paragraph 6?

- Ⓐ Variations in ages of animals made them the best currency.
- Ⓑ Rice had the advantage of being light.
- Ⓒ Numerous commodities had been used as currencies.
- Ⓓ Tobacco was easily kept from spoiling.

9 Which of the following is true of paragraph 6?

　Ⓐ Monetary commodities never developed in the New World.
　Ⓑ Vital items were the first monetary commodities.
　Ⓒ Live animals made the best monetary commodities.
　Ⓓ Staple grains have never been monetary commodities.

10 The word step in paragraph 6 is closest in meaning to

　Ⓐ level
　Ⓑ dance
　Ⓒ foot
　Ⓓ problem

11 According to the passage, what is the author's opinion about social developments of this period?

　Ⓐ Bartering allowed societies to be independent.
　Ⓑ Cultural development came from economic activity.
　Ⓒ Societies had to choose between business and culture.
　Ⓓ Ancient peoples preferred to travel on land.

12 Look at the four squares [■] that indicate where the following sentence could be added into the passage.

Its value was purely symbolic as the commodity itself had no function other than appearance.

Where would the sentence best fit? 1分20秒

13 **Directions:** Complete the table below by indicating answer choices that summarize the two main concepts in the passage. **This question is worth 3 points.** 3分

Early Bartering	Later Bartering
➤	➤
➤	➤
➤	

Ⓐ City-states replaced private armies with public forces.
Ⓑ Cows had to receive sacred blessings before they were traded.
Ⓒ Records of bartering were written by a majority of the population.
Ⓓ Standardized measurements spread throughout market areas.
Ⓔ Societies grew interdependent on each other.
Ⓕ Crude boats carried an abundance of traded goods.
Ⓖ Trading goods needed a system of records.

問題5　解答解説　　　　　　　　　　　　　　　　　　　　　　　　●経済学

全訳➡p.131〜p.132

LOGIC NOTE

メインポイント	物々交換と社会の発達
[1]	early economic activity = changing surplus goods
[2]	① measurement of goods / spread of "unit"
[3]	② transporting：water ○…大量輸送 /land … beasts
[4]	③ security：weapons, private armies, military tactics
[5]	④ record symbolically → development of accounting
[6]	quasi-monetary　ex) salt etc. 向き不向きあり
[7]	first: directly → later: quasi-monetary ⇒ civilization

[2]〜[5] social advances

Questions 1 - 13

1

正解　Ⅽ　　　　　　　　　　　　　　　　　　　　　　　　5　語彙

第2段落の based on という語句に最も近い意味はどれか。

Ⓐ 証明された
Ⓑ 建立された
Ⓒ ヒントを得た
Ⓓ 判断された

解説　based on は「〜に基づいて，〜を踏まえて」と，何かの基準になったもの，根底となるものの説明に用いられる。第2段落第4文では，物品測定の多くは，人の体を基準としていた，という表現に使われている。よって選択肢の中では inspire「〜に思い付かせる，イメージさせる」の受動態の形 Ⓒ inspired by が「〜からヒントを得た」の意味で，内容として近く，これが正解。Ⓓ の judged by は紛らわしいが，人間の体の一部が判断するわけではないので，これは正解にはならない。Ⓐ「証明された」と Ⓑ「建立された」も当てはまらない。

2

正解　Ⅾ　　　　　　　　　　　　　　　　　　　　　　　　1　内容一致

第3段落によると，商人が水上輸送を選んだのはなぜか。

Ⓐ 商圏内のすべての港に行けたから。
Ⓑ 当時の舟は軽くて持ち運びが可能だったから。
Ⓒ 動物が小路から舟を引いたから。
Ⓓ より多くの物品が運べたから。

集中トレーニング 問題5

解説 第3段落は，物品の輸送について述べている。水運を利用して荷物を運んだ理由を考える。第3段落第5文に，「粗造りの舟でも大量に運べた」とある。このことを表現しているⒹが正解。第3段落の最後から3文目に，「水運が届かないところでは道路ができた」とあるので，Ⓐは誤りである。Ⓑのように「軽くて持ち運べた」という記述はない。Ⓒの記述もない。dragging quantities という表現はあるが，荷物そのものを引いたということで，舟を引いたという意味ではない。

3

正解 Ⓓ　　　　　　　　　　　　　　　　　　　　　5　語彙

第3段落の drive という単語に最も近い意味はどれか。
Ⓐ　〜を導く
Ⓑ　〜に命令する
Ⓒ　〜を置く
Ⓓ　〜に動力を与える

解説 drive には「〜を運転する」の他，「〜を後押しする，推進する」の意味がある。第3段落の該当箇所で，it made use of water or air currents の it は前の節の water transport（水上輸送）を指し，to drive the vehicle が目的を表す副詞節で「船舶を動かすのに」という意味。よってⒹの power が「〜に動力を提供する」という意味で，ここでの drive と同じ意味合いとなる。Ⓐの guide は「〜に導く」という意味なので目的地が必要。この drive の意味からは外れている。Ⓑの command（〜に命令する）は意味の上から除外できる。Ⓒの locate は「〜を設置する，場所を見つける，突き止める」で，後ろに場所を示す語が必要。

4

正解 Ⓐ　　　　　　　　　　　　　　　　　　　　　1　内容一致

第4段落によると，この当時の商人たちについてどのようなことが推測されるか。
Ⓐ　警備について，政府には頼っていなかった。
Ⓑ　商品を地上輸送にのみ頼った。
Ⓒ　商品のほとんどを軍に売った。
Ⓓ　現代の販売戦略を構築した。

解説 Ⓐの警備については，商品を買い手の所まで安全に運ぶため「私兵団」を雇ったと述べている。つまり，Ⓐで述べるように国家には頼っていなかったことになる。こうした私兵団が都市国家の軍隊となるのは後のことなので，Ⓐが正解となる。Ⓑについては，「可能であればいつでも transport by boat が使われた」とあるので，誤り。Ⓒのように「軍に売った」という記述はない。第4段落で strategies が使われているのは private armies についてであり，販売戦略ではないので，Ⓓも誤り。

127

5

正解 Ⓓ

〔5 語彙〕

第4段落の turned over to という語句に最も近い意味はどれか。
- Ⓐ 逮捕される
- Ⓑ ひっくり返される
- Ⓒ めくられる
- Ⓓ 手渡される

解説 turn over は「回転する，〜をひっくり返す」という意味だが，turn 〜 over to ... では「…に〜を引き渡す」。ここでは受動態 〜 be turned over to ... で「…に引き渡される」という意味になる。よってここは Ⓓ given の「手渡される」が正しく，Ⓑ と Ⓒ は不適である。同じく turn を使ったイディオムに turn 〜 in ... (…（警察など）に〜を出頭させる) があるが，turn over 〜 to ... にこの意味はない。

6

正解 Ⓐ

〔7 文書き換え〕

第5段落でハイライトされた文の重要な情報を表しているのは以下のうちどれか。不正解の選択肢は，意味を大きく変えるか，もしくは重要な情報を含んでいない。
- Ⓐ 双方が書面化を通して契約を理解するようになると，ある大きな前進が起きた。
- Ⓑ どの商人も顔を突き合わせる連絡手段によって合意事項を理解することができた。
- Ⓒ 合意書を理解することに困難があったため，物々交換経済には，取引が行われる前に注意深い検証が必要だった。
- Ⓓ 物々交換経済の最終的な発展として，商人たちは契約書を繰り返し検証しなければならないと取り決めた。

解説 ハイライトされた文は，いつも顔を突き合わせて話し合わなくてもいいように「契約書」という新たな方法が必要になったという内容である。この契約書の登場を Ⓐ では major advancement と表現している。documentation は，本文の動詞 document の名詞形。よって Ⓐ が正解。顔を突き合わせる必要がなくなったので，Ⓑ は誤り。Ⓒ のように合意書を理解することが困難だったという記述はない。本文の repeated というのは「face-to-face meetings を繰り返す」という意味で使っており，Ⓓ のように「契約書の検証を繰り返す」ことではない。よってⒹも誤り。

7

正解 Ⓐ

〔4 修辞意図〕

第5段落で，著者が文明の発達について述べているのはなぜか。
- Ⓐ 記号を使った取引の記録が，初歩的な識字能力につながったことを示唆するため
- Ⓑ より発達した社会は物の交換に依存していなかったことを説明するため
- Ⓒ 進んだ地域では数学が使われていたことを証明するため
- Ⓓ 異なる地域では異なる書式が発達した様子を示すため

解説 第5段落前半では，文明の発達過程において，当事者同士が顔を突き合わせて話すことなく契約を結ぶ方法が考え出されたと述べている。後半ではこれをきっかけに，writing system（書式）や other forms of recording（その他の記録方法）が発達することになったという内容が続くことから，Ⓐが正解と言える。Ⓑは物の交換に did not rely on（頼っていなかった）が間違い。進んだ地域での mathematics の話や，異なる forms of writing の発達についての記載はないため，ⒸとⒹも当てはまらない。

8

正解 Ⓒ 　　　　　　　　　　　　　　　　　　　　　**3 推測**

第6段落で，著者は貨幣商品についてどのように示唆しているか。
Ⓐ 動物は年齢がさまざまなため，最良の通貨となった。
Ⓑ 米には軽いという利点があった。
Ⓒ 多くの商品が貨幣として利用された。
Ⓓ タバコの品質維持は容易であった。

解説 第6段落には rice in one region, cows in another region のように複数の貨幣商品の例が挙げられている。牛や米，タバコ，塩などが紹介されているので numerous commodities と述べられているⒸが正解。Ⓐは第6段落の最後から5文目より牛の年齢が異なる点は通貨として不利だったことがわかるため，best currency とは言えない。また同じ文に「米は比較的重い」という表現があるのでⒷは逆。最後から2文目で，タバコはすぐに鮮度が落ちると述べられているのでⒹも誤り。

9

正解 Ⓑ 　　　　　　　　　　　　　　　　　　　　**1 内容一致**

第6段落について正しいのは次のどの文か。
Ⓐ 新世界では，貨幣商品が発達することがなかった。
Ⓑ 必需品が最初の貨幣商品であった。
Ⓒ 生きた動物が最もよい貨幣商品として使われた。
Ⓓ 主要穀物は貨幣商品として使われたことはない。

解説 Ⓐは第6段落の3つ目の■の直後に新世界では貨幣使用の状況が前進したと述べられているので誤り。Ⓑは第1文の内容に一致し，これが正解。Ⓒの生きた動物は，世話が必要で分割できないという欠点があったため，不利な状況に置かれたと述べられている。Ⓓの staple grains というのは「主食となる穀物」ということで，本文の rice はその一例である。よってⒹも誤り。

10

正解 Ⓐ　　　　　　　　　　　　　　　　　　　　　　　5　語彙

第6段落の step という単語に最も近い意味はどれか。

- Ⓐ　レベル
- Ⓑ　ダンス
- Ⓒ　足
- Ⓓ　問題

解説　step には「歩み，階段，措置，方法」などの意味がある。第6段落の one step further は「一歩前進した，一段階進んだ」という意味になる。よって選択肢では Ⓐ の level が近い。Ⓑ dance「ダンス」はダンスのステップから想起されるかもしれないが，ここでは関係ない。Ⓒ 日本語の「一足先に」のような表現は英語にはなく，この step に近い意味は foot にはない。装飾品が貨幣に発展していく話なので，Ⓓ problem「問題」も不適切である。

11

正解 Ⓑ　　　　　　　　　　　　　　　　　　　　　　　1　内容一致

文章によると，この時代の社会の発展についての著者の意見は次のうちどれか。

- Ⓐ　物々交換によって，社会が自立していった。
- Ⓑ　文化の発達は経済活動によってもたらされた。
- Ⓒ　社会は，商売と文化のいずれかを選ばなければならなかった。
- Ⓓ　古代の人たちは地上を移動する方が好きだった。

解説　本文では，物々交換が4つの重要な社会的発展，次いで擬似通貨を生み，文明が発達していったと述べられているため，Ⓑ が正解。Ⓐ は，independent が逆。第7段落第1文から interdependence（互いに依存し合う状態）になっていったとわかる。Ⓒ も不適切。本文全体の流れおよび第7段落から経済活動が文明の発展を刺激してきたことが読み取れる。古代の人々は水上での輸送を好んだと第4段落に書かれているため，Ⓓ も誤り。

12

正解 4つ目　　　　　　　　　　　　　　　　　　　　　　8　文挿入

文中の4つの■のうち，以下の文が入るのに最も適する箇所はどこか。

その商品自体は外見以外には何ら機能を持つものではなかったため，その価値は純粋に象徴的なものだった。

解説　挿入文に Its value という語句があることに目をつける。Its が前に出てきた文の中の何を指すかを判断しよう。また，「商品自体は機能を持たない」という内容も手掛かりにできる。この段落で挙げられている商品である米や塩，牛といったものは，それぞれ食料としての機能を持っている。しかし，3つ目の■の後に続く文に出てくる wampum（貝殻玉）は，外見はともかく食料などの機能は持たない。挿入文の Its はこの wampum を指すものと考えられるので，当てはまる箇所は4つ目の■である。

13

正解　初期の物々交換　Ⓓ Ⓕ Ⓖ
**　　　後期の物々交換　Ⓐ Ⓔ**

> **10　要点分類**

本文の主要な2つの概念を要約している選択肢を示して下の表を完成させよ。この問題は3点が与えられる。

- Ⓐ 都市国家は，私兵団を公的な軍隊に切り替えていった。
- Ⓑ 牛は売買される前に神聖なものとして崇め奉られなければならなかった。
- Ⓒ 物々交換の記録は，大多数の人によって記述された。
- Ⓓ 標準化された寸法が商圏全体に広まった。
- Ⓔ 社会は互いに相互依存の形態に成長した。
- Ⓕ 粗造りの舟は，大量の交換商品を運んだ。
- Ⓖ 商品を交換するには，記録のシステムが必要であった。

解説　それぞれの選択肢を吟味していこう。Ⓐ 第4段落に初期の物々交換の時代には，商品を守るために私兵団が必要とされ，それが次第に都市国家の軍隊に発展していったとあるから，これは Later Bartering に該当する。Ⓑ 牛が神聖なものであるという記述は，この本文には出てこないので，いずれにも属さない文である。Ⓒ 第5段落の最後に when very few people were literate（文字の読み書きができる人がほとんどいなかった当時）という表現があるので，これはいずれにも属さない文である。Ⓓ 最も初期の計測器は体の一部や人の行動に基づいたもの，一般的な物質のサイズ・重さであり，続いて単位の知識が広まったとある。第2段落の最後に，古代エジプトで用いられた measurement rods were created と書かれており，標準化された計量法が早い段階で用いられたことがわかる。よって，Early Bartering に該当する。Ⓔ 第7段落に，物々交換が発達すると社会は相互依存の度合いを増すと述べられている。よって，Later Bartering に当たる。Ⓕ crude boats（粗造りの舟）は，第3段落の初期の物々交換の記述に登場する。多くの商品が運べたと述べているので，記述も正確である。Ⓖ 「記録」については第5段落で述べられており，「文字の読み書きができる人がほとんどいなかった当時でさえ記録が残された」とあるので，これは Early Bartering に該当する。

【全訳】

変化する社会における物々交換

[1]　経済制度の進化は，余った物を交換し合うことで始まった。社会的な交流を通して，小麦粉のようなある種の物品が，魚のような他の種類の物品と同じ価値があると判断された。こうした初期の経済行為は，現代の基準に照らすと原始的に思えるが，それでも，4つの重要な社会的発達を必要とした。

[2]　最初の重要な発達は，物品の測定であった。量を決定づけ，証明しなければならなかった。これが，重量と寸法の進化につながった。その多くは，親指と鼻の間の距離といった，人の体に基づいたもので，中には，人が1日に耕せる土地の広さといった，人の行動に基づいているものもあった。また他に，小麦の種子や大麦の粒といった，ごく一般的な物質のサイズや重さが基準になっているものもあった。これらは数量を測定するものとしては大雑把だが，物々交

換システムの範囲内で交換物件の尺度を決めるには十分だった。続いての進化は，その経済行為の及ぶ範囲内で単位の知識が広まったことだった。古代エジプトでは，ものさしが発明され，いろいろな場所で基準が容易に再現されるようになった。

[3]　初期の物々交換経済で必要とされた2番目の発達は，余剰品の移動システムであった。余剰は，商圏全体で起きるわけではない。ある港では魚が過剰になるし，一方，農耕を行っている山あいでは小麦が余ることになる。物品の移動に水上や陸上の輸送が必要となった。古代では，粗造りの舟でさえ大量の物品を運ぶのに効力を発した。水上輸送はまた，船舶を操るのに水や空気の流れを利用できたという理由でも重宝された。水上移動ができない地域では，小路が道路に発展していった。陸地ではさらなる発達が必要とされた。動物が荷役を大量に運んだり引いたりすることによって，経済活動が促進されていった。

[4]　3番目の発達は，盗まれることなく物品を運べるような，一定レベルの安全性であった。これは，陸上輸送の際特に必要だった。はるかに安全な水上輸送が，可能な時はいつでも使われたが，大きな理由はそこにある。窃盗の危険に対しては，盗賊らも武装していたため，武器で防御する必要があった。商品が買い手に渡るまでは，商品の警護に私兵団を配置した。盗賊と私兵団が戦略を向上させるにつれ，戦術が発達した。こうした私兵団は，次第に都市国家が自衛に使う軍隊へと発展していった。

[5]　取引を記号で記録するシステムが物々交換経済の4つ目の主だった結果である。取引のあらゆる段階で関係当事者が顔を突き合わせて話さなくて済むように，契約を記録するための，合意に基づく方法が必要となった。内容を記号で記録する書式やその他の方法が必要になってきたのである。数量を記録する必要から計算法が発達した。地中海東部の古代社会では，取引を記録するのに，石や粘土板が使われた。文明が進化する中，読み書きのできる人がほとんどいなかった当時でも，書式によって取引の記録が可能になったのである。

[6]　物々交換システムが一旦確立すると，必需品が一般的に擬似通貨として使われるようになった。これは貨幣商品として知られている。こうしたことは広範囲に渡っていろいろな地域で起こり，ある地域では米によって，またある地域では牛によって物品の価値が計算された。タバコや塩はその時々で，物々交換の物品として，また価値が計算できる商品として使われてきた。新世界では貝殻玉を使用したが，装飾品が初期の貨幣に発展したため，状況は一歩前進することとなった。[12] その商品自体は外見以外には何ら機能を持つものではなかったため，その価値は純粋に象徴的なものだった。ただ，貨幣商品の中には，不利な状態に置かれるものもあった。米は主要産物としては比較的重量があるし，牛は，年齢や健康状態が多岐にわたる。生きた動物は世話の必要があり，分割できない。また，腐りやすいものもある。タバコは，鮮度が落ちれば価値がなくなる。塩は湿気厳禁である。

[7]　物々交換の発達は，社会の相互依存の増大と密接に関わっていた。物品の交換は，最初は直接的に，続いて擬似貨幣の交換として，我々が文明と結びつける多数の社会システムの発展を刺激したのである。

Word & Phrase Check

☐ surplus goods	余剰品	☐ barter system	物々交換システム
☐ excess	過剰な	☐ deploy	～を配置する
☐ transaction	取引	☐ agreement	契約
☐ party	（契約の）当事者	☐ monetary commodity	貨幣商品
☐ in term of ～	～によって	☐ perishable	腐りやすい

Column アメリカの大学での Reading の課題

アメリカの大学では，1つの授業につき，テキストが1冊〜数冊指定されることが多い。テキストはあらかじめシラバスに書かれているか，キャンパス内にある書店のウェブサイトで検索することができることもある。

履修する授業を決めたら，指定の教材を購入する。Required（必須），Optional（任意）などの表示も取り違えてはならない。キャンパス内の書店で購入してもいいし，オンライン書店など別の書店で購入してもよい。日本と違うところは，Used（古本）を利用するのが一般的であるところだ。テキストは新品で購入すると値が張るものが多いし，定番の授業で使用するテキストはほぼ毎年変わらない。過去の学生が使った Used のテキストをうまく利用して，節約するとよいだろう。

留学生にとっては，毎日の授業までに指定された数十ページを読みこなすだけでも大変だ。しかし，テキストに沿って授業や議論が進むので，頑張って予習をこなそう。TOEFL® のリーディング・セクションは，あこがれの留学生活の第一歩ととらえて，励んで欲しい。

問題 6

SKIMMING 5分 CD 1-09

Questions 1 – 14

Global Dimming

[1]　Since the 1950s, measurements of light striking the Earth have generally shown declines though there have been times when the opposite has been observed. Between 1960 and 1990, the loss of light at the surface has been estimated at four percent. While global warming has also often come to an issue, what are the causes and the effects of increased global dimming? Like all studies of climate change on the global level, a major problem is that climatic systems include a great number of variables and getting accurate data is problematic due to the huge number of weather systems on the planet, and their rapid changes.

[2]　As human beings release aerosols and other particulates into the atmosphere, the process of cloud formation changes. For the past few hundred years, factory pollutants have become the nuclei of droplets in clouds. With more particulates, the number of droplets increases, and the size of the droplets decreases. Such clouds are, therefore, more reflective. They reduce the amount of sunlight that passes through the sky to reach the ground or bodies of water on the Earth's surface. Of course, the extent to which weather systems are affected by particulates is not a constant but rather part of a larger interaction of pollution and natural weather systems on a global scale.

[3]　When global dimming occurs, the expected result will be cooling of the surface. This may mean that some human activities such as the release of carbon dioxide into the atmosphere are heating the planet while other human activities are having the opposite effect. When conflicting trends exist, it's hard to understand each one separately. This is true in meteorology, just like any other dynamic system.

[4]　Complicating the effect of global dimming, a term coined by Gerry Stanhill, is the fact that clouds have a very different effect during the day and at night. During the day, clouds tend to keep light from striking the Earth and, therefore, keep the Earth cool. At night, the effect is reversed. The Earth radiates heat during the night, and cloud cover tends to reduce the amount of heat radiated.

[5]　Another variable that makes understanding of the amount of light striking the Earth difficult is the spatial arrangement of weather stations. Weather stations are primarily located on land and are typically far more common in populated areas than unpopulated ones. It is entirely possible that light striking the Earth has been reduced closest to population centers and in areas where pollution is high. Possibly, far more rural areas and ocean areas are affected far less by particulates in the

atmosphere.

[6]   One indicator that is truly eye-opening regarding the amount of light striking the Earth has come from changes in pan evaporation. Evaporation pans are meteorological devices for estimating the amount of water needed in farming. Although the devices themselves vary according to the weather bureaus of various countries, they all operate on the principle that water evaporates from a pan depending on humidity, sunlight and wind speed. Temperature is hardly a factor in pan evaporation rates. Over a 50-year period, the pan evaporation rates have generally fallen slightly around the world. These declines would require rising humidity or decreasing wind speed over the same period of time if sunlight is not the factor causing the change.

[7]   In addition to pollution caused by factories, a significant source of particulates that might cause global dimming could be the vapor trails caused by aircraft that fly at high levels in the atmosphere, possibly causing 20 percent of the problem. A natural factor could be the eruption of large volcanoes. ■ The eruption of Mount Pinatubo in the Philippines was found to have created a significant increase in sun-blocking aerosols. ■ Its effects continued for two years. ■ These sources of particulates mean the measurement of particulates is much more complex than simply looking for wind patterns in relation to the location of factories. ■

[8]   Understanding the full picture of changes in global temperatures is a complex task. Not only are there both natural and man-made parts to the equation that raise temperatures in varying amounts and at varying times. There are also contravening elements from nature and from human civilization that have the opposite effect. If through the study of meteorology we can understand the balance of all the components involved, global dimming could provide a clue to the easing of global warming.

1 The word striking in paragraph 1 is closest in meaning to ⧗ 30 秒

 Ⓐ discovering
 Ⓑ assaulting
 Ⓒ reaching
 Ⓓ protesting

2 According to paragraph 1, what happened between 1960 and 1990? ⧗ 1 分 10 秒

 Ⓐ The amount of light reaching the surface increased.
 Ⓑ The light loss pattern of the 1950s was reversed.
 Ⓒ This measurement was not made during those years.
 Ⓓ Slightly less light got as far as the surface.

3 The phrase Such clouds in paragraph 2 refers to ⧗ 1 分

 Ⓐ polluted clouds
 Ⓑ high-altitude clouds
 Ⓒ low-altitude clouds
 Ⓓ clouds with larger droplets

4 The word radiates in paragraph 4 is closest in meaning to ⧗ 30 秒

 Ⓐ absorb
 Ⓑ reduce
 Ⓒ emit
 Ⓓ reflect

5 What can be said from paragraph 5 about the points where data on the amount of light is collected?　⏳1分10秒

Ⓐ They tend to be close to cities.
Ⓑ They are evenly spaced globally.
Ⓒ There are only a few in the whole world.
Ⓓ Most of them are out at sea.

6 When the author states that an indicator is **eye-opening** in paragraph 6, he means it is　⏳30秒

Ⓐ known by everyone
Ⓑ pleasant to look at
Ⓒ big enough to be seen
Ⓓ full of surprises

7 What can be said from paragraph 6 about temperatures in the method that uses a pan?　⏳1分10秒

Ⓐ They are kept constant everywhere.
Ⓑ Their variations hardly matter.
Ⓒ They are more significant than wind speed.
Ⓓ Higher ones reduce cooking time.

8 The word **source** in paragraph 7 is closest in meaning to　⏳30秒

Ⓐ function
Ⓑ effect
Ⓒ cause
Ⓓ ingredient

9. According to paragraph 7, how did the incident in the Philippines change the situation?

   Ⓐ Aerosols were high for two years.
   Ⓑ Factory pollution was reduced.
   Ⓒ Jets began to fly less.
   Ⓓ Much more sunlight got through.

10. In paragraph 8, why does the author mention natural and man-made effects on light levels?

    Ⓐ To list effects causing dimming
    Ⓑ To contrast opposite effects
    Ⓒ To suggest both raise temperatures
    Ⓓ To argue light has little significance

11. The word contravening in paragraph 8 is closest in meaning to

    Ⓐ essential
    Ⓑ conflicting
    Ⓒ combined
    Ⓓ variable

12. What does the author imply in paragraph 8 about the future of meteorology?

    Ⓐ We should stop calling this problem complex.
    Ⓑ Taking pictures will give us the answer.
    Ⓒ Understanding man-made effects is the key.
    Ⓓ We will eventually understand global dimming.

13 Look at the four squares [■] that indicate where the following sentence could be added into the passage.

Other volcanoes have produced similar effects for roughly the same length of time.

Where would the sentence best fit?

⧗ 1分20秒

14 **Directions:** An introductory sentence for a brief summary of the passage is provided below. Complete the summary by selecting the THREE answer choices that express the most important ideas in the passage. Some sentences do not belong in the summary because they express ideas that are not presented in the passage or are minor ideas in the passage. **This question is worth 2 points.**

⧗ 2分40秒

Global dimming, the decrease in the amount of light striking the Earth, is currently underway.

Ⓐ Global dimming is mostly attributed to human activities.
Ⓑ The main expected effect of global dimming would be cooling of the surface of the earth.
Ⓒ What makes the effect of global dimming complicated is that clouds move differently day by day.
Ⓓ In rural areas and ocean areas, light striking the Earth is less subject to influence from particulates in the atmosphere.
Ⓔ The pan evaporation rates have been declining slightly over the past 50 years.
Ⓕ Understanding the balance of all elements in the study of meteorology would help for the study of global warming.

問題 6　解答解説　　　　　　　　　　　　　　　　　　　　　　•気象学

全訳➡p.146〜p.147

LOGIC NOTE

メインポイント	mechanisms global dimming
[1]	global dimming = declines of light striking into the Earth Q What are causes and effects?
[2]	mechanism : clouds with factory pollutants → reflective
[3]	A(effect)　cooling of the surface of the Earth
[4]	daytime : the sunlight doesn't reach → cooling ⇔ night : reduces the amount of heat radiated　⎫ 　　　　→ warming　　　　　　　　　　　　　　⎬ complex traits
[5]	weather stations: not in rural and ocean areas
[6]	evaporation rate declines globally 　　→ rising of humidity, decreasing wind speed
[7]	A(causes)　man-made : 　factory, aircraft 　　　　　　natural : 　eruption of volcanoes
[8]	complex and need further study → may provide a clue to the global warming

Questions 1 - 14

1

正解 Ⓒ　　　　　　　　　　　　　　　　　　　　　　5　語彙

第1段落の striking という単語に最も近い意味はどれか。
- Ⓐ　〜を発見する
- Ⓑ　〜を非難する
- Ⓒ　〜に到達する
- Ⓓ　〜に抗議する

解説　第1段落第1文では global dimming の内容が簡潔に述べられている。本文の，measurements of light striking the Earth have generally shown declines は，地球に当たる太陽光の測定値が徐々に減少してきたということである。「〜に到達する」の Ⓒ reaching に置き換えても意味は大きく変わらないため，これが正解となる。Ⓐ では「地球を発見する light」となり話が変わるため不適切。Ⓑ，Ⓓ も light や the Earth に対して使うのは不自然である。

2

正解 Ⓓ

第1段落によると，1960年から1990年の間に何が起こったか。
- Ⓐ 地表に到達する太陽光の量が増えた。
- Ⓑ 1950年代の太陽光の減少パターンが逆になった。
- Ⓒ その年月の間はこの測定は行われなかった。
- Ⓓ 地表まで届く太陽光がわずかに少なくなった。

▶ 1 内容一致

解説 1960年から1990年の間のできごとについては第1段落第2文に記述がある。まず第1文の前半に「1950年代以降，地球に当たる太陽光の数値が減少してきた」とあり，第2文では上記の期間，地表の太陽光が4パーセント減少したと言っている。よって，Ⓓが正解。Ⓐは逆のことを言っているので不適切。Ⓑは，第1文に opposite という名詞があるが，これは太陽光の量が減少の反対，つまり上昇を示した時期もあったと，一時的な状況を説明しているに過ぎない。全体的には減少が続いているという文脈なので，「逆」にはなってはいない。Ⓒのように読める記述はない。この両年を含む期間，継続して計測が行われてきたと見るのが普通である。

3

正解 Ⓐ

第2段落の Such clouds が指しているものはどれか。
- Ⓐ 汚染された雲
- Ⓑ 高空の雲
- Ⓒ 低空の雲
- Ⓓ 大きな水滴の雲

▶ 6 指示語

解説 Such clouds（そのような雲）が指すものは，その前にあるはずである。第2段落を最初から見ていくと，第2文に「工場の汚染物質が水滴の核となった」雲のことが書かれており，それがより多くの太陽光を反射しているというのである。よって，正解は Ⓐ。雲の高度についての話は出てきておらず，Ⓑ と Ⓒ は関係ない。この雲の水滴については，the number of droplets increases, and the size of the droplets decreases とあり，サイズは小さくなっていることが分かるので，Ⓓ も間違いである。

4

正解 Ⓒ

第4段落の radiates という単語に最も近い意味はどれか。
- Ⓐ 〜を吸収する
- Ⓑ 〜を軽減する
- Ⓒ 〜を放出する
- Ⓓ 〜を反射する

▶ 5 語彙

解説 第4段落後半では，昼間と夜間の雲の働きを説明している。昼間は太陽光が地球に strike するのを雲が遮るため，地球は涼しくなり，夜間は逆に地球が熱を radiate するが，雲の覆いにより radiate される熱が減少するというのである。よって，当てはまるのは「～を放出する」のⒸ。Ⓐは夜間の説明と矛盾する。地球が熱を reduce（軽減）するのも，reflect（反射）するのも，状況として不自然なので，ⒷとⒹは誤り。

5

正解 Ⓐ　　　　　　　　　　　　　　　　　　　　　　　　1　内容一致

第5段落より，太陽光の量に関するデータが収集される地点について何が言えるか。
Ⓐ　それらは都市の周辺にあることが多い。
Ⓑ　それらは世界中で均等に配置されている。
Ⓒ　それらは世界全体でほんの数個しかない。
Ⓓ　そのほとんどは海の沖にある。

解説 第5段落第1文の spatial arrangement of weather stations が何を指すのかを慎重に検討しよう。問題文の the points where data on the amount of light is collected とは本文 weather stations の言い換えである。この「測候所」は typically far more common in populated areas than unpopulated ones とあるので，正解はⒶ。同じ理由からⒷの「均等に」は誤りであるとわかる。またⒸのような記述はない。Ⓓは第2文の weather stations are primarily located on land と合わないので誤りである。

6

正解 Ⓓ　　　　　　　　　　　　　　　　　　　　　　　　5　語彙

第6段落で，ある指標が eye-opening であると著者が言う時，意味しているのは
Ⓐ　皆に知られているということ
Ⓑ　見て心地よいということ
Ⓒ　見えるのに十分に大きいということ
Ⓓ　驚きに満ちているということ

解説 eye-opening は「目を開かせる」という意味の形容詞である。「目をむく，目を見張る」という日本語を思い浮かべるとよい。正解はⒹ。蒸発計によって測られる蒸発率が世界中で減少傾向にあることを，地球薄暮化の eye-opening な指標だと言っているのである。Ⓐ，Ⓑ，Ⓒはすべて焦点がずれている。

7

正解 Ⓑ　　　　　　　　　　　　　　　　　　　　　　　　1　内容一致

第6段落より，皿を用いる測定方法において気温について何が言えるか。
Ⓐ　それらはどこでも一定に保たれている。
Ⓑ　それらの差異はほとんど問題にならない。
Ⓒ　それらは風速よりも重要である。

142

集中トレーニング 問題6

Ⓓ それらが高いほど調理時間が短くなる。

解説 Ⓑが第6段落の最後から3番目の文 Temperature is hardly a factor in pan evaporation rates. の意味と適合する。その直前の文と段落の最終文にある通り，この測定法においては湿度・風速・日光だけが問題なのである。Ⓐのような記述はなく，気温の差異は問題ではないのだから，自然のままでよいはずである。同様にⒸも誤りで，「風速ほど重要でない」ということであれば正しい。pan は，ここでは調理器具としての「なべ」の意味ではないので，Ⓓも関係がない。

8

正解 Ⓒ　　　　　　　　　　　　　　　　　　　　　　　　　▶ 5 語彙

第7段落の source という単語に最も近い意味はどれか。
Ⓐ 機能
Ⓑ 効果
Ⓒ 原因
Ⓓ 原料

解説 第7段落では，第2段落で地球薄暮化の一因が工場の汚染物質であると述べたことを受け，これ以外の粒子状物質は vapor trails（飛行機雲）から発生し得ることを説明している。よって，選択肢の中では「引き起こすもの」という意味のⒸ cause が正しい。Ⓐ function（機能）やⒷ effect（効果）は vapor trails とイコールの関係にはならない。「原料」のⒹも文脈に合わず，正しくない。

9

正解 Ⓐ　　　　　　　　　　　　　　　　　　　　　　　　　▶ 1 内容一致

第7段落によると，フィリピンでの出来事はどのように事態を変えたか。
Ⓐ 2年間エアロゾルが高濃度だった。
Ⓑ 工場による汚染が減った。
Ⓒ ジェット機の飛行が減り始めた。
Ⓓ より多くの太陽光が届いた。

解説 設問の the incident in the Philippines とは，第7段落中盤の the eruption of Mount Pinatubo in the Philippines のことである。これが sun-blocking aerosols を増幅させたとあり，2つ目の■を挟んで「その効果が2年続いた」とあるので，Ⓐが正しい。この段落では地球薄暮化の原因となる工場汚染以外の要素について述べられているが，Ⓑのような因果関係は書かれていない。Ⓒのジェット機も薄暮化の要因の1つとして挙げられているが，フィリピンとは関係がない。Ⓓは薄暮化の結果として成り立たない。

143

10

正解 Ⓐ　　　　　　　　　　　　　　　　　　　　　**4　修辞意図**

第8段落で，なぜ著者は太陽光の量への自然的または人為的な影響について述べているのか。
- Ⓐ 薄暮化を引き起こす作用を列挙するため
- Ⓑ 正反対の効果を対比させるため
- Ⓒ そのどちらもが気温を上昇させることを示すため
- Ⓓ 光はほとんど重要でないと論じるため

解説　第8段落では，自然要因や人的要因が複雑に絡み合って薄暮化を引き起こしているということを説明しているので，Ⓐが正解である。第3段落の例のように，同じ人為的要因であっても地表の温度を下げたり，逆に温暖化したりするということがあるため，その効果ははっきりとは言えないのである。よってⒷは正しくない。Ⓒは，前述のように人為的な要因が温度を上げたり下げたりすることもあるので，誤り。Ⓓのようなことは言っていない。

11

正解 Ⓑ　　　　　　　　　　　　　　　　　　　　　**5　語彙**

第8段落の contravening という単語に最も近い意味はどれか。
- Ⓐ 本質的な
- Ⓑ 矛盾する
- Ⓒ 結合した
- Ⓓ 可変の

解説　この単語が出てくる第8段落第3文は There are also ... で，前の第2文は Not only are there ... でそれぞれ始まっていることから，"Not only ～ but also ..." の構文を意識しながら意味を検討しよう。「地球の気温変化は複雑である」という第1文と，第2文の「気温上昇の原因には自然要因と人的要因の両方があるというだけではない」を受け，第3文では，「それら両要因からくるもので，opposite effect（正反対の影響）をもたらす要素もある」という話の流れから，Ⓑの「矛盾する」が正解。Ⓐ，Ⓒ，Ⓓは，いずれも一見該当しそうに見えるかもしれないが，文に当てはめると内容に合わない。

12

正解 Ⓓ　　　　　　　　　　　　　　　　　　　　　**3　推測**

第8段落で，気象学の未来について著者は何を示唆しているか。
- Ⓐ 私たちはこの問題が複雑だと言うのをやめるべきである。
- Ⓑ 写真を撮ることが私たちに答えを与えてくれるはずだ。
- Ⓒ 人為的影響を理解することが鍵である。
- Ⓓ 私たちは最終的には地球薄暮化を理解するだろう。

解説　本文の内容と照らし合わせながら，順に見ていこう。Ⓐは第8段落第1文の記述と反する。この問題が複雑であると提示しているのは著者自身である。また，Ⓑの take pictures

は「写真を撮る」であり，第1文の understanding the full picture（全体像を理解すること）とはまったく違う話である。Ⓒ は，第2文と第3文で問題の複雑さを説明して「自然要因と人的要因があること」を挙げているのに対し，人的要因だけが解決の鍵であるように言っているので，誤りである。著者は段落の最後で，気象学の研究を通して地球薄暮化や地球温暖化を理解できるであろうという見通しを提示しているため，Ⓓ が正解となる。

13

8 文挿入

正解　3つ目

文中の4つの■のうち，以下の文が入るのに最も適する箇所はどこか。
他の火山もほぼ同じ期間，似たような影響を引き起こした。

解説　挿入文は文頭が Other volcanoes で始まっているので，その前に volcano の話が出ていることが必要である。また挿入文に similar effects や the same length of time とあることにも着目し，何らかの影響（effect）や時間（time）にも注意しながら，選択肢を順に見ていこう。まず1つ目の■の前の文には volcano があるが，結果や時間は出てこない。2つ目の■の前では Mount Pinatubo の噴火の例が挙げられ，その次の文では「Mount Pinatubo の噴火の影響が2年間続いた」とある。よって「火山の例」「影響」「期間」のすべてへの言及がなされた後となる，3つ目の■に入れるのが正解である。4つ目の■の前の文では，火山の話は終わっており，その他の粒子状物質の原因も含めた段落の総括に入っているため，この位置に入れることはできない。

14

9 要点把握

正解　Ⓐ Ⓑ Ⓕ

本文の簡単なまとめの導入文が下に与えられている。本文の最も重要な考えを述べている選択肢を3つ選んで，要約を完成させよ。いくつかの選択肢は，文章で述べられていないか，もしくは文の重要な考えではないため，要約には含まれない。この問題は2点が与えられる。
地球に当たる太陽光の量が減少する地球薄暮化が，現在進行中である。

Ⓐ　地球薄暮化は大部分が人間の活動の結果である。
Ⓑ　地球薄暮化の主な影響は，地表面の冷却化であると言える。
Ⓒ　地球薄暮化の影響が複雑なのは，雲の動きが日々異なるためである。
Ⓓ　田舎の地域や海上では，地球に当たる太陽光は大気中の粒子状物質の影響を受けにくい。
Ⓔ　蒸発皿の蒸発率は過去50年間でわずかに減少している。
Ⓕ　気象学研究のすべての要素の均衡状態を理解することは，地球温暖化の理解に役立つだろう。

解説　本文の重要な考えと言えるか否かを考えながら，それぞれの選択肢を吟味していこう。Ⓐ 第2段落と第7段落によると，火山の噴火を除き，地球薄暮化の原因の20パーセントを占めるという飛行機雲からの粒子状物質や工場の汚染物質など，大部分は人間の活動によるものと理解できるため，正解。Ⓑ 第3段落第1文に同じ内容の記述があり，地球薄暮化についての重要な情報であるため，正解。Ⓒ 第4段落第1文に，雲は地表の熱に対して日中

と夜間とではまったく異なる効果を持つとあるが，雲の動きについては本文のどこにも出てこないので，当てはまらない。Ⓓ，Ⓔ は，それぞれ第5段落と第6段落の終わりに同様の内容の記述があるが，いずれも付随的な情報であり，最も重要な考えとは言えない。Ⓕ 第8段落の要旨であるとともに，この文全体の締めくくりとも言えるので，正解である。

【全訳】
地球薄暮化

[1] 1950年代以降，地球に当たる太陽光の測定値は概ね減少を示している。その逆の観察がなされた時期も時折あったのだが。1960年から1990年の間，地表の太陽光の減少は4パーセントと推定されている。地球温暖化がしばしば問題にされるが，地球薄暮化が進行した原因とその影響は何であろうか。地球規模の気候変動についてのすべての研究と同様，大きな問題は，気候システムには膨大な可変要素が含まれること，そして地球上には莫大な数の気候システムがあり，その変化が著しいため，正確なデータの取得が難しいということである。

[2] 人類がエアロゾルや他の粒子状物質を大気中に放出するため，雲の形成プロセスに変化が起きている。過去数百年間，工場から出る汚染物質が雲の中の水滴の核となってきた。粒子状物質が増えるにつれ，水滴は数が増え，そのサイズは小さくなっている。したがって，そのような雲はより多くの太陽光を反射している。こういった雲により，空を通って地表の地面や水域に到達する太陽光の量は減少する。もちろん，粒子状物質による気候システムへの影響の大きさは一定ではなく，大気汚染と自然気象システムという，地球規模の，より規模の大きな相互関係の一部と言うことができる。

[3] 地球薄暮化が生じると，その結果として地表の冷却が予想される。これは，二酸化炭素の大気中への放出など，地球を暖める人間の活動がある一方で，逆の効果をもたらす活動もあることを意味している。相反する傾向が存在する場合，それらを個別に理解するのは難しい。他のあらゆる動的システムと同様，気象学でもこうしたことが言える。

[4] 地球薄暮化——これはゲリー・スタンヒルの造語であるが——の効果を複雑にしているのは，日中と夜では雲がまったく異なる効果をもたらすという事実である。日中，雲は太陽光が地球に直射しないようにする働きがあり，それゆえ地球を涼しく保つ。夜には，この効果は逆になる。地球は夜の間に熱を放出するが，雲の覆いによって放出される熱の量が減少する傾向がある。

[5] 地球に当たる太陽光の量の把握を難しくしているもう1つの可変要素は，測候所の空間的配置である。測候所は主として陸上に位置し，概して人の住まない地域より居住者の多い地域に置かれることがはるかに多い。人口の集まる場所の近くや高度に汚染された地域であれば，地球に当たる太陽光が減少しているということは十分にあり得る。おそらく，はるかに田舎の地域や海上のほうが，大気中の粒子状物質から受ける影響はずっと少ないであろう。

[6] 地球に当たる太陽光の量について真に驚くべき指標は，蒸発皿からの蒸発の変化によるものである。蒸発計は，農業で必要な水の量を見積もるための気象観測装置である。機械そのものはさまざまな国の気象局ごとに異なるが，それらはすべて，湿度や太陽光や風速によって蒸発皿から水が蒸発するという原則に則って作用する。気温は蒸発皿からの蒸発率の要素にはほとんどならない。蒸発皿の蒸発率は，50年以上にわたり概して世界中で少しずつ下がってきた。この変化を引き起こす要因が太陽光でないなら，こうした減少には同じ期間にわたる湿度の上昇と風速の低下がなくてはならないことになる。

[7]　工場が引き起こす汚染以外で，地球薄暮化を起こし得る粒子状物質の主な出所は，大気中を高く飛ぶ航空機が残す飛行機雲であり，この問題の原因の20パーセントはこれかもしれない。自然要因としては，大規模な火山の噴火であろう。フィリピンのピナトゥボ山の噴火は，日光を遮るエアロゾルを大幅に増加させたことがわかった。その影響は2年間続いた。13 <u>他の火山もほぼ同じ期間，似たような影響を引き起こした</u>。粒子状物質にこのような出所があるということは，粒子状物質の測定は，単に工場の位置に対する風のパターンを読むよりも，ずっと複雑であることを意味している。

[8]　地球の気温変化の全体像を理解することは，複雑な課題である。その込み入った状況には，気温をさまざまな度数分，さまざまな時間帯に上げる，自然的な要因と人為的な要因の2つがあるだけではない。そこにはまた，自然と人類の文明から来る，正反対の影響をもたらす相反した要素があるのである。気象学の研究を通じて，関係するすべての要素の均衡状態を理解することができれば，地球薄暮化から地球温暖化軽減のための糸口が見つかるかもしれない。

Word & Phrase Check

☐ variable	可変要素	☐ problematic	問題のある
☐ particulate	粒子状物質	☐ pollutant	汚染物質
☐ nuclei	核（nucleusの複数形）	☐ droplet	水滴
☐ meteorology	気象学	☐ coin	（新語を）作る
☐ spatial	空間の	☐ equation	（込み入った）状況

問題7

SKIMMING ⏳5分 ● CD 1-10

Questions 1 – 14

The Spanish Town of St. Augustine, Florida

[1]　Many Americans may think either Plymouth, Massachusetts, or Williamsburg, Virginia, is the nation's oldest city. They both indeed have long histories as centers of British and American culture. Far to the south, however, is America's first city, St. Augustine, Florida. It was founded in 1565 as the earliest permanent European settlement in what is now the United States. That was 55 years before Plymouth (1620) and 67 years before Williamsburg (1632).

[2]　It was, however, preceded by two other European settlements, which were soon abandoned. Spanish Pensacola at the far western end of Florida was first settled in 1559, but was hit and destroyed by a hurricane within months. French Ft. Caroline in modern-day Jacksonville was settled in 1564, but starvation soon destroyed the settlement before a year had passed. This pattern of repeated attempts to settle a region with Europeans occurred not only in Florida but also among the British settlements to the north in Roanoke in North Carolina, followed by Jamestown in Virginia and then Williamsburg. Florida was the place where temporary settlement first gave way to permanent settlement with St. Augustine. The name of the city was taken from the fact that the Spanish admiral, Pedro Menendez, sighted land on Aug. 28, 1565, which was the feast day of Augustine of Hippo, a Catholic saint.

[3]　During the colonial period, St. Augustine had to endure a number of attacks. ■ In 1586, the young colony was attacked by the British under Sir Francis Drake who burned the colony. ■ In 1668, pirates plundered the colony and most of the citizens were killed. ■ During those years, nine different wooden forts were constructed one after another by the Spanish. ■

[4]　The key to St. Augustine's survival against hostile outsiders was the massive fortifications that were built between 1672 and 1695 and known as Castillo de San Marcos. The Castillo is a stone fort built in a square shape with a pointed diamond projection at each of its four corners. It is very close to the Atlantic shore and was strong enough to house 1,500 townspeople and soldiers during a two-month British bombardment in 1702. A more serious attack came in 1740 following a decade of British development in Charles Town, now Charleston, Georgia. The attack went on for 38 days, and yet the stone fort held. Militarily, the stone fort at St. Augustine was invincible.

[5]　British occupation of St. Augustine did come when Florida was given to the British crown by the Treaty of Paris in 1763. That ended in 1783 when the Second

148

Treaty of Paris returned Florida to Spain. The second period of Spanish occupation was significantly different from the first for two main reasons. First, the Spanish population had diminished during the period of British occupation. Second, the new British population to a great extent remained in place even after the Spanish returned to power. An even greater problem for the Spanish occupying St. Augustine than the composition of the local population was the pressure the colony felt from the growing American presence north of Florida, in Georgia. Numerous border disputes broke out, and Spain eventually agreed to cede Florida to the United States in 1821.

[6]　Florida during its American history would later develop a significantly different population pattern than it had during either of its Spanish occupations or the brief British occupation. The cities of Jacksonville and Tampa grew in the latter half of the 19th century. Miami and Orlando are younger still, with development occurring during the 20th century. St. Augustine is dramatically different from this modern Florida story. It has a lengthy history and an incredibly rich past, when all sorts of threats had to be overcome. Its survival is a testament to the dedication of its Spanish military leaders. St. Augustine's modest scale now, 14,000 people in total, belies its major role in international relations a few centuries ago. In the early 21st century, St. Augustine is often overlooked, but it still holds the title "America's first city."

1 Which of the following can be inferred from paragraph 1 about St. Augustine, Florida?

Ⓐ It was established by people from Williamsburg.
Ⓑ It is not well known to many Americans.
Ⓒ The town no longer exists.
Ⓓ Its residents later moved to Plymouth.

2 The word abandoned in paragraph 2 is closest in meaning to

Ⓐ expanded
Ⓑ made official
Ⓒ destroyed
Ⓓ left behind

3 According to paragraph 2, which of the following was true of Ft. Caroline?

Ⓐ It was Spanish.
Ⓑ It was in St. Augustine.
Ⓒ It was hit by a hurricane.
Ⓓ It lacked food.

4 Why does the author give examples of other settlements such as Spanish Pensacola and French Ft. Caroline in paragraph 2?

Ⓐ To illustrate that Florida has a climate with many hurricanes and other storms
Ⓑ To show that various European countries tried to build settlements in the United States
Ⓒ To indicate that early settlers faced various obstacles and had difficulty maintaining settlements
Ⓓ To demonstrate that conflicts sometimes occurred when there were multiple settlements

5. The word endure in paragraph 3 refers to

   Ⓐ promote
   Ⓑ avoid
   Ⓒ surrender
   Ⓓ withstand

6. The word hostile in paragraph 4 is closest in meaning to

   Ⓐ foreign
   Ⓑ supporting
   Ⓒ unfriendly
   Ⓓ sheltering

7. The author's description of 1740 in paragraph 4 tells us St. Augustine

   Ⓐ fell after 38 days
   Ⓑ attacked Charles Town
   Ⓒ defended itself against the British
   Ⓓ did not have a stone fort at the time

8. What does the author show when mentioning the events of 1702 and 1740 in paragraph 4?

   Ⓐ Two opposite outcomes
   Ⓑ The strength of the fort
   Ⓒ Mistakes the Spanish made
   Ⓓ The ocean's constant threat

9. According to paragraph 5, what was NOT true of the 1763 treaty?

   Ⓐ It was named after a city in France.
   Ⓑ It was one of three times control of St. Augustine was transferred from one country to another.
   Ⓒ It was followed by a drop in the Spanish population.
   Ⓓ It allowed Spain to keep St. Augustine.

10. Which of the sentences below expresses the essential information in the highlighted sentence in paragraph 6? Incorrect choices change the meaning in important ways or leave out essential information.

    Ⓐ People falsely believe St. Augustine is a major Florida city.
    Ⓑ St. Augustine has grown more important century by century.
    Ⓒ St. Augustine has an exceptionally important history for a small city.
    Ⓓ The importance of the city is purely a domestic matter.

11. According to paragraph 6, what happened during the second half of the 19th century in Florida?

    Ⓐ St. Augustine was founded.
    Ⓑ Jacksonville and Tampa grew bigger.
    Ⓒ St. Augustine was renamed Orlando.
    Ⓓ Miami became the largest city.

12. The phrase testament to in paragraph 6 is closest in meaning to

    Ⓐ demonstration of
    Ⓑ contradiction to
    Ⓒ defeat of
    Ⓓ exaggeration of

13 Look at the four squares [■] that indicate where the following sentence could be added into the passage.

None of them proved sufficient to the task of protecting Spanish Florida's capital.

Where would the sentence best fit?

14 Directions: An introductory sentence for a brief summary of the passage is provided below. Complete the summary by selecting the THREE answer choices that express the most important ideas in the passage. Some sentences do not belong in the summary because they express ideas that are not presented in the passage or are minor ideas in the passage. **This question is worth 2 points.**

St. Augustine, Florida, played a vital role in the development of colonial America in the 16th century.

- Ⓐ The Spanish at St. Augustine built one of the strongest forts of the colonial era which was vital to the survival of Spanish control of Florida.
- Ⓑ Settlement of St. Augustine began much earlier than that of Plymouth and Williamsburg.
- Ⓒ The stone fort at St. Augustine is the first structure the Spanish built there.
- Ⓓ The Spanish had a peaceful relationship with Georgia after it became an American state.
- Ⓔ Modern St. Augustine is not large in scale but it is at the town that the country once saw Spain and Britain compete for control of the North American continent.
- Ⓕ The Spanish settlement at St. Augustine preceded a French one at nearby Jacksonville.

問題 7　解答解説　　　　　　　　　　　　　　　　　　　　　●アメリカ史

LOGIC NOTE

全訳➡p.160〜p.161

メインポイント	History of St. Augustine, Florida
[1]	the oldest city ＝ St. Augustine 1565 × Plymouth 1620, Williamsburg 1632
[2]	St. Augustine ＝ permanent settlement ⇔ temporary settlement ex)・Pensacola (Spain)　1559　×← hurricane 　・Ft. Caroline (France)　1564　×← starvation
[3]	endure many attacks ex) by British (1586), pirates (1668) → wooden forts
[4]	massive fortifications (Castillo) 　stone fort ex)・British bombardment (1702, 2 months) 　・serious British attack (1740, 38 days)
[5]	統治国　① Spain (-1763) 　　　　② British 1763-1783　Treaty of Paris 　　　　③ Spain　1783-　the Second Treaty of Paris 　　　　　　population: Spanish ↓　British ↑ 　　　　④ America 1821-
[6]	modern St. Augustine ... modest scale, often overlooked

[4]〜[5]の fort について

Questions 1 - 14

1

正解　Ⓑ　　　　　　　　　　　　　　　　　　　　　　　3　推測

フロリダ州セントオーガスティンについて，第1段落からわかることは次のうちどれか。
- Ⓐ　ウィリアムズバーグから来た人々が建設した。
- Ⓑ　多くのアメリカ人にはよく知られていない。
- Ⓒ　その町はもはや存在しない。
- Ⓓ　その住民はのちにプリマスへ移住した。

解説　第1段落では，多くの人はバージニア州ウィリアムズバーグやマサチューセッツ州プリマスはアメリカの最も古い町だと思っているかもしれないと述べた後，Far to the south, however, is ... のように however を使って続けている。したがって，「あまり知られていない」

という内容の Ⓑ が適切である。「ウィリアムズバーグよりも 67 年前に建設された」とあるので，Ⓐ はあり得ないことになる。Far to the south, however, is ... から，町は今でも存在することがわかるので，Ⓒ も不適切。Ⓓ の移住についての記述は文中にない。

2

正解 Ⓓ　　　　　　　　　　　　　　　　　　　　　▶ 5　語彙

第2段落の abandoned という単語に最も近い意味はどれか。
- Ⓐ 拡大される
- Ⓑ 公にされる
- Ⓒ 破壊される
- Ⓓ 見捨てられる

解説　abandon は「～を放棄する，見捨てる」という意味。Ⓓ の leave behind には「～を置き忘れる，見捨てる」といった意味があり，abandon に最も近い。よって Ⓓ の left behind が正解。Ⓐ の expand は「～を拡大する」，Ⓑ の make official は「～を公にする」，Ⓒ の destroy は「～を破壊する」の意味。

3

正解 Ⓓ　　　　　　　　　　　　　　　　　　　　　▶ 1　内容一致

第2段落によると，フォートカロラインに当てはまるのは次のうちどれか。
- Ⓐ スペイン領だった。
- Ⓑ セントオーガスティンの中にあった。
- Ⓒ ハリケーンに襲われた。
- Ⓓ 食べ物が不足していた。

解説　第2段落の3文目に French Ft. Caroline が出てくる。... but starvation soon destroyed the settlement（飢餓によってその入植地が滅びた）とある。この starvation がキーワードで，「飢餓」という意味。よって，Ⓓ が正解。French Ft. Caroline とあるので，フランス領である。よって Ⓐ は誤り。in modern-day Jacksonville とあるので，Ⓑ も誤り。ハリケーンに襲われたのは Spanish Pensacola でフォートカロラインがハリケーンにあったという記述はない。よって，Ⓒ も誤りである。

4

正解 Ⓒ　　　　　　　　　　　　　　　　　　　　　▶ 4　修辞意図

第2段落で著者がスペイン領ペンサコラやフランス領フォートカロラインなど他の入植地の例を挙げているのはなぜか。
- Ⓐ フロリダが多くのハリケーンやその他の嵐を伴う気候であることを説明するため
- Ⓑ さまざまなヨーロッパ諸国がアメリカ合衆国に入植地を築こうとしたことを示すため
- Ⓒ 初期の入植者たちがさまざまな障害に直面し，入植地を維持するのに苦労したことを示すため

Ⓓ　複数の入植地があった時は，紛争が起きることもあったことを説明するため

解説　筆者は第2段落でセントオーガスティンより前にこれら2つの入植地があったこと，それぞれハリケーンと飢餓により短期間で破壊されたこと，このような試みの繰り返しは他の地域でも見られたことを説明した後，「セントオーガスティンが暫定的な入植地から恒久的なものに移行した最初の場所だった」と述べている。この流れから判断すると，他の入植地を例に挙げた意図は，恒久的な入植地を築くこと，言い換えれば，入植地を維持することがいかに困難だったかを示すためだという内容のⒸが適切である。Ⓐのハリケーンは1つの入植地が破壊された原因として言及したにすぎず，フロリダの気候自体は話題にしていない。Ⓑさまざまなヨーロッパ諸国が入植地を築こうとしたことは事実として述べられているものの，定住に失敗した入植地の例を挙げた筆者の意図としてⒷは不十分である。Ⓓ複数の植民地の間で州境戦争が起きたことはもっと後の年代の説明にある。

5

正解　Ⓓ　　　　　　　　　　　　　　　　　　　　　　　　　▶ 5　語彙

第3段落の endure という単語に最も近い意味はどれか。
　Ⓐ　〜を促進する
　Ⓑ　〜を避ける
　Ⓒ　〜を引き渡す
　Ⓓ　〜に耐える

解説　endure は「(人が) 〜 (苦痛や困難など) に耐える」のほか，「(物が) 〜に持ちこたえる」という意味である。Ⓓの withstand には攻撃，困難，誘惑などに「よく耐える，持ちこたえる」といった意味があり，これが最も近い。Ⓐ promote は「〜を促進する」，Ⓑ avoid は「〜を避ける」，Ⓒ surrender は「〜 (砦，船など) を引き渡す」の意味。

6

正解　Ⓒ　　　　　　　　　　　　　　　　　　　　　　　　　▶ 5　語彙

第4段落の hostile という単語に最も近い意味はどれか。
　Ⓐ　外国の
　Ⓑ　脇役の
　Ⓒ　敵意のある
　Ⓓ　保護する

解説　hostile は「敵の，敵国の，敵意のある，非友好的な」といった意味で，文中では，hostile outsiders「敵意のある外部者」という表現で使われている。これに最も近い意味の語はⒸの unfriendly (友好的でない，敵意のある)。Ⓐ foreign は「外国の」，Ⓑ supporting は「支える，助演の，脇役の」，Ⓓの sheltering は「保護する」の意味である。

7

正解 Ⓒ　　　　　　　　　　　　　　　　　　　　　**1　内容一致**

第4段落の1740年についての著者の記述によれば，セントオーガスティンは
- Ⓐ　38日後に陥落した
- Ⓑ　チャールズタウンを攻撃した
- Ⓒ　イギリス軍に対抗して自衛した
- Ⓓ　当時は石の砦は持っていなかった

解説　設問文にある1740年は，第4段落の後半に出てくる。2回の攻撃のうちの1つに見舞われた年で，The attack went on for 38 days とあり，and yet the stone fort held と続いている。攻撃に対して持ちこたえたわけだから，Ⓐ の fell は誤り。Ⓑ は逆。Charles Town を作ったイギリス人たちが攻撃してきたことが読み取れる。Ⓒ が正解。カスティヨ・デ・サン・マルコスすなわち the stone fort（石の砦）は2回の攻撃に持ちこたえたのだからそれ以前に建てられている。よってⒹ も誤り。

8

正解 Ⓑ　　　　　　　　　　　　　　　　　　　　　**1　内容一致**

第4段落で1702年と1740年の出来事に触れる時，著者は何を示しているか。
- Ⓐ　2つの正反対の結末
- Ⓑ　砦の強さ
- Ⓒ　スペイン人たちが犯した誤り
- Ⓓ　海の絶え間ない脅威

解説　1702年と1740年は，いずれもセントオーガスティンがイギリスから攻撃を受けた年。第4段落の第1文「セントオーガスティンが生き延びた鍵は，～巨大な砦であった」と最終文「石の砦は無敵だったのである」が示すように第4段落の主旨はイギリスの砲撃に耐えて石の砦が持ちこたえたという内容である。1702年の攻撃について述べる前に，was strong enough to ... とあることからも，砦の強さを示す具体例として述べていることがわかる。よってⒷ が正解。砲撃には2回とも耐えたので，Ⓐ の opposite outcomes は間違いである。Ⓒ の誤りに関する記述はない。また，砦は海の近くに築かれたものではあるが，ここで脅威として述べているものはイギリス軍であり，海の脅威については何も述べていない。よってⒹ も不適切である。

9

正解 Ⓓ　　　　　　　　　　　　　　　　　　　　　**2　内容不一致**

第5段落によると1763年の条約について正しくないものはどれか。
- Ⓐ　それはフランスの都市にちなんだ名前である。
- Ⓑ　国家間でセントオーガスティンが移譲された3回のうちの1回だった。
- Ⓒ　その後，スペイン人の人口が減少した。
- Ⓓ　スペインがセントオーガスティンを保持することが許された。

157

解説 1763年の条約については第5段落第1文に「イギリスの占領が始まり，フロリダはイギリスに与えられた」とある。NOT問題なので，選択肢を一つひとつ確認し，本文の記述に合わないものを答える。1763年の条約は the Treaty of Paris であるから，Ⓐ は正しい記述。Ⓑ も正しい記述。この段落の中ほどに even after the Spanish returned to power とあり，段落の最後に to the United States in 1821 とある。「イギリスの手に渡り，スペインに戻り，アメリカに移った」ということなので，3回の移譲の中の1回である。この段落の中ほどに the Spanish population had diminished during the period of British occupation とあるので，Ⓒ も正しい記述である。Ⓓ が誤った内容。1763年の条約で was given to the British crown（イギリスに譲渡された）のである。

10

正解 Ⓒ　　　　　　　　　　　　　　　　　　　　　　　　7　文書き換え

第6段落でハイライトされた文の重要な情報を表しているのは以下のうちどれか。不正解の選択肢は，意味を大きく変えるか，もしくは重要な情報を含んでいない。

Ⓐ 人々はセントオーガスティンがフロリダの大きな都市だと誤って信じている。
Ⓑ セントオーガスティンは世紀を経るごとに重要になってきている。
Ⓒ セントオーガスティンは小さな都市にしては例外的に重要な歴史を持っている。
Ⓓ この都市の重要性は純粋に国内の問題である。

解説 この文は，まずセントオーガスティンの現在の人口が少ないことを述べている。中ほどの its major role というのは「大きな役割」ということ。belie は「誤って伝える，隠す」といった意味で，文全体は「現在の小さい都市の規模とは裏腹に，ほんの何世紀か前には国際関係において大きな役割を果たしていた」ということ。よって Ⓒ が正解。Ⓐ のような記述はない。Ⓑ かつて重要だったが今では見過ごされがちということなので，逆の内容。Ⓓ international relations（国際関係）において重要な役割を担ったのであり，domestic（国内の）ではない。

11

正解 Ⓑ　　　　　　　　　　　　　　　　　　　　　　　　1　内容一致

第6段落によると，19世紀後半にフロリダでは何が起きたか。

Ⓐ セントオーガスティンが建設された。
Ⓑ ジャクソンビルとタンパが発展して大きくなった。
Ⓒ セントオーガスティンがオーランドに改名した。
Ⓓ マイアミが最大の都市になった。

解説 設問文の the second half of the 19th century は，第6段落の the latter half of the 19th century の言い換えである。The cities of Jacksonville and Tampa grew とあるので，Ⓑ が正解。Ⓐ については第1段落に1565年と書かれており，16世紀後半となる。Ⓒ のように町の名前が変わったという記述はない。Ⓓ のマイアミが発達し始めたのは20世紀になってからという記述がある。

集中トレーニング 問題7

12

正解 Ⓐ　　　　　　　　　　　　　　　　　　　　　5　語彙

第6段落の testament to という語句に最も近い意味はどれか。

Ⓐ 〜の証明
Ⓑ 〜への反論
Ⓒ 〜の敗北
Ⓓ 〜の誇張

解説　testament には「証明するもの，証拠」といった意味があり，文中では testament to the dedication（献身の証明）という表現で使われている。最も意味が近い表現はⒶ の demonstration of（〜の証明）である。Ⓑ の contradiction（反論），Ⓒ の defeat（敗北），Ⓓ の exaggeration（誇張）は，いずれも文脈から当てはまらないとわかるだろう。

13

正解　4つ目　　　　　　　　　　　　　　　　　　8　文挿入

文中の4つの■のうち，以下の文が入るのに最も適する箇所はどこか。
そのどれもが，スペイン領フロリダの首都を守るという責務に十分ではないことが判明した。

解説　挿入文の主語 None of them に代名詞が含まれていることがヒントとなる。本文中から「フロリダの首都を守るという責務を果たせなかった」ものと考えられる複数名詞を見つければよい。順に入れてみると1つ目の■は前の文に a number of attacks があるがこれは敵からの攻撃なので意味が通らない。2つ目の■の前の the British も，外敵であり不適当。3つ目の■の後に入れて，殺されてしまったほとんどの市民を them で受けたとするのも不自然である。4つ目の■の前の文には，「9つの木の砦がスペイン人により次々に建設された」とある。この後ろに挿入文を入れると「それら（9つの木の砦）のどれもがスペイン領フロリダの首都を守れなかった」という結論が続くことになり，自然な文の流れができる。

14

正解 Ⓐ Ⓑ Ⓔ　　　　　　　　　　　　　　　　　9　要点把握

本文の簡単なまとめの導入文が下に与えられている。本文の最も重要な考えを述べている選択肢を3つ選んで，要約を完成させなさい。いくつかの選択肢は，文章で述べられていないか，もしくは文の重要な考えではないため，要約には含まれない。この問題は2点が与えられる。
フロリダ州セントオーガスティンは，16世紀の植民地時代のアメリカの発展に極めて重要な役割を担っていた。

Ⓐ セントオーガスティンのスペイン人たちは，フロリダのスペイン人による支配の存続に重大な意味を持つ植民地時代で最も強靭な砦の1つを造った。
Ⓑ セントオーガスティンへの入植は，プリマスやウィリアムズバーグよりもずっと早くに始まった。
Ⓒ セントオーガスティンの石の砦は，スペイン人がそこに建てた最初の構造物である。
Ⓓ ジョージアがアメリカの州となってからスペイン人は平和な関係を保った。

159

- Ⓔ 現代のセントオーガスティンの規模は大きくないが，かつてこの国でスペインとイギリスが北アメリカ大陸の支配を巡って争った舞台は，この街である。
- Ⓕ セントオーガスティンへのスペイン人の入植は，近くのジャクソンビルへのフランス人の入植に先行した。

解説　それぞれの選択肢を吟味していこう。Ⓐ 第4段落の内容に一致する。第1文に，セントオーガスティンが外敵に対抗して存続する鍵は巨大な砦の建造だったと述べられている。Castillo de San Marcos がその砦である。Ⓑ LOGIC NOTE [1] からわかるように第1段落の内容に一致する。Ⓒ LOGIC NOTE [3] を参照。石の砦の前に木造の要塞を作っていたことが第3段落の終わりに書かれているので「最初の」が誤り。Ⓓ 第5段落に，ジョージアとフロリダとの州境で紛争が頻発したという記述がある。Ⓔ 第6段落の最後から2文目の内容と一致する。よって，これは正解。Ⓕ フランス領フォートカロラインについては第2段落の初めに，セントオーガスティンよりも先に入植した町として述べられている。よってこの記述は誤り。

【全訳】
スペイン人の町，フロリダ州セントオーガスティン

[1]　多くのアメリカ人は，マサチューセッツ州プリマスかバージニア州ウィリアムズバーグのどちらかが，この国の最も古い都市であると思っているかもしれない。それらはどちらも，確かにイギリスとアメリカの文化の中心地として長い歴史を持っている。しかしはるか南に，アメリカの最初の都市，フロリダ州のセントオーガスティンがある。それは，現在のアメリカ合衆国における最初の恒久的なヨーロッパ人定住入植地として，1565年に建設された。それはプリマス（1620年）より55年，ウィリアムズバーグ（1632年）より67年前のことであった。

[2]　しかしこの町より先に，他の2つのヨーロッパ人入植地が存在した。これらはすぐに放棄されてしまったのであるが。フロリダ州はるか西端で，スペイン人町ペンサコラは1559年に入植が始まったが，何ヵ月もせずにハリケーンの直撃で破壊されてしまった。フランス人町フォートカロラインは，現在のジャクソンビルに1564年に入植が始まったが，1年もたたないうちに飢餓で滅びてしまった。ある地域にヨーロッパ人によって定住の試みが繰り返されるというこのパターンは，フロリダ州に限ったことではなく，北の方ではノースカロライナ州のロアノークのイギリス入植地でも，その後にはバージニア州ジェームズタウンやウィリアムズバーグでも起こったのである。フロリダは，暫定的な入植地が初めて定住入植地セントオーガスティンに移行した場所であった。この都市の名は，スペインの海軍大将ペドロ・メネンデスが，カトリック教会の聖人・ヒッポのアウグスティヌスの祭日である1565年8月28日にこの陸地を発見したという事実にちなんでいる。

[3]　植民地時代，セントオーガスティンは数々の攻撃に耐えなければならなかった。1586年には，この若い植民地はフランシス・ドレイク卿の率いる英国軍に攻撃を受け，焼かれた。1668年には，海賊がこの植民地を略奪し，ほとんどの市民が殺された。この期間に，9つの木造の要塞が次々とスペイン人によって築かれた。13 そのどれもが，スペイン領フロリダの首都を守るという責務に十分ではないことが判明したのであるが。

[4]　外部の敵に対してセントオーガスティンが生き延びた鍵は，1672年から1695年にかけて

建てられた巨大な砦で,それはカスティヨ・デ・サン・マルコスとして知られる。カスティヨは四角形に建てられた石の砦で,4つの角それぞれに尖ったダイヤモンドの形の出っ張りがあった。大西洋岸に非常に近く,頑丈で,1702年には1,500人もの町の人々や兵士を収容して,2ヵ月にわたるイギリスの砲撃に耐えた。1740年により深刻な攻撃が始まったのだが,それに先立つ10年ほどの間にイギリスは,ジョージア州の現在のチャールストンであるチャールズタウンを開拓していた。攻撃は38日間に及んだが,石の砦は持ちこたえた。軍事的には,セントオーガスティンの石の砦は無敵だったのである。

[5]　イギリスによるセントオーガスティンの占領は,フロリダが1763年のパリ条約でイギリスに譲渡された時に,ついにやってきた。それが終わったのは1783年,第2回パリ条約でフロリダがスペインに返還された時である。スペイン領としての第2期は,2つの大きな理由によって最初の時とはまったく異なっていた。まず第1に,イギリス支配の時期にスペイン人の人口が減少したことである。第2に,スペイン人が政権に返り咲いた後も,新たにやって来ていたイギリス人口がかなり残留したのである。セントオーガスティンを占領していたスペイン人にとって,地元住民の人口構成よりもいっそう大きな問題だったのは,この入植地がフロリダの北方ジョージアのアメリカ人勢力の拡大から感じていた圧迫であった。多くの州境紛争が勃発し,スペインは結局,1821年に合衆国にフロリダを譲ることに合意したのである。

[6]　アメリカ史におけるフロリダは,後にスペイン占領期とも短いイギリス支配の期間とも大きく異なる人口形態を作り上げていく。ジャクソンビルやタンパといった都市は,19世紀後半に成長した。マイアミやオーランドは20世紀に発展し始めたまだ若い都市である。セントオーガスティンは,この現代フロリダの物語とは劇的に異なっている。この町は,長い歴史と,あらゆる脅威を打ち破らねばならなかった信じられないほど豊かな過去を持つ。この都市が存続していることは,スペインの軍事指導者たちの献身の証明である。全人口14,000人という現在のセントオーガスティンの控え目な規模は,数世紀前の国際関係に担った重大な役目が嘘のようである。21世紀の初めにあって,セントオーガスティンは,しばしば見過ごされながらも,「アメリカ最初の都市」の称号を保持している。

Word & Phrase Check

☐ precede	～に先行する	☐ admiral	海軍大将
☐ plunder	～を略奪する	☐ fort	砦
☐ fortification	要塞化	☐ bombardment	砲撃
☐ invincible	無敵の	☐ cede	～を譲渡する
☐ testament	証拠	☐ belie	～を隠す

問題 8

SKIMMING 5分 CD 1-11

Questions **1** – **12**

Glaciation and Climatic Changes

[1] Throughout its history, Earth has experienced periods of extensive glaciation, the buildup of large masses of ice covering significant portions of the polar and middle latitudes. The most recent retreat of the glaciers from the mid-latitudes occurred only about 12,000 years ago. In an effort to understand the mechanisms behind climate changes, scientists have developed techniques to determine when glaciers advanced and retreated. These methods include studying glacial lake sediments which show where plants grew as well as the location of pre-historic beaches and river terraces.

[2] Using these methods, scientists can create models to divine the emergence of future glaciation. These models take into account what factors contribute to glaciation for different latitudes. Regions in higher latitudes are less affected by warm currents of air and water. At lower latitudes, atmospheric conditions such as changes in the concentration of the amount of carbon dioxide or dust in the atmosphere can affect atmospheric temperatures. Under extreme conditions, such as interference by solar dust that blocks solar radiation, lower latitudes could also experience glacier formation.

[3] When ice ages occur, there is variation in the length and severity of glacial activity. ■ Four ice ages in the Precambrian Epoch reached levels of glacier formation that more recent Pleistocene Epoch ice ages never matched. During portions of the Precambrian Epoch, there were ice sheets that covered much of the planet's surface. ■ Ice formation on such a vast scale ended only when tremendous changes occurred in the atmosphere. ■ Volcanic activity expelled nearly 350 times the existing amount of carbon dioxide into the atmosphere causing massive warming. ■ A heat trap capable of melting such an impressive ice layer covered the whole Earth.

[4] Carbon dioxide levels in the atmosphere are a major contributor to the formation and dissipation of glaciers, but what affects these levels? The most dramatic and most prevalent mechanism is volcanic activity such as the eruptions mentioned during the Precambrian Epoch. Such eruptions put massive amounts of carbon dioxide into the atmosphere very quickly, and have dramatic and far-reaching effects on the earth's climate. Another more subtle geologic cause is the weathering and erosion of silicates in the Earth's crust. When rocks containing silicates are broken down, they release carbon dioxide into the air. The amount is small, but over time

and a large enough area, it can be enough to change atmospheric conditions. It is a slower process, but one that produces a similar result.

[5]   Plant life can also affect carbon dioxide levels. Via the process of photosynthesis, plants absorb carbon dioxide and release oxygen. When there are fewer trees there is less oxygen. This is somewhat of a simplification, since the amount of forests in the world and the amount of carbon dioxide in the atmosphere is not necessarily perfectly proportional. However, massive amounts of deforestation at a rapid pace, like that currently occurring in the tropics, can have a significant effect on the atmosphere. Fourth, as continents split apart and collide, weather conditions change and the biological activity also changes. The most recent Pleistocene ice ages may have occurred due to this sort of change. As India and Asia collided and the Tibetan Plateau was created, mountain lifting impacted biological activity over a wide area. Chemicals washed out of the new mountains combined with carbon dioxide. This lowered carbon dioxide levels in the air significantly.

[6]   Do the effects on the planet as a whole occur within a spectrum? Let us compare the Precambrian and the Pleistocene ice ages. In the Precambrian Epoch, the ice coverage allowed only microscopic life to live under the worldwide ice sheet. In comparison, more recent ice ages have spared tropical areas from glacier formation. Instead, a temperate climate developed in the formerly tropical areas. Many plants and animals took refuge there. Species died out on a vast scale, but the existence of higher life was never at risk. When scientists develop their models for predicting future ice ages, they must take into account the mechanisms and patterns displayed by these previous epochs.

---

1 The word divine in paragraph 2 is closest in meaning to   30秒

   Ⓐ correct
   Ⓑ prepare
   Ⓒ associate
   Ⓓ predict

2 Which of the sentences below expresses the essential information in the highlighted sentence in paragraph 2? Incorrect choices change the meaning in important ways or leave out essential information.   1分20秒

   Ⓐ The lower the latitude, the lower the chance of dust trapping carbon dioxide.
   Ⓑ Closer to the equator, the air composition determines how warm or cold the air is.
   Ⓒ Carbon dioxide lowers the amount of dust in areas near the equator.
   Ⓓ When dust is stirred up, carbon dioxide disappears from the atmosphere.

3 The word impressive in paragraph 3 is closest in meaning to

Ⓐ heroic
Ⓑ massive
Ⓒ proud
Ⓓ sensational

4 The word impacted in paragraph 5 is closest in meaning to

Ⓐ affected
Ⓑ impaired
Ⓒ confronted
Ⓓ excited

5 What does the author imply about the cutting of forests according to paragraph 5?

Ⓐ Carbon dioxide levels decreased.
Ⓑ The atmosphere was unaffected.
Ⓒ The planet produced less oxygen.
Ⓓ It caused chemicals to wash out of mountains.

6 The author discusses continental drift in paragraph 5 in order to

Ⓐ provide a reference for when a certain ice age is
Ⓑ predict what will cause future ice ages
Ⓒ show how geology can affect carbon dioxide levels
Ⓓ demonstrate the causes of volcanic activity

7 In paragraph 4 and 5, which is true about fluctuation in the amount of carbon dioxide?

Ⓐ It is the only way an ice age can be triggered.
Ⓑ It has recently happened for the first time.
Ⓒ It can be caused by several changes.
Ⓓ It shows volcanoes are going to erupt.

8 The word spectrum in paragraph 6 is closest in meaning to

- Ⓐ range
- Ⓑ light
- Ⓒ context
- Ⓓ probability

9 In paragraph 6, the author describes the Precambrian ice age in order to

- Ⓐ show the most severe kind of ice age
- Ⓑ challenge the idea that ice ages are difficult
- Ⓒ suggest we are now in an ice age
- Ⓓ prove all ice ages are alike

10 All of the following ideas are mentioned in the passage EXCEPT that

- Ⓐ scientists want to know when another ice age could start
- Ⓑ volcanoes are capable of producing huge amounts of carbon dioxide
- Ⓒ deforestation can affect the chemical makeup of the atmosphere
- Ⓓ ice ages affect how much interstellar dust there is

11 Look at the four squares [■] that indicate where the following sentence could be added into the passage.

Ice sheets even covered what were once seas at lower latitudes.

Where would the sentence best fit?

12 **Directions:** Complete the table below by indicating answer choices that indicate the differences between the Precambrian Epoch and Pleistocene ice ages. **This question is worth 3 points.**

⧗3分

Precambrian Epoch ice ages	Pleistocene ice ages
➤	➤
➤	➤
	➤

- Ⓐ The atmosphere built up carbon dioxide level enormously.
- Ⓑ Areas near the equator maintained a temperate climate.
- Ⓒ The erosion of silicates increased the carbon dioxide in the air.
- Ⓓ Some portions of the oceans stayed warm enough to be ice-free.
- Ⓔ Only very small life survived the harsh conditions.
- Ⓕ Biological activity was driven away from the polar regions.
- Ⓖ Northern and southern lights in the atmosphere declined greatly.

問題 8　解答解説　　　　　　　　　　　　　　　　　　　　　●地球科学

全訳 ➡ p.172～p.173

📝 LOGIC NOTE

メインポイント	Study of climatic change and predicting future ice age
[1]	glaciation − climate changes (study of glacial lake sediments)
[2]	at higher latitudes: less affected at lower latitudes: can be affected
[3]	variation in the length and severity of glacial activity
[4]	CO_2 level in the atmosphere → formation/dissipation of glaciers factors: 1) volcanic activity　2) weathering and erosion of silicates
[5]	3) plant life　4) continents spilt apart and collide
[6]	comparison between Precambrian Epoch and Pleistocene ice ages

Questions 1 - 12

1

正解　Ⓓ　　　　　　　　　　　　　　　　　　　　　　　　**5　語彙**

第2段落の divine という単語に最も近い意味はどれか。

Ⓐ　～を正す
Ⓑ　～を準備する
Ⓒ　～を連想する
Ⓓ　～を予言する

解説　divine の品詞は，形容詞，名詞，動詞の3つある。文中では直前に to があり，直後に the emergence of future glaciation と名詞を従えているので，動詞だとわかる。「これらの方法を使って，科学者たちは将来の氷河作用の発生を…するためのモデルを作り出すことができる」というのが文全体の意味。these methods とは第1段落最終文の主語 These methods を指し，さらにこれはその前の文に述べられている techniques の言い換えである。techniques の直後には「氷河が前進と後退を繰り返す時期を特定するための」とあるので，divine は「時期を特定する」といった意味になると考えられる。したがって，Ⓓ の predict が最も近い。

2

正解 Ⓑ　　　　　　　　　　　　　　　　　　　　　　▶ 7　文書き換え

第2段落でハイライトされた文の重要な情報を表しているのは以下のうちどれか。不正解の選択肢は，意味を大きく変えるか，もしくは重要な情報を含んでいない。

Ⓐ　緯度が低くなるにつれて，塵が二酸化炭素を閉じ込める可能性が低くなる。
Ⓑ　赤道に近いほど，空気の構成物が空気の寒暖を決定する。
Ⓒ　二酸化炭素は，赤道に近い地域の塵の量を減らしてくれる。
Ⓓ　ほこりが舞い上がれば，二酸化炭素が大気から消える。

解説　ハイライトされた部分の At lower latitudes に対して，前文に Regions in higher latitudes という記述がある。この内容を比較することで，正解の文が見えてくる。高い緯度のところでは，「暖かい空気の流れや暖かい水の流れによって影響を受けることは比較的少ない」と述べている。これに対して，低い緯度のところでは「大気の条件が大気の温度に影響を与える可能性がある」とあり，この「大気の条件」として carbon dioxide（二酸化炭素）や dust（塵）を挙げている。Ⓑ はこれらを the air composition と言い換えており，さらに at lower latitudes は closer to the equator と言い換えているので，これが該当する。こうした言い換え表現に気づくことがポイント。

3

正解 Ⓑ　　　　　　　　　　　　　　　　　　　　　　▶ 5　語彙

第3段落の impressive という単語に最も近い意味はどれか。

Ⓐ　大規模な
Ⓑ　広大な
Ⓒ　誇り高い
Ⓓ　衝撃的な

解説　続く語句に注目しよう。物質を表す ice layer（氷層）が続いている。ice layer は2つ目の■の前の文の「地表の大半を覆っていた氷原」の言い換えなので，莫大な大きさを表す語と推測できる。Ⓑ の massive が物体の広がりを表す「広大な」という意味で答えとして適している。Ⓐ の heroic には「大規模な」という意味があるが，感覚的な規模を表し，氷原の大きさを表すのには使わない。Ⓒ の proud は人の気持ちを表すもので，これも合わない。Ⓓ の sensational もある出来事に使い，氷層のようなものには合わない。

4

正解 Ⓐ　　　　　　　　　　　　　　　　　　　　　　▶ 5　語彙

第5段落の impacted という単語に最も近い意味はどれか。

Ⓐ　〜に影響を与えた
Ⓑ　〜を弱める
Ⓒ　〜に立ち向かった
Ⓓ　〜を興奮させた

解説 impact は名詞で使われることもあるが，ここでは他動詞である。ここでは前の mountain lifting（山の隆起）が主語である。「山の隆起が生物活動に…した」ということであり，2つ前の文には「大陸が離れたり衝突したりすることで，気象条件と生物活動の両者に変化が生じる」とある。ここでは Ⓐ の affected が最も答えとして適している。本文によると結果的に山の隆起は生物活動を弱めたのであるが，impact は「～に影響を与えた」という中立的な語義であり，Ⓑ の impare（～を弱める，～を害する）ほどマイナスのイメージを持つ語ではない。山の隆起と生物活動は対立しているわけではないので，Ⓒ の confronted は適さない。生物活動が特に活発化したという内容でもないので，Ⓓ の excited も affected ほど近くはない。

5

正解 Ⓒ　　　3 推測

第5段落によれば，森林が減少することについて著者は何を示唆しているか。
Ⓐ 二酸化炭素レベルが低下した。
Ⓑ 大気は影響を受けなかった。
Ⓒ 地球はより少ない酸素を放出した。
Ⓓ 山から化学物質を流出させた。

解説 第5段落第2, 3文より，樹木の減少によって減ったのは二酸化炭素ではなく酸素である。したがって，Ⓒ が正解とわかる。二酸化炭素は相対的に増えたと考えることができるので，Ⓐ は誤り。大気の成分が変わっているから，Ⓑ は誤り。Ⓓ は後半に述べられる，二酸化炭素レベルを変化させる4つ目の理由で，山の隆起の際に起こる二酸化炭素の減少のことなので，森林の減少とは関係がない。

6

正解 Ⓒ　　　4 修辞意図

第5段落で著者が大陸の移動について論じているのは何のためか。
Ⓐ ある種の氷河期がいつかについて，参照先を与えるため
Ⓑ 何が将来の氷河期を引き起こすのか予言するため
Ⓒ どのようにして地質が二酸化炭素レベルに影響を与えられるのかを示すため
Ⓓ 火山活動の原因を明示するため

解説 第5段落後半で，二酸化炭素レベルを変化させる理由の4つ目として「大陸が分裂したり衝突したりすると，気象条件と生物活動が変化する」と述べられている。インドとアジアの衝突によって山の隆起が起こり，山から流れ出した化学物質が二酸化炭素と結びついて，二酸化炭素レベルを押し下げたとあるので，Ⓒ が正解。Ⓐ，Ⓑ，Ⓓ のいずれもこの段落では一切触れられていないので，誤り。

7

正解 Ⓒ　　　　　　　　　　　　　　　　　　　　　　　【1　内容一致】

第4,5段落によると，二酸化炭素量の変化について当てはまるのはどれか。
- Ⓐ　それは氷河期が引き起こされうる唯一の方法である。
- Ⓑ　それは最近初めて起こった。
- Ⓒ　それはいくつかの変化によって引き起こされうる。
- Ⓓ　それは火山が噴火しそうであることを示す。

解説　第4段落の冒頭で「何が二酸化炭素レベルに影響を与えるのか」と問い，第5段落までその原因が4つ挙げられている。はじめに挙げられた原因が「最も劇的で最も広く行き渡ったメカニズム」とされているが，唯一の原因ではないことがわかるので，Ⓐではなく，Ⓒが正解。Ⓑ，Ⓓはいずれもどこにも述べられていないので，誤り。火山活動は1つ目の原因として挙げられており，二酸化炭素レベルによって火山が噴火するかどうかがわかるとは述べられていないので，誤り。

8

正解 Ⓐ　　　　　　　　　　　　　　　　　　　　　　　【5　語彙】

第6段落の spectrum という語に最も近い意味はどれか。
- Ⓐ　幅
- Ⓑ　光
- Ⓒ　文脈
- Ⓓ　蓋然性

解説　spectrum の意味を誤解しないことと，the effects on the planet の意味をよく考えること。the effects on the planet は「地球への影響」という意味。第2文以降に先カンブリア紀と洪積世との比較がなされ，先カンブリア紀では地表すべてを覆う氷原のもとで極微の生物しか生きられなかったのに対し，洪積世では特定の地域では氷河がなく，特定の生物は安穏と暮らしたことが述べられているので，ある一定の「幅」を表すⒶが適している。spectrum は光と関係することが多いが，ここではⒷの光とは関係がない。「地球への影響」が主語なので，ⒸもⒹも適さない。

9

正解 Ⓐ　　　　　　　　　　　　　　　　　　　　　　　【4　修辞意図】

第6段落で著者が先カンブリア紀の氷河期を描写しているのは何のためか。
- Ⓐ　氷河期の最悪の種類を示すため
- Ⓑ　氷河期が困難な時代であるという考えに異議を唱えるため
- Ⓒ　私たちが今氷河期にいることを示唆するため
- Ⓓ　すべての氷河期は同様であることを証明するため

集中トレーニング｜問題8

解説 Ⓐは第6段落第2,3文の記述と合い，先カンブリア紀の厳しさをその後の氷河期と比べようとしているので，正しい。氷河期は困難な時代であるかどうかについて，著者自身の考えや立場は明示されていないので，Ⓑは正しくない。Ⓒのような記述はない。Ⓓは最近の氷河期が比較的緩やかだったため生命が存続することができたと述べていることから，氷河期にも違いがあると判断できる。よって，誤りとわかる。

10

正解 Ⓓ　　　　　　　　　　　　　　　　　　　**2　内容不一致**

本文の中で述べられていない見解は，次のどれか。
- Ⓐ　科学者たちは，次の氷河期がいつ訪れるのかを知りたいと思っている
- Ⓑ　火山には，膨大な量の二酸化炭素を排出する能力がある
- Ⓒ　森林伐採は，大気中の化学物質構成に影響を与える可能性がある
- Ⓓ　氷河期は，惑星間の塵の量に影響を与える

解説 本文全体の内容を問う問題である。Ⓓの塵の件は第2段落に出てくるが，太陽の放射線を遮る solar dust の話で，interstellar（惑星間）のことは述べられていない。よって，これが正解。Ⓐは，第1段落の「科学者たちは氷河が前進や後退を繰り返す時期を特定する技術を開発している」という内容が，Ⓐと一致する。Ⓑは第4段落前半で述べられている内容である。Ⓒは植物の光合成に関連して「森林伐採は大気に影響を及ぼす可能性がある」と第5段落の前半で述べている。

11

正解　2つ目　　　　　　　　　　　　　　　　　**8　文挿入**

文中の4つの■のうち，以下の文が入るのに最も適する箇所はどこか。
氷原は低緯度のかつては外洋だったところさえも覆っていた。

解説 手がかりになる表現を見つけてつながりを考えることがポイント。ここでは挿入文 even covered what were once seas ... の中の even が鍵。これは2つ目の■の直前に出てくる covered much of the planet's surface を強調した言い方。そして，2つ目の■のすぐ後に出てくる such a vast scale が，what were once seas を意味している。こうしたことから，2つ目の■のところに当てはまると判断できる。

12

正解　先カンブリア紀　Ⓐ Ⓔ　　　　　　　　　**10　要点分類**
**　　　洪積世　　　　　Ⓑ Ⓓ Ⓕ**

先カンブリア紀と洪積世との違いを示す選択肢を示して下の表を完成させよ。この問題は3点が与えられる。
- Ⓐ　大気は二酸化炭素レベルを非常に増大させた。
- Ⓑ　赤道に近い地域は，温暖な気候を保った。
- Ⓒ　ケイ酸塩の浸食が大気中の二酸化炭素を増やした。

171

- ⓓ 海洋では暖かく保たれ，氷が張らない部分もあった。
- ⓔ とても小さな生物のみが，厳しい条件の下で生き残った。
- ⓕ 生物活動は，極地からの移動を余儀なくされた。
- ⓖ 大気中の北極光や南極光が極端に少なくなった。

解説 先カンブリア紀と洪積世の特徴をしっかりつかむこと。第3段落には先カンブリア紀についての記述があり，最後の第6段落で両者を比較している。それぞれの文の意味と関連を考えていこう。ⓐ 第3段落より，大気が高密度の二酸化炭素に覆われたのは，先カンブリア紀である。ⓑ 第6段落には，洪積世では熱帯地方に氷河ができることはなく，その代わり気候が温暖になったとある。ⓒ ケイ酸塩については第4段落後半に出てくるが，ケイ酸塩の浸食による二酸化炭素レベルの増大は長い時をかけて起こるとあるので，どちらとも特定できない。ⓓ は第6段落第4文より，洪積世に相当する。ⓔ 第6段落第3文に microscopic life（極微の生物）しか生きられなかったという記述があるので，先カンブリア紀。ⓕ 第6段落第6文に，「（極地から）植物はそちら（温暖な気候の土地）へ逃れた」とある。よって，洪積世。ⓖ この内容を示唆する記述はどこにも出てこない。

【全訳】
氷河作用と気候の変化

[1] 地球は，その歴史を通してずっと，極点や中緯度の大部分を覆いつくす巨大な氷の増加，つまり，広範囲にわたる氷河の時期を経験してきた。最も新しい中緯度からの氷河の後退は，約12,000年前に起きたばかりである。気候変化の背後にあるメカニズムを理解しようと，科学者たちは氷河が前進と後退を繰り返す時期を特定する技術を開発してきた。こうした方法には，先史時代の海岸や河岸段丘の場所はもちろん，どこに植物が育っていたかを示す氷河湖の沈殿物の研究も含まれる。

[2] これらの方法を用いて，科学者たちは将来の氷河作用の発生を予言するためのモデルを作ることができる。これらのモデルは異なる緯度に対する氷河作用にどんな要因が働いているのかを考慮に入れている。高緯度の地域は暖かい空気と水の流れに影響を受けることはあまりない。低緯度では，大気中の二酸化炭素量や塵の濃度の変化といった大気の条件が，大気の温度に影響を与える可能性がある。太陽からの放射線を遮るソーラーダストによる妨害といった極端な条件の下では，低緯度でも氷河の生成が起こることがあるかもしれない。

[3] 氷河期が始まると，氷河の活動の長さや激しさには変化がある。先カンブリア紀の4つの氷河期は，ずっと後世の洪積世の氷河期が決して匹敵しない氷河生成のレベルに達した。先カンブリア紀の何世代もの間，地表の大半を覆っている氷原があった。11 <u>氷原は低緯度のかつては外洋であったところさえも覆っていた。</u>このような広範囲にわたる氷の生成は，大気に大異変が起きない限り，終わらなかった。火山活動は，現存する二酸化炭素量のほぼ350倍を大気中に放出し，大規模な温暖化を引き起こした。このような広大な氷層をも溶かす能力をもった熱が，地球全体を覆い尽くしたのである。

[4] 大気中の二酸化炭素レベルは氷河の生成と消失の主な要因の1つだが，この二酸化炭素レベルに影響を与えるのは何だろうか。最も劇的で最も広く行き渡るメカニズムは，先カンブリア

紀で触れた噴火などの火山活動である。そのような噴火は莫大な量の二酸化炭素を非常な速さで大気中に放出し，地球の気候に劇的で広範にわたる影響を及ぼしている。もう1つ，やや目立たない地質学的原因は，地殻内でのケイ酸塩の風化と侵食作用である。ケイ酸塩を包含する岩が崩壊すると，空気中に二酸化炭素を放出するのである。その量は少ないが，時の経過と，十分な大きさを持つ領域に広がることで，大気の状態を変化させるのに十分な量になり得る。その経過は比較的ゆっくりしてはいるものの，同様の結果を生み出すものだ。

[5]　植物もまた，二酸化炭素レベルに影響を与える可能性がある。光合成というプロセスを経て，植物は二酸化炭素を吸収し酸素を放出する。樹木の数が減れば，酸素の量は減る。世界の森林の量と大気中の二酸化炭素量が必ずしも完全に比例していない以上は，これはやや単純化した言い方だ。とはいえ，例えば熱帯雨林地帯で昨今起こっているような，激しいスピードでの莫大な量の森林伐採は，深刻な影響を大気に与えている。第4に，大陸が分裂したり衝突したりすることで気象条件が変化し，生物活動もまた変化するということもある。最も新しい洪積世の氷河期は，こうした変化が原因で起こった可能性がある。インドとアジアが衝突してチベット高原が創り出されると，山の隆起は，広範囲にわたって生物活動に影響を与えた。新しい山々から流れ出す化学物質が二酸化炭素と結合し，これにより空気中の二酸化炭素の量を著しく減少させたのである。

[6]　地球全体への影響は，幅を持って起こるのだろうか。先カンブリア紀と洪積世の氷河期を比較してみよう。先カンブリア紀には，氷に覆われているために，極微の生物しか世界規模の大氷原の下では生息できなかった。それに対して，比較的新しい氷河期では，熱帯雨林地帯は氷河の生成には至らなかった。代わりに，かつて熱帯雨林地帯であったところが，温暖な気候になった。多くの動植物はそちらへ逃れていった。生物種は大きな規模で絶滅したが，高等生物の生存は決して危機に瀕していなかった。科学者たちは，未来の氷河期を予知するモデルを開発する際は，これら先行する時代が示すメカニズムやパターンを考慮に入れなければならない。

Word & Phrase Check			
☐ glaciation	氷河作用	☐ latitude	緯度
☐ glacier	氷河	☐ sediment	沈殿物
☐ formation	生成	☐ dissipation	消失，消散
☐ silicate	ケイ酸塩	☐ proportional	比例した
☐ collide	衝突する	☐ temperate	温暖な

問題 9

SKIMMING ⏳5分 ● CD 1-12

Questions 1 – 14

Matriarchal Extended Families in Cherokee Society

[1] In most traditional societies, either a patriarchal system, in which a man heads a family composed of his wife, children and descendants, or a matriarchal system, in which a woman heads the family, exists as the basic unit of society. Patterns may vary significantly as to how the family is housed and at what point a family splits into new families. In most traditional societies, however, a number of adults live and work in close cooperation, and children have contact with people outside of their own nuclear families.

[2] Most Native American societies were matriarchal, tracing their lineage through the wife's side of the family. This often gave women significantly higher rights to property ownership, including inheritance, than their counterparts experienced in patriarchal societies. This can be seen when examining the Cherokee, a typical matriarchal society. Women owned the family homes and garden plots. A council of women, typically grandmothers, would determine which men would be worthy of performing sacred rites or holding public office. From this point, we can see that Cherokee women held significant posts in the traditional society. Still, men were not marginalized by the society to the extent that women traditionally have been in patriarchal Western society.

[3] The position of women can be considered to have originated in religious beliefs. Although the Cherokee language does not mark the gender of individual words such as god, descriptions of who the person is can make the gender clear, much as it can in English, an equally unmarked language in terms of gender. Historical fables in English tell us that god was the father. In Cherokee, stories tell us that god was the mother. These stories long influenced the structure of society in both Western and Cherokee history.

[4] When conditions allowed, families lived together in a single small village. Each village had a council house where ceremonies and tribal meetings were held. Traditional Cherokee society recognized seven different clans. This affected the design of the council house. The council house was seven-sided to represent the seven clans. Each tribe was led by a female council who elected the three male chiefs who were the primary decision makers at all times. First, there was a peace chief who led the white government during peaceful times. The white government was made up of older, wiser men who led the tribe during times of peace. ■ Second, the female council also chose a war chief who led the red government during times

174

of war. ■ The red government was made up of younger, braver men. ■ However, the chiefs did not rule absolutely. Decision-making was a more democratic process, with all tribal members having the opportunity to voice concerns. ■ When the war chief and peace chief were in conflict, a medicine chief existed to break ties between the two.

[5]　In Cherokee society, both female and male children took the clan of the mother, and kinship was traced through the mother's family. While much of the work fell upon male members of the family, they played their role according to the mother and grandmothers they shared, not because of patrilineal bonds. Women and men had equal voices in the affairs of the tribe. When Cherokees married, the partner had to be Cherokee from one of the six other clans. Property was passed on by women according to clan alliance.

[6]　The position of women in matriarchal Cherokee society had a profound effect on which man would exercise power over a child. Fathers traditionally did not discipline or instruct their own children. Instead, maternal uncles, the brothers of a child's mother, played the role of male leaders within the matriarchy. Their power existed because they were sons of the grandmother.

[7]　As time has gone by, Cherokee society has adopted the family structure of the wider American society with its patriarchal ways. However, Cherokee society held to its traditional ways well into the 19th century. Because it had its own system of writing with a literacy rate in the 19th century that exceeded that of white society, the Cherokee matriarchy was well-documented. In it, we can see an entirely different system that balanced male and female roles much more equally than Western society did, and one that showed strong elements of matrilineal inheritance.

1 The word heads in paragraph 1 is closest in meaning to ⏳ 30 秒

Ⓐ points in the direction of
Ⓑ pilots a ship
Ⓒ hits with part of one's body
Ⓓ holds the chief position

2 Which of the sentences below best expresses the essential information in the highlighted sentence in paragraph 2? Incorrect choices change the meaning in important ways or leave out essential information. ⏳ 1 分 20 秒

Ⓐ Women were driven to the bottom of society in the West, and the same is true for the Cherokee.
Ⓑ Cherokee society was the reverse of Western society in that men were oppressed by women.
Ⓒ Unlike Western society, Cherokee society did not force men to live in the marginal areas of the community.
Ⓓ Men still had a role in Cherokee society, even though women were generally more powerful.

3 What does the author imply about historical fables in paragraph 3? ⏳ 1 分 10 秒

Ⓐ They give people ideas about how societies are organized.
Ⓑ They had little impact on Native Americans.
Ⓒ All of them are male-oriented.
Ⓓ The Western fables created the Cherokee ones.

4 The word mark in paragraph 3 is closest in meaning to ⏳ 30 秒

Ⓐ indicate
Ⓑ remember
Ⓒ injure
Ⓓ grade

5 The word conditions in paragraph 4 is closest in meaning to

- Ⓐ portions of a contract
- Ⓑ medical facts
- Ⓒ the daily weather
- Ⓓ the general situation

6 According to paragraph 4, what was likely to be the difference between war and peace chiefs?

- Ⓐ Their ages
- Ⓑ Their genders
- Ⓒ The people who chose them
- Ⓓ Their distrust of democracy

7 In stating medicine chiefs existed to break ties in paragraph 4, the author means that they

- Ⓐ settled the issue
- Ⓑ rested for a short time
- Ⓒ attacked the weak point
- Ⓓ ran out of money

8 According to paragraph 4, what was the purpose of the female council?

- Ⓐ To elect three primary decision makers
- Ⓑ To rule only in times of peace
- Ⓒ To express women's views outside of the democracy
- Ⓓ To rule with absolute power

9 In paragraph 5, where does the author say marriage partners in Cherokee society had to come from?

Ⓐ A person who is not Cherokee
Ⓑ A distant member of the same clan
Ⓒ A different clan of the person's father
Ⓓ Any of the six other clans

10 The word played in paragraph 6 is closest in meaning to

Ⓐ enjoyed oneself
Ⓑ risked one's valuables
Ⓒ had a position
Ⓓ competed in sports

11 According to the passage, which was true of Cherokee men?

Ⓐ They were marginalized by the women.
Ⓑ Their positions were given by a female council.
Ⓒ They could be a war chief but not a peace chief.
Ⓓ Family lineage was traced through them.

12 In paragraph 5, the author describes mothers and grandmothers in Cherokee society as

Ⓐ the ones in charge of family work
Ⓑ the ones with voices superior to men
Ⓒ the ones who handed on property to successors
Ⓓ the ones who selected a child's marriage partner

13 Look at the four squares [■] that indicate where the following sentence could be added into the passage.

This was equally true for men and women.

Where would the sentence best fit?

14 **Directions:** An introductory sentence for a brief summary of the passage is provided below. Complete the summary by selecting the THREE answer choices that express the most important ideas in the passage. Some sentences do not belong in the summary because they express ideas that are not presented in the passage or are minor ideas in the passage. **This question is worth 2 points.**

The matriarchal structure of most Native American societies is exemplified by the Cherokee.

Ⓐ English does not note gender as clearly as the Cherokee language did.
Ⓑ Cherokee women served on councils that named men to important posts.
Ⓒ Cherokees elected their leaders in a manner similar to traditional democracies.
Ⓓ Cherokee's matriarchal structure continued until the late 19th century, when Cherokee society became more like that of other Americans.
Ⓔ The society had clearly-defined roles for men and women, which were based on the matriarchal bonds.
Ⓕ Seven clans occupied different parts of a house for council duties.

問題9　解答解説　・社会学

全訳 ➡ p.186〜p.187

LOGIC NOTE

メインポイント	Cherokee's matriarchal system
[1]	patriarchal system and matriarchal system
[2]	NA(Native Americans) ← ex) women in the Cherokee 　　property ownership, decision making in a council 　　※ men were not so marginalized
[3]	origin: religious belief 　ex) English: god = the father ; Cherokee: god = the mother
[4]	・7 clans ・female council chose 3 male chiefs ⎫ 　└peace chief (white gov.(government)),　｝ structure of society 　　war chief (red gov.), medicine chief ⎭
[5]	men: worked according to matriarchal bonds ⎫ 　※ equal voices in the affairs　　　　　　　｝
[6]	discipline of their children　　　　　　　　　｝ structure of family 　× father　○ maternal uncles　　　　　　　　⎭
[7]	(Conclusion) different system from Western society = balanced male and female roles

Questions 1 - 14

1

正解 Ⓓ　　　　　　　　　　　　　　　　　　　　5　語彙

第1段落の heads という単語に最も近い意味はどれか。
- Ⓐ　〜の方向を指し示す
- Ⓑ　船を操縦する
- Ⓒ　体の一部をぶつける
- Ⓓ　主要な地位を持つ

解説　この head は「〜の先頭に立つ，〜を率いる」という意味の動詞である。この意味に最も近いのは，Ⓓ の holds the chief position である。chief は本文第4段落で使われているように，名詞で「長，族長」という意味で，ここでは転じて形容詞「主な，主要な」で使われている。Ⓐ の「方向を指し示す」では，目的語の a family と意味がつながらない。

2

正解 Ⓓ　　　　　　　　　　　　　　　　　　　　7　文書き換え

第2段落でハイライトされた文の重要な情報を表しているのは以下のうちどれか。不正解の選択肢は，意味を大きく変えるか，もしくは重要な情報を含んでいない。

Ⓐ 女性は西洋では社会の底辺に追いやられていたが，チェロキーでも同じであった。
Ⓑ チェロキーの社会は，男性が女性に抑圧されていたという点で西洋社会とは逆であった。
Ⓒ 西洋社会と違い，チェロキーの社会は男性が社会の隅で生きることを強制しなかった。
Ⓓ チェロキー社会では全般的に女性の方が力を持っていたが，それでも男性の役割はあった。

解説　ハイライトされた文は「それでも男性は，父系的な西洋社会において女性が伝統的にそうであった程度まで，社会的に過小評価されたわけではない」という意味。Still の意味が鍵となる。この文の前までに，チェロキー族は女系社会で，女性が財産所有権で優遇され，重要な地位を得ていたことが述べられている。女性の方が力を持っていたので，まず Ⓐ は除外。男性が社会的に過小評価されていたのではないということを「男性の役割はあった」と言い換えた Ⓓ が適切。女性が力を持っているにもかかわらず Ⓑ のようなことはなかったというのがハイライト部分の主旨。Ⓒ は，西洋社会の男性が社会の隅で生きることを強いられていたことになり，本文の記述に合わない。

3

正解 Ⓐ　　　　　　　　　　　　　　　　　　　　3　推測

歴史的な寓話について著者が第3段落で示唆していることは何か。

Ⓐ それらは人々に社会がどのように編成されたかという考えを伝えている。
Ⓑ それらはネイティブアメリカンにはほとんど影響を与えなかった。
Ⓒ それらはすべて男性志向のものである。
Ⓓ 西洋の寓話がチェロキー族の寓話を作り出した。

解説　historical fables という語句のある第3段落第3文で，「英語の寓話では神が父である」と言い，次の文では「チェロキー社会では神は母であった」という事実が対比される。さらに最終文では，西洋とチェロキー社会のそれぞれにおいて，その寓話が社会構造に影響を与えたと述べられている。つまり，寓話があったから，伝統的な社会構造が維持されやすかったということである。よって，the structure of society を how societies are organized と言い換えた Ⓐ が正解である。

4

正解 Ⓐ　　　　　　　　　　　　　　　　　　　　5　語彙

第3段落の mark という単語に最も近い意味はどれか。

Ⓐ ～を指し示す
Ⓑ ～を覚えている
Ⓒ ～を傷つける

181

Ⓓ 〜を格付けする

解説　mark は動詞では「〜に印をつける，〜の印となる」という意味である。本文の該当する箇所を直訳すると「チェロキー族の言語は神など個々の単語の性に印をつけない」となるが，これはつまりドイツ語やフランス語などと違って，チェロキー族の言語では単語ごとに女性・男性等の区別がつけられていないということである。これに最も近い選択肢は Ⓐ の indicate（〜を指し示す，〜を知らせる）である。

5

正解　Ⓓ　　　　　　　　　　　　　　　　　　　　　**5　語彙**

第4段落の conditions という単語に最も近い意味はどれか。
- Ⓐ 契約のある部分
- Ⓑ 医学的な現実
- Ⓒ 日々の天気
- Ⓓ 一般的な状況

解説　文中では When conditions allowed という表現で使われている。この文の families 以下の主節の意味は「家族たちは1つの小さな村に一緒に住んだ」であり，Ⓐ の契約，Ⓑ の医学，Ⓒ の天候に関する記述は前後を見てもないので「一般的な状況が許せば」という general な前置きと考えるのが適切である。よって，正解は Ⓓ。

6

正解　Ⓐ　　　　　　　　　　　　　　　　　　　　　**1　内容一致**

第4段落によると，戦争の長と平和の長との間の違いは何であったと考えられるか。
- Ⓐ 彼らの年齢
- Ⓑ 彼らの性別
- Ⓒ 彼らを選んだ人々
- Ⓓ 彼らの民主主義への不信

解説　three male chiefs について述べた第4段落後半の記述に注目しよう。それぞれの chief（長）は，平和時には older, wiser men から成る「白の政府」を率い，戦争時には younger, braver men から成る「赤の政府」を率いることが書かれている。ここでは older と younger で構成員を区別しているので，ages と表現している Ⓐ が当てはまる。どちらの長も「女性によって選ばれた」「男性が任う」という点では同じなので，Ⓑ と Ⓒ は当てはまらない。Ⓓ の distrust は，trust（信頼する）に否定の接頭辞 dis- がついた形で，「不信」という意味。本文にこのような記述はない。

7

正解 Ⓐ　　　　　　　　　　　　　　　　　　　　　**5 語彙**

第4段落で，まじないの長が break ties するために存在したと言う時，著者が意味するのはどういうことか。

Ⓐ 問題を収めた
Ⓑ 短い時間休憩した
Ⓒ 弱点を突いた
Ⓓ 金を使い果たした

解説　tie は多義語で，「つながり，関係」の他に「同点，均衡」などの意味がある。文中の該当箇所は，他の2人の chief が対立している時に，その間で break ties するために a medicine chief（まじないの長）が存在したという内容である。この場合に意味が通るのは Ⓐ の settled the issue である。均衡を破り決着をつけることを，「問題を収める」と言い換えている。Ⓑ では break を「休憩する」の意味にとらえていることから，不適切である。Ⓒ では conflict が起きた時に行うこととして不自然。Ⓓ の money は文章とは直接の関係がない。

8

正解 Ⓐ　　　　　　　　　　　　　　　　　　　　　**1 内容一致**

第4段落によると，女性の評議会の目的は何か。

Ⓐ 3人の主たる意思決定者を選出すること
Ⓑ 平和時にのみ統治をすること
Ⓒ 民主主義の及ばないところで女性の見解を述べること
Ⓓ 絶対的権力をもって統治すること

解説　第4段落の前半に女性の評議会についての記述がある。... led by a female council who elected the three male chiefs who were the primary decision makers at all times. という部分がそれに当たる。ここでは，「女性の評議会は，3人の主たる意思決定者を選出する」と述べている。よって Ⓐ が正解である。女性の評議会が直接統治するのではないし，all times とあるので，選出されるのは平和時の意志決定者だけではない。したがって Ⓑ は誤り。Ⓒ や Ⓓ のような記述はない。

9

正解 Ⓓ　　　　　　　　　　　　　　　　　　　　　**1 内容一致**

第5段落で，チェロキー社会において結婚相手はどこの出身でなければならなかったと著者は言っているか。

Ⓐ チェロキーでない人
Ⓑ 同じ一族の遠い構成員
Ⓒ その人の父親と異なる一族
Ⓓ 他の6つの部族のどこか

解説 第5段落の最後から2文目の When Cherokees married 以下に，チェロキーの結婚についての記述がある。the partner had to be Cherokee（相手はチェロキーでなくてはならなかった）とあるので，まずⒶは誤り。またそのチェロキーは from one of the six other clans でなければならないので，Ⓑは the same clan が誤り。父親の clan には言及されていないのでⒸも誤り。Ⓓが正解である。

10

正解 Ⓒ　　　　　　　　　　　　　　　　　　　　　　　　　　　▶ 5　語彙

第6段落の played という単語に最も近い意味はどれか。
Ⓐ　楽しんだ
Ⓑ　貴重品を危険にさらした
Ⓒ　地位を得た
Ⓓ　運動競技で競争した

解説 play a role は「役割を演じる，果たす」という基本的なイディオム。ここでは母親の男兄弟が果たした「母系社会における男性リーダー」という役割について述べている。Ⓒの had a position が適切。position は「地位，立場」である。Ⓐの enjoy は「〜を楽しむ」。Ⓑの risk は「〜を危険にさらす，賭ける」という意味。Ⓓの compete は「競争する」。

11

正解 Ⓑ　　　　　　　　　　　　　　　　　　　　　　　　　　　▶ 1　内容一致

本文によると，チェロキー族の男性に当てはまるものはどれか。
Ⓐ　彼らは女性たちに虐げられていた。
Ⓑ　彼らの地位は女性評議会によって与えられた。
Ⓒ　彼らは戦争の長にはなれたが平和の長にはなれなかった。
Ⓓ　彼らを通じて家系は引き継がれた。

解説 チェロキーの男性についての記述は各段落に散らばっている。順に確認するとⒶは第2段落最終文の記述に反する。Ⓑは，第4段落第6文にある three male chiefs を男性の positions（地位）と言い換えている。この役職は女性の評議会によって選ばれるという記述と合致するので，Ⓑが正解。第4段落の記述より「戦争の長」も「平和の長」も男性が任命されたことがわかるので，Ⓒも誤り。第2段落第1文に，チェロキーに代表される母系社会について「妻を通じて家系を引き継ぐ」とあるので，Ⓓも当てはまらない。

12

正解 Ⓒ　　　　　　　　　　　　　　　　　　　　　　　　　　　▶ 1　内容一致

第5段落で，筆者はチェロキー社会における母と祖母をどのようなものとして表現しているか。
Ⓐ　家族の仕事を任されている人々
Ⓑ　男性より優位な発言権をもつ人々

- Ⓒ 財産を後継者に引き渡した人々
- Ⓓ 子供の結婚相手を選んだ人々

解説 まず，Ⓐ については，第5段落第2文に「多くの仕事が男性に割り当てられた」とあるので誤り。第3文「女性と男性が同等の発言権を持っていた」より Ⓑ も誤り。Ⓒ は最終文の「財産は女性たちによって受け継がれた」という記述に一致するので，正しい。誰が子供の結婚相手を選んだかという記述は第5段落にも本文全体にもないので，Ⓓ は不適切である。

13

正解　4つ目

> 8　文挿入

文中の4つの■のうち，以下の文が入るのに最も適する箇所はどこか。
このことは男性にも女性にも同様に当てはまった。

解説 主語の This（このこと）が何を指すかがポイント。The white government was made up of older, ... の部分から3つ目の■までは，「平和の長」または「戦争の長」の説明である。これらの「長」は男性が任うものであり，挿入文の「男性にも女性にも当てはまる」といったことは記述されていない。そこで4つ目の■の前の文を見ると，部族の決定の民主性について，「部族のすべての構成員が懸念を表明する機会を持ち」とあり，男女ともに当てはまる内容であることがわかる。よって4つ目の■が正解。ちなみに本文の voice concerns は「懸念を表明する」。voice は「～を表明する」という意味の動詞である。

14

正解　Ⓑ Ⓓ Ⓔ

> 9　要点把握

本文の簡単なまとめの導入文が下に与えられている。本文の最も重要な考えを述べている選択肢を3つ示して要約を完成させなさい。いくつかの選択肢は，文章で述べられていないか，もしくは文の重要な考えではないため，要約には含まれない。この問題は2点が与えられる。
チェロキー族は，ほとんどのネイティブアメリカン社会の母系構造の典型的な例である。

- Ⓐ 英語はチェロキー語ほどはっきりと性別を示さない。
- Ⓑ チェロキーの女性は男性を重要な地位に指名する評議会での委員を務めた。
- Ⓒ チェロキーは伝統的な民主主義と似たような方法で指導者を選んだ。
- Ⓓ チェロキーの母系制度は，チェロキー社会が他のアメリカ人の持つ構造に近いものとなった19世紀後半まで続いていた。
- Ⓔ その社会では男性と女性に対してはっきり定められた役割があり，それは母系制に基づいていた。
- Ⓕ 7つの部族は，評議会の業務を行う議事堂で異なる場所を占有した。

解説 それぞれの選択肢の内容を見ていこう。Ⓐ 第3段落第2文に，「同様に性別について明示しない言語である英語」とあるので，この記述は不適当。Ⓑ 第4段落第6文の記述と一致する。Ⓒ 第4段落に書かれている指導者の選び方の説明に，traditional democracies と

185

比較されたり，例示されたりしている要素はないので不適当。Ⓓ 第7段落第1文～第2文の記述に一致する。時代を経てチェロキーもアメリカ社会の父系的な構造を採用するようになるが，19世紀に入っても長く伝統的な方式を続けたとある。Ⓔ 第5段落の内容と一致する。母や祖母が家長としての役割を持つ一方，男性も母と祖母に従い，役割を果たしていた。Ⓕ 第4段落第4文～第5文に7つの部族にちなんで集会所の形状が七面体だったことが説明されているが，それぞれの部族が別の場所を占有したとは述べていない。

【全訳】
チェロキー社会の母系拡大家族

[1] ほとんどの伝統的な社会においては，男性が妻，子供や子孫から成る家族を率いる家父長制度，あるいは女性が一家を率いる母系制度が社会の基本単位として存在する。その家族がどのように居を構え，どの時点で家族が新しく分岐していくかのパターンは大きく異なるだろう。しかし，ほとんどの伝統的な社会においては，多くの大人が緊密な協力関係の中で生活したり働いたりし，子供たちは自分の核家族の外部の人々と接している。

[2] ほとんどのネイティブアメリカンの社会は，妻の側の家族の系統を引き継ぐという母系社会であった。このため女性には，遺産相続を含めた財産所有権に関して，父系社会の妻たちが経験するよりもきわめて高い権利が与えられることが多かった。このことは，典型的な母系社会であるチェロキー族を検証するとわかる。女性は家屋と庭地を所有した。女性たち，特におばあさんたちによる評議会が，どの男性が聖なる儀式を執り行ったり公的役職に就いたりするのにふさわしいかを決定した。この観点から見ると，チェロキー族の女性が伝統的社会において重要な地位を得ていたことを知ることができる。それでも男性は，父系的な西洋社会において伝統的に女性がそうであったほどには，社会的に過小評価されてはいなかった。

[3] 女性の地位は，宗教的な信仰にその起源があると考えられる。チェロキー語は神のような個々の単語には性別をつけないが，その人が誰であるかというような記述では，同様に性別について明示しない言語である英語と同じ程度には，性別を明らかにすることができる。英語の歴史的な寓話は，神は父であったと教えている。チェロキー族では，物語は神が母であったと教えているのである。こうした寓話は，西洋史とチェロキー族の歴史のいずれにおいても，社会の構造において長く影響を与えた。

[4] 条件が許せば，家族たちは1つの小さな村で一緒に暮らした。それぞれの村には集会所があり，そこで儀式や部族の集会が執り行われた。伝統的なチェロキーの社会では，7つの異なる氏族が認められていた。これが集会所の設計に影響を与えた。集会所は7つの氏族を表す七面体に作られた。それぞれの部族は女性の評議会によって率いられたが，この評議会が，いつも第一の意思決定者となる3人の男性指導者を選出した。まず，平和な時に白の政府を率いる平和の長がいた。白の政府は年長の知恵に長けた男性で組織され，平和な時代には彼らが部族を率いた。次に，女性評議会は戦争時に赤の政府を率いる戦争の長も選出した。赤の政府は若く勇敢な男性で組織された。しかし，長たちは専制的に支配したわけではなかった。意思決定はより民主的なやり方で行われ，部族のすべての構成員が問題に対して懸念を表明する機会を持っていた。13 このことは男性にも女性にも同様に当てはまった。戦争の長と平和の長が対立する時，2人の間の緊張関係を破るためにまじないの長が存在した。

[5] チェロキー族の社会では，女児も男児も母親の一族に属し，親族関係は母系一族を通して引

き継がれた。多くの仕事は一族の男性に割り当てられたが，その役目は彼らが共有した母や祖母に従って果たしたのであり，父方の絆によってではなかったのである。部族の諸問題については女性と男性が同等の発言権を持っていた。チェロキー族が結婚する時，その相手は他の6つの一族のうちの1つから出たチェロキーでなければならなかった。財産は一族の取り決めにより，女性たちによって受け継がれた。

[6]　チェロキー族の母系社会における女性の地位は，どの男性が子供に力を行使するかにも深い影響を与えた。父親は伝統的に自分たちの子供をしつけたり教えたりはしなかった。その代わり，母方のおじたち，つまり子供の母親の兄弟たちが，母系家族における男性のリーダーの役割を果たしたのである。彼らの力は，彼らが祖母の息子たちであることによって存在した。

[7]　時が経つにつれ，チェロキー社会は，父系的な方法を持つより広いアメリカ社会の家族構造を採用するようになった。しかし，チェロキー社会は19世紀に入っても長くその伝統的な方式を保持していた。独自の記録システムを持っており，19世紀には白人社会を凌ぐ識字率を有したため，チェロキーの女家長制については資料が多く残っている。そこに我々が見るのは，西洋社会よりもずっと平等に男性と女性の役割が均衡を保っていたまったく別のシステムであり，そこには母系相続の強い要素が示されている。

Word & Phrase Check

☐ patriarchal	家父長（制度）の	☐ matriarchal	女家長制の
☐ lineage	血統，家系	☐ inheritance	相続
☐ sacred rite	宗教上の儀式	☐ marginalize	社会の周辺的な地位に追いやる
☐ gender	性	☐ fable	寓話
☐ clan	（tribe より小規模な）一家，一族	☐ kinship	親類関係
☐ bond	きずな，結束，結び付き	☐ alliance	同盟

問題 10

Questions **1** - **12**

SKIMMING ⏳5分 ● CD 1-13

The Ross Ice Shelf

[1] The continent of Antarctica is primarily composed of a large landmass with a thick ice cover. At 15 different locations in Antarctica, ice generated on land has extended out onto the sea. The two largest Antarctic ice shelves extend onto the Weddell Sea and the Ross Sea. The larger of the two, the Ross Ice Shelf, is as large as Spain. It is 800 kilometers across, and the top of the ice shelf floats 15 to 50 meters above sea level. Approximately 200 meters of ice floats below the surface.

[2] An ice shelf is an entirely different geographic feature from sea ice. It covers most of the Arctic Ocean and surrounds the nearly identical-sized continent of Antarctica. An ice shelf begins with glacial ice on land and later extends out onto the sea. As the ice forms on land, it is frozen freshwater, not the frozen saltwater of sea ice. The point at which water meets land under the ice shelf is referred to as the grounding line. The primary difference between an ice shelf and sea ice is the thickness of the ice. Sea ice is three to four meters thick on average with pieces up to 20 meters thick. It forms annually or lasts a few years.

[3] The Ross Ice Shelf, like all ice shelves, includes ice which is thousands of years old. Because of the relative thickness of ice in an ice shelf, the surface exhibits stability and includes geographic features such as small valleys. Although made of nothing but ice, the surface is as firm as solid ground.

[4] Although quite stable, ice shelves do not have the permanence of geological features such as mountains, plains and islands. Over years, large-scale tabular icebergs break off from ice shelves. When this occurs, a rift begins which separates the future iceberg from the ice shelf. This increases over years in seismic events much like earthquakes. A large-scale tabular iceberg may be tens of thousands of square kilometers in size and will exist for years as it floats on polar seas before finally melting. In 2000, B-15, a tabular iceberg 300 kilometers long broke off from the Ross Ice Shelf. As large as it was, B-15 was only two percent of the ice in the ice shelf.

[5] The Ross Ice Shelf is the main outlet to the sea of ice formed on the West Antarctic Ice Sheet. The ice sheet on the entire continent comprises enough ice to raise sea level by 60 meters if it were all to melt. The ice of the Ross Ice Shelf alone could raise sea level about five meters. Even in summer, the modern temperature of the ice shelf is slightly below freezing and the temperatures during other seasons

are far colder. ■ At McMurdo Station, January is -2, April is -20, August is -26 and October is -18. ■ It is expected slight warming in all seasons will produce more snowfall, not less. ■ One third of the melting of the Antarctic ice cover could be replaced by ice coming from new snowfall. ■

[6] Compared to Antarctica as a whole, the Ross Ice Shelf is relatively lifeless. Two large-scale penguin colonies are not far from the points where the ice shelf meets the continent on the east and on the west. On the ice shelf itself, summer brings life to algae and microscopic bacteria. Elsewhere on the continent, ice samples have been found with the remnants of microbes that are 200,000 years old.

[7] Surrounding Antarctica is a large mass of floating ice or pack ice. The ice comes in two kinds, fast ice which is fastened to the continent and sea ice which floats free on the sea. The amount of pack ice varies significantly with the seasons and has a major impact on the weather. During the Antarctic winter, June to August, the pack ice covers 19 million square kilometers, large enough to double the size of the continent. Even in summer, four million square kilometers of pack ice surrounds the continent.

[8] One of the few features of the pack ice in Antarctica is that it is less developed than that in the Arctic region. Because Antarctica is not surrounded by other continents and islands, Antarctic pack ice is not confined. It extends further and is only three meters in depth. Arctic pack ice is confined and is seven meters in depth. The pack ice reduces evaporation of water from the sea and keeps the water under the ice relatively warm. Without the pack ice, the seas near Antarctica would experience more extreme weather. The lifeless continent of Antarctica has weather which is cold yet stable. It has significant seasonal variation, but its extreme winter weather continues to repeat without noticeable warming in the current decades. The pack ice surrounding the continent helps Antarctica maintain its climatic stability.

1 According to paragraph 1, what is the size of the Ross Ice Shelf?

- Ⓐ The same as the Weddell Ice Shelf
- Ⓑ As big as the Arctic Ocean
- Ⓒ Equivalent to the size of Spain
- Ⓓ 800 square kilometers

2 Why does the author mention sea ice in paragraph 2?

- Ⓐ To explain how ice shelves begin
- Ⓑ To list their similarities to ice shelves
- Ⓒ To suggest what exists under ice shelves
- Ⓓ To contrast an ice shelf and sea ice on many points

3 The word meets in paragraph 2 is closest in meaning to

- Ⓐ satisfies
- Ⓑ introduces
- Ⓒ joins
- Ⓓ confers

4 According to paragraph 3, what can be found on top of ice shelves?

- Ⓐ Large amounts of earth
- Ⓑ Little valleys
- Ⓒ Unstable bits of ice
- Ⓓ Significant mountains

5. The word stable in paragraph 4 is closest in meaning to

   Ⓐ permanent
   Ⓑ reliable
   Ⓒ rational
   Ⓓ healthy

6. The word comprises in paragraph 5 is closest in meaning to

   Ⓐ contains
   Ⓑ dissolves
   Ⓒ possesses
   Ⓓ yields

7. According to paragraph 5, how much would sea level rise if the ice on this particular sea melted?

   Ⓐ No more than three meters
   Ⓑ Roughly five meters
   Ⓒ At least 20 meters
   Ⓓ A full 60 meters

8. The word remnants in paragraph 6 is closest in meaning to

   Ⓐ features
   Ⓑ symptoms
   Ⓒ traces
   Ⓓ remains

9 The word confined in paragraph 8 is closest in meaning to

    Ⓐ subsidized
    Ⓑ relinquished
    Ⓒ enclosed
    Ⓓ focused

10 What is implied about the Arctic pack ice in paragraph 8?

    Ⓐ It is much thinner than Antarctic pack ice.
    Ⓑ It has little impact on weather.
    Ⓒ It makes the water underneath colder.
    Ⓓ It is affected by the surrounding continents.

11 Look at the four squares [■] that indicate where the following sentence could be added into the passage.

With temperatures as low as these, very little snow falls.

Where would the sentence best fit?

12 **Directions:** Complete the table below by indicating answer choices that describe features of the two kinds of Ice according to the passage. **This question is worth 3 points**.

Ice Shelf	Sea Ice
➤	➤
➤	➤
➤	

Ⓐ It is up to 20 meters thick.
Ⓑ It exists for thousands of years.
Ⓒ It is the home of vast amounts of polar life.
Ⓓ It forms on land and then extends onto water.
Ⓔ It forms from frozen salt water.
Ⓕ It disappears completely every summer.
Ⓖ It creates huge icebergs.

問題 10　解答解説　　　　　　　　　　　　　　　　　　　　　　　　　　　　　● 地理学

全訳 ➡ p.200 〜 p.201

LOGIC NOTE

メインポイント	The Ross Ice Shelf and pack ice in Antarctica	
[1]	the Ross IS(Ice Shelf), Antarctica ＝ as large as Spain	
[2]	differences　ice shelf : freshwater, 3-4 m(meters) 　　　　　　　sea ice : saltwater, up to 20m thick	
[3]	geographic features of the Ross IS	
[4]	iceberg broken off from ice shelves	features of
[5]	the scale, temperature, snowfall	the Ross IS
[6]	relatively lifeless (there are penguin colonies in Antarctica as a whole)	
[7]	pack ice surrounding Antarctica	
[8]	less developed than pack ice of 　　the Arctic ocean maintain Antarctic climate stable	the role of pack ice

Questions **1** - **12**

1

正解　Ⓒ　　　　　　　　　　　　　　　　　　　　　　　**1**　内容一致

第1段落によると、ロス棚氷の大きさはどれくらいか。
Ⓐ　ウェッデル棚氷と同じ
Ⓑ　北極海と同じくらい大きい
Ⓒ　スペインの大きさと同等
Ⓓ　800平方キロメートル

解説　第1段落に2つの棚氷についての記述があり、The larger of the two（2つのうちの大きい方）がロス棚氷である。これを as large as Spain, 800 kilometers across と述べ、さらに海上の高さが15〜50メートルだと言っている。選択肢の中で、この特徴を正しく描写したものを選ぶ。数字に惑わされないこと。as ... as 〜は同等比較を表し、equivalent to は「〜と同等である」という意味なので、Ⓒ が正解である。Ⓑ は棚氷ではなく海氷についての説明であるので、間違い。また、本文の 800 kilometers across は「幅が 800 キロメートル」であり、Ⓓ は面積を述べているので誤り。

2

正解 Ⓓ　　　　　　　　　　　　　　　　　　　　　　　▶ 4　修辞意図

第2段落で著者が海氷について言及しているのはなぜか。
- Ⓐ　棚氷がどのように生成し始めるのか説明するため
- Ⓑ　それらが棚氷と似ている点を列挙するため
- Ⓒ　棚氷の下には何が存在しているかを指摘するため
- Ⓓ　さまざまな点で棚氷と海氷を比較するため

解説　まずは文頭で ice shelf と sea ice について entirely different という表現があり、棚氷が frozen freshwater（凍った淡水）であるのに対し、海氷は frozen saltwater（凍った塩水）であると比較している。さらに段落後半では The primary difference between an ice shelf and sea ice is the thickness of the ice. と両者の厚さを比較している。こうしたことから、著者がこの2つを比較していると考えられ、Ⓓ が正解だと判断できる。棚氷は氷河として誕生するので、Ⓐ のように海氷に言及する必要はない。Ⓑ は逆。本文では2つの違った点を挙げている。Ⓒ も的が外れている。棚氷の下にあるものを説明するために、海氷のことを述べる必要はない。

3

正解 Ⓒ　　　　　　　　　　　　　　　　　　　　　　　▶ 5　語彙

第2段落の meets という単語に最も近い意味はどれか。
- Ⓐ　～を満たす
- Ⓑ　～を導入する
- Ⓒ　～と接合する
- Ⓓ　～を参照する

解説　この meet の使われ方はよく出てくるので覚えておきたい。まず、関係代名詞 which の前の The point に注目しよう。ある点で水と陸地が meet するのである。こうしたことから考えると、Ⓒ の join（～と接合する）が適していると判断できる。Ⓐ の satisfy は「～を満足させる」なので、water meets land の意味としてはそぐわない。Ⓑ の introduce も同様。Ⓓ の confer は「～を参照する、比較する」という意味で、これもこの文では意味を成さない。

4

正解 Ⓑ　　　　　　　　　　　　　　　　　　　　　　　**1 内容一致**

第3段落によると，棚氷の表面には何があるか。
- Ⓐ 大量の土
- Ⓑ 小さな谷
- Ⓒ 不安定な氷の欠片
- Ⓓ 大きな山々

解説　設問文では本文の表現を言い換えていることに注意しよう。設問文にある on top of ice shelves という語句を探しても本文には見つからない。本文では surface という語を使い，the surface exhibits stability and includes geographic features such as small valleys と述べている。文末の small valleys を，Ⓑ が little valleys と表しており，これが正解。Ⓐ の earth は「地球」ではなく「土」である。「氷のみでできている」と述べているので，これも誤り。本文には stability（安定性）という語が使われているので，Ⓒ も誤り。Ⓓ の山については第4段落第1文に「山や平原，島といった地質学的特徴はない」とあるので，存在しないことになる。

5

正解 Ⓐ　　　　　　　　　　　　　　　　　　　　　　　**5 語彙**

第4段落の stable という単語に最も近い意味はどれか。
- Ⓐ 永久的な
- Ⓑ 信頼できる
- Ⓒ 理性的な
- Ⓓ 健康的な

解説　この stable という語は第4段落にあるが，解答のカギは第3段落にある。the surface exhibits stability and ... とあり，その後，the surface is as firm as solid ground と述べられている。「氷の表面は安定しており，大地と同じように固い」ということである。つまり，この stable は「しっかりしている」という意味で使われているので，Ⓐ の permanent が「恒久的に同じ形を持ち続ける」という意味で適している。Ⓑ の reliable は「頼りになる」の意なので合わない。Ⓒ の rational は「理性的な，分別のある」という意味で，氷に対しては適さない。Ⓓ の healthy も同様の理由から，不適切。

6

正解 Ⓐ 　　　　　　　　　　　　　　　　　　　　　　　　5　語彙

第5段落の comprises という単語に最も近い意味はどれか。

- Ⓐ ～を含む
- Ⓑ ～を溶かす
- Ⓒ ～を所有する
- Ⓓ ～をもたらす

解説　この comprises は第5段落の第2文に出てくる。the ice sheet は，そのすべてが溶けたとすれば，海抜が60メートル上がるくらいの氷を comprise している，と述べられているため，Ⓐ の contains が「～を含む」の意味となり適切である。Ⓑ の dissolves は「～を溶かす」なので，文章の意味が成り立たず不適切である。Ⓒ の possesses は「所有する」で，主語の the ice sheet と合わない。Ⓓ の yields は「～をもたらす，～を生み出す」の意である。次の第6段落第3文に brings life という似た表現があるが，夏には棚氷に微生物が生まれるという別の話であり，ここでは不適切である。

7

正解 Ⓑ 　　　　　　　　　　　　　　　　　　　　　　　　1　内容一致

第5段落によると，この特定の海の上にある氷が溶けると海面はどれだけ上昇するか。

- Ⓐ せいぜい3メートル
- Ⓑ およそ5メートル
- Ⓒ 少なくとも20メートル
- Ⓓ ゆうに60メートル

解説　設問文の the ice on this particular sea が何を指すかを確実に理解すること。第5段落の冒頭に出てくる The Ross Ice Shelf のことを言っている。「海に突き出した」とあるので，on this particular sea となっているのである。この段落の第3文に「ロス棚氷だけだと5メートル」とあるので，Ⓑ が正解。Ⓓ は，南極大陸全体の氷が溶けた場合である。Ⓐ と Ⓒ のような言及はない。

8

正解 Ⓓ

第6段落の remnants という単語に最も近い意味はどれか。

- Ⓐ 特徴
- Ⓑ 症状
- Ⓒ 痕跡
- Ⓓ 遺骸

5 語彙

解説 remnants は「残り，残骸」という意味。「氷のサンプル」に残された「微生物」のものとしては「遺骸」の意味の Ⓓ remains が適切であり，これが正解となる。Ⓐ の features（特徴），Ⓒ の traces（痕跡）も一見「微生物」とつながりがよさそうであるが，微生物そのものが残っている状況の描写としては不適切である。Ⓑ の symptoms は「症状」の意で，文脈にもそぐわず意味が成り立たない。

9

正解 Ⓒ

第8段落の confined という単語に最も近い意味はどれか。

- Ⓐ 助成された
- Ⓑ 放棄された
- Ⓒ 閉じ込められた
- Ⓓ 集中した

5 語彙

解説 confined は「限られた，狭い」という意味。Ⓒ の enclosed は「閉じ込められた」という意味で，南極の流氷は閉じ込められていないという話の筋と一致する。Ⓐ の subsidized（助成された）と Ⓑ の relinquished（放棄された）は流氷の話に合わないため当てはまらない。流氷が集中することと厚みの関係は書かれていないため，Ⓓ の focused も不適切である。

10

正解 Ⓓ

第8段落では，北極の流氷について何が示唆されているか。

- Ⓐ 南極の流氷よりもずっと薄い。
- Ⓑ それは天候に対する影響がほとんどない。
- Ⓒ それは下の海をさらに冷やす。
- Ⓓ それは周りの大陸に影響を受けている。

3 推測

解説 設問が北極の流氷についてであることに注意しよう。北極の流氷が confined の状態にあるのは，周りの大陸の影響によるものであると考えられる。よって，Ⓓ が正解。Ⓐ は，南極に比べて北極の氷は厚いと述べられているので当てはまらない。Ⓑ も誤り。南極の流氷は天候に大きく影響していると述べられており，これは北極でも同じだと推測できる。Ⓒ は逆。流氷によって海水の蒸発が抑えられるため，海水の温度は比較的温かいと述べられて

おり，これは南極も北極も同様と考えられる。

11

正解　2つ目　　　　　　　　　　　　　　　　　　　　**8　文挿入**

文中の4つの■のうち，以下の文が入るのに最も適する箇所はどこか。
気温がここまで低いと，雪はほとんど降らない。

解説　挿入文に使われている語に注意すること。as low as these の these が何を指しているかを考えて判断しよう。 as low as these というのは，「ここまで低いと」という意味。 these は，マイナス20度，マイナス26度，マイナス18度と列挙されている部分を指していると考えるのが自然である。したがって，... and October is -18. の後，つまり2つ目の■が適切である。

12

正解　棚氷　Ⓑ Ⓓ Ⓖ　　　　　　　　　　　　　　　　**10　要点分類**
**　　　海氷　Ⓐ Ⓔ**

本文に従い，2種類の氷の特徴について述べている選択肢を示して下の表を完成させよ。この問題は3点が与えられる。

- Ⓐ　最大で20メートルの厚みがある。
- Ⓑ　何千年も存在してきた。
- Ⓒ　極地の生物が非常に豊富に棲む場所である。
- Ⓓ　陸地で形成されてから海へ伸びていく。
- Ⓔ　凍った塩水から形成される。
- Ⓕ　毎年夏になると完全に消える。
- Ⓖ　巨大な氷山を形成する。

解説　棚氷と海氷の違いを考えながら，選択肢を順に見ていこう。Ⓐの20メートルの厚みのものは海氷である。Ⓑの「何千年も」残るのは棚氷である。海氷は1年で，あるいは2～3年で溶けるとある。Ⓒはいずれにも属さない。棚氷も lifeless だと言っている。Ⓓは棚氷である。氷河が海に流れていくのである。Ⓔの「凍った塩水」は海氷である。Ⓕはいずれにも属さない。海氷でも2～3年続くものもある。Ⓖは棚氷である。崩れて分かれたものが氷山となる。

【全訳】
ロス棚氷(たなごおり)

[1] 南極大陸は，主に分厚い氷に覆われた広大な陸塊から成っている。南極大陸の15の異なる地点で，陸上で生成された氷が海上にせり出している。南極大陸の二大棚氷は，ウェッデル海とロス海の上に伸びている。この2つのうち大きい方がロス棚氷で，スペインと同じくらいの大きさである。それは幅が800キロメートルあり，棚氷の頂点は海抜15～50メートルのところにある。約200メートルの氷が海面下に漂っているのである。

[2] 棚氷というのは，海氷(かいひょう)とはまったく違う地理的特徴物である。海氷は北極海の大部分を覆い，また，それとほぼ同じサイズの南極大陸をも取り巻いている。棚氷は陸地の氷河として始まり，後に海上まで伸びていく。陸上で氷が形成される時は，それは凍った淡水であり，塩水が凍った海氷ではない。棚氷の下で氷が陸と接する点は接地線と呼ばれる。棚氷と海氷の最も大きな差異は，氷の厚さである。海氷の厚さは平均3～4メートルで，最大20メートルのものもある。海氷には毎年形成されるものや，2，3年持ちこたえるものもある。

[3] ロス棚氷は，すべての棚氷と同様，齢何千年もの氷を含んでいる。棚氷は比較的厚いため，その表面には安定感があり，小さな谷などの地理的特徴を持つ。氷のみでできているが，その表面は固くしまった地面と同じくらい堅固なのである。

[4] 棚氷はかなり安定してはいるが，山や平原や島のような永続的な地質学的特徴は持っていない。何年もかけて，大規模な平板状の氷山が棚氷から欠け落ちて離れる。それが起きる時には，1つの亀裂が始まり，これが棚氷から離れて後に氷山となる。これが，地震によく似た激震を伴う事象の中で何年もかけて増えていく。1つの大規模な平板状の氷山は，大きさにして数万平方キロメートルになることもあり，南極の海を漂いながら，最終的に溶けるまで何年も持ちこたえる。2000年には，B-15という長さ300キロメートルの平板状氷山が，ロス棚氷から分離した。それだけ大きくても，B-15は棚氷のわずか2パーセントの氷でしかなかったのである。

[5] ロス棚氷は，西南極氷床の上に形成された氷が海へ突き出た主要なものである。大陸全体を覆う氷床は，もしその全部が溶けたとしたら海抜60メートル上昇させるのに十分な量の氷を含んでいる。ロス棚氷の氷はそれだけで海抜を5メートル上昇させ得る。夏でも，この棚氷の現在の気温は氷点下をわずかに下回り，他の季節ではこれよりはるかに低い。マクマード基地では，1月はマイナス2度，4月はマイナス20度，8月はマイナス26度，10月はマイナス18度になる。[11]気温がここまで低いと，雪はほとんど降らない。どの季節でも少し暖かくなると，降雪量が減るのではなく増えると予想されている。溶けていく南極の氷の覆いの3分の1が，新しい降雪によってできる氷と入れ替わる。

[6] 南極大陸全体と比べて，ロス棚氷は相対的に無生物である。大陸の東と西で，棚氷が大陸と接する地点からそう遠くないところに，2つの大規模なペンギンの群れがある。棚氷そのものの上には，夏になると藻類や微細なバクテリア類が発生する。大陸の他の場所でも，20万年前の微生物の遺骸を含んだ氷のサンプルが見つかっている。

[7] 南極大陸を取り巻いているのは，大量の浮氷すなわち流氷である。そうした氷には2種類ある。それは大陸に付着した定着氷と陸から離れて海に浮かぶ海氷である。流氷の量は季節によって大きく変化し，それが天候に多大な影響を与える。南極大陸の冬である6月から8月の間は，流氷は1,900万平方キロメートルの広さになり，それは大陸の2倍の広さに相当する。夏でも，

400万平方キロメートルの流氷が大陸を取り巻く。

[8]　南極地方の流氷の数少ない特徴の1つは，北極地方の流氷と比べて発達していないということである。南極大陸は他の大陸や島に囲まれていないので，南極の流氷は閉じ込められない。それは横に広く広がり，厚さはわずかに3メートルしかない。北極の流氷は閉じ込められたもので，7メートルの厚さがある。流氷は海からの水分の蒸発を抑えて，氷の下の海を比較的暖かく保つ。流氷がなければ，南極大陸付近の海はもっと厳しい気候になっているであろう。生命の棲まない大陸である南極は，寒いが安定した気候を持つ。季節による大きな変化はあるが，ここ何十年も目立った温暖化は起こらず，その冬の厳しい気候は繰り返されている。大陸を取り巻く流氷が，南極の気候を安定したものにしているのである。

Word & Phrase Check			
☐ landmass	広大な土地，大陸	☐ grounding line	接地線
☐ tabular	平板状の	☐ iceberg	氷山
☐ seismic	激震を伴う	☐ outlet	はけ口
☐ algae	藻類（algaの複数形）	☐ microbe	微生物
☐ pack ice	流氷	☐ confined	閉じ込められた

問題 11

SKIMMING 5分 CD 1-14

Questions 1 – 14

Crop Rotation

[1]　It is common practice in various parts of the world for farmers to grow different crops in different fields. Typically, the same farm may have a different pattern in the following year of which crops are grown in which fields. This practice, called crop rotation, is observed for three major reasons. The practice helps to replenish nutrients which one plant may deplete from the soil and another plant may put into the soil. It may also reduce a concentration of pathogens or pests that are associated with a single plant species. Finally, it may improve the soil itself as variation in the root structure of plants will result in topsoil that is broken up better at various depths.

[2]　The most significant need for crop rotation occurs when grains are grown in a field. Grains are especially likely to absorb nitrogen from the soil. If this is done repeatedly, some method of fertilization will be necessary or the crop yield of the field will drop. Some plants themselves provide nitrogen. Plants capable of doing this include peas, alfalfa, soybeans or any other member of the legume family. They have nodules on their roots which include bacteria that return nitrogen to the soil. Growing any of these legumes on land that once grew grains can replace the lost nitrogen. For more significant soil improvement, the plant itself can be used as fertilizer. At the end of the season, the whole crop is plowed into the ground. Doing so provides a dramatic improvement in soil quality and thus reduces the number of years a legume crop would be needed. With such treatment, the number of years high-value grain crops can be grown is maximized.

[3]　Controlling pests is a significant reason for crop rotation, especially in tropical regions where the root-knot nematode exists. This pest, which attacks 2,000 different crops, reduces worldwide crop production by about five percent. By planting a crop which is not affected by this pest, the concentration of nematodes living in the soil is significantly reduced. A similar situation exists in other climates and with other pests. By using crop rotation, the amount of pesticides needed to keep a crop pest-free declines significantly. This is a major way in which organic farms are able to keep pests within reasonable limits.

[4]　For soil conditioning, safflower plants are especially effective. ■ The safflower has a deep root structure, which will bring topsoil and subsoil into contact. ■ When the safflower is finally plowed back into the ground, the two levels of soil are likely to be turned over. ■ This allows the topsoil to regenerate while the subsoil is put to

use in the next planting. ■ In general, this is an advantage of planting any crop with a deep root structure. Other such plants are rye and alfalfa. Deep-rooted plants do not pull water out of the uppermost layer of soil, so they are able to grow with less irrigation. In irrigated areas, deep root plants can make it possible for some fields to go out of irrigation.

[5]　Crop rotation has been employed for centuries in various parts of the world. Roman literature mentions it and this agricultural practice was well-known during the Islamic Golden Age, from the eighth to the 13th centuries. In Europe, the three-year rotation of rye or winter wheat in the first year, oats or barley in the second year and allowing the field to go fallow or grow nothing in the third year has been practiced since the Middle Ages. Other crop rotations have also been employed. The four-field system of Waasland in Belgium was popularized by Charles Townsend from England in 18th century. George Washington Carver in the 19th century taught farmers in the American South to rotate between cotton and peanuts or peas.

[6]　At times, farmers have moved away from the tradition of crop rotation and used chemical fertilizers such as ammonium nitrate or urea to continually maintain high crop yields on land growing the same crop annually. Use of them, however, requires a balance between the income the crop produces and the costs of chemical fertilizers, pesticides and other steps necessary to maintain soil quality. Changes in the economic balance or in consumer desire for chemical-free food may at times lead farmers to return to older methods. These changes may bring about a rise in the traditional ways of crop rotation to keep fields fertile and free of pests.

1 According to paragraph 1, how often are crops rotated? ⏳ 1分10秒

   Ⓐ On a daily basis
   Ⓑ In the following month
   Ⓒ For the next generation
   Ⓓ At the next planting

2 The word replenish in paragraph 1 is closest in meaning to ⏳ 30秒

   Ⓐ remove
   Ⓑ react
   Ⓒ reflect
   Ⓓ refresh

3 Why does the author mention peas, alfalfa and soybeans in paragraph 2?

   ⏳ 1分20秒

   Ⓐ To give examples of plants which provide nitrogen
   Ⓑ To warn about plants that carry pests
   Ⓒ To criticize farmers who grow grains
   Ⓓ To suggest plants which should not be rotated

4 Which of the sentences below best expresses the essential information in the highlighted sentence in paragraph 2? Incorrect choices change the meaning in important ways or leave out essential information. ⏳ 1分20秒

   Ⓐ Plowing the legume crop into the ground drastically improves the soil so that farmers can plant even more legumes.
   Ⓑ Crop rotation is a practice that makes the soil good enough for grains to grow without planting legumes.
   Ⓒ Plants such as legumes take longer to improve soil quality than crop rotation does.
   Ⓓ Plowing the legume crop into the ground makes the soil better and allows farmers to spend less time growing legume crops.

5 What does the author imply in paragraph 2 about plowing a crop into the ground?

- Ⓐ It is a waste of a good crop.
- Ⓑ It might harm the soil.
- Ⓒ It requires leaving the field unplanted the next year.
- Ⓓ It allows the most years of grain production.

6 Where does the pest mentioned in paragraph 3 do its damage?

- Ⓐ In areas with safflower plants
- Ⓑ In hot temperature areas
- Ⓒ In polar regions
- Ⓓ In every country

7 The word irrigation in paragraph 4 is closest in meaning to

- Ⓐ planting
- Ⓑ pulling
- Ⓒ watering
- Ⓓ eating

8 The word literature in paragraph 5 is closest in meaning to

- Ⓐ exercises
- Ⓑ promotions
- Ⓒ fiction
- Ⓓ accounts

9. According to paragraph 5, who was Charles Townsend?

   Ⓐ An opponent of crop rotation
   Ⓑ A Belgian farmer
   Ⓒ An 18th century Englishman
   Ⓓ A 19th century American

10. The word tradition in paragraph 6 is closest in meaning to

    Ⓐ custom
    Ⓑ belief
    Ⓒ respect
    Ⓓ law

11. According to paragraph 6, what could make the use of chemicals less likely?

    Ⓐ Increases in the cost of the chemicals
    Ⓑ Opposition to traditional farming
    Ⓒ Rising incomes from crops
    Ⓓ The need to control pests

12. When the author states changes may bring about a rise in paragraph 6, he means they may

    Ⓐ turn around
    Ⓑ cause a result
    Ⓒ carry on
    Ⓓ stop action

13 Look at the four squares [■] that indicate where the following sentence could be added into the passage.

Soil conditioning also needs this in order to make use of water well below the surface.

Where would the sentence best fit?   ⌛ 1分20秒

14 **Directions:** An introductory sentence for a brief summary of the passage is provided below. Complete the summary by selecting the THREE answer choices that express the most important ideas in the passage. Some sentences do not belong in the summary because they express ideas that are not presented in the passage or are minor ideas in the passage. **This question is worth 2 points.**   ⌛ 2分40秒

Crop rotation is a practice that replenishes nutrients, reduces pests, and improves soil.

- Ⓐ Crops which attract certain pests can be used to keep those pests away from other crops.
- Ⓑ Rotating the cultivation of peas, legumes and other plants allows farmers to grow more grains.
- Ⓒ Crop rotation is primarily practiced in the American South and other warm regions.
- Ⓓ Rye and alfalfa are other deep root plants used by farmers.
- Ⓔ Farmers move toward crop rotation when they wish to get away from using chemical fertilizers.
- Ⓕ Legumes improve soil through the nodules on their roots and by dropping their fruits into the soil.

問題 11　解答解説　　　　　　　　　　　　　　　　　　　　　　　　　　●農業

LOGIC NOTE

全訳 ➡ p.214～p.215

メインポイント	advantages of traditional ways of crop rotation
[1]	crop rotation is common worldwide reasons ① replenish nutrients 　　　　② reduce a concentration of pathogens 　　　　③ improve the soil
[2]	① provide nitrogen └ for grains, legume family (ex. peas)
[3]	② controlling pests └ reducing concentration of the root-knot nematode
[4]	③ regenerate topsoil └ deep root structure (ex. safflower)
[5]	historical examples in the world ・Islamic Golden Age(8-13th centuries) ・Europe in Middle Ages ・18C.(Century)　Belgium, 19C. America
[6]	have moved away from crop rotation -costs of chemical fertilizers -desire for chemical-free food　} revival of traditional way

[2]〜[4] は 3 reasons
[6] の右側に revival of traditional way

Questions 1 - 14

1

正解　Ⓓ　　　　　　　　　　　　　　　　　　　　　　　　1　内容一致

第 1 段落によると，作物はどのくらいの頻度で輪作されるか。
Ⓐ　日ごとに
Ⓑ　次の月に
Ⓒ　次の世代にわたって
Ⓓ　次の植え付けの際に

解説　rotate の基本の意味は「〜を交替させる」で，農業で作物を輪作することを rotate, rotate crops などと言う。第 1 段落第 2〜3 文で，同じ農場が「次の年」に「どの作物をどの畑で育てるかの異なるパターン」を持つ農法を crop rotation と呼ぶと説明されている。よって，Ⓓ の「次の作付けの際に」が正解。Ⓐ や Ⓑ のような短い期間の話ではないことがわかる。ま

208

た，Ⓒのように「次世代」の記述はない。

2

正解 Ⓓ　　　　　　　　　　　　　　　　　　　　　5　語彙

第1段落の replenish という単語に最も近い意味はどれか。
- Ⓐ 〜を取り除く
- Ⓑ 〜に反応する
- Ⓒ 〜を反映させる
- Ⓓ 〜を補充する

解説　replenish は「〜を再び満たす，補給する」という意味。plenty（十分，豊富）と共通の語源を持つ。これに最も近い意味の語は Ⓓ refresh で，「〜を補充する，回復させる」といった意味がある。Ⓐ の remove は「〜を取り除く」，Ⓑ の react は「〜に反応する」，Ⓒ の reflect は「〜を反映させる」という意味。

3

正解 Ⓐ　　　　　　　　　　　　　　　　　　　　　4　修辞意図

第2段落において，なぜ著者はエンドウ豆やアルファルファ，大豆に関して述べているのか。
- Ⓐ チッ素分を供給する植物の例を挙げるため
- Ⓑ 害虫を持つ植物について警告するため
- Ⓒ 穀物を育てる農家を批判するため
- Ⓓ 輪作すべきではない植物として指摘するため

解説　著者はまず第2段落の冒頭で穀物を育てる土地に輪作が必要であることを述べ，その理由として穀物が土壌のチッ素分を吸い取ってしまうことを挙げている。そして，第4文で，それ自身でチッ素分を作り出す植物があることを報告しており，設問文に出ているマメ科植物がその例である。よって，Ⓐ が正解。文中には，害虫と具体的な作物名の関係は述べられていないので，Ⓑ は適さない。また，ここでは輪作が必要な理由を客観的に述べているのであり，批判ではない。よって，Ⓒ は誤り。Ⓓ は逆のことを述べている。輪作すべきでない植物の例は挙げられていない。

4

正解 Ⓓ　　　　　　　　　　　　　　　　　　　　　7　文書き換え

第2段落でハイライトされた文の重要な情報を表しているのは以下のうちどれか。不正解の選択肢は，意味を大きく変えるか，もしくは重要な情報を含んでいない。
- Ⓐ マメ科の作物を土の中にすきこむことで土が徹底的に改善され，農家はさらに多くのマメ科植物を植えることができる。
- Ⓑ 輪作は穀物がマメ科植物を植えなくても穀物が育つくらい土をよくする方法である。
- Ⓒ マメ科などの植物は土質を改善するのに輪作よりも時間がかかる。
- Ⓓ マメ科の作物を地中にすき込むと，土を改善することになるので，農家がマメ科の植物

を育てるのにかける時間はより少なくてすむ。

解説 ハイライトされた文の主語 Doing so は前文で述べられている「農期の終わりに，その作物（マメ科植物）全体を土の中にすき込む」ことである。よって，この情報が述べられていない Ⓑ，Ⓒ は誤りとなる。reduces the number of years a legume crop would be needed を allows farmers to spend less time growing legume crops と言い換えた Ⓓ が正解。Ⓐ は「さらに多くのマメを植える」が誤り。第2段落で説明されているマメ科植物による土壌の改善は穀物生産のために行うのであり，マメ科の植物そのものの栽培が目的なのではない。

5

正解 Ⓓ　　　　　　　　　　　　　　　　　　　　　　　　　　　　**3 推測**

第2段落において，著者は土の中に作物をすき込むことについて何を示唆しているか。
Ⓐ 良質の作物の無駄な消費となる。
Ⓑ 土を傷めるかもしれない。
Ⓒ 翌年には農地に作物を植えない状態にしておくことが必要となる。
Ⓓ 最も長い年数，穀物を生産することを可能にする。

解説 第2段落の後半に記述がある。チッ素分を回復させる植物の生育よりもさらに意味の大きい土質の改良方法として挙げられているのがこの農法である。Ⓐ，Ⓑ のような否定的な記述はなく，また Ⓒ のように翌年は休耕にすべきとの記述もない。休耕については，第5段落に出てくる。作物を地中にすき込む方法によってどれだけ穀物の連作が可能なのかという具体的な記述はないが，最終文とその前文に，「劇的な土質の改善」によってその土壌で穀物を育てられる年数が最長になるとあるので，Ⓓ が正解と言える。

6

正解 Ⓑ　　　　　　　　　　　　　　　　　　　　　　　　　　　　**1 内容一致**

第3段落で述べられている害虫が害を及ぼすのはどこか。
Ⓐ ベニバナが植えられているところ
Ⓑ 気温が高い地域
Ⓒ 極地
Ⓓ すべての国

解説 設問の the pest mentioned in paragraph 3 とは，root-knot nematode（根こぶ線虫）のことである。害虫の具体的な表記はこれだけである。第3段落第1文で，害虫の制御が輪作を行う重要な理由であり，特に根こぶ線虫のいる tropical regions に当てはまると言っている。この内容は Ⓑ のように言い換えられるので，これが正解。Ⓐ のベニバナは第4段落にその根の構造の有用性が述べられているが，害虫との関わりは書かれていない。Ⓒ の polar は北極や南極の「極」で，そのような記述はない。Ⓓ については，この害虫が世界の穀物生産高を5パーセント引き下げていると第3段落第2文に述べられているが，害虫自体は暑い地域を中心に分布しているのであるから，「すべての国で」とは言えない。

集中トレーニング 問題11

7

正解 Ⓒ　　　　　　　　　　　　　　　　　　　　　　5 語彙

第4段落の irrigation という単語に最も近い意味はどれか。
- Ⓐ 植え付け
- Ⓑ 摘み取り
- Ⓒ 水やり
- Ⓓ 食べること

解説　irrigation は「灌漑」の意味である。この語が使われている文の意味「根の深い植物は最表層の土から水を吸い上げないため，〜の少ない農地で育つことができる」から推測することもできる。water には動詞で「水をやる，灌漑する」の意味があり，これが名詞になった Ⓒ が適している。Ⓐ の「植え付け」，Ⓑ の「摘み取り，抜き取り」，Ⓓ の「食べること」はいずれも浅い位置の水分を吸い上げないこととの関連性がない。

8

正解 Ⓓ　　　　　　　　　　　　　　　　　　　　　　5 語彙

第5段落の literature という単語に最も近い意味はどれか。
- Ⓐ 課題
- Ⓑ 促進
- Ⓒ 小説
- Ⓓ 記事

解説　literature は「文学」という訳語がよく知られているが，ここでは「文献」という意味。輪作に関することがローマの何に出ていると述べられているのかを考えると Ⓓ の accounts が「報告，記事，説明」という意味を表し，適している。Ⓒ の fiction は literature の一部だが，輪作の史実を示すものとしてはノンフィクションであるべきなので，ここでは不適切。

9

正解 Ⓒ　　　　　　　　　　　　　　　　　　　　　　1 内容一致

第5段落によると，チャールズ・タウンゼントとは誰か。
- Ⓐ 輪作に対する反対者
- Ⓑ ベルギーの農家
- Ⓒ 18世紀のイギリス人
- Ⓓ 19世紀のアメリカ人

解説　第5段落の最後から2文目にこの人物の名前が出ている。この段落では輪作の歴史が述べられており，最後から2文目では，Charles Townsend は18世紀のイギリス人で，four-field system を広めたとある。Ⓐ は逆の内容を述べているので誤り。opponent（反対者）ではなくむしろ supporter（支持者）である。Ⓑ は Belgian が誤り。Ⓓ ジョージ・ワシントン・カーバー氏が19世紀のアメリカ南部で輪作を教えたとあり，Charles Townsend とは話題となっている

人物が異なる。よって、正解は Ⓒ。

10

正解 Ⓐ　　　　　　　　　　　　　　　　　　　　　　　**5　語彙**

第6段落の tradition という単語に最も近い意味はどれか。

Ⓐ 習慣
Ⓑ 信念
Ⓒ 尊敬
Ⓓ 法律

解説　the tradition of crop rotation は「輪作という習慣」という意味であり、tradition = crop rotation と考えることができる。tradition には「伝統」という訳語が浮かぶが、芸能などに限らず「続けられてきた習慣、習わし」という意味を表している。これを指すのは Ⓐ の custom である。habit が個人的な習慣を表すのに対し、custom は地域や集団の習慣を指す語である。よって、これが正解。Ⓑ 〜 Ⓓ は crop rotation を言い換えるにはどれも遠い単語である。

11

正解 Ⓐ　　　　　　　　　　　　　　　　　　　　　　　**1　内容一致**

第6段落によると、化学肥料の使用を少なくしそうなことは何か。

Ⓐ 化学肥料のコストの増加
Ⓑ 伝統農法に対する反対
Ⓒ 農作物による収入の増加
Ⓓ 害虫抑制の必要性

解説　第6段落第2文に、化学肥料の使用は作物の生産による収入と、土質を維持するのに必要な経費とのバランスをとることが要求されるとある。つまり、より費用がかかるのが化学肥料だということ。その次の文および最終文にある changes というのも、農家が化学肥料の費用の負担に耐えかねるか、消費者が化学肥料を使わない食品を欲する「変化」が起きた時、農家は化学肥料を減らして輪作という伝統的な方法へ立ち戻るだろうということである。よって、正解は Ⓐ。Ⓑ の traditional farming は輪作を指すので、これへの反対は化学肥料を増やす結果になる。Ⓒ・Ⓓ も化学肥料の減少を促す変化とは逆方向への変化である。

12

正解 Ⓑ　　　　　　　　　　　　　　　　　　　　　　　**5　語彙**

第6段落で、状況の変化が上昇を bring about すると著者が述べる時、それがどうなると言っているのか。

Ⓐ 〜を回転させる
Ⓑ 結果をもたらす
Ⓒ 〜を続ける

212

Ⓓ　活動をやめる

解説　bring about は「~を引き起こす」という意味の成句で，rise は「上昇，増加，台頭」という意味である。Ⓑの cause a result が「ある結果・実績をもたらす」という意味なので，これが bring about a rise の上昇のイメージとつながる。よって，正解はⒷ。Ⓐの turn around は「向きを変える」，Ⓒの carry on は「続ける」，Ⓓの stop action は「行動をやめる」なので，文脈に合わない。

13

正解　4つ目

> 8　文挿入

文中の4つの■のうち，以下の文が入るのに最も適する箇所はどこか。
土壌改善には，地表の下深いところの水を活用するためにも，これが必要とされる。

解説　第4段落では，全体で輪作の3つ目の利点である，根の構造の違いを利用した土壌そのものの改善について述べている。ベニバナに代表される根が深い構造の作物について，大きく2つのことが書かれていることに気づきたい。表土と下層土を混ぜ合わせることと，地下水の利用についてである。4つ目の■のみ，前後で「地表の下の水を使う」という内容に関連があるので，これが正解。第4段落の第1文は「ベニバナは土質の調整によい」と言っているだけで，挿入文の this の指すものが見当たらない。よって，最初の■ではないと判断できる。第2文では，ベニバナには深い根があり，それが表層と下層の土を混ぜ合わせると述べているが，挿入文の water との関連性が薄いので，2つ目の■も不適切。次の文も2つの層の土が入れ替わるという内容で，挿入文の water との関連性が薄く，さらに3つ目の■の後の文が，前の文までの内容をまとめていることから，ここに挿入文の入る余地はない。

14

正解　Ⓑ　Ⓓ　Ⓔ

> 9　要点把握

本文の簡単なまとめの導入文が下に与えられている。本文の最も重要な内容を述べている選択肢を3つ選んで，要約を完成させよ。いくつかの選択肢は，文章で述べられていないか，もしくは文の重要な考えではないため，要約には含まれない。この問題は2点が与えられる。
輪作は養分を回復し，害虫を減らし，土壌を改善する方法である。

Ⓐ　ある特定の害虫を引きつける作物が，それらの害虫を他の作物に近づけないために使われる。
Ⓑ　エンドウ豆，マメ科植物，その他の植物の耕作を交替で行うことで農家はより多くの穀物を育てることができる。
Ⓒ　輪作は主にアメリカ南部やその他の暖かい地域で行われる。
Ⓓ　ライムギやアルファルファは農家で使われるその他の根が深い植物である。
Ⓔ　農家は化学肥料を使うのを避けたいと思った時，輪作に移行する。
Ⓕ　マメ科植物は根粒を通じて，また実を土の中に落とすことによって土壌を改善する。

解説 本文は第1段落でトピックが示され，続く段落で一つずつ具体例を挙げながら説明されるという構成のため，要旨を把握しやすい。Ⓐ 害虫については第3段落で説明されているが，本文中にこのような記述はない。輪作の効果とは言えそうにない内容である。Ⓑ 第2段落の記述と一致する。穀物はチッ素を吸収しやすいため，連作すると収穫量が落ちるが，穀物の後にマメ科の植物を植えることで土の中のチッ素を回復することができるとある。Ⓒ 第1段落第1文に「世界のあらゆる地域でよく見られる」とあるので誤り。Ⓓ 第4段落で根の深い植物による土壌改善の効果について述べられている。ベニバナを例に説明してから，そのような他の植物としてライムギ，アルファルファを挙げている。Ⓔ 第6段落後半の内容に合う。経済的な理由，化学薬品を避けたがる消費者の要望などにより，古い農法，すなわち輪作に戻る可能性があると述べている。Ⓕ マメ科植物による土壌改善については第2段落を参照。「実を土の中に落とす」という記述はないので不適当。

【全訳】
輪作

[1] 農家が別々の農地に異なる作物を育てることは，世界のいろいろな場所で一般的な農法である。一般に，同じ農場では，次の年にどの作物をどの農地で育てるかについて異なるパターンがあるものだ。この農法，つまり輪作が見られるのには，3つの大きな理由がある。この農法は，ある作物が土から吸い上げてしまった養分を他の作物が土に戻す手助けとなる。またこの農法は，ある1つの作物にはつきものである病原菌や害虫が集中するのを軽減すると思われる。そして最後に，植物によって根の構造に違いがあるため，さまざまな深さに表土が細かく砕かれる結果を生み，土壌そのものの改善に役立つ。

[2] 輪作が最も必要になるのは，農地で穀物を育てる場合である。穀物は特に土からチッ素分を吸収する傾向にある。これが繰り返し行われれば施肥が必要となり，それを怠ればその土地の作物収穫量は減少する。植物の中には，それ自体でチッ素分を供給するものもある。こうしたことが可能な植物は，エンドウマメ，アルファルファ，大豆やその他のマメ科植物である。これらは根に根粒を持ち，それにはチッ素分を土に戻すバクテリアが含まれている。これらのマメ科植物のいずれかを，以前に穀類を育てていた農地で栽培すれば，失われたチッ素分を回復させることができる。さらにより顕著な土壌改善を目指すのであれば，植物そのものを肥料として使用することもできる。農期の終わりに，作物全体を土の中にすき込む。そうすることで劇的な土壌改善が図られ，ひいてはマメ科植物の栽培に必要とされる年数を減らすことにもなる。こうした処理によって，高品質の穀物を育てられる年数を最大限にすることができるわけである。

[3] 害虫の抑制は輪作をする重大な理由であり，特にそれは，根こぶ線虫が存在する熱帯地方に言える。この害虫は2,000の異なる作物を攻撃し，世界中の農作物の生産を約5パーセント減少させる。この害虫の影響を受けない作物を植えることによって，地中に生息する根こぶ線虫の集中は大幅に減少する。同じような状況は，他の気候帯にも他の害虫とともに存在する。輪作をすることで，作物に害虫がつかないようにするために必要な殺虫剤の量がかなり減少する。これは有機農場において主流な方法で，害虫を妥当な程度に抑えることができる。

[4] 土質の調整には，ベニバナが特に有効である。ベニバナは根が深い構造をしており，表土と

下層土を混ぜ合わせることになる。ベニバナが最終的に土の中にすき込まれる時には，２つの層の土が入れ替わることになりやすい。これによって，下層土が次の作物に使用されている間，表土を再生させることができる。13 土壌改善には地表の下深いところの水を活用するためにも，これが必要とされる。一般的に，これは根が深い構造を持つあらゆる作物を植えることについての利点である。このような作物には，他にライムギやアルファルファがある。根が深い植物は最上層の土から水を吸い上げることがないので，あまり水を引くことなく栽培が可能である。灌漑地域でも，根が深い植物によっていくつかの農地を灌漑不要にすることが可能なのである。

[5] 輪作は何世紀もの間，世界のさまざまな地域で利用されてきた。ローマ時代の文献にはそれが言及されており，この農法は８世紀から13世紀にかけてのイスラム黄金時代にはよく知られていた。ヨーロッパでは，中世以降３年輪作が実施されてきた。この輪作は，最初の年にライムギや秋まき小麦を植え，２年目にはオートムギやオオムギを，３年目には農地を休閑地にする，つまり何も栽培しないというものである。他の穀物の輪作も取り入れられている。ベルギーのワースラントの４圃農法は，18世紀にイギリス人チャールズ・タウンゼントによって広められた。19世紀のジョージ・ワシントン・カーバーは，アメリカ南部の農家に綿花とピーナッツもしくはエンドウ豆で輪作を行うように教えた。

[6] 時々，農家は輪作の習慣をやめ，毎年同じ作物を育てる土地に，継続的に高い収穫高を維持するための硝酸アンモニウムや尿素のような化学肥料を使ってきた。しかし，それらの使用には，作物が生む収入と，化学肥料や殺虫剤，そして土質を保つために必要なその他の作業の支出との間のバランスを取ることが要求される。経済的なバランスや化学薬品を使わない食物に対する消費者の要望が変化することによって，時には農家がより古い農法に立ち戻ることもある。こうした変化は，肥沃で害虫のいない農地を維持できる輪作という伝統的方法の復興をもたらすかもしれないのである。

Word & Phrase Check

☐	replenish	〜を補充する	☐ deplete	〜を使い果たす
☐	pathogen	病原菌	☐ pest	有害な動物（虫）
☐	nitrogen	チッ素	☐ legume	マメ科植物
☐	nodule	根粒	☐ fertilizer	肥料
☐	plow	〜をすきで耕す	☐ nematode	線虫
☐	regenerate	再生する	☐ fallow	休閑中の

問題 12

SKIMMING ⏳5分 ● CD 2-01

Questions 1 – 13

Liverworts, a kind of bryophytes

[1]　Mosses, hornworts, and liverworts are collectively called bryophytes. Among the simple, seedless plants of the Earth, the most commonly recognized group is the bryophytes. Bryophytes are similar to lichens, which are associated with fungi, but botanically they fall into completely different categories. Bryophytes are capable of living in an extremely wide range of conditions. They can endure extremes of temperature and water supply. The most extensive growth of bryophytes, however, prevails when the water supply is plentiful and sunlight is limited. Like many kinds of plants, warm tropical conditions bring forth bryophyte growth in large masses. The dark areas of tropical forests are especially attractive for bryophyte growth. Where an abundance of bryophytes covers ground and vegetation is called mossy forest.

[2]　In reality, the significance of bryophytes is their ability to reduce erosion along streams, and their retention of water. They help to form soil in areas where few other plants are able to survive, such as deserts and the polar regions. In commercial applications, some aquatic bryophytes are grown in aquariums. Those bryophytes provide homes for small invertebrates and the fish that feed on them, just as occurs in nature.

[3]　Bryophytes demonstrate that simple multi-cellular life can exist under severe conditions. ■ Plants with roots, seeds and differentiated leaves and stems may require somewhat stable hospitable conditions. ■ Where the conditions alternate between hospitable and inhospitable, bryophytes thrive. ■ The plants are able to fill every possible ecological niche. ■ From environments that lavishly supply the requirements for growth to those that barely allow reproduction to take place, bryophytes exhibit botanical adaptability. These plants live under some incredible conditions.

[4]　Liverworts, like mosses, spread over the ground rather than grow upright. Some characteristics distinguish them from the mosses. Both mosses and liverworts have rhizoids, which also exist in fungi. Rhizoids are extremely small root-like features that attach the plant to a surface such as the soil, a rock or decaying wood. The rhizoids of liverworts are single-cell structures and those of mosses are more complex, multi-cell structures.

[5]　Another common, but not universal, difference between mosses and some of the most common species of liverworts is the lack of differentiation into stems and leaves in liverworts. A liverwort is a continuous multi-cell mass with virtually the

same composition in all parts of the plant. The appearance of the plant is that of a number of shiny leaves attached to each other without any stems, but this is merely an illusion created by the shape of portions of the liverwort. They seem much more lichen except the surface is smooth, not rough and the plant itself is fleshy, not dry. This is due to microscopic oil sacks which exist in most liverworts. Liverworts in many cases are deeply lobed or segmented. Although the plant is one continuous mass of the same plant structure, the lobes give the appearance of a plant with leaves.

[6] Bryophytes are reproduced from spores, not seeds. Spores are not only smaller than seeds but also contain extremely little stored food. This means that conditions must be sufficient for reproduction at the time the spores become active. In bryophytes, the primary requirement for reproduction to occur is the presence of water. After reproduction, a bryophyte has three different elements. There is a foot which connects the plant to the nearby mother plant. The primary portion of a bryophyte is a capsule which produces more spores. Connecting the two is the seta or stalk. As the seta grows, it pushes the capsule up away from the foot. Eventually, the capsule ruptures and releases spores. When they come into contact with water, the spores will repeat the life cycle.

1 When paragraph 1 says extensive growth prevails, it means it ⏳ 30 秒

  Ⓐ occurs
  Ⓑ reveals a secret
  Ⓒ reschedules
  Ⓓ gives birth

2 The word applications in paragraph 2 is closest in meaning to ⏳ 30 秒

  Ⓐ usages
  Ⓑ petitions
  Ⓒ treatments
  Ⓓ programs

3 The author mentions commercial applications in paragraph 2 in order to ⏳ 1 分 20 秒

  Ⓐ show that bryophytes can grow even in water
  Ⓑ show that bryophytes cannot grow in nature
  Ⓒ show that bryophytes are useful enough to be grown artificially
  Ⓓ show that bryophytes are popular enough to attract a lot of visitors

4 The word lavishly in paragraph 3 is closest in meaning to ⏳ 30 秒

  Ⓐ adequately
  Ⓑ pitifully
  Ⓒ slightly
  Ⓓ generously

5 According to the passage, what does the widespread existence of bryophytes prove?

   Ⓐ All multi-cellular life needs a mild climate.
   Ⓑ Plant reproduction can happen even in inhospitable places.
   Ⓒ Bryophytes are stronger than fungi.
   Ⓓ Bryophytes are actually a kind of moss.

6 The word spread in paragraph 4 is closest in meaning to

   Ⓐ reproduce
   Ⓑ relax
   Ⓒ announce
   Ⓓ extend

7 According to paragraph 4, how are the rhizoids of mosses and liverworts different?

   Ⓐ Moss rhizoids are single-cell structures.
   Ⓑ The rhizoids in liverworts do not function as roots.
   Ⓒ Liverworts have less complex rhizoids.
   Ⓓ Liverworts have massive rhizoids.

8 The word parts in paragraph 5 is closest in meaning to

   Ⓐ sections
   Ⓑ duties
   Ⓒ fragments
   Ⓓ roles

9 Which of the sentences below expresses the essential information in the highlighted sentence in paragraph 5? Incorrect choices change the meaning in important ways or leave out essential information.

Ⓐ The leaves of the liverwort seem to be attached to each other, but they actually are not.
Ⓑ The liverwort has such shiny leaves that the viewer thinks it is an illusion.
Ⓒ The liverwort looks like it has lots of leaves, but it actually doesn't have any.
Ⓓ The shape of the liverwort is a kind of an illusion, and its actual appearance is unknown.

10 What is implied in paragraph 6 about bryophyte reproduction?

Ⓐ It does not require spores.
Ⓑ The plant stores food before it happens.
Ⓒ It requires perfectly dry conditions.
Ⓓ Spores of the plant have both an active and an inactive stage.

11 According to paragraph 6, what happens after the seta grows to its maximum length?

Ⓐ A foot develops.
Ⓑ The capsule breaks open.
Ⓒ Spores enter the plant.
Ⓓ The plant becomes a mother plant.

12 Look at the four squares [■] that indicate where the following sentence could be added into the passage.

At least, they need water and the right temperature in order to start reproducing.

Where would the sentence best fit?   ⏳ 1 分 20 秒

13 **Directions:** An introductory sentence for a brief summary of the passage is provided below. Complete the summary by selecting the THREE answer choices that express the most important ideas in the passage. Some sentences do not belong in the summary because they express ideas that are not presented in the passage or are minor ideas in the passage. **This question is worth 2 points.**   ⏳ 2 分 40 秒

Bryophytes are simple, seedless plants, and the mosses, hornworts and liverworts belong to the group.

Ⓐ Bryophytes can survive even under comparatively severe conditions.
Ⓑ Bryophytes prefer warm tropical conditions and cannot grow in extreme cold climates.
Ⓒ Bryophytes have water-holding ability, with which they can help to accelerate erosion.
Ⓓ One difference between mosses and liverworts lies in the structure of the plant itself, including the rhizoids.
Ⓔ Bryophytes seem more similar to lichen than to mosses.
Ⓕ Bryophytes reproduce via spores, which need water to repeat the life cycle.

問題 12　解答解説　　　　　　　　　　　　　　　　　　　　　　　　　●植物学

全訳 ➡ p.227〜p.228

LOGIC NOTE

メインポイント	the ecology of bryophytes
[1]	bryophytes moss, hornwort, liverwort ≠ lichen fungi
[2]	reduce erosion, retention of water, can survive
[3]	can live under incredible circumstances
[4]	liverworts：single-cell rhizoids (root) mosses：multi
[5]	mosses：stems and leaves liverworts：luck of differentiation, oil sacks, segmented
[6]	spores, need water foot — seta — capsule

[2]・[3] コケ植物
[4]・[5] 区別

Questions 1 - 13

1

正解　Ⓐ　　　　　　　　　　　　　　　　　　　　　　　　　5　語彙

第1段落で，広範囲な生長が prevails すると言う時，それが意味するのはどれか。

Ⓐ　起こる
Ⓑ　秘密を明かす
Ⓒ　繰り延べる
Ⓓ　誕生させる

解説　prevail は「広がる，普及する，勝つ」という意味の動詞である。よって「起こる」という意味の Ⓐ occurs が最も近い。第1段落ではコケ植物の生長が prevails when the water supply is plentiful（水の供給が十分な時に広範囲に広がる）と使われており，文脈も適切。Ⓑ の reveals a secret は「秘密を暴露する」で，コケ植物について述べているこの部分では合わない。Ⓒ の reschedules は「スケジュールを変更する，繰り延べる」ということ。これも extensive growth などの表現と合わない。Ⓓ の gives birth は「産む」という意味で近いように感じられるかもしれないが，主語の extensive growth とは合わず，文脈もずれるため不適切。

2

正解　Ⓐ　　　　　　　　　　　　　　　　　　　　　　　　　5　語彙

第2段落の applications という単語に最も近い意味はどれか。

Ⓐ　利用
Ⓑ　請願

- ⓒ 治療
- ⓓ プログラム

解説 application は動詞 apply（適用される，加える）の名詞形で，「用途，申請」を意味する。第2段落では In commercial applications,（商業的用途において）と使われており，Ⓐ の usage が適している。Ⓑ の petition は，application を「申し込み」という意味に取った場合の言い換えであるが，ここでは意味が合わない。Ⓒ の treatment は，薬などの利用という意味で application が使われる場合の言い換えだが，この文では合わない。Ⓓ program は「アプリケーションソフト」などから連想しがちだが，ここでは無関係，短絡的に結び付けないこと。

3

正解 Ⓒ　　　　　　　　　　　　　　　　　　　　　　　　**4　修辞意図**

著者が第2段落において商業用途について触れているのはなぜか。
- Ⓐ コケ植物が水中でも育つことを示すため
- Ⓑ コケ植物が自然状態で育つことができないことを示すため
- Ⓒ コケ植物が人為的に育てられるのに十分有用であることを示すため
- Ⓓ コケ植物が多くの観客を引き付けるのに十分な人気があることを示すため

解説　第2段落では，コケ植物の重要性が例と共に述べられている。In commercial applications, で始まる第3文と次の第4文は，水族館で育てられる例を挙げ，コケ植物が homes for small invertebrates and the fish that feed on them（小さな無脊椎動物やそれをえさとする魚のすみか）を提供しているという話である。ここから，コケ植物を育てるのは好都合であることが読み取れるため，正解は Ⓒ となる。Ⓐ は商業用途に結び付かない。第2文から，deserts and the polar regions を含め生育可能で，厳しい環境に耐えられることから Ⓑ は不適切。コケ植物の人気については触れられておらず Ⓓ は不適切。

4

正解 Ⓓ　　　　　　　　　　　　　　　　　　　　　　　　**5　語彙**

第3段落の lavishly という単語に最も近い意味はどれか。
- Ⓐ 十分に
- Ⓑ 哀れなほどに
- Ⓒ わずかに
- Ⓓ 豊富に

解説　lavishly は「気前がよく，惜しみなく」という意味の副詞。ここでは lavishly supplying the requirements for growth（生長のための要件がふんだんに充足される）と使われている。よって最も意味が近いのは「豊富に，気前よく」を意味する Ⓓ generously である。Ⓐ adequately は「（必要分を満たせる程度に）十分に」という意味で，lavishly「存分にたっぷりある」よりも度合いが少ない。Ⓑ「哀れなほどに」と Ⓒ「わずかに」は，要件が充足されている状況とはかけ離れており，不適切である。

5

正解 Ⓑ　　　　　　　　　　　　　　　　　　　　　　　1　内容一致

本文より，コケ植物の広範囲にわたる分布は何を証明しているか。
Ⓐ　すべての多細胞生物には温暖な気候が必要である。
Ⓑ　繁殖は荒れ果てた場所でも可能である。
Ⓒ　コケ植物は菌類よりも強い。
Ⓓ　コケ植物は実のところ蘚類の一種である。

解説　コケ植物の生存については第1段落第4文に，コケ植物の生息範囲は非常に広く，極端な気温や水の供給にも耐えられること，第2段落第2文に，砂漠や北極・南極地域でも生存することが述べられている。よって，Ⓑ が正しく，Ⓐ は誤りとわかる。本文でコケ植物と菌類の強さは比較されておらず，Ⓒ は当てはまらない。第1段落第1文より，蘚類はコケ植物の一種であるとわかることから，Ⓓ の内容は逆で，コケ植物の一種として蘚類があるのである。

6

正解 Ⓓ　　　　　　　　　　　　　　　　　　　　　　　5　語彙

第4段落の spread という単語に最も近い意味はどれか。
Ⓐ　繁殖する
Ⓑ　くつろぐ
Ⓒ　発表する
Ⓓ　広がる

解説　spread は「広がる」という意味の動詞である。ここでは Liverworts, like mosses, spread over the ground（苔類は蘚類と同様，地面の上に広がる）と苔類が横方向へ広がって生長する様子を表現しており，Ⓓ の extend が同じく「広がる」で正解。ここでは植物の生長の様子を説明しており，Ⓐ の「繁殖する」では描写の観点がずれるので誤り。人間の状態や行為を表す動詞である Ⓑ と Ⓒ は不適切である。

7

正解 Ⓒ　　　　　　　　　　　　　　　　　　　　　　　1　内容一致

第4段落によると，蘚類の仮根と苔類のそれとはどう違うか。
Ⓐ　蘚類の仮根は単細胞構造である。
Ⓑ　苔類の仮根には根としての機能はない。
Ⓒ　苔類の仮根のほうが複雑でない。
Ⓓ　苔類は大きな仮根を持っている。

解説　第4段落では，苔類と蘚類の生長の仕方に続き rhizoids（仮根）とは何であるかについて述べられ，最後の文でそれぞれの仮根の違いが述べられている。すなわち，苔類の仮根は single-cell structures であり，蘚類の仮根はより複雑で multi-cell structures である。よって，Ⓒ

が正解で Ⓐ は誤り。植物体を土などに固定するという根の役割についても書かれているので，Ⓑ も誤りである。第4文に仮根は extremely small (きわめて小さい) という表現があるので，Ⓓ も誤り。

8

正解 Ⓐ　　　　　　　　　　　　　　　　　　　　　　　5　語彙

第5段落の parts という単語に最も近い意味はどれか。
- Ⓐ 部分
- Ⓑ 義務
- Ⓒ 破片
- Ⓓ 役割

解説　part は「部分，一部」を表す名詞である。この段落では，苔類について the same composition in all parts of the plant (この植物のすべての部分において同じ構造) のように使われている。よって，同じく「部分」の意味を表す Ⓐ が正解。part には「分担，役割」の意味もあるが，文脈から判断すると Ⓑ や Ⓓ は違うとわかる。Ⓒ は「破片」や残ったかけらを意味する。

9

正解 Ⓒ　　　　　　　　　　　　　　　　　　　　　　　7　文書き換え

第5段落でハイライトされた文の重要な情報を表しているのは以下のうちどれか。不正解の選択肢は，意味を大きく変えるか，もしくは重要な情報を含んでいない。
- Ⓐ 苔類の葉は互いにくっつき合っているように見えるが，実際は違う。
- Ⓑ 苔類はとても光沢のある葉を持っているため，見る人は錯覚を起こしていると思う。
- Ⓒ 苔類は多くの葉を持っているように見えるが，実際はまったく持っていない。
- Ⓓ 苔類の形は一種の錯覚であり，実際の外観は知られていない。

解説　ハイライトされた文の意味は，「この植物の外見は，茎もなく互いにくっつき合ったたくさんの光沢性のある葉のようであるが，これは苔類のある部分の形が創り出した単なる錯覚なのである」ということ。よって苔類には実際には葉がないという内容の Ⓒ が正解。単なる錯覚だと述べられているのは「苔類のある部分の形」を「光沢性のある葉」と思ってしまうことである。よって Ⓑ も Ⓓ も不適切。Ⓐ もポイントがずれている。

10

正解 Ⓓ　　　　　　　　　　　　　　　　　　　　　　　3　推測

第6段落ではコケ植物の繁殖について何が示唆されているか。
- Ⓐ 胞子を必要としない。
- Ⓑ 繁殖が起こる前に栄養素を蓄える。
- Ⓒ 完全に乾いた環境が必要である。
- Ⓓ 胞子には活動的な段階と活動的でない段階がある。

解説 第6段落では，まずコケ植物は「種子ではなく胞子で繁殖する」と述べられている。よって，Ⓐはまったく逆である。そして，little stored food（養分をほとんど蓄えない）とあるので，Ⓑも適切ではない。第6段落第4文に the primary requirement ... is the presence of water（まず水分が必要）とあるので，Ⓒもまったく逆である。よって，Ⓓが正解。胞子は水分があれば active になり，乾いている時は inactive と考えられる。

11

正解 Ⓑ　　　　　　　　　　　　　　　　　　　　　　　　　　**1 内容一致**

第6段落によると，さく柄が生長して最長に達すると何が起こるか。
Ⓐ 足が発達する。
Ⓑ さくが壊れて開く。
Ⓒ 胞子が植物体の中へ入る。
Ⓓ 植物体が植物の母体となる。

解説 設問文の表現と第6段落最後から3文目の As the seta grows という表現がほぼ同じであることに気づくこと。設問文の to its maximum length（最大限の長さまで）は，本文の最後から2文目の Eventually（最後には）を意味する。the capsule ruptures（さくが破れる）とあるので，Ⓑの breaks open がこれに相当し，正解である。

12

正解 2つ目　　　　　　　　　　　　　　　　　　　　　　　　**8 文挿入**

文中の4つの■のうち，以下の文が入るのに最も適する箇所はどこか。
それらが繁殖を始めるには，少なくとも水と適切な気温が必要なのである。

解説 まず挿入文の they が何を指すかを検討しよう。この段落ではさまざまな植物の生育環境を述べている。まず，コケ植物は厳しい条件でも生存できると述べ，1つ目の■の後の文では，根や種子などを持つ植物（種子植物）は安定して快適な環境を必要とするだろうと述べている。水と適度な気温が必要なのはコケ植物にも種子植物にも当てはまりそうだが，at least とあることから，挿入文の they は，水と適切な気温のほかに，より快適な環境が必要な種子植物を指すと考えられる。1つ目の■の直後では，they がコケ植物を指すことになってしまうので除外できる。2つ目の■の前の文は，種子植物について述べているので，ここが正解。3つ目の■の前の文も主語が bryophytes であるので誤り。4つ目の■の直前の文は主語が The plants だが，fill every possible ecological niche（生存可能などんな環境の場所にも広がる）のはコケ植物のことであるから適さない。したがって，最も適する箇所は2番目の■である。

集中トレーニング｜問題12

13

正解 Ⓐ Ⓓ Ⓕ　　　　　　　　　　　　　▶ 9　要点把握

本文の簡単なまとめの導入文が下に与えられている。本文の最も重要な考えを述べている選択肢を3つ選んで，要約を完成させよ。いくつかの選択肢は，文章で述べられていないか，もしくは文の重要な考えではないため，要約には含まれない。この問題は2点が与えられる。

コケ植物は単純な種子を持たない植物で，蘚類，ツノゴケ類，苔類がこのグループに属する。
- Ⓐ　コケ植物は比較的厳しい環境下でも生き延びることができる。
- Ⓑ　コケ植物は暖かい熱帯性の環境を好み，極度に寒い気候では育たない。
- Ⓒ　コケ植物には保水力があり，これにより浸食の加速を促すことができる。
- Ⓓ　蘚類と苔類の違いの一つは，仮根を含む植物の構造そのものにある。
- Ⓔ　コケ植物は蘚類よりも地衣類に似ている。
- Ⓕ　コケ植物は胞子を介して繁殖するが，この生命サイクルを繰り返すには水が必要である。

解説　それぞれの選択肢を吟味していこう。Ⓐ 第3段落第1文の記述と合致するので正しい。Ⓑ 第2段落第2文より，コケ植物は北極や南極の地域にも育つ。Ⓒ 第2段落第1文より，コケ植物には浸食を抑える力がある。Ⓓ 第4段落にある苔類と蘚類の構造についてである。Ⓔ 第1段落より，コケ植物には蘚類も含まれていること，また地衣類は菌類の仲間で，植物学的には別の分類であることからこの説明は成り立たない。Ⓕ 第6段落のコケ植物の繁殖に関する内容と一致する。

【全訳】

コケ植物の一種，苔類

[1]　蘚類，ツノゴケ類，苔類はまとめてコケ植物と称される。地球上の単純で種子のない植物のうち，最も一般的に認識されているグループがコケ植物である。コケ植物は菌類の仲間の地衣類に似ているが，植物学的にはまったく別の分類に属する。コケ植物は，生育できる条件の範囲が非常に広い。極端な気温や水の供給にも耐えられる。しかし，コケ植物が最も広範囲に生育するのは，水の供給が十分で日光が限られている時である。さまざまな種類の植物と同様，暖かい熱帯の気候はコケ植物を大量に生長させる。熱帯林の日の当たらない区域が，コケ植物の生育にとって特に魅力的なのである。豊富なコケ植物が地面や草木を覆っている場所をコケ林と呼ぶ。

[2]　実際には，コケ植物の重要性は，川べりでの浸食を抑える力や保水力の高さにある。コケ植物は，砂漠や北極・南極の地域など，他の植物がほとんど生存できないような場所でも，土壌の形成を助ける。商業的利用のため，何種類かの水生コケ植物が水族館で育てられている例もある。それらのコケ植物は，小さな無脊椎動物やそれをえさとする魚のすみかを提供しており，同じことは自然界でも行われている。

[3]　コケ植物は，厳しい条件下でも単純な多細胞生物が生きられることを証明している。根や種子を持ち，葉と茎の区別のある植物は，もっと安定して快適な環境を必要とするかもしれない。<u>12 それらが繁殖を始めるには，少なくとも水と適切な気温が必要なのである。</u>コケ植物は，条件が快適になったり快適でなくなったりするような場所で生き延びる。その植物は生存可能などんな環境の場所にも広がっていくことができる。生長のための要件がふんだんに充足される

227

環境から,ほとんど繁殖が許されないような環境にまで,コケ植物は植物の適応性を示している。それらは驚くような条件の下で生きているのである。

[4] 苔類は蘚類と同様,垂直に伸びるというより,むしろ地表に広がる。いくつかの特徴によって蘚類と苔類が区別できる。蘚類も苔類も仮根というものを持っており,これは菌類にもある。仮根はきわめて小さい根のような外観をしており,これによってその植物は,土や岩,腐りかけた木などの表面に付着することができる。苔類の仮根は単細胞構造だが,蘚類のそれはもっと複雑で,多細胞構造である。

[5] もう1つ,蘚類と苔類の最もよく知られた種の間に,必ずではないがよく見られる違いは,苔類には茎と葉の区別がないことである。苔類は連続した多細胞体であり,事実上この植物のすべての部分が同じ構造からできている。この植物の外見は,茎もなく互いにくっつき合ったたくさんの光沢性のある葉のようであるが,これは苔類のある部分の形が創り出した単なる錯覚なのである。苔類は地衣類によく似ているが,表面が滑らかでざらざらしていない点や,植物そのものは肉厚で乾燥していない点が異なる。これは,ほとんどの苔類に存在する,微細な油嚢による。多くの場合,苔類は,深く切れ込みが入ったり分節化されたりしている。この植物体は同じ植物構造から成る連続したかたまりではあるが,この分葉化された姿が葉のある植物のように見せているのである。

[6] コケ植物は種子ではなく胞子で繁殖する。胞子は種子より小さいだけでなく,養分の蓄えがほとんどない。このことは,胞子が活動する時期には繁殖のための準備が万端でなければならないということを意味している。コケ植物においては,繁殖が行われるための第一の要件は水の存在である。繁殖の後,コケ植物は3つの要素を持つようになる。近くにある母体に植物体を接続するための足ができる。コケ植物の最も重要な部分は,胞子をさらに生産するためのさくである。2つをつなげるのはさく柄,つまり柄である。さく柄が成長し,さくを押し上げて足から離す。最終的に,このさくが破れて胞子が解き放たれる。水に接触すると,胞子はその生命サイクルを繰り返すのである。

Word & Phrase Check			
☐ lichen	地衣類	☐ fungi	菌類(fungusの複数形)
☐ vegetation	草木	☐ invertebrate	無脊椎動物
☐ differentiate	~を区別する	☐ hospitable	快適な
☐ niche	(人・物の)適所	☐ lavishly	ふんだんに
☐ reproduction	繁殖	☐ rhizoid	仮根
☐ decay	腐る,朽ちる	☐ spore	胞子
☐ capsule	さく	☐ seta	さく柄

Column 語彙力の増強

英単語の学習について

　アメリカの言語学者で英語教育者であったラドー博士（Robert Lado）は，「外国人がアメリカの大学で学業を無理なく進めていくためには，少なくとも10,000語の理解語が必要である」と言っている。このくらいの語彙力は確かに必要だが，TOEFL® テストの受験対策を始める前にすべての英単語を覚えてしまおうとするのは非常に困難だし，時間の無駄にもなる。基本語（3,000語程度）を覚えたら，受験対策の学習を進めながら覚えていこう。

英単語と訳語について

　日本語を介した学習や試験に慣れていると，常に頭のどこかに日本語を意識している。私たちは「この単語がこういう意味だから，この文はこういう意味になる」と思いがちである。しかし，この考え方は，未知の単語に出会うととたんに応用がきかなくなってしまう。「文全体がこのような意味になるのが妥当だから，この単語はこういう意味のはずだ」と推測する習慣をつけることだ。こうした姿勢で単語の学習を進めていけば，TOEFL® テストの語彙にもあわてることがなくなる。

重要語や表現について

　本書で使われたパッセージに出てきた重要語や難解な語を，各パッセージの解説の末尾に Word and Phrase Check としてまとめてある。アメリカで常識的な背景知識となる語彙は，表面的な意味をさらうだけではなく，インターネットなどで内容を調べておこう。また，難解な語彙については，thesaurus（類義語辞典）の使用を勧める。類義語をチェックし，もし「語彙問題」でその単語が取り上げられたとしたらどの類義語が適切なのかなどを，自分なりにまとめてみるのもよいだろう。

問題 13

SKIMMING ⏳5分 ● CD 2-02

Questions **1** – **12**

The "Plain People" of Lancaster County, Pennsylvania

[1]　Ever since the 18th century, a significant portion of the rural population of Lancaster County, Pennsylvania, has been German-speaking farm families who eschew much of the technology of modern society.　Three large groups who do so with their own particular habits and customs are the Amish, Mennonites and the Brethren.　Collectively, they are often referred to as the "Plain People" due to their dress and their lifestyles.

[2]　Lancaster County is commonly called the area of the Pennsylvania Dutch, as the Plain People are closely tied to their historic language, German or "Deutsch." Their ancestors were formerly Christians of Protestant-Pietism denominations, and fled persecution to Germany from Switzerland.　Most of them spoke in the dialect of southern Germany.　When freedom of religion was proclaimed by William Penn, the founder of the Pennsylvania colony, numerous Swiss and German settlers flocked to the newly opened lands.　Now, Plain People in Lancaster County number about 40,000, which is slightly less than 10 percent of the county's total population.　In 1989, almost 300 different congregations were identified.

[3]　The most significant characteristic of the Plain People is their lives in homes without electricity.　What is taken on top priority in their community is to observe their religious faith.　They eliminate all obstacles to their faith and live humbly as they did right after immigration.　The Amish live without television, radios, microwave ovens or air-conditioners.　Kerosene lanterns provide light, windmills pump water, and cooking is done on a wood-burning stove or a propane stove.　Homes are heated by wood or coal.　The Amish clothing avoids bright colors.　Amish still travel by horse-drawn buggies.　Needless to say, computers and portable music players cannot be seen in any Amish home.

[4]　Still, certain aspects of modern life cannot be avoided, even by the Amish. When traveling on public roads, Amish buggies are required by law to display highly visible triangular signs of bright orange on the rear of the buggy to avoid being hit by much faster moving cars and motorcycles.　In agriculture, motor-powered tractors are not used, but this does not mean all tools are traditional.　Modern plowing devices may be used as long as they are pulled by a team of horses.　In such ways, selected items of modern technology are either required by the larger society for safety or chosen by the Amish as useful tools that do not violate their traditional practices.

[5]　Mennonites come in a wide range of groups according to how strictly they follow traditional rules. ■ In general, Mennonites use a bit more technology than the Amish do. ■ Even quite traditional Mennonites will wear clothes with buttons instead of hooks which strict Amish rules demand. Mennonite men generally shave while Amish men are bearded. ■ As farmers, Mennonites use tractors and Mennonite families drive cars to do their necessary shopping. ■

[6]　Brethren follow many rules that are similar to the Amish or Mennonites. Their men are bearded but distinctly avoid having mustaches. Mustaches are considered to be a traditional sign of membership in the military. Also, Brethren perform the "kiss of peace" during their religious services, and mustaches are felt to be inappropriate under such a circumstance.

[7]　None of the Plain People avoid work to produce goods that can be sold to outsiders. The most common occupation of all Plain People is farming, and crops beyond their own needs are sold commercially. The Amish are well-known for producing Amish furniture. It is a traditional style of wood and wicker furniture little changed over the centuries. Other Amish goods are quilts, dolls and prepared foods such as pies and noodles. Some items can even be a traditional item with a modern twist. Handcrafted Amish mailboxes in the shape of lighthouses have been combined with solar-powered lights to make the mailbox easy to find after dark! This is just one example of how the Plain People of Lancaster County live apart from outsiders but are fully aware of the society in general and have contact with it to support their families and perpetuate their way of life.

1 Why does the author mention the 18th century in paragraph 1?

Ⓐ That is when the language group started living in the area.
Ⓑ The people mentioned here left farms for cities then.
Ⓒ The modern technology described here started then.
Ⓓ It is when the area stopped having German speakers.

2 According to paragraph 2, what happened in this area in 1989?

Ⓐ The groups mentioned here arrived in the area.
Ⓑ These people moved from Germany to Switzerland.
Ⓒ 300 religious groups were counted.
Ⓓ The Pennsylvania Dutch started leaving this area.

3 The word tied in paragraph 2 is closest in meaning to

Ⓐ obligated
Ⓑ matched
Ⓒ bound
Ⓓ knotted

4 The word flocked in paragraph 2 is closest in meaning to

Ⓐ gathered
Ⓑ rushed
Ⓒ dreamed
Ⓓ cultivated

5 What is suggested in paragraph 3 about the Amish and computers?

   Ⓐ They rely on them for work.
   Ⓑ That is how these people meet each other.
   Ⓒ It is what they use to download music.
   Ⓓ There are none in their homes.

6 The word avoid in paragraph 4 is closest in meaning to

   Ⓐ discourage
   Ⓑ imprison
   Ⓒ isolate
   Ⓓ prevent

7 Which of the sentences below expresses the essential information in the highlighted sentence in paragraph 4? Incorrect choices change the meaning in important ways or leave out essential information.

   Ⓐ Like this, the larger society uses items of modern technology to ensure safety, but the Amish don't use them because they're unnecessary for their tradition.
   Ⓑ Like this, the larger society needs items of modern technology for their safety, and the Amish also use them because they may suffer violence otherwise.
   Ⓒ Like this, the larger society asks the Amish to use items of modern technology for safety, or the Amish decide to use them to the extent that they don't disturb their traditional life.
   Ⓓ Like this, the larger society requires the Amish to use items of modern technology, or the Amish choose to use them in case they violate the traditional rules.

8 The word perform in paragraph 6 is closest in meaning to

   Ⓐ play
   Ⓑ achieve
   Ⓒ practice
   Ⓓ function

9 According to paragraph 6, what is the "kiss of peace"?

    Ⓐ What happens when Brethren meet
    Ⓑ Something avoided by the Plain People
    Ⓒ Part of a traditional ceremony
    Ⓓ A product made in this area

10 What is unusual about the mailboxes described in paragraph 7?

    Ⓐ They are no longer made.
    Ⓑ They have been unchanged for centuries.
    Ⓒ They are made to look like people.
    Ⓓ They have lights.

11 Look at the four squares [■] that indicate where the following sentence could be added into the passage.

Most noticeably, Mennonites do not reject technology for either work or necessary activities.

Where would the sentence best fit?

12 **Directions:** Complete the table below by indicating answer choices that summarize the characteristics of the three groups in the passage. **This question is worth 3 points.**

Amish	Mennonite	Brethren
➤	➤	➤
➤	➤	

Ⓐ Have no contact with outsiders
Ⓑ Rarely live on farms
Ⓒ Have beards but no moustaches
Ⓓ Travel by buggy
Ⓔ Wear clothes with buttons
Ⓕ Use tractors
Ⓖ Avoid bright colors

問題 13　解答解説　　　　　　　　　　　　　　　　　　　　　　　　●人類学

全訳➡p.241～p.242

LOGIC NOTE

メインポイント	"Plain People" who do not use electricity
[1]	Plain People = Amish, Mennonites and the Brethren
[2]	from German, 10% of the county's population
[3]	live without electricity, observe religious faith Amish: ○= religion, lanterns, × = electricity, bright color
[4]	└modern life : transportation sign, choose useful tools
[5]	Mennonites : more technology than Amish　ex)
[6]	Brethren : ○ = men's beard, × = mustache
[7]	apart from outsiders but have contact with the society in general

[3]〜[6] 3 groups

Questions 1 - 12

1

正解　Ⓐ　　　　　　　　　　　　　　　　　　　　　　　　　4　修辞意図

著者が第1段落で18世紀に言及しているのはなぜか。
Ⓐ　その言語グループがその地域に住み始めた時期であるから。
Ⓑ　ここで言及されている人々はその時期に農村を捨てて都市へ出たから。
Ⓒ　ここで描写されている現代的な科学技術はその時期に始まったから。
Ⓓ　その地域にドイツ語を話す人々がいなくなった時期であるから。

解説　18世紀については，冒頭の Ever since the 18th century, … という部分に述べられている。この Ever since がポイント。過去のある時点に始まり，それが現在も続いているということを表す現在完了の継続用法が続いている。本文は，「18世紀以来，ドイツ語を話す〜が住んでいる」という内容である。Ⓐの the language group が「ドイツ語を話す〜」, started living（住み始めた）が本文の継続用法の起点に相当するのでこれが正しい。Ⓑ 都市部に移転してはいない。Ⓒ 現代技術を排除して生活しているのである。Ⓓ も誤り。今でも自分たちの言語を守っているのである。

2

正解　Ⓒ　　　　　　　　　　　　　　　　　　　　　　　　　1　内容一致

第2段落によると，1989年にこの地域で何が起きたか。
Ⓐ　ここで述べられているグループがその地域に到着した。
Ⓑ　これらの人々がドイツからスイスへ移住した。
Ⓒ　300の宗教的なグループがあった。
Ⓓ　ペンシルバニア・ダッチがこの地域を去り始めた。

236

集中トレーニング｜問題 13

解説 第 2 段落の最後にある In 1989, almost 300 different congregations were identified. という箇所を参照すればよい。congregation という語が難しいが，その前に freedom of religion（宗教の自由）があることと，300 などから，Ⓒ が該当すると考えられる。ただ，選択肢のこうした表現は誤答を誘う意図の場合もあるので，他の選択肢もしっかり吟味しよう。Ⓐ ■ で見たように，そうした人々がこの地域に住み始めたのは 18 世紀なので，これは誤り。Ⓑ ヨーロッパ国内の移住の明確な時期は，この文章には出てこない。また，本文ではスイスからドイツへ移住したと書かれているので，流れが逆。Ⓓ は started leaving となっていることに注目。「去り始めた」という記述はない。よって，Ⓒ が正解である。

3

正解 Ⓒ　　　　　　　　　　　　　　　　　　　　　5　語彙

第 2 段落の tied という単語に最も近い意味はどれか。
Ⓐ　束縛された
Ⓑ　互角の
Ⓒ　縛られた
Ⓓ　結び目のある

解説 tie は「結ぶ」という意味の動詞。be closely tied to で「〜と密接な関係がある」という意味になる。ここでは，「簡素な生活を送る人々」と言語の関係を表現している。to は前置詞であることに注目。Ⓒ の bound は bind の過去分詞。be bound to で「〜と密接な関係の」となり，tied とほぼ同意。Ⓐ の obligated は be obligated to ... の形で使う場合，動詞の原形を続けて「…する義務がある」の意味。Ⓑ の matched は「合った，互角の，同点の」，Ⓓ の knotted は「結び目がある，こぶのある」で，ともに「〜と密接な関係がある」とは意味合いが異なる。

4

正解 Ⓐ　　　　　　　　　　　　　　　　　　　　　5　語彙

第 2 段落の flocked という単語に最も近い意味はどれか。
Ⓐ　集まった
Ⓑ　急いだ
Ⓒ　夢見た
Ⓓ　耕した

解説 flock は名詞では「群れ，一群」，動詞では「群がる，集まる」を意味する。ここでは動詞の過去形として使われ，settlers flocked to the newly opened lands.（入植者たちが，この新しく開かれた土地に集まってきた。）と表現されている。よって同じく「集まる」の意味を持つ Ⓐ が正解。急いだという意味合いはないため，Ⓑ は違う。Ⓒ「夢見た」と Ⓓ「耕した」は動詞の後ろの to the newly opened lands とつながらず，意味を成さない。

237

5

正解 Ⓓ　　　　　　　　　　　　　　　　　　　　　　**3　推測**

アーミッシュとコンピュータについて第3段落で示唆されていることは何か。
- Ⓐ 彼らは仕事ではそれに頼っている。
- Ⓑ それはこれらの人々の出会いの手段である。
- Ⓒ 彼らが音楽をダウンロードするのに使うものである。
- Ⓓ 彼らの家にそれは1つもない。

解説　コンピュータのことについては，第3段落の最後に述べられている。computers and portable music players ... という部分である。cannot be seen と書かれているので，家にはこういったものが置かれていないことになる。したがって，Ⓓ が正解。家にコンピュータやそれに近いものが何もないわけだから Ⓐ，Ⓑ，Ⓒ のいずれも該当しない。

6

正解 Ⓓ　　　　　　　　　　　　　　　　　　　　　　**5　語彙**

第4段落の avoid という単語に最も近い意味はどれか。
- Ⓐ ～のやる気をそぐ
- Ⓑ ～を監禁する
- Ⓒ ～を隔離する
- Ⓓ ～を予防する

解説　avoid は「～を避ける」という意味の動詞。第4段落では，... to avoid being hit by ... と書かれ，馬車が車やオートバイにぶつけられないようにと表現されている。選択肢の中では，Ⓓ の prevent が「～を予防する」という意味で，ここでの avoid の意味を表している。Ⓐ の discourage は courage（～を勇気づける）の反意語で，Amish buggies と being hit の関係にはそぐわない。Ⓑ の imprison は「～を牢獄に入れる」，Ⓒ の isolate は「～を隔離する，離す」で，いずれもここでの avoid の意味とかけ離れている。

7

正解 Ⓒ　　　　　　　　　　　　　　　　　　　　　　**7　文書き換え**

第4段落でハイライトされた文の重要な情報を表しているのは以下のうちどれか。不正解の選択肢は，意味を大きく変えるか，もしくは重要な情報を含んでいない。
- Ⓐ このように，より大きな社会は安全確保のために現代的技術を用いた道具を使うが，アーミッシュは彼らの伝統にそれらの道具が必要ではないため，使わない。
- Ⓑ このように，より大きな社会は現代的技術を用いた道具を安全のために必要とし，アーミッシュも，それらを使わなければ暴力を受けるかもしれないという理由から使う。
- Ⓒ このように，より大きな社会がアーミッシュに現代的技術を用いた道具を安全のために使うよう要請するか，あるいはアーミッシュが自らの伝統的な生活を乱さない程度にそういった道具を使うことを決めている。
- Ⓓ このように，より大きな社会がアーミッシュに現代的技術を用いた道具を使うよう要求

するか，あるいはアーミッシュが伝統的な規則を破った場合にそういった道具を使う。

解説　ハイライトされた文は，アーミッシュが現代的技術を用いた道具を使うのは「より大きな社会から安全のために要求される」か，あるいは「アーミッシュが自ら選ぶ」という内容である。この2点を共に述べているのはⒸ。Ⓐは，そういった道具を「使わない」が誤り。道具を使わなければ「暴力を受けるかもしれない」とは述べられていないので，Ⓑも違う。道具を使うのはⒹのように，「伝統的な規則を破った場合」ではない。

8

正解　Ⓒ　　　　　　　　　　　　　　　　　　　　　　　　5　語彙

第6段落の perform という単語に最も近い意味はどれか。
Ⓐ　～を演じる
Ⓑ　～を達成する
Ⓒ　～を執り行う
Ⓓ　機能する

解説　perform はここでは「～を行う」という意味の動詞。本文では，「宗教的な行事として平和のキスを perform する」と使われている。よって，選択肢の中では「～を執り行う，習慣的に行う」という意味を持つⒸ practice が適切である。Ⓐの play は紛らわしいが，「～を執り行う」という意味はない。また，「平和のキス」は伝統的な行事なのでⒷの achieve（～を達成する）は適さない。Ⓓの function は機能するものが主語になるので，これもこの文では適さない。

9

正解　Ⓒ　　　　　　　　　　　　　　　　　　　　　　　　1　内容一致

第6段落によると，「平和のキス」とは何か。
Ⓐ　ブレズレンが出会った時に起こること
Ⓑ　簡素な生活を送る人々から避けられているもの
Ⓒ　伝統的な儀式の一部
Ⓓ　この地域で作られる生産物

解説　during their religious services とあるので，宗教行事の一環であると判断される。Ⓐの選択肢には「宗教的な」というニュアンスがないため，ここでは正解とは判断できない。ここで述べられている Brethren は Plain People（簡素な生活を送る人々）なので，Ⓑも誤り。avoided ではなく行われているのである。Ⓒの traditional ceremony が religious services に相当するので正解。Ⓓの product は「生産物」なので，誤りである。

10

正解　Ⓓ

第7段落で描写されている郵便受けについて通常と違うことは何か。
- Ⓐ　今はもう作られていない。
- Ⓑ　何世紀もの間変わっていない。
- Ⓒ　人に似せて作られている。
- Ⓓ　灯りがついている。

> **1　内容一致**

解説　設問文の unusual という語に注目しよう。「通常と違う」という意味である。この郵便受けは灯台の形をしており，太陽光発電のライトがついている。暗くなると灯りがともるのである。選択肢の中でこうした内容に合うのは Ⓓ のみである。本文は現在完了形で書かれているので，今でも存在することになる。よって，Ⓐ は誤りである。太陽光発電を使っているので，何世紀も変わっていないとは言えない。よって，Ⓑ も誤り。人ではなく灯台に似ているので，Ⓒ も誤り。

11

正解　3つ目

文中の4つの■のうち，以下の文が入るのに最も適する箇所はどこか。
最も注目に値するのは，メノナイトは，仕事と用事のいずれにおいても科学技術を拒否しないことだ。

> **8　文挿入**

解説　4つの■の前後の内容と挿入文の内容を比較しながら考えよう。1つ目の■の前の文では，メノナイトの規則遵守度の幅広さを述べている。1つ目の■の後では，アーミッシュよりも科学技術を用いるとある。2つ目の■の後には，メノナイトの衣服と男性の髭のことが書かれている。3つ目の■の後の文では，農民としてトラクターを使うことや，買い物のために車の運転をすることが書かれている。これは，挿入文の work や necessary activities を具体的に説明する内容である。よって，この文の前の3つ目の■に挿入すると，挿入文の内容をその後の文でより詳しく述べる形となり流れもよいので適切と言える。

12

正解　アーミッシュ　Ⓓ Ⓖ
　　　　メノナイト　　Ⓔ Ⓕ
　　　　ブレズレン　　Ⓒ

> **10　要点分類**

本文に登場する3つのグループの特徴を要約している選択肢を示して下の表を完成させよ。この問題は3点が与えられる。
- Ⓐ　外部の人と接触を持たない。
- Ⓑ　農業で生活する人はほとんどいない。
- Ⓒ　あご髭を生やすが口髭を持たない。
- Ⓓ　馬車で移動する。
- Ⓔ　ボタンのある服を着る。

240

Ⓕ　トラクターを使う。
　　Ⓖ　明るい色を避ける。

解説　Ⓐはどこにも該当しない。農産物や民芸品を売ったりしているので，外部との接触はある。Ⓑも誤り。多くの人々が農業で生活している。Ⓒは第6段落に述べられている。ブレズレンについての記述である。Ⓓは第4段落で述べており，アーミッシュの様式である。Ⓔは第5段落の内容で，メノナイトの人々のことである。Ⓕは第5段落に出ている。これもメノナイトの人々の描写である。Ⓖは第3段落に出ている。アーミッシュの人々の描写である。

【全訳】
ペンシルバニア州ランカスター郡の「簡素な生活を送る人々」

[1]　18世紀以来，ペンシルバニア州ランカスター郡の農村人口の著しく高い割合を占めているのは，ドイツ語を話し農業に従事する家族で，彼らは現代社会の科学技術の多くを避けて暮らしている。それぞれ特有の習慣や風習を持ち，こうした暮らしをする3つの大きなグループは，アーミッシュ，メノナイト，そしてブレズレンである。総称して，彼らは，その衣服や生活様式から「簡素な生活を送る人々」と呼ばれることが多い。

[2]　簡素な生活を送る人々は彼らの古い言語であるドイツ語（ドイチュ）に密接に関わり合っているため，ランカスター郡は通常ペンシルバニア・ダッチ地区と呼ばれる。彼らの祖先はかつて，プロテスタント系の敬虔主義の教派で，迫害を逃れてスイスからドイツに渡った。彼らの多くは南ドイツ地方の方言を使用した。ペンシルベニア植民地の設立者であるウィリアム・ペンによって信教の自由が宣言された時，スイスやドイツから来た多くの入植者たちが，この新しく開かれた土地に集まってきた。現在，ランカスター郡の簡素な生活を送る人々は約40,000人を数え，この郡の総人口の10パーセントをわずかに下回っている。1989年には，ほぼ300の異なる信徒団が確認された。

[3]　簡素な生活を送る人々の最も大きな特徴は，電気を使わない家庭生活である。彼らのコミュニティーでの生活の第一義は，信仰を守ることだ。信仰を妨げるあらゆるものを排除し，今も移民当時と同じ慎ましい生活を送っている。アーミッシュはテレビもラジオも電子レンジもエアコンもない生活をしている。灯油ランプが灯りであり，風車の力で水を汲み上げ，料理は薪ストーブかプロパンストーブで行われる。家は木や石炭で暖める。アーミッシュの服装は，明るい色は避ける。アーミッシュは今でも馬車で移動する。言うまでもなく，コンピュータや携帯音楽プレイヤーなどは，どのアーミッシュの家庭においても見られない。

[4]　そうとは言え，現代的生活のある側面はアーミッシュであっても避けることができない。公道を移動する際，アーミッシュの馬車は，はるかに速い自動車やオートバイにぶつけられないように，明るいオレンジのよく見える三角形の標識を馬車の後ろにつけることが法律で要請されている。農業でも，モーターを動力にしたトラクターは使われないが，それはすべての道具が伝統的であるという意味ではない。一団の馬に引かれるのであれば，現代的な耕作農具が使われることもあるだろう。このように，現代の技術を用いた道具が選ばれるのは，より大きな社会から安全のために要求されるか，あるいは，彼らの伝統的な習俗を乱さない便利な道具として，アーミッシュによって選ばれている場合なのである。

[5]　メノナイトは，伝統的な規則にどの程度厳格に従うかによって，幅広いグループに分かれる。一般的にメノナイトは，科学技術の利用がアーミッシュよりもやや多い。かなり慣習に従ったメノナイトでさえ，厳格なアーミッシュの規則では要求されているホックではなく，ボタンのついた衣服を着用する。アーミッシュの男性は剃らないが，メノナイトの男性は一般的に髭を剃る。<u>11 最も注目に値するのは，メノナイトは，仕事と用事のいずれにおいても科学技術を拒否しないことだ。</u>農夫であればメノナイトはトラクターを使うし，必要な買い物のためにはメノナイトの家族は車を運転する。

[6]　ブレズレンも，アーミッシュやメノナイトと似た多くの規則に従っている。ブレズレンの男性はあご髭を生やすが，口髭を蓄えることはきっぱりと避けている。口髭は伝統的に軍人の印と見なされているのだ。さらに，ブレズレンは彼らの宗教的儀式の際に「平和のキス」を行うため，そのような状況下では口髭は適切でないと思われているのである。

[7]　簡素な生活を送る人々でも，外部の人々に売ることのできる商品を作るために働くのを拒否する者はいない。簡素な生活を送る人々の最も一般的な職業は農業であり，自分たちの必要分を超える作物は商用に売られる。アーミッシュはアーミッシュ家具の製作でよく知られている。それは木と枝編み細工による伝統的な様式の家具で，何世紀もほとんど変わっていない。アーミッシュが作るその他の商品としては，キルトや人形，パイや麺類といった加工食品がある。中には現代的な傾向を加えた伝統の品もある。アーミッシュの手作りの郵便受けは灯台の形をしているが，太陽電池のライトが組み込まれ，暗くなってからでも郵便受けが見つけやすいようになっているのだ。これは，ランカスター郡の簡素な生活を送る人々が外部の人々から離れて暮らしながらも，一般社会を十分に認識し，家族を支え，その生活様式を永続させるために一般社会と接触を持っている状況を示すほんの一例にすぎない。

Word & Phrase Check

☐ eschew	〜を避ける	☐ denomination	宗派
☐ persecution	迫害	☐ proclaim	〜を宣言する
☐ flock	集まる	☐ congregation	信徒団
☐ kerosene	灯油	☐ triangular	三角形の
☐ mustache	口髭	☐ wicker	枝編み細工
☐ twist	傾向	☐ perpetuate	〜を永続させる

Column アメリカの大学のシラバス

アメリカの大学に留学すると，まず必要となるのがシラバス（catalogue）と時間割だ。多くの場合，以下のように学問名称の略称と3〜4桁の数字で授業が表記されている。
ANTH 101
EASL 201B
HIST 325A
POLS 411

上から，Anthropology（文化人類学），English as Second Language（第二言語としての英語），History（歴史学），Political Science（政治学）といった具合だ。数字は，大きくなるにつれて専門的になる。おおまかに，1年次には100番台，2年次には200番台を履修していく。101（one-oh-one）は最も基礎的なクラスである。Introduction to Biochemical Sciences（生化学入門）などの講座名があてられ，101は必修授業であることも多い。

500番台，600番台の授業は大学院生を対象とする授業で，学部生にも開放しているクラスという場合もある。上位の授業では，下位の授業の履修が必須のこともある。また，留学生の場合は，専攻分野の授業のほかにEnglish as Second Languageが必修とされるなど，学生区分によっても，履修すべき授業が指定されていることもある。

これらは，各大学や学部によって細かく規定されているので，大学からの情報やシラバスの情報はよく読みこんでおこう。

問題 14

Questions **1** – **14**

SKIMMING ⌛5分 ● CD 2-03

Asthma

[1] Up to one in four children in the developed world share the same respiratory ailment: asthma. When an asthmatic episode is in progress, the airway may constrict and become flamed. A high level of mucus lines the airway in result to either an environmental or an allergic stimulus. The most common stimuli are cold, warm or moist air, exertion or emotional stress. Viral illnesses may also trigger asthmatic reactions. Each person has his or her own set of conditions which trigger asthmatic reactions, and what kind of solution is effective against asthma?

[2] When the asthmatic reaction takes place, wheezing, shortness of breath, chest tightness and coughing are common. Between reactions, the person has a relatively normal respiration with only mild symptoms such as shortness of breath after exercising that continue longer than in a non-asthmatic person.

[3] Controlling asthma can be achieved through two primary methods. People may make changes in their lifestyles to avoid exposure to their triggers. Historically, the most common example of this was to make changes in the home environment. Bedding can be washed to reduce dust mites and homes without pets avoid the animal hair which is a very strong asthma trigger. Insect pests also need to be avoided by cleaning up food crumbs and spills of drinks as quickly as possible along with removing piled items such as newspapers or boxes. Mold, pollen, smoke, perfume and any sort of chemical fumes need to be removed from the home as well.

[4] A more dramatic environmental change involves moving to a climate that produces less of a trigger for asthmatic episodes. ■ Generally, this has meant moving to an arid area away from a moist climate. In the past, Phoenix grew significantly because of the number of asthmatics who chose to live in its drier climate. ■ It is not at all rare that new allergies become apparent a few months after moving to a new location. ■ A person may find that exposure to new types of pollen or other environment triggers causes asthmatic reactions equal to or greater than the old triggers. ■

[5] The other primary method of controlling asthma is through drug treatment. This may be long-term medication that is taken even when no symptoms present themselves, or the use of an inhaler during an asthmatic episode. In the case when one is unable to use an inhaler such as an infant, a nebulizer can be used to put out a fine mist of medicated vapor in the immediate area of the person. As one might expect for an extremely common condition, the number of medicines that have been

developed to treat patients is quite extensive.

[6] While asthma is particularly common in infants and children, some people do not develop it until they reach old age. The treatment for seniors is much the same as for others with asthma, but seniors are far more likely to have adverse reactions to some of the drugs used to treat asthma. Among elderly asthmatics, precautions against influenza and pneumonia such as getting annual vaccines are especially important.

[7] With rates of asthma increasing with each passing generation, societies in all parts of the world need to look at what might be causing this. While smoke may be a trigger, it seems that levels of air pollution alone do not explain why asthma is increasing. Quite the opposite, it seems that people who live with far better hygiene are more likely to develop asthma. Frequent vaccinations, the use of antibiotics, reduced exposure to bacteria all seem to correlate to greater allergic reactions. Ironically, the efforts we make to keep ourselves clean may themselves be responsible for weakening our body's responses that protect us from asthma. It may be true that cleanliness is not an absolute good but something which is good to a certain degree. At different ages in one's life, one should be exposed to an environment that includes dirt and bacteria. At other times such as when one is hospitalized, a sterile environment is beneficial. Greater research will extend our knowledge of asthma, but moderation certainly seems to be one of the keys.

1 Which of the sentences below expresses the essential information in the highlighted sentence in paragraph 1? Incorrect choices change the meaning in important ways or leave out essential information.　⏳ 1分20秒

　Ⓐ Up to the age of four, children may develop asthma.
　Ⓑ Asthma can hardly be found in the developed world.
　Ⓒ Almost a quarter of all children of richer nations have asthma.
　Ⓓ Children get asthma when they share food.

2 The word constrict in paragraph 1 is closest in meaning to　⏳ 30秒

　Ⓐ ache
　Ⓑ expand
　Ⓒ contract
　Ⓓ swell

3 The word trigger in paragraph 1 is closest in meaning to　⏳ 30秒

　Ⓐ control
　Ⓑ help
　Ⓒ induce
　Ⓓ worsen

4 According to paragraph 3, what has been the most common way to control asthma?　⏳ 1分10秒

　Ⓐ Modifying the home
　Ⓑ Increasing exposure to triggers
　Ⓒ Acquiring a particular pet
　Ⓓ Not drinking alcohol

5 The word arid in paragraph 4 is closest in meaning to

  Ⓐ comfortable
  Ⓑ dry
  Ⓒ moderate
  Ⓓ rural

6 According to paragraph 4, what is a common experience after a person moves?

  Ⓐ Old triggers grow ever stronger.
  Ⓑ A new trigger is encountered.
  Ⓒ The person cannot adapt to the new environment.
  Ⓓ Pollen no longer affects the person.

7 According to paragraph 5, which of the following is NOT true?

  Ⓐ Patients may take medicine even when no asthmatic episode appears.
  Ⓑ Patients may use an inhaler when they have asthmatic symptoms.
  Ⓒ A nebulizer is effective for asthmatic infants.
  Ⓓ A number of patients have an extremely common condition now.

8 The word reach in paragraph 6 is closest in meaning to

  Ⓐ attain
  Ⓑ influence
  Ⓒ communicate
  Ⓓ grab

9 In paragraph 7, what is implied about asthma rates?

  Ⓐ They do not remain the same over time.
  Ⓑ Asthma is becoming less and less common.
  Ⓒ Asthma does not occur in the developing world.
  Ⓓ Vaccinated people hardly have asthma.

10 Why does the author mention hygiene in paragraph 7?

  Ⓐ To propose what is needed to fight asthma
  Ⓑ To explain why some drugs do not work
  Ⓒ To refute that asthma is from unclean conditions
  Ⓓ To give an example of a trigger

11 Based on paragraph 7, what can be said about dirt and bacteria?

  Ⓐ They must always be avoided.
  Ⓑ They are even found in sterile environments.
  Ⓒ Combined, they fight asthma.
  Ⓓ Within limits, they are acceptable.

12 According to the passage, what is NOT a cause of asthma?

  Ⓐ Exposure to air pollution
  Ⓑ Seasonal pollens
  Ⓒ Animal hair
  Ⓓ Slightly dirty surroundings

13 Look at the four squares [■] that indicate where the following sentence could be added into the passage.

A factor that complicates this strategy is the body's adaptation to a new environment.

Where would the sentence best fit?

14 **Directions:** An introductory sentence for a brief summary of the passage is provided below. Complete the summary by selecting the THREE answer choices that express the most important ideas in the passage. Some sentences do not belong in the summary because they express ideas that are not presented in the passage or are minor ideas in the passage. **This question is worth 2 points.**

Asthma is a serious illness that can interfere with a person's breathing.

- Ⓐ Asthmatic episodes happen because air passages become smaller.
- Ⓑ Asthma is treatable with a wide variety of drugs.
- Ⓒ Generally, asthma hardly changes during a person's life.
- Ⓓ The triggers are the same for all asthma sufferers.
- Ⓔ Some new triggers are even stronger than original ones.
- Ⓕ Elderly people are recommended to receive vaccination against asthma.

問題 14　解答解説　　　　　　　　　　　　　　　　　　　　　　　　　●医学

LOGIC NOTE

全訳 ➡ p.256～p.257

メインポイント	effective solutions of Asthma
[1]	Asthma's process, stimuli, reaction　Q effective solution?
[2]	asthmatic reaction
[3]	A Controlling asthma ① -1：remove triggers　ex) bedding, insect pests
[4]	① -2：moving to a new location → × new allergies　ex) Phoenix
[5]	② drug treatment　ex) long-term, inhaler (mist for an infant)
[6]	elderly asthmatics should get annual vaccines
[7]	increasing patients　× clean env.(environment) weaken body A ○ moderation

Questions 1 - 14

1

正解　Ⓒ　　　　　　　　　　　　　　　　　　　　　　　7　文書き換え

第1段落でハイライトされた文の重要な情報を表しているのは以下のうちどれか。不正解の選択肢は，意味を大きく変えるか，もしくは重要な情報を含んでいない。
- Ⓐ　4歳までに子供は喘息を発症する。
- Ⓑ　喘息は先進国の世界ではほとんど見られない。
- Ⓒ　より豊かな国々の子供のうちほぼ4分の1が喘息を患っている。
- Ⓓ　食べ物を分け合うと子供たちは喘息になる。

解説　ハイライトされた文にある up to は「～に至るまで」という意味。one in four は「4人に1人の」，developed world は a developed country の集まりで，「先進国世界」。つまり先進国の4人に1人に至る子供が同じ呼吸器の疾患を有しており，これが asthma（喘息）であると言っている。これを表した選択肢は Ⓒ である。one in four children が a quarter of all children, in the developed world が of richer nations と言い換えられている。Ⓐ は「4歳までに」が誤りで，Ⓑ は hardly があるため逆の意味になってしまう。Ⓓ についての記述はない。

集中トレーニング｜問題 14

2

正解 ⓒ　　　　　　　　　　　　　　　　　　　　　　　　5　語彙

第1段落の constrict という単語に最も近い意味はどれか。

ⓐ　痛む
ⓑ　広がる
ⓒ　収縮する
ⓓ　ふくらむ

解説　constrict は「締め付けられる，収縮する」の意味。ⓒ の contract には「収縮する」という意味があるので，constrict の言い換えとして適当である。喘息が起こる時，airway（気道）がどうなるのかと考えると，ⓐ の ache（痛む）や，正反対の意味である ⓑ の expand（広がる），ⓓ の swell（ふくらむ）は，不正解だとわかる。

3

正解 ⓒ　　　　　　　　　　　　　　　　　　　　　　　　5　語彙

第1段落の trigger という単語に最も近い意味はどれか。

ⓐ　～を制御する
ⓑ　～を助ける
ⓒ　～を誘発する
ⓓ　～を悪化させる

解説　trigger は「～を誘発する」の意味。ⓒ の induce も「～を誘引〔誘発〕する」という意味なのでこれが正解。induce, introduce といった語の "–duce" には「導く」という意味があるので，覚えておくとよい。直前に刺激となるものを挙げた後, also と続けていることに着目し，「刺激」に近い意味であると推測すると，ⓐ の control（～を制御する），ⓑ の help（～を助ける），ⓓ の worsen（～を悪化させる）は文脈に合わないとわかる。

4

正解 ⓐ　　　　　　　　　　　　　　　　　　　　　　　　1　内容一致

第3段落によると，喘息を抑える最も一般的な方法は従来何であったか。

ⓐ　家を改善すること
ⓑ　誘因となるものにより多くさらされること
ⓒ　特定のペットを飼うこと
ⓓ　アルコール類を飲まないこと

解説　第3段落第1文 Controlling asthma の後から正解の内容を探す。喘息を抑える2つの方法のうち，「生活様式を変えて誘因を避ける」ことの代表的な方法として，「家庭環境を変えること」が第3文に挙げられている。ⓐ の modify は「～を変える，改善する」で，本文の to make changes in the home environment が modifying the home と言い換えられており，正解と判断できる。ⓑ では喘息が悪化してしまうし，ⓒ のペットは家では避けるべきとある。

251

Ⓓの記述はない。

5

正解 Ⓑ 　　　　　　　　　　　　　　　　　　　　　　　5 語彙

第4段落の arid という単語に最も近い意味はどれか。
- Ⓐ 快適な
- Ⓑ 乾燥した
- Ⓒ 穏やかな
- Ⓓ 田舎の

解説　arid は、「乾燥した」という意味である。arid という語を知らなくても、直後の away from a moist climate がヒントになる。湿潤な気候を離れて移住する先なので、Ⓑ の dry（乾燥した）が合うと推測できるだろう。Ⓐ の comfortable は「快適な」、Ⓒ の moderate は「穏やかな」、Ⓓ の rural は「田舎の」という意味。

6

正解 Ⓑ 　　　　　　　　　　　　　　　　　　　　　　　1 内容一致

第4段落によると、人が引っ越した後でよく経験することは何か。
- Ⓐ 古い誘因が以前よりもさらに強くなる。
- Ⓑ 新しい誘因に出くわす。
- Ⓒ 新しい環境に適応できない。
- Ⓓ 花粉がその人に影響を与えなくなる。

解説　第4段落は、喘息を抑えるための第2の方法である移住について書かれている。後半の It is not at all rare ... 以降に答えがある。すなわち、移住することによって古い誘因を逃れても、思いがけない新しい事態が起こることがあるという内容であり、Ⓐ は除外できる。new allergies become apparent（新しいアレルギー反応が現れる）や exposure to new types of pollen or other environment triggers（新しい誘因にさらされる）と書かれているので、それを言い換えている Ⓑ が正解。Ⓒ のように「環境に適応できない」のではなく、新たに何かが生じてくると述べている。Ⓓ は、「影響を与えなくなる」のではなく、「その人に影響を与える花粉等の種類が変わる」が正しい。

7

正解 Ⓓ 　　　　　　　　　　　　　　　　　　　　　　　2 内容不一致

第5段落によると正しくないものは次のうちどれか。
- Ⓐ 患者は喘息症状が現れていない時でも薬を飲むかもしれない。
- Ⓑ 患者は喘息症状がある時に吸入器を使うかもしれない。
- Ⓒ 噴霧機は喘息持ちの小児に効果的である。
- Ⓓ 現在、多くの患者はごく普通の健康状態である。

集中トレーニング 問題 14

解説 内容不一致問題では、すべての選択肢をパッセージと照合し、3つの選択肢の内容が正しいことを確認する必要がある。第5段落では投薬治療について説明されている。Ⓐ は第2文に、症状が現れていない時にも続ける投薬について述べられている。Ⓑ も同文に、喘息の症状がある時の吸入器の使用について述べられている。Ⓒ は第3文に幼児には噴霧器を使うことができるとある。Ⓓ は最終文に、患者のごく普通の体調になりたいという期待が多くの治療薬の開発を促していると述べられているので、「現在、多くの患者がごく普通の健康状態にいる」は正しい記述ではない。

8

正解 Ⓐ　　　　　　　　　　　　　　　　　　　　　　　　　　**5　語彙**

第6段落の reach という単語に最も近い意味はどれか。

Ⓐ ～に到達する
Ⓑ ～に影響する
Ⓒ ～に連絡する
Ⓓ ～を捕らえる

解説 reach は「～に達する」で、「(目的地) に達する」の他に「(ある年齢) に達する、～歳になる」という意味もある。まず、Ⓐ の attain は「(成長して) ～に達する、(努力によって) 達成する」という意味があるので、ここでの reach の言い換えとして適当である。人の年齢についてなので、Ⓑ の influence (～に影響を及ぼす) や Ⓓ の grab (～をつかむ) はふさわしくない。reach には、他に「～に連絡する」という意味もあるが、Ⓒ の communicate (～に連絡する) はこの文脈に合わない。

9

正解 Ⓐ　　　　　　　　　　　　　　　　　　　　　　　　　　**3　推測**

第7段落で、喘息の罹患率について示唆されていることは何か。

Ⓐ それは時が経つ中で同じ状態は続かない。
Ⓑ 喘息の症例数は減る傾向を示している。
Ⓒ 喘息は発展途上国では発生しない。
Ⓓ ワクチンを接種した人々はほとんど喘息にならない。

解説 まず Ⓐ については、over time が「時間が経てば、やがて」という意味で第1文の前半をほぼ言い換えたものであり、正しい。第1文では rates of asthma (喘息罹患率) は高まっていると言っている。よって Ⓑ は誤りと判断される。Ⓒ は第3文の記述と異なる。people who live with far better hygiene とは言い換えれば先進国のように整備された環境に暮らす人々のことであるが、そういった地域でより多く見られるということは、発展途上国でも発生しないとは言い切れないということになる。Ⓓ も第4文の記述に反する。ワクチン接種を含むさまざまな処置は、喘息の減少に結びついていない。

253

10

正解 Ⓒ　　　　　　　　　　　　　　　　　　　　　　　4　修辞意図

第7段落で著者が衛生状態に触れているのはなぜか。
Ⓐ　喘息と闘うには何が必要かを提示するため
Ⓑ　なぜある種の薬が効かないかを説明するため
Ⓒ　喘息が不衛生な状態に起因するということに反論するため
Ⓓ　誘因の一例を示すため

解説　hygiene（衛生状態）について述べているのは第7段落第3文で，「よい衛生状態で生活する人のほうが喘息になりやすいようだ」と述べている。設問と合わせると，Ⓐ の what 以下は「清潔であることが喘息と闘うためには必要である」という意味にとらえられるが，これは第3文以降の内容と反する。また Ⓑ の「ある種の薬が効かない」ことは高齢者の薬に対する拒絶反応について記述されていることから事実ではあるが，衛生状態との因果関係を言おうとしているのではない。Ⓓ のように hygiene が誘因の1つであると言いたいのでもない。その反対で，Ⓒ のように，喘息と unclean conditions（不衛生な状態）との明白な因果関係を否定しようとしているのである。よって，Ⓒ が正解。

11

正解 Ⓓ　　　　　　　　　　　　　　　　　　　　　　　1　内容一致

第7段落によると，汚れやバクテリアについてどんなことが言えるか。
Ⓐ　それらは常に避けられるべきである。
Ⓑ　それらは無菌状態においてさえ見られる。
Ⓒ　結合されると，それらは喘息と闘う。
Ⓓ　ある程度，それらは許容される。

解説　第7段落の最後から3文目で，dirt and bacteria については「人生の各年齢層で，それにさらされることが必要である」と述べている。このことを表した選択肢は Ⓓ であり，Ⓐ はこれと反対の主張である。Ⓑ の sterile environments（無菌状態）はバクテリアなどがない状態であるから，誤り。Ⓒ は，汚れやバクテリアが喘息と闘ってくれるわけではないので誤り。

12

正解 Ⓓ　　　　　　　　　　　　　　　　　　　　　　　2　内容不一致

本文によると，喘息の誘因ではないものはどれか。
Ⓐ　大気汚染にさらされること
Ⓑ　季節の花粉
Ⓒ　動物の毛
Ⓓ　少しだけ汚れた環境

解説　Ⓐ の air pollution（大気汚染）については第7段落に記述があり，「それだけでは喘息率の増加を説明できない」と言っているので，誘因の1つであることは認めている。Ⓑ の

pollen（花粉）は第3段落最終文で「避けるべきもの」の中に数えられている。ⓒも，第3段落の中盤で「とても強力な喘息の誘因」だと言われている。ⓓの slightly dirty surroundings は，第7段落の an environment that includes dirt and bacteria を言い換えたものであり，それにさらされることは必要であると述べている。よってⓓが正解。

13

正解　2つ目　　　　　　　　　　　　　　　　　　　　▶ 8　文挿入

文中の4つの■のうち，以下の文が入るのに最も適する箇所はどこか。
この戦略を複雑にしている要素が，新しい環境への体の順応である。

解説　文挿入問題では，つなぎ言葉や指示語が手がかりとなる。ここでは挿入文の this strategy が指すものを含む文を探し，その後ろに入ると推測する。「戦略」に相当する内容は1つ目の■の後ろの文中に「湿潤な気候を離れて乾燥した地域へ引っ越すこと」がある。よって1つ目の■以降に入ることがわかる。また，挿入文の the body's adaptation to a new environment が2つ目の■の後の文にある new allergies become apparent と結び付く。2つ目の■に挿入文を入れてみると，新しい場所へ引っ越してから新たなアレルギーを発症する可能性があるという次の文へと，自然な文の流れができる。

14

正解　ⓐ ⓑ ⓔ　　　　　　　　　　　　　　　　　　　▶ 9　要点把握

本文の簡単なまとめの導入文が下に与えられている。本文の最も重要な考えを述べている選択肢を3つ選んで，要約を完成させよ。いくつかの選択肢は，文章で述べられていないか，もしくは文の重要な考えではないため，要約には含まれない。この問題は2点が与えられる。
喘息は人の呼吸を妨げる可能性のある深刻な病気である。
ⓐ　気道が狭くなることで喘息症状が発現する。
ⓑ　喘息は幅広い種類の薬で治療することができる。
ⓒ　一般的に，人の一生のうちで喘息の状態はほとんど変わらない。
ⓓ　すべての喘息患者にとって誘因となるものは同じである。
ⓔ　新しい誘因の中にはもともとのものより強いものがある。
ⓕ　高齢者は喘息のワクチンを接種することが推奨される。

解説　選択肢を一つひとつ判断する必要があるが，LOGIC NOTE から，本文の参照箇所を確認すると効率がよい。ⓐ 第1段落第2・3文に等しい。ⓑ 薬については第5段落を参照すると，最終文の内容と合う。ⓒ 第6段落第1文に，年をとってから喘息を発症する人もいると書かれているので，誤り。ⓓ 第1段落に，誘因は人によって異なることが書かれている。よって誤り。ⓔ 新しい誘引については第4段落を参照すると，最終文がこの記述に合う。ⓕ 第6段落に，高齢者の喘息とワクチン接種について述べられているが，喘息に直接的に有効なワクチンを摂取するのではなく，喘息の原因となるインフルエンザや肺炎のワクチンを摂取し，喘息の予防とするのである。したがって誤り。

【全訳】
喘息

[1] 先進国の子供の4人に1人が，同じ呼吸器疾患を患っている。喘息である。喘息症状が進行している時には，気道が締めつけられ炎症を起こす。環境による刺激やアレルギー性刺激によって，高濃度の粘液が気道を覆う。最もよくある刺激としては，冷たい空気，暖かい空気または湿った空気，激しい運動や感情的ストレスなどがある。ウイルス性の病気もまた喘息反応の誘因となり得る。喘息反応の誘引となる一連の条件は人により異なるのだが，喘息には，どのような解決法が有効なのだろうか。

[2] 喘息反応が起こると，ぜいぜいという喘ぎ，息切れ，胸苦しさ，咳の症状があるのが一般的である。反応のない時には，その人は比較的正常な呼吸をし，喘息でない人よりも運動後の息切れが長いといった軽い症状しか出ない。

[3] 喘息は2つの主な方法を通じてコントロールすることができる。人々は生活様式を変えて，誘因になるものに身をさらすことを避ける。歴史的に，このための最も一般的な方法は，家の中の環境を変えることであった。イエダニを減らすために寝具を洗濯することや，家でペットを飼わないことによって，喘息の強力な誘因となる動物の毛を避けることなどである。害虫類も，食べ物のカスやこぼした飲み物をできるだけすぐに掃除し，新聞や箱などの積み上げた物を片づけることにより回避する必要がある。カビ，花粉，煙，香水，その他どんな種類の化学物質の煙もまた，家から一掃されなければならない。

[4] より劇的な環境の変化は，喘息症状の誘因となるものの発生がより少ない気候の地へ引っ越すことである。一般的に，これは湿潤な気候を離れて乾燥した地域へ引っ越すことを意味してきた。過去に，その乾燥した気候に住むことを選んだ喘息患者たちの数で，フェニックスの人口が膨れ上がったことがあった。13 この戦略を複雑にしている要素が，新しい環境への体の順応である。新しい場所へ移動して数か月もしないうちに新しいアレルギー症状が現れることは何ら珍しいことではない。新しい種類の花粉や他の環境的な誘因にさらされることが，喘息反応をそれ以前の誘因と同じくらいかそれ以上に引き起こすということもあるかもしれない。

[5] 喘息を抑える他の主要な方法は，投薬治療によるものである。それは，症状自体が現れていない時にも続ける長期の投薬であったり，喘息の症状がある時の吸入器の使用であったりする。乳幼児のように吸入器を使えない場合には，噴霧器で薬品の入った蒸気を細かい霧状にして，その人のすぐそばに吹きつけることもある。人はごく普通の体調になろうと期待するため，患者を治療するために開発された医療薬の数は非常に多い。

[6] 喘息は幼児や子供に特によく見られるものだが，老齢に達して初めてそれが発現する人もいる。高齢者の治療は，喘息を持つ他の人の治療とほとんど同じであるが，喘息の治療のために使う薬物のうちいくつかに対して拒絶反応を起こす可能性がはるかに高い。高齢の喘息患者には，毎年ワクチン接種を受けるといったインフルエンザや肺炎に対する予防措置が特に重要である。

[7] 世代を経るにつれて喘息の罹患率が上がっていることについて，世界中のすべての地域の社会は，何がこの原因となっている可能性があるかに目を向ける必要がある。煙が誘因となる可能性がある一方で，大気汚染のレベルだけで喘息が増えている原因を説明できるわけではない。まったく逆に，はるかによい衛生環境で生活する人々のほうが喘息を発症しやすいようにも見えるのである。頻繁なワクチン接種，抗生物質の使用，バクテリアに触れる機会の減少など，

すべてが相互関連してアレルギー反応を増大させているようにも思える。皮肉なことに，私たちが自分たちを清潔に保とうとして行う努力そのものが，私たちを喘息から守る身体反応を弱める原因になっているかもしれないのである。清潔さは絶対的によいものというわけではなく，ある程度まではよいものである，と言えるかもしれない。生涯さまざまな年齢層において，人は汚れやバクテリアを含む環境に身を置くべきである。入院する時のように，無菌状態が有益な時もあるが。研究が進めば私たちの喘息に関する知識も拡大するだろうが，中庸であることは確かに1つの鍵と言えそうである。

Word & Phrase Check

☐ asthma	喘息	☐ respiratory	呼吸の，呼吸に関連のある
☐ ailment	（軽いがしばしば慢性の）病気	☐ viral	ウイルス（性）の
☐ adverse reaction	拒否反応，副反応	☐ pneumonia	肺炎
☐ hygiene	衛生（状態），清潔	☐ vaccination	予防〔ワクチン〕接種
☐ antibiotic	抗生物質	☐ correlate to	～と相互に関連する
☐ sterile	殺菌した，無菌の	☐ moderation	節度，中庸

問題 15

SKIMMING 5分 CD 2-04

Questions 1 – 14

Methods of Study under Scholasticism

[1] Scholasticism was a dominant philosophical tradition in Europe from the 12th to the 15th centuries. It was not so much a philosophy itself as it was a way in which scholars were taught to examine a text and carry out discussion of its points. The center of scholasticism was communal reading and discussion of a famous text. The most common book for such discussion was the Bible, but any well-known work could be discussed in a similar manner. After the work had been read by the entire group, interpretations of individual statements, or sententiae, were supported by additional works such as letters by church scholars.

[2] The sententiae were then examined with two or more ideas presented in competition. These ideas were proposals and counterproposals. The intention of the study was to reconcile the differences between the two or more sides and understand the whole more fully. The way in which the two sides were examined was called dialectical reasoning, and it existed in two forms: philology and logic.

[3] Philology was understanding the meaning of the words in which a statement or sententia was made. At the time in Europe, Latin and Greek were commonly known by scholars even if the vernacular language of the local town or market had already evolved into Middle French or Middle Italian. It was not rare, either, for scholars to have considerable knowledge of many words of ancient languages such as Hebrew. In this situation, philological analysis looked at the special meanings certain words carried. They made the overall meaning of a given sententia quite different from what it might seem without deeper investigation.

[4] Logic during the time of the scholastics was analysis aimed at showing that what seemed to be a contradiction between two or more views of a sententia was not. Instead, the contradictions came from the viewer's perception. A famous illustration of this would be the description that the same glass of water can be called either half-full or half-empty. The situation is the same, but the perception is different.

[5] Scholasticism was taught during its time by two different methods: *Lectio* and *disputatio*. Lectio had the very specific rule that the teacher read a text and explained it. ■ During Lectio no questions were allowed. The difference between the teacher and the students was strictly maintained. ■ The information presented would be the orthodox position on the subject that was widely accepted by scholars at the time. ■ Students were expected to receive information and reflect on it. ■ During this meditation, students would formulate questions to be used in the disputatio.

258

[6]　During disputatio, the students were expected to question the teacher. In some cases, the question which was to be considered was announced beforehand. In others, questions arose in the course of discussion. Since the purpose of scholasticism is to understand the whole, an important part of disputatio was the point at the end of discussion when the teacher summarized all points and resolved their differences. Traditionally, this required a period of time for the teacher to consider what was said. Therefore, there was an additional meeting on the following day. Leaving questions unanswered or opposing points unreconciled was an unacceptable lack of achievement in the view of the scholasticists.

[7]　Scholasticism was the dominant mode of philosophical discourse in medieval Europe during the middle ages, peaking in prominence during the 13th and 14th centuries. Sessions were conducted by the foremost philosophers and theologians of the time, including Thomas Aquinas. Aquinas consolidated a large collection of sententiae and systematically organized them into his master work, *Summa Theologica*. The *Summa Theologica* is viewed as the most thorough collection of scholastic thought ever put to paper. Aquinas drew heavily on Greek, Roman, and Islamic philosophers to bolster his reasoning and brought the intellectual fruits of those cultures into European thought.

[8]　Scholasticism was so prevalent that even though it was primarily a Catholic method it was used by Lutherans and Calvinists that broke away from Catholicism. Even though they rejected the doctrine of the Roman Church, they used the same scholarly approach to argue their positions. The conclusions they reached were different, but the methods were deemed essential to formulating cohesive and convincing arguments for their new sects.

1　In paragraph 1, the author mentions communal reading to

　　Ⓐ criticize scholasticism as a waste of time
　　Ⓑ suggest how books should be used in scholasticism
　　Ⓒ give an alternative to the scholastic approach
　　Ⓓ explain how the scholastic approach begins

2　According to paragraph 1, what were letters by church scholars used for?

　　Ⓐ Support for an opinion in a scholastic debate
　　Ⓑ Alternatives for those who did not like communal reading
　　Ⓒ Counter-evidence to sententiae
　　Ⓓ Evidence of incorrect thinking

3 The word reconcile in paragraph 2 is closest in meaning to 30 秒

Ⓐ account
Ⓑ accept
Ⓒ surrender
Ⓓ harmonize

4 Which of the sentences below expresses the essential information in the highlighted sentence in paragraph 3? Incorrect choices change the meaning in important ways or leave out essential information. 1 分 20 秒

Ⓐ By this time, the study of Hebrew had become rare.
Ⓑ People were generally considerate to Hebrew speakers.
Ⓒ Scholars considered Hebrew to be the best language.
Ⓓ Many experts of the time even knew many Hebrew words.

5 According to paragraph 4, what was NOT said about logic at that time? 1 分 10 秒

Ⓐ It could be a valuable tool in this type of philosophy.
Ⓑ It pointed out differences in how people viewed statements.
Ⓒ It was used to find contradictions within the meaning of statements.
Ⓓ It focused on pairs of opposing ideas.

6 The word illustration in paragraph 4 is closest in meaning to 30 秒

Ⓐ example
Ⓑ drawing
Ⓒ diagram
Ⓓ decoration

7 The word their in paragraph 6 refers to 1 分

Ⓐ scholars who used this method
Ⓑ the summarized points
Ⓒ religious students
Ⓓ the teacher and students

8. According to paragraph 6, normally, how long did a group consider a topic during disputatio?

   Ⓐ All within one day
   Ⓑ Two meetings on two days
   Ⓒ Meetings throughout a full week
   Ⓓ A meeting and another two weeks later

9. According to paragraph 7, what is implied about Thomas Aquinas?

   Ⓐ He incorporated teachings from several different cultures.
   Ⓑ He was one of the first people to reject scholasticism.
   Ⓒ He spent most of his efforts in proving the existence of God.
   Ⓓ He was particularly interested in the process of disputatio.

10. The word bolster in paragraph 7 is closest in meaning to

    Ⓐ prepare
    Ⓑ support
    Ⓒ withstand
    Ⓓ transport

11. According to paragraph 8, how did churches that were offshoots of Catholicism feel about scholasticism?

    Ⓐ They noted it was a good method for teaching commoners.
    Ⓑ They thought it was an outdated method needing replacement.
    Ⓒ They considered it essential in justifying their doctrine.
    Ⓓ They felt it was useful only in a limited set of scenarios.

12. The word cohesive in paragraph 8 is closest in meaning to:

    Ⓐ modern
    Ⓑ united
    Ⓒ prescriptive
    Ⓓ grandiose

13 Look at the four squares [■] that indicate where the following sentence could be added into the passage.

This would even be extended to a formal time set aside for contemplation or prayer.

Where would the sentence best fit? ⏳ 1 分 20 秒

14 **Directions:** An introductory sentence for a brief summary of the passage is provided below. Complete the summary by selecting the THREE answer choices that express the most important ideas in the passage. Some sentences do not belong in the summary because they express ideas that are not presented in the passage or are minor ideas in the passage. **This question is worth 2 points.** ⏳ 2 分 40 秒

More than being a particular idea, scholasticism was a way in which scholars interacted.

Ⓐ This method of study emphasized groups of people reading a text out loud together.
Ⓑ Students were never allowed to ask questions under scholasticism.
Ⓒ Disputed points were supported by the use of letters from church leaders.
Ⓓ Thomas Aquinas was the inventor of the scholastic method.
Ⓔ Scholars under this philosophy hoped to understand each text fully.
Ⓕ Formal debates allowed students to hone their understanding by questioning their teachers.

集中トレーニング | 問題 15

問題 15 解答解説 ●哲学

全訳 ➡ p.268〜p.269

LOGIC NOTE

メインポイント	Scholasticism
[1]	12C.(Century) to 15C. : communal reading and discussion of a famous text
[2]	proposals and counterproposals
[3]	philology: understanding the meaning of the words, looking at the special meanings certain words carried
[4]	logic: analysis of contradictions
[5]	1) Lectio : teacher read / no questions allowed
[6]	2) disputatio: students asked and teacher answered
[7]	Scholasticism's peak: 13C. - 14C.　ex) Thomas Aquinas
[8]	primarily a Catholic method, but used by Lutherans and Calvanists

Questions 1 - 14

1

正解　Ⓓ　　　　　　　　　　　　　　　　　　　　　4　修辞意図

第1段落で，著者が共同的解釈に触れているのはなぜか。
Ⓐ スコラ学が時間の無駄であると批判するため
Ⓑ スコラ学で本がどのように使われるべきかを示すため
Ⓒ スコラ学的アプローチに対し代替案を与えるため
Ⓓ スコラ学的アプローチがどのように始まるかを説明するため

解説　第1段落の第3文に，communal reading は the center of scholasticism（スコラ学の中心）であったと述べられている。この段落では，「この学問は，文献を吟味し」と述べ，「読んで解釈し，議論する。使うものは聖書や書簡」と続くので，「スコラ学的アプローチの始め方を説明する」としている Ⓓ が最も適する。Ⓐ の a waste of time（時間の無駄）に相当する表現はどこにも出てこない。Ⓑ の「本の使い方」は正解に思えるが，これ以降には学問の内容やその変遷について述べられており，本の使い方についての記述がないので不適切。Ⓒ の alternative（代替案）が提示されているわけではないので，これも不適切である。

2

正解　Ⓐ　　　　　　　　　　　　　　　　　　　　　1　内容一致

第1段落によると，教会学者による書簡は何のために使われたか。

263

Ⓐ スコラ学的議論における意見の支え
Ⓑ 共同的解釈を好まない人々のための代替案
Ⓒ sententiae に対する反証
Ⓓ 間違った考え方の証明

解説 設問文の letters by church scholars（教会学者の書簡）は第 1 段落最終文に出ている。そこには supported by additional works such as letters とあるので，議論の内容，つまり聖書の解釈の仕方などを助けるために書簡が使われたのである。したがってⒶが正解。Ⓑの「共同的解釈を好まない人たち」は本文には出てこない。Ⓒ sententiae とよばれる記述を解釈するのに書簡が手引きとして使われたのだから，counter-evidence という点が誤り。Ⓓの内容は，言わば逆である。正しいことを証明するために書簡が使われたのである。

3

正解 Ⓓ　　　　　　　　　　　　　　　　　　5 語彙

第 2 段落の reconcile という単語に最も近い意味はどれか。
Ⓐ 〜を…だとみなす
Ⓑ 〜を承認する
Ⓒ 〜を譲る
Ⓓ 〜を調和させる

解説 第 2 段落の冒頭から，内容をしっかり理解しよう。two or more ideas（2 つ以上の考え），proposals and counterproposals（提議と反対提議）という表現から，2 つ以上の異なった考えがあることが判断できる。そして「the whole more fully（その全体をより深く）理解する」ということなので，reconcile が表しているのは「組み合わせて統合し，一致させる」ことだと理解できる。したがってⒹの harmonize（〜を調和させる）が最も近い。どの意見にも上下の関係はないので，Ⓒの surrender（〜を譲る，〜を放棄する）は当てはまらない。

4

正解 Ⓓ　　　　　　　　　　　　　　　　　　7 文書き換え

第 3 段落でハイライトされた文の重要な情報を表しているのは以下のうちどれか。不正解の選択肢は，意味を大きく変えるか，もしくは重要な情報を含んでいない。
Ⓐ この時代までには，ヘブライ語の研究はめったに行われなくなっていた。
Ⓑ 人々は一般的にヘブライ語の話し手たちに対して理解があった。
Ⓒ 学者たちはヘブライ語を最も優れた言語だとみなしていた。
Ⓓ 当時の多くの専門家が，多くのヘブライ語の語彙さえも知っていた。

解説 この段落は，まず古いラテン語やギリシャ語に言及しており，そしてこの該当文ではヘブライ語のことを述べている。冒頭の It was not rare は「稀ではなかった」なので，「よくあることだった」ということ。文の意味は「学者たちがヘブライ語のような古い言語の語彙に関するかなりの知識を持っているのは普通のことだった」となるので，Ⓓが適切である。

Ⓐ の選択肢に rare があるが，惑わされないこと。該当文は学者のことを言っているが，Ⓐ はヘブライ語の研究のことを述べており，意味が合わない。この文章にはヘブライ語を話す人のことは出てこないので，Ⓑ も誤り。そして，Ⓒ の best language という記述もない。

5

正解 Ⓒ　　　　　　　　　　　　　　　　　　　　　　　　2 内容不一致

第4段落によると，当時の論理学について述べられていないのはどれか。
- Ⓐ この種の哲学にとって，貴重な手段の1つとなり得た。
- Ⓑ 人々が記述を見る方法の相違点を指摘した。
- Ⓒ 記述の意味の範疇での矛盾を見つけるために使われた。
- Ⓓ 対立する考えの組み合わせに焦点を当てた。

解説　Ⓒ には contradictions が使われていて文章の内容に合いそうだが，logic は「矛盾のように見えるものが実際は矛盾ではないとする考え方」なので一致しない。よって，これが正解。Ⓐ の this type of philosophy はスコラ学を指す。第4段落で説明されている論理学は，スコラ学の主要なアプローチのうちの1つであるから，Ⓐ は正しいと言える。Ⓑ は，人によって物事のとらえ方に違いがあることを指摘するのが logic であり，段落の内容と一致する。Ⓓ の pairs of opposing ideas という記述はまさに logic が焦点を当てているものである。

6

正解 Ⓐ　　　　　　　　　　　　　　　　　　　　　　　　5 語彙

第4段落の illustration という単語に最も近い意味はどれか。
- Ⓐ 例　　Ⓑ 素描　　Ⓒ 図表　　Ⓓ 装飾

解説　A famous illustration of this がどういう内容なのかを考えよう。この this は前の文の the contradictions came from the viewer's perception，つまり「見る人の認識で矛盾なのかそうではないのかが決まる」という内容を指す。そして，the description that の後に水が半分入っているコップの例が出てくる。このことから考えると，Ⓐ の example が illustration の意味を表していると言える。

7

正解 Ⓑ　　　　　　　　　　　　　　　　　　　　　　　　6 指示語

第6段落の their が指しているものはどれか。
- Ⓐ この方法を使う学者
- Ⓑ 要約された論点
- Ⓒ 宗教学の学生
- Ⓓ 教師と学生

解説　their の後に differences があることから考えよう。「教師がすべての論点を要約してそれらの違いを解き明かした」という意味。「教師がすべての論点を要約し」とあるので，their が「要

約された論点」を指せば，「要約された論点の違いを解き明かした」となり意味が通るので，Ⓑが正解。

8

正解 Ⓑ　　　　　　　　　　　　　　　　　　　　　　　1　内容一致

第6段落によると，通常，討論の間，グループの人々は1つの話題を考えるのにどれだけ時間をかけたか。
Ⓐ　全部を1日以内
Ⓑ　2日で2回の集まり
Ⓒ　1週間にわたる集会で
Ⓓ　集会の2週間後にもう1集会

解説　第6段落第6文に there was an additional meeting on the following day とある。additional なので，少なくとも2回以上になる。そして on the following day とあるので，次の日に行われたのである。よって，「1日」のⒶは誤り。「2回以上」を意味する選択肢はⒷとⒹだが，Ⓓは two weeks later が誤り。Ⓒの a full week は「7日間」を意味するが，これをうかがわせる記述はない。よって，Ⓑが正解。

9

正解 Ⓐ　　　　　　　　　　　　　　　　　　　　　　　3　推測

第7段落によると，トマス・アクィナスについて何が示唆されているか。
Ⓐ　いくつかの異なる文化からの教えを取り入れた。
Ⓑ　スコラ学を拒否した最初の人々の1人だった。
Ⓒ　彼の尽力の大半を神の存在を証明することに費やした。
Ⓓ　討論のプロセスに特に関心があった。

解説　Thomas Aquinas については第7段落に述べられている。傑作『神学大全』をまとめたことが述べられたあと，最終文で「ギリシャ，ローマ，イスラムの哲学者に依拠し，文化の知的結実をヨーロッパ思想にもたらした」とあるので，Ⓐが適切。Ⓑ，Ⓒ，Ⓓのいずれに関係する記述も述べられていない。

10

正解 Ⓑ　　　　　　　　　　　　　　　　　　　　　　　5　語彙

第7段落の bolster という単語に最も近い意味はどれか。
Ⓐ　〜を準備する　　Ⓑ　〜を支持する　　Ⓒ　〜に持ちこたえる　　Ⓓ　〜を運ぶ

解説　文の主語は Aquinas で動詞は drew heavily on ...（大きく依拠した）。to bolster his reasoning は「彼の推論を…するために」という副詞用法の to 不定詞。哲学者に依拠するのは自分の推論をⒷ「〜を支持する」ためというのが最も適切。Ⓓ transport は「(物質を) 運ぶ」ということなので，適さない。

11

正解 Ⓒ　　　　　　　　　　　　　　　　　　　　　　　▶ 1　内容一致

第8段落によると，カトリックの分派であった教会はスコラ学についてどのように感じたか。
- Ⓐ 一般人に教えるのによい方法だと気づいた。
- Ⓑ 取って代わるものが必要な時代遅れの方法だと思った。
- Ⓒ 自分たちの教義を正当化するには不可欠だと思った。
- Ⓓ 限られた組み合わせの事態でしか有用でないと感じた。

解説　churches that were offshoots of Catholicism とは第8段落冒頭の Lutherans and Calvinists that broke away from Catholicism（カトリックと袂を分かったルター派やカルバン派）のこと。最終文に「自分たちの新しい教派のための，まとまりがあって説得力のある主張を練り上げるのに不可欠だと思われた」とあることから，Ⓒ が正解。Ⓐ 一般人に教えることについてはここでは述べられていない。Ⓑ 時代遅れの方法という記述はない。Ⓓ 限られた有用性しか認めないといったことも，述べられていない。

12

正解 Ⓑ　　　　　　　　　　　　　　　　　　　　　　　▶ 5　語彙

第8段落の cohesive という単語に最も近い意味はどれか。
- Ⓐ 近代的な　　Ⓑ まとまった　　Ⓒ 規範的な　　Ⓓ おおげさな

解説　and でつながれた convincing とともに arguments にかかる形容詞。「その方法は彼らの新しい教派のための，〜で説得力のある主張を練り上げるのに不可欠だと思われた」ということなので，Ⓑ が適切。cohesive は動詞 cohere（首尾一貫する，まとまる）から派生した形容詞なので，そこから考えてもよい。

13

正解 4つ目　　　　　　　　　　　　　　　　　　　　　▶ 8　文挿入

文中の4つの ■ のうち，以下の文が入るのに最も適する箇所はどこか。
これは瞑想やお祈りのために取られている公式の時間にまで及ぶことがあった。

解説　This would even be extended ... の even が鍵。主語の This は直前に述べられている内容を受けており，それが「公式の時間にまで及ぶ」ということ。4つ目の■の前では「生徒たちは情報を受け取り，それについて熟慮するよう求められる」とあり，あとには挿入文の contemplation が続く文で this meditation で言い換えられている。挿入文の This が to reflect on it を受けていると考えて，4つ目の■に入れると文がうまくつながる。

14

正解 Ⓒ Ⓔ Ⓕ　　　　　　　　　　　　　　　　　　　▶ 9　要点把握

本文の簡単なまとめの導入文が下に与えられている。本文の最も重要な考えを述べている選択肢を3つ選んで，要約を完成させよ。いくつかの選択肢は，文章で述べられていないか，

もしくは文の重要な考えではないため，要約には含まれない。この問題は2点が与えられる。
ある独特の考えに留まることなく，スコラ学は学者たちが相互に影響し合う方法だったのである。

- Ⓐ この研究方法は，人々がグループに分かれて文献を一斉朗読することを重視していた。
- Ⓑ スコラ学では，生徒が質問することは決して許されなかった。
- Ⓒ 教会指導者からの書簡が，論点の裏付けに使われた。
- Ⓓ トマス・アクィナスはスコラ学の方法の発明者であった。
- Ⓔ この哲学の学者はそれぞれの文献を完全に理解することを望んだ。
- Ⓕ 秩序立った議論のおかげで，生徒たちは教師たちに質問することによって自分たちの理解力を磨くことができた。

解説 Ⓐ は groups of people reading a text out という表現に惑わされないこと。communal reading は「全員で共同して解釈すること」であって，「全員で朗読すること」ではない。Ⓑ は never allowed to ask questions が誤り。lectio ではそうだが，disputatio では質問が許された。Ⓒ については第1段落で述べられているので正解。Ⓓ については，トマス・アクィナスについての言及は第7段落に確かにあるが，スコラ学の方法の発明者とは述べられていないので，誤り。Ⓔ は第2段落第3文にスコラ学の意図として述べられているので，正解。Ⓕ は第6段落で disputatio について述べられている内容に一致するので，正解。

【全訳】
スコラ学のもとでの研究法

[1] スコラ学は，ヨーロッパで12世紀から15世紀にかけて支配的だった哲学の流派である。それは哲学そのものというよりは，学者たちが文献を吟味し，その要点を議論するために教えられた1つの方法であった。スコラ学の中心は，有名な文献の共同的解釈と議論であった。そのような議論に最もよく使われた本は聖書であったが，よく知られたどんな作品も似た方法で議論することができた。グループ全体でその作品を読んだ後，個々の記述，つまりは格言を，教会学者の書簡など付加的な作品を手引きとして解釈した。

[2] そうして格言は，提起される2つ以上の意見を戦わせる形で吟味された。これらの意見は提議と反対提議である。その学問の意図は，2つ以上の立場の相違点を合意させ，全体をより深く理解することだった。2つの立場が吟味される方法は弁証法的推論と呼ばれ，2つの形式で，すなわち文献学と論理学として存在した。

[3] 文献学とは，記述，つまり格言を構成する語彙の意味を理解することであった。当時ヨーロッパでは，地元の町や市場で使われるその土地固有の言葉が発展し，ずっと以前に中世フランス語や中世イタリア語になっていたにもかかわらず，学者たちは，一般にラテン語とギリシャ語を身につけていた。ヘブライ語のような古代語の多くの語彙に関するかなりの知識を有していることもまた，学者たちには珍しいことではなかった。こうした状況では，文献学的分析は，ある特定の語彙がもたらす特別の意味を考察することになった。これによってある格言の全体的な意味は，深い探求なしに見えるようなものとはまったく違うものになるのだった。

[4] スコラ学の時代の論理学とは，ある1つの格言に対する2つ以上の見解の間にある矛盾のように見えるものが，実はそうではないということを示すことを目的とした分析であった。むしろ，

矛盾は見る人の認知に由来するとした。このことを示した有名な例示は，水の入った同じコップを半分水が入っていると言うか，半分は空であると言うかという説明であろう。状況は確かに同じだが，認知法が違うのである。

[5] 当時，スコラ学は2つの異なる方法で教えられていた。講読と討論という方法である。講読には，教師が文献を読んでそれを説明するという極めて明確なルールがあった。講読の間はいかなる質問も許されなかった。教師と生徒の違いは厳しく保持された。提示される情報は，主題についての，当時の学者に広く受け入れられていた正統派の立場であることが常だった。生徒たちは情報を受け取り，それについてよく考えるように求められた。13 これは瞑想やお祈りのために取られている公式の時間にまで及ぶこともあった。この瞑想の最中，生徒たちはよく討論で使われる予定の質問を練り上げていた。

[6] 討論の間は，生徒は教師に質問するように求められた。考察の対象になる予定の質問が事前に公表される場合もあった。また，議論の途中で質問が上がる場合もあった。スコラ学の目的は全体を理解することだったので，討論の重要な点は，議論の終わりに教師が全部の論点を要約してそれらの違いを解き明かすところにあった。伝統的に，教師は，何が言われたのかを熟考するために，これをするのにある程度の時間が必要だった。そのため，次の日にもう一度集まりがあった。質問を解答されないままにしておいたり対立する論点を合意に至らないままにしておいたりすることは，スコラ学者の観点からすれば，承服しがたい達成の欠落であった。

[7] スコラ学は，中世における中世ヨーロッパでの支配的な哲学講義の方法であり，13世紀から14世紀の間に最盛期を迎えた。トマス・アクィナスを含む，当時の第一線の哲学者や神学者によっていくつもの会合が行われた。アクィナスは格言の集大成を行い，それらを体系的にまとめあげて，傑作『神学大全』にした。『神学大全』はこれまで紙に記された中で最も完全なスコラ学的思想の集成であるとみなされている。アクィナスは自らの推論を支えるべく，ギリシャ，ローマ，イスラムの哲学者に依拠し，それらの文化の知的結実をヨーロッパの思想にもたらした。

[8] スコラ学はあまりに広まり，結果として，もともとはカトリックの方法であったにもかかわらず，カトリックと袂を分かったルター派やカルバン派によって利用された。これらの教派はローマ教会の教義は拒絶しているが，自分たちの立場を主張するのにはまったく同じ学問的な手段を用いた。彼らが達した結論は異なってはいるが，その方法は，彼らの新たな教派のための，まとまりがあって説得力のある主張を練り上げるのに不可欠なものとみなされたからだった。

Word & Phrase Check

☐ communal	共同の	☐ reconcile	～を合意調和させる
☐ dialectical	弁証法の	☐ reasoning	推論
☐ philology	文献学	☐ vernacular	その土地特有の
☐ formulate	～を練り上げる	☐ conduct	～を運営する

問題 16

SKIMMING ⏳5分 ● CD 2-05

Questions 1 – 14

Crystallization

[1]　Crystallization is the process of forming solid crystals from uniform solutions, either occurring in nature or as an artificial act. Crystallization may also be used to separate solids from liquids and thereby transfer mass from the solution to the pure solid crystal. For crystallization to occur, two major events must take place. First, nucleation happens if temperature and supersaturation of the liquid solution are within operation ranges. During nucleation, molecules that had previously been dispersed in the solvent begin to cluster together. At this stage, the atoms will arrange themselves at the microscopic level to form the crystal structure. As they continue to do so, the second major event of crystallization takes place, crystal growth.

[2]　Supersaturation of the solution occurs as an event but is also the necessary state during which crystal growth continues. Variation in conditions will result either in more nucleation, that is, the beginning of more crystals within the solution, or more crystal growth, the expansion of an existing crystal or crystals. When the solution is no longer supersaturated, crystal growth will stop. Other variations in conditions of the supersaturate will result in different crystal structures. Compounds which are capable of this variation are called polymorphs. Some of the differences that polymorphs exhibit are crystals with different dissolution rates, crystals with different facet angles and facet growth rates and crystals with different melting points. Therefore, artificial crystallization must be conducted under conditions that create the best polymorph.

[3]　Natural crystallization may be either a relatively rapid or an extremely slow chemical process. Rapid crystallization is seen in snowflake formation and crystallization of honey. Much slower crystallization is seen in stalactite and stalagmite[1] formation from the movement of water within caves. It is also seen in all kinds of gemstone formation. Some gemstone crystals are topaz, sapphires, rubies and diamonds. Other natural crystals are rock salt, gypsum and granite.

[4]　One type of natural crystallization is the formation of evaporites. They are water-soluble sediments that result when water is removed from solutions. In arid environments, bodies of water become oversaturated and crystal formation begins. Some evaporites are sulfates such as gypsum, nitrates and borates such as borax used in soaps.

[5]　The process of crystallization causes purification of the mineral. Only molecules

of the compound attach themselves to the lattice of the growing crystal structure and other molecules remain in the solution. However, certain conditions may cause impurities to become trapped within the growing crystal even though those molecules are not attaching themselves chemically. A significant difference between naturally occurring crystallization and artificial crystallization is the ability to prevent crystal growth which traps impurities. Natural crystallization is still of great value as it may produce crystals of high purity under certain conditions. Even if it does so, it is unlikely to produce the most valuable of crystals, monocrystals.

[6] When scrutinizing what sort of crystal a chemical process has created, it is necessary to scrutinize how the crystal formed from its crystal structure. The crystal structure of a material is its arrangement of atoms in the unit cell. The unit cell then continues to expand three-dimensionally in the same arrangement. This can be called the lattice. When growth of a crystal is continuous, it forms a single crystal or monocrystal. The most common monocrystals produced are silicon for semiconductors, sapphires for lasers and monocrystals of metal alloys for high strength machinery and wires. Industrially, monocrystals of silicon are of great value.

[7] In contrast to single crystals there are amorphous structures. In these, crystal growth causes many smaller crystals to join. Virtually all crystals produced in nature are amorphous structures. In amorphous structures a discontinuous interface occurs between the crystal grains, which is called the grain boundary. The grain size depends primarily on the speed of growth of the crystal. Coarse grained rocks are formed very slowly, while fine grained rocks are formed quickly, on geological time scales. Grain boundaries are points at which electrical and thermal conductivity are impeded. ■ Therefore, corrosion or fractures can be expected to occur there. ■ Artificial crystallization aims to produce monocrystals, which is superior to amorphous structures on that account. ■ The largest monocrystal on Earth, however, developed naturally. ■

1 stalactite and stalagmite: both are types of structure in caves formed through deposition of mineral

1 The word this stage in paragraph 1 refers to

 Ⓐ when molecules in a liquid solution begin to cluster together
 Ⓑ when crystals have grown
 Ⓒ when crystallization occurs as an artificial act
 Ⓓ when the temperature of the solvent is kept high

2 What does the author imply about supersaturation in paragraph 2?

 Ⓐ It only happens momentarily.
 Ⓑ It causes crystals to disappear.
 Ⓒ It describes the behavior of a gas.
 Ⓓ It may occur again and again.

3 What are snowflakes mentioned in paragraph 3 an example of?

 Ⓐ Artificial Crystallization
 Ⓑ Crystals that lack variation
 Ⓒ Rapid Crystallization
 Ⓓ Stalagmite formation

4 According to paragraph 4, which of the following is NOT true of evaporites?

 Ⓐ They are hydrosoluble.
 Ⓑ They arise after water evaporates from the solutions.
 Ⓒ They are formed when an atmospheric temperature is high.
 Ⓓ Borates used in soaps are one example.

5 The word removed in paragraph 4 is closest in meaning to　　　⏳ 30 秒

　Ⓐ eliminated
　Ⓑ dismissed
　Ⓒ forgotten
　Ⓓ fled

6 Which of the sentences below expresses the essential information in the highlighted sentence in paragraph 5? Incorrect choices change the meaning in important ways or leave out essential information.　　　⏳ 1 分 20 秒

　Ⓐ Some natural crystals grow without any impurities while artificial crystals of necessity must include impurities.
　Ⓑ Once an artificial crystal has been created, its impurities can be removed but this is impossible for a natural crystal.
　Ⓒ Impurities may be trapped within natural crystals while this can be avoided in the creation of artificial crystals.
　Ⓓ Impurities wherever they occur will prevent natural crystal growth but artificial crystals can grow either with or without them.

7 The word scrutinizing in paragraph 6 is closest in meaning to　　　⏳ 30 秒

　Ⓐ determine
　Ⓑ examine
　Ⓒ explain
　Ⓓ identify

8 According to paragraph 6, a unit cell is　　　⏳ 1 分 10 秒

　Ⓐ a crystal that is no longer growing
　Ⓑ the opposite of a monocrystal
　Ⓒ the basis a lattice grows from
　Ⓓ a two-dimensional diagram

9 According to paragraph 6, why does the author mention monocrystals of silicon?

Ⓐ To show what an evaporite is
Ⓑ To oppose the idea that all crystals form slowly
Ⓒ To suggest the most valuable crystals are natural
Ⓓ To illustrate an industrially-created crystal

10 According to paragraph 7, what determines grain size?

Ⓐ The heat at crystal formation
Ⓑ Whether electricity is present or not
Ⓒ How fast a crystal grows
Ⓓ Purity under artificial conditions

11 Why does the author use the expression "on geological time scales" in paragraph 7?

Ⓐ To explain the extremes of the speed each grained rock is formed with
Ⓑ To explain how the geological time scale is different from that in daily life
Ⓒ To show that the velocity criteria that the author uses here is different from that in daily life
Ⓓ To show that the velocity criteria that the author uses here changes step by step

12 The word **impeded** in paragraph 7 refers to

Ⓐ expected
Ⓑ prevented
Ⓒ promoted
Ⓓ limited

13 Look at the four squares [■] that indicate where the following sentence could be added into the passage.

At its very center, there is a single iron crystal 1,220 kilometers in diameter.

Where would the sentence best fit?　　　　　　　　　　⧖ 1 分 20 秒

14 **Directions:** An introductory sentence for a brief summary of the passage is provided below. Complete the summary by selecting the THREE answer choices that express the most important ideas in the passage. Some sentences do not belong in the summary because they express ideas that are not presented in the passage or are minor ideas in the passage. **This question is worth 2 points.**　⧖ 2 分 40 秒

Crystallization requires both correct temperatures and correct chemical conditions.

　Ⓐ All crystallization takes place extremely slowly.
　Ⓑ Crystallization begins when liquids are in the proper state.
　Ⓒ All monocrystals are too small to be seen by the naked eye.
　Ⓓ Crystals form as water is added to a solution.
　Ⓔ There are numerous examples of naturally-occurring crystals.
　Ⓕ Monocrystals have important advantages.

問題 16　解答解説　　　　　　　　　　　　　　　　　　　　　　　　●化学

全訳 ➡ p.282〜p.283

LOGIC NOTE

メインポイント	mechanism of crystallization
[1]	crystallization　① nucleation　② crystal growth
[2]	└need supersaturated solution 　polymorph ＝ has different crystal structures 　　ex) different dissolution rates, facet angles etc. 　　∴ artificial crystallization needs controlled condition
[3]	natural crystallization (rapid)　ex) snowflake, honey (slow)　ex) stalactite, stalagmite, gemstones etc.
[4]	natural crystallization (cont.)　evaporite　ex) sulfate
[5]	crystallization ＝ purification of the mineral monocrystal ○ artificial　× natural
[6]	└chemical process　ex) industrial use(artificial)
[7]	⇔ amorphous … natural crystallization

Questions 1 - 14

1

正解　Ⓐ　　　　　　　　　　　　　　　　　　　6　指示語

第1段落の this stage が指しているものはどれか。

Ⓐ　溶液中の分子が集まり始める時
Ⓑ　結晶が成長した時
Ⓒ　結晶化が人為的に起こされた時
Ⓓ　溶媒の温度が高温に保たれた時

解説　結晶化が起こるために必要な2つの出来事を述べた第1段落第3文以降の流れを確認。this stage のある文は，「この段階で，原子が光顕レベルでそれ自身を配列し，結晶構造を形成する。」の意味。「この段階」とは前に述べた段階を指し，さらに説明を付け加えていることがわかる。したがって，前の文の「溶媒中に拡散していた分子が集まってくる」を言い換えているⒶが正解。Ⓑの結晶の成長については，これよりあとに起こることとして説明されている。Ⓒは人為的に限定した説明はされていないので誤り。Ⓓの，溶媒の温度が高温で保たれるという条件は示されていないので誤り。

2

正解 Ⓓ　　　　　　　　　　　　　　　　　　　　　3　推測

過飽和について著者が第2段落で示唆していることは何か。
- Ⓐ それは瞬間的にしか起こらない。
- Ⓑ それは結晶を消失させる。
- Ⓒ それは気体の性質を説明している。
- Ⓓ それは何度も起こるかもしれない。

解説　まずⒶについては、第2段落第1文に、過飽和は「結晶の成長が続く間は必要な状態」とあるので、momentarily（瞬間的に）が誤りである。また、結晶の核を生成させ成長させるのであり、Ⓑのように「消失させる」のではない。過飽和は溶液中の出来事であり、Ⓒのgas（気体）とは関係がない。Ⓓの過飽和が「何度も起こる」については直接本文に書かれていない。しかし、結晶が起こり、その成長が続くためには過飽和の状態になければならないという情報と、条件次第で結晶の数が増えたり、既存の結晶が肥大したり、あるいは異なる構造の結晶が生じたりする可能性があるという情報を合わせて考えると、溶液の状態は条件によって変化し、過飽和とそうではない状態を行ったりきたりし得るという結論が引き出せる。したがってⒹが正解である。このように推測問題では複数の情報を統合して推測しなければならない場合もある。

3

正解 Ⓒ　　　　　　　　　　　　　　　　　　　　　1　内容一致

第3段落で言及されている雪片は何の例か。
- Ⓐ 人工的な結晶化
- Ⓑ 変形を持たない結晶
- Ⓒ 迅速な結晶化
- Ⓓ 石筍の形成

解説　LOGIC NOTE を参照するとよい。第3段落第2文において、snowflake はⒸの「迅速な結晶化」の例として挙げられている。同段落は自然界の結晶の例を示しているので、Ⓐは artificial（人工的な）が誤りである。結晶が条件によって variation を持つことは第2段落に詳しく述べられているが、snowflakes が変化しないとの記述はないので、Ⓑも適切ではない。Ⓓの stalagmite（石筍）はより遅い結晶形成の一例である。

4

正解 Ⓒ　　　　　　　　　　　　　　　　　　　　　2　内容不一致

第4段落によると蒸発残留岩について正しくないものはどれか。
- Ⓐ 水溶性である。
- Ⓑ 溶液から水分が抜けたあと生じる。
- Ⓒ 外気温が高い時に形成される。
- Ⓓ 石鹸に使われるホウ酸塩が一例である。

解説 第4段落では，「自然結晶の一例」としての蒸発残留岩（evaporite）が説明されている。選択肢の正誤を1つ1つ確認する必要があるが，LOGIC NOTE を活用し効率よく判断できるとよい。Ⓐ と Ⓑ は第2文の，「溶液から水が除かれた時に残留する水溶性の堆積物」に一致する。Ⓒ は，形成の条件は水が除かれることなので，気温が高いことで水がより蒸発する可能性は考えられるものの，気温が高い時にと限定する記述はない。Ⓓ は同段落最終文で挙げられている例に一致する。したがって Ⓒ が正解。

5

正解 Ⓐ　　　　　　　　　　　　　　　　　　　　　　　　　　　　5　語彙

第4段落の removed という単語に最も近い意味はどれか。

Ⓐ　除去された
Ⓑ　解雇された
Ⓒ　忘れられた
Ⓓ　逃げた

解説　remove（〜を取り除く）の過去分詞形なので，正解は Ⓐ の eliminated（除去された）。Ⓑ の dismiss（〜を解雇する）の過去・過去分詞形，Ⓒ の forget（〜を忘れる）の過去分詞形，Ⓓ の flee（逃げる）の過去・過去分詞形は，いずれも水分が主語のこの文には合わない。

6

正解 Ⓒ　　　　　　　　　　　　　　　　　　　　　　　　　　　　7　文書き換え

第5段落でハイライトされた文の重要な情報を表しているのは以下のうちどれか。不正解の選択肢は，意味を大きく変えるか，もしくは重要な情報を含んでいない。

Ⓐ　自然結晶には不純物が混じることなく成長するものがあるが，人工結晶は必然的に不純物を含まざるを得ない。
Ⓑ　人工結晶が作られるとその不純物は取り除かれるが，これは自然結晶では不可能である。
Ⓒ　自然結晶には不純物が混じるかもしれないが，人工結晶の製造ではこれは避けられる。
Ⓓ　不純物がどこで発生しても，それは自然結晶の成長を止めるが，人工結晶は不純物があってもなくても成長する。

解説　ハイライト部分は「自然界で起きる結晶と人工的な結晶の大きな違いは，不純物を閉じ込める結晶の成長を阻止できるかどうかにある」という意味。各選択肢の内容と照らし合わせると，Ⓑ に remove（取り除く）とあるが，ハイライトの文の prevent は「不純物が混ざるのを未然に防ぐ」ということで，入ってしまった不純物を取り除くことではないので除外。Ⓓ は，不純物が混ざれば，自然結晶は成長が止まるが，人工結晶は成長を続けるということだがこうした記述はない。残る Ⓐ と Ⓒ は反対の意味を示しており，ハイライト部分は自然結晶と人工結晶のどちらが不純物の混入を避けられると示唆しているかを見抜くことが鍵となる。まず第5段落第3文に，ある条件で不純物ができるとあるが，人工であれば条件を操作することができる。また，ハイライト部分直後の，Natural crystallization is still of great value ... という記述からも，自然結晶の方が混入を阻止できる頻度が低いことが読み取れる。よって Ⓐ は誤り，「天然の結晶には不純物が混じるが，人工結晶では避けられる」という意味を表している Ⓒ が正解である。

7

正解　Ⓑ　　　　　　　　　　　　　　　　　　　　　　　▶ 5　語彙

第6段落の scrutinizing という単語に最も近い意味はどれか。
- Ⓐ 〜を決定する
- Ⓑ 〜を調べる
- Ⓒ 〜を説明する
- Ⓓ 〜を確認する

解説　scrutinize はハイライトされた分詞構文と，同じ文の主節にも使われているので，両方に当てはまるかも確認しておきたい。scrutinize は「〜を綿密に調べる」の意味なので，正解は Ⓑ の examine（〜を調べる）。名詞形の scrutiny（綿密な調査，監視）を使った under close scrutiny（詳細に調査されて）という表現も覚えておきたい。Ⓐ の determine は「〜を決定する」，Ⓒ の explain は「〜を説明する」，Ⓓ の identify は「（〜であると）確認する」の意味。

8

正解　Ⓒ　　　　　　　　　　　　　　　　　　　　　　　▶ 1　内容一致

第6段落によると，単位格子とは何か。
- Ⓐ もはや成長していない結晶
- Ⓑ 単結晶の反対
- Ⓒ 格子構造が形成される基礎
- Ⓓ 平面図

解説　unit cell は，第6段落第2〜3文で説明されている。単位格子は原子の配列をそのままに保ちながら，三次元方向に成長していき，これが格子構造と呼ばれるものになる。Ⓒ の表現がこのことを表しており正しい。つまり，単位格子とは結晶が「成長する」ための基本構造であるので，Ⓐ は誤りである。Ⓑ のように言われているのは amorphous structure（アモルファス）である。unit cell 自体が二次元という記述はないので，Ⓓ も誤り。

9

正解　Ⓓ　　　　　　　　　　　　　　　　　　　　　　　▶ 4　修辞意図

第6段落によると著者がシリコンの単結晶に言及しているのはなぜか。
- Ⓐ 蒸発残留岩とは何かを示すため
- Ⓑ すべての結晶はゆっくり形成されるという考えに反対するため
- Ⓒ 最も価値の高い結晶は自然のものであると主張するため
- Ⓓ 工業的に生産された結晶について説明するため

解説 「シリコンの単結晶」は，第6段落最後の2文で最も一般的に製造される単結晶は半導体用のシリコンであり工業的に非常に高い価値があると紹介されている。これに合う選択肢は Ⓓ である。Ⓐ の蒸発残留岩は第4段落で自然結晶の一例として説明されているものである。Ⓑ の速度については，シリコンの単結晶との関連では語られていない。第5段落の最後の2文で，自然結晶がある条件の下で純度の高い結晶を作り得たとしても，最高に価値のある単結晶までは作れないだろうと述べていることから Ⓒ のような主張はないとわかる。

10

正解 Ⓒ　　　　　　　　　　　　　　　　　　　　　　　**1　内容一致**

第7段落によると，粒子の大きさを決定するものは何か。
- Ⓐ 結晶を形成する時の熱
- Ⓑ 電気が存在するか否か
- Ⓒ どれだけ速く結晶が成長するか
- Ⓓ 人工的な条件下での純度

解説 第7段落第5文に，grain size は「主に結晶の成長の速度によって決まる」とある。よって Ⓒ が正しい。本文の the speed of growth of the crystal を how fast a crystal grows と言い換えている。

11

正解 Ⓒ　　　　　　　　　　　　　　　　　　　　　　　**4　修辞意図**

著者が第7段落で「地質学上の時間スケール」という表現を用いているのはなぜか。
- Ⓐ 粒子の岩が形成されるスピードの両極端について説明するため
- Ⓑ 地質学上の時間スケールが日常生活の時間とどれほど違うかを説明するため
- Ⓒ 著者がここで使う速度の基準が日常生活のものと違うことを示すため
- Ⓓ 著者がここで使う速度の基準が段階を踏んで変化することを示すため

解説 「地質学上の時間スケール」は，第7段落で粗い粒子の岩と細かい粒子の岩の生成のスピードを比べる基準として述べられている。very slowly, quickly という語を用いているが，日常の「遅い」「早い」というスピードとは違うことを伝えるために「地質学上の時間スケールで」と付け加えているのである。したがって Ⓒ が正解。Ⓓ slowly, quickly という表現自体の基準が「地質学上の時間スケール」なのであって，基準が変化するとは述べられていない。Ⓐ は，「地質学上の時間スケールで」という表現を用いる理由として不十分。Ⓑ のように時間そのものを論点としているのではない。

12

正解 Ⓑ　　　　　　　　　　　　　　　　　　　　　　　**5　語彙**

第7段落の impeded という単語に最も近い意味はどれか。
- Ⓐ 期待される

- Ⓑ 妨げられる
- Ⓒ 促進される
- Ⓓ 限定される

解説 impede は「〜を妨げる」の意味なので，Ⓑ の prevented（妨げられる）が正解。Ⓐ の expected は「期待される」，Ⓒ の promoted は「促進される」，Ⓓ の limited は「限定される」の意味。

13

正解　4つ目　　　8　文挿入

文中の4つの■のうち，以下の文が入るのに最も適する箇所はどこか。
そのちょうど真ん中に，直径 1,220 キロメートルの単体の鉄結晶がある。

解説　指示語とつなぎ言葉を手がかりに，挿入文を入れて意味が通るかどうかを判断する。まず1つ目の■は直後の Therefore により，前の文と直後の文が論理的に結びついているのでここには入らない。2つ目の■に入れた場合，挿入文の its が指すものがその前の文中に見つからない。3つ目の■に入れるとすると，前の文に単数形の名詞 Artificial crystallization があるが，これを its で受けて「人工結晶化のちょうど真ん中」とするのは意味上不自然である。4つ目の■に入れると前の文の Earth を its で受けると「地球のちょうど真ん中」となり，a single iron crystal 1,220 kilometers in diameter が the largest monocrystal の具体的に説明したものとして自然につながる。

14

正解　Ⓑ Ⓔ Ⓕ　　　9　要点把握

本文の簡単なまとめの導入文が下に与えられている。本文の最も重要な考えを述べている選択肢を3つ選んで，要約を完成させよ。いくつかの選択肢は，文章で述べられていないか，もしくは文の重要な考えではないため，要約には含まれない。この問題は2点が与えられる。
結晶化には，適切な温度と適切な化学的条件の両方が要求される。

- Ⓐ すべての結晶化は極めてゆっくりと起こる。
- Ⓑ 結晶化は液体が適した状態にある時に始まる。
- Ⓒ すべての単結晶は小さすぎて肉眼では見えない。
- Ⓓ 結晶は水が溶液に加えられると形成される。
- Ⓔ 自然発生する結晶の例がたくさんある。
- Ⓕ 単結晶には重要な長所がある。

解説　LOGIC NOTE を参照しながら必要に応じて本文に戻り，それぞれの選択肢の内容を吟味していこう。Ⓐ 第3段落の記述に反する。迅速に進む結晶化もある。Ⓑ 第1・2段落で結晶化の仕組みが述べられている。過飽和と核生成についての記述に合致する。Ⓒ 単結晶については第6・7段落で述べられている。単結晶の例としてシリコンやサファイアを挙げ，第7段落の4つ目の■の直前では最大の単結晶の大きさが記述されている。その内容に当て

はまらないので誤り。Ⓓ 第1・2段落の結晶化の仕組みの説明で述べられていないし，第4段落の記述からもむしろ水の割合が減った時に起こると言える。Ⓔ 第3～4段落に自然結晶の例が多く挙げられている。Ⓕ 第6～7段落で，単結晶が工業的に高価値であることが語られている。よって正しい内容である。

【全訳】
結晶化

[1] 　結晶化とは，均一の溶液から固体結晶を形成するプロセスのことで，自然界においても人為的な行為としても起こる。結晶化はまた，液体から固体を取り出すことにも使われ，それにより溶液中のかたまりを純粋な固体結晶へと変えることができる。結晶化が起こるためには，2つの主要な出来事が起こらなければならない。まず，溶液の温度と過飽和が作動範囲内であれば，核の生成が起こる。核の生成の間，それ以前には溶媒中に拡散していた分子が集まってくる。この段階で，原子が光顕レベルで配列され，結晶構造を形成する。それを続けるうちに，結晶化における2番目の主要な出来事が起こる。結晶成長である。

[2] 　溶液の過飽和は一つの事象として発生するが，結晶の成長が続く間は必要な状態でもある。諸条件が変化すると，さらなる核生成が起こる。すなわち溶液中にもっと多くの結晶ができ始めるか，あるいはさらなる結晶の成長，つまりすでに存在する結晶が拡大するということになる。溶液が過飽和ではなくなると，結晶の成長は止まる。過飽和の条件が異なれば，違った結晶体が作り出される。この変化が可能な化合物は多形体と呼ばれる。多形体が示す違いには，異なる溶解速度を持った結晶，異なるファセット角やファセット成長速度を持つ結晶，また異なる融点を持つ結晶などがある。そのため，人工的な結晶化は最もよい多形体を作ることのできる条件下で遂行されねばならない。

[3] 　自然結晶は，比較的急速であるか，あるいは非常にゆっくりであるかのどちらかになり得る化学作用である。急速な結晶化は雪片の形成や，はちみつの結晶化などに見られる。ずっと遅い結晶化は，洞穴の中を水が移動してできる鍾乳石や石筍の形成に見られる。それはまたあらゆる種類の宝石用原石の形成においても見られる。そうした宝石用原石にはトパーズやサファイア，ルビー，ダイヤモンドなどがある。他の自然の結晶には岩塩，石膏，花崗岩がある。

[4] 　自然結晶の一例が蒸発残留岩の形成である。それらは水溶性の堆積物であり，溶液から水分が失われた結果生じる。極度に乾燥した環境では，水が過飽和し，結晶の生成が始まる。蒸発残留岩の中には，石膏のような硫酸塩，硝酸塩，石鹸に使われるホウ砂のようなホウ酸塩などがある。

[5] 　結晶化の過程はその鉱物の純粋化をもたらす。その複合物の分子のみが成長中の結晶体の格子構造に結びつき，その他の分子は溶液中に残る。しかし，ある条件は不純物が混じる原因となり，それらの分子は化学的に結合するわけではないにも関わらず，成長中の結晶の中に閉じ込められる。自然界で起きる結晶化と人工的な結晶化との大きな違いは，不純物を閉じ込める結晶の成長を阻止できるかどうかにある。ある条件下では純度の高い結晶を産出できるわけであるから，自然結晶にもまだ大きな価値があると言える。しかしそうであるとしても，最高価値を持つ結晶である単結晶は作り出せそうにはない。

[6] 　化学的なプロセスの中でどのような種類の結晶が生み出されてきたかを検証する場合，その

結晶構造から結晶がどのように形成されたかを検証する必要がある。ある物質の結晶構造とは，単位格子の中の原子の配列のことである。単位格子はその後，同じ配列の中で三次元的に拡張していく。これが格子構造である。結晶の成長が持続している時，それは単一の結晶すなわち単結晶を形成する。最も一般的に製造される単結晶は半導体用のシリコンであり，レーザー用のサファイアであり，高強度の機械類やワイヤー用の単結晶合金である。工業的には，シリコンの単結晶は貴重な価値のあるものである。

[7]　単一結晶と対照的なのが，アモルファスである。このような場合，結晶の成長は多くのより小さい結晶を結びつける。自然界で産出されるほとんどすべての結晶はアモルファスである。アモルファスには，小さな結晶同士の間に不連続な結合面が生じ，それを結晶粒界と呼ぶ。粒子の大きさは主に結晶の成長のスピードによる。地質学上の時間スケールではあるが，粗い粒子の岩は非常にゆっくりと生成され，細かい粒子の岩は迅速に生成される。結晶粒界では，電気と熱の伝導が妨げられる。それゆえ結晶粒界においては，浸食や裂け目が生じてしまう。だから人工結晶は，アモルファスより優れた単結晶の生産を目的として行われる。しかし，地球で最大の単結晶は自然に生じたものである。13 地球のちょうど真ん中に，直径 1,220 キロメートルの単体の鉄結晶がある。

Word & Phrase Check			
☐ crystallization	結晶化	☐ solution	溶液
☐ nucleation	核生成，核形成	☐ supersaturation	過飽和
☐ molecule	分子	☐ solvent	溶媒
☐ compound	化合物	☐ facet	切り子面
☐ gemstone	宝石用原石	☐ granite	花崗岩
☐ sediment	沈殿物，堆積物	☐ lattice	格子，格子状配列
☐ impurity	不純物	☐ conductivity	伝導力

問題 17

Questions **1** – **14**

SKIMMING ⏳5分 ● CD 2-06

The Studio System in Hollywood Cinema

[1]　The period from the end of silent films in the late 1920s to the end of World War II was known as the Golden Era of American filmmaking. Some of the most well regarded films and the most famous movie stars existed in this era, and it created standards and templates that persisted for decades both in America and overseas. The defining characteristic of this era was the Studio System, an arrangement where the five major motion picture studios (20th Century Fox, RKO Pictures, Paramount Pictures, Warner Bros., and Metro-Goldwyn-Mayer) controlled every aspect of the film industry. These companies were vertically integrated, that is, they controlled every aspect of their products from inception to the time they were viewed by customers. Studios controlled production — the writing, filming, and editing of movies — distribution — printing movie reels and delivering them to theaters — and exposition — showing these movies in their own, studio-owned theaters. Though some of America's most memorable classic films were made under the Studio System, it was a monopolistic structure that stifled creativity and was rightfully dismantled in the late 1940s.

[2]　The most egregious aspect of the Studio System was how it consolidated power into the hands of a few large companies. These companies used their power to limit what other entities could create movies and to limit the options of their own employees. The former they accomplished by refusing to sell their popular films to independent theaters who showed movies made by entities outside the system. The latter they accomplished by locking writers, directors, actors, and crew members to long-term contracts that limited their ability to work. If an actress had disagreements with her studio, her contract prevented her from seeking roles elsewhere. Even if the studio was not casting her in films, she was still barred from finding work elsewhere.

[3]　Studios also leveraged their position to coerce independent theaters into buying films they were not interested in exhibiting. Studios would sell movies to theaters in what they called "blocks" or "bundles." These blocks would contain one prestige picture made with a lavish budget and starring popular actors, as well as four or five "B-Movies" made inexpensively starring lesser-known actors. Since the prestige pictures were the ones most likely to attract audiences, theaters were forced to pay for the B-Movies they did not want. Since the studios knew these B-Movies would be bought no matter how bad they were, they were incentivized to make them as cheaply and quickly as possible. Theaters were glutted with sub-par B-Movies that

284

were short on entertainment and artistic value.

[4]　Censorship was also at an all-time high during the reign of the Studio System. Concerned that negative reactions to a few controversial movies in the 1920s would result in official censorship, the studios banded together to create a self-regulating set of guidelines called the Motion Picture Production Code. ■ These guidelines were initially intended to curb obscenity and graphic violence, but broad instructions and inconsistent application resulted in many forms of expression being squashed. ■ Filmmakers were prevented from speaking out on the rise of Nazism because of a provision that prevented films from criticizing foreign governments. ■ Even seemingly trivial things like how long kisses could last were regulated. ■ The Hays Code successfully prevented the government from passing laws on what content was allowed in films, but it still stunted artistic expression and limited what topics films could tackle.

[5]　Eventually, the federal government came to recognize the monopolistic nature of the Studio System and sought to break-up the studios via antitrust laws. This eventually resulted in the Supreme Court case United States vs. Paramount Pictures Inc., in 1948. The result of the case was that the studios had to sell their theaters and were prevented from selling their movies in blocks. Movie studios were allowed to keep their production and distribution divisions, but the court case and the rising popularity of television created a depressing effect on investments from banks. Many studios were forced to shrink their production and relegate the task of creating films to independent production companies. It took almost a decade for the film industry to recover from the giant shift in organization, but it was replaced with a more equitable system that allowed for greater artistic freedom and expression.

1. All of the following are mentioned in paragraph 1 as activities movie studios took part in EXCEPT

    Ⓐ screening films at movie theaters
    Ⓑ filming movies
    Ⓒ sending films out to theaters
    Ⓓ creating advertisements for films

2. The author discusses vertical integration in paragraph 1 in order to

    Ⓐ imply the quality of films made by the studios in this period
    Ⓑ demonstrate how long studios had been working at that point
    Ⓒ show how studios managed every facet of their business
    Ⓓ suggest how fierce competition was between the studios

3. According to paragraph 2, how did studios limit the freedom of their employees?

    Ⓐ By limiting the number of films they could work on at once
    Ⓑ By locking them into extended employment agreements
    Ⓒ By not hiring directors who worked for other studios
    Ⓓ By paying them only if movies were successful

4. The word consolidated in paragraph 2 is closest in meaning to

    Ⓐ gathered
    Ⓑ appointed
    Ⓒ matured
    Ⓓ increased

5 What does the author imply about long-term contracts in paragraph 2?

ⓐ They kept director's wages low.
ⓑ They were blocked by actors' guilds.
ⓒ They could be used to punish employees.
ⓓ They are still used by studios today.

6 According to paragraph 3, the practice of selling movies in blocks allowed studios to

ⓐ sell lower-quality films to theaters
ⓑ promote films starring newer actors
ⓒ diversify the genres they produced
ⓓ plan their budgets more easily

7 Which of the sentences below expresses the essential information in the highlighted sentence in paragraph 3? Incorrect choices change the meaning in important ways or leave out essential information.

ⓐ Studios made most of their money via B-movies that they would then spend on larger, more extravagant films.
ⓑ Theaters were willing to buy low-quality films as long as they did not have to pay too much for them.
ⓒ Studios did not put much effort into making B-movies since they knew theaters would buy them anyway.
ⓓ B-movies were a way for studios to fill out their release schedule with movies they could make quickly.

8 The word glutted in paragraph 3 is closest in meaning to

ⓐ crafted
ⓑ noticed
ⓒ overloaded
ⓓ weakened

9 According to paragraph 4, what caused the studios to adopt the Motion Picture Production Code?

- Ⓐ Fear of being regulated by the government
- Ⓑ Complaints by independent theater owners
- Ⓒ Boycotts by religious groups
- Ⓓ Pressure from overseas distributors

10 The word provision in paragraph 4 is closest in meaning to

- Ⓐ urgency
- Ⓑ foresight
- Ⓒ supply
- Ⓓ rule

11 According to paragraph 5, what was NOT a result of the ruling in United States vs. Paramount Pictures Inc.?

- Ⓐ Banks started giving less money to the studios.
- Ⓑ Actors were required to form labor unions.
- Ⓒ Studios had to stop owning theaters.
- Ⓓ Films could no longer be packaged into blocks.

12 The word shrink in paragraph 5 is closest in meaning to

- Ⓐ shut off
- Ⓑ couple together
- Ⓒ speed up
- Ⓓ cut down

13 Look at the four squares [■] that indicate where the following sentence could be added into the passage.

The code was sometimes called the "Hays Code" after the director of the Motion Picture Association of America at the time.

Where would the sentence best fit?　　　　　　　　　　⌛1分20秒

14 Directions: An introductory sentence for a brief summary of the passage is provided below. Complete the summary by selecting the THREE answer choices that express the most important ideas in the passage. Some sentences do not belong in the summary because they express ideas that are not presented in the passage or are minor ideas in the passage. **This question is worth 2 points.**　⌛2分40秒

For much of the early 20th century, American cinema was dominated by a monopolistic arrangement known as the Studio System.

- Ⓐ One of the largest of the five main motion picture studios that used this system was Metro-Goldwyn-Mayer.
- Ⓑ The Studio System involved large studios using their power to control production and limit competition.
- Ⓒ Studios used their power to limit employee opportunities and bully theaters into buying unwanted films.
- Ⓓ Government censorship was also used as a way to limit the kinds of films directors were allowed to make.
- Ⓔ The Studio System was dismantled as a result of a national court case that broke up studios and limited their negotiating power.
- Ⓕ Though no longer the dominant paradigm in America, the Studio System survives in other countries such as India.

問題17 解答解説　　　　　　　　　　　　　　　　　　　　　　　●映画学

全訳➡p.296〜p.297

📝 LOGIC NOTE

メインポイント	monopolistic structure of Studio System in Hollywood
[1]	1920 〜 1940s: Golden Era of Hollywood filmmaking 5 majors vertically integrated
[2]	1) limit other companies 2) limit their own employees
[3]	3) selling movies in blocks :prestige picture + B-Movies
[4]	4) censorship (Hays Code): self-guidelines/ stunted artistic expression and topics films could tackle successfully against official censorship
[5]	breakup of Studio System: 　-since Supreme Court case in 1948 　-results : × sell movies in blocks / depressing investments

Questions 1 - 14

1

正解　D　　　　　　　　　　　　　　　　　　　　　　　**2　内容不一致**

第1段落で述べられている，映画会社が担った活動のうち，当てはまらないのは次のどれか。
Ⓐ　劇場で映画を公開する
Ⓑ　映画を撮影する
Ⓒ　劇場に映画を納品する
Ⓓ　映画の広告を作成する

解説　第1段落第5文の Studios controlled ...（映画会社が〜を支配した）という内容を参照すればよい。Ⓐ は showing these movies（映画を上映する），Ⓑ は filming（撮影する），Ⓒ は delivering them (= movie reels) to theaters（映画のリールを劇場に納品する）にそれぞれ一致する。Ⓓ の映画の広告については述べられていないので，これが正解。movie reel とは，映画の1巻のフィルムのことである。

集中トレーニング 問題 17

2

正解 Ⓒ　　　　　　　　　　　　　　　　　　　　　**4 修辞意図**

第1段落で筆者が垂直統合について考察しているのは何のためか。
- Ⓐ この時期に映画会社によって製作された映画の品質を暗示するため
- Ⓑ その時点での映画会社の稼働期間を実証するため
- Ⓒ 映画会社がどのようにして彼らのビジネスのあらゆる面を管理していたか示すため
- Ⓓ 映画会社の間で，どんなに熾烈な競争があったか示唆するため

解説　第1段落第4文，These companies were vertically integrated（これらの企業は垂直統合されていた）の直後の that is（つまり）以下で，その内容が説明されている。Ⓒ の managed every facet of their business は，前述の「つまり」以下，controlled every aspect of their products を言い換えたものであり，同じく Ⓒ の how は，第5文の the writing から showing these movies in their own, studio-owned theaters までの一連の映画製作業務を指す。したがって，これが正解。Ⓐ の the quality of films（映画の品質）や Ⓑ の how long studios had been working（どれだけの期間，映画会社が稼働していたか）については記述がない。Ⓓ の fierce competition（熾烈な競争）は，第3文および第4文で述べられている主要5社が，映画製作のあらゆる局面を支配していたことや，第6文後半で monopolistic structure（独占的な構造）のことが述べられているので，Ⓓ は当てはまらない。

3

正解 Ⓑ　　　　　　　　　　　　　　　　　　　　　**1 内容一致**

第2段落によると，映画会社はどのように従業員たちの自由を制限したか。
- Ⓐ 一度に製作する映画の数を制限することによって
- Ⓑ 長期間の雇用協定に彼らを封じ込めることによって
- Ⓒ 他の映画会社で働いていた監督を雇わないことによって
- Ⓓ 映画が成功を収めた時のみ給料を支払うことによって

解説　第2文で，企業が権力を利用して，what other entities could create movies（他の企業の映画製作）と the options of their own employees（従業員の選択の権利）の2つのことを制限したとあり，続いて第3文の The former ... と第4文の The latter ... で，それぞれ具体的に説明している。従業員たちについて書かれているのは第4文で，long-term contracts that limited their ability to work（彼らの就業を制限する長期契約）とあるので，Ⓑ が正解。Ⓐ の一度に製作する映画の数，Ⓒ の監督の雇用，Ⓓ の賃金については記述がない。

4

正解 Ⓐ　　　　　　　　　　　　　　　　　　　　　**5 語彙**

第2段落の consolidated という単語に最も近い意味はどれか。
- Ⓐ ～を集合した
- Ⓑ ～を任命した
- Ⓒ ～を成熟させた

291

Ⓓ ～を増加させた

解説 第2段落では，映画会社が権力を利用して他企業や従業員の自由を制限するスタジオシステムについて書かれている。consolidated は後ろにしばしば into を伴って，「～（会社・土地など）を合併する，～を統合して…にする」の意味を表す。主語の it は the Studio System のこと。ⓒとⒹは主語とつながらなくはないが，スタジオシステムが独占的であることから判断すると，Ⓐが最も適切。Ⓑは主語と合わないので，誤り。

5

正解 Ⓒ　　　　　　　　　　　　　　　　　　　　　　　　　3 ▶ 推測

第2段落で，著者は長期契約についてどんなことを示唆しているか。
Ⓐ 監督の賃金を低くし続けた。
Ⓑ 俳優の組合に妨害された。
Ⓒ 従業員を罰するために使われる可能性があった。
Ⓓ 今もまだ映画会社で利用されている。

解説 第2段落第4文で，長期契約が従業員の就業を制限したことがわかるが，第5文で，もし映画会社と意見が食い違えば，prevented her from seeking roles elsewhere（他のところで役を探すことを阻止した）とあり，さらに第6文で，たとえ映画で役を与えられていなくても，was barred from finding work elsewhere（他で仕事を探すことを妨害された）とも述べられている。つまり，映画会社に背いた時の罰として使うことができたのだと判断でき，Ⓒが正解。Ⓐの監督の賃金，Ⓑの俳優組合については記述がない。Ⓓは，第1段落最終文で，スタジオシステムは廃止されたと述べられているので当てはまらない。

6

正解 Ⓐ　　　　　　　　　　　　　　　　　　　　　　　　　1 ▶ 内容一致

第3段落によると，一括での映画の販売は，映画会社にどんなことを許したか。
Ⓐ 低品質の映画を劇場に販売する
Ⓑ より新人の俳優を主役にした映画を宣伝する
Ⓒ 製作するジャンルを多様化する
Ⓓ より容易に予算を組む

解説 第3段落では，映画会社が地位を利用し，独立系の映画館に上映したいと思わない映画の購入を強要していたことが書かれており，第3文で，one prestige picture（評価の高い映画1本）と four or five "B-Movies"（4，5本のB級映画）をブロック，つまりセットで販売していたと述べられていることから，Ⓐが正解。Ⓑの映画の宣伝，Ⓒの製作するジャンルについては記述はない。Ⓓの予算は，第3文に評価の高い映画の lavish budget（豊富な予算）について述べられているが，予算組みについては言及されていないので，誤り。

7

正解 ⓒ 　　　　　　　　　　　　　　　　　　　　　　　　▶ 7　文書き換え

第3段落でハイライトされた文の重要な情報を表しているのは以下のうちどれか。不正解の選択肢は，意味を大きく変えるか，もしくは重要な情報を含んでいない。

- Ⓐ 映画会社は，B級映画で大部分を稼ぎ，より大規模で，より浪費する映画に費やした。
- Ⓑ 映画館は，低品質の映画にそれほど多く支払わない限り，進んでその映画を購入した。
- Ⓒ 映画会社は，映画館がいずれにせよ購入することをわかっていたので，B級映画を作ることに大した努力をしなかった。
- Ⓓ B級映画は，映画会社にとって，リリース予定を短期間で制作できる映画で埋める方法であった。

解説　ハイライトされた文の後半の，they were incentivized to make them as cheaply and quickly as possible の they は 映画会社，them はB級映画を指し，「できるだけ安く，短期間で制作することが奨励された」という意味である。これを did not put much effort と言い換えた Ⓒ が正解。Ⓐ の B級映画で大部分を稼いだことや，何に費やしたかは記述がない。Ⓑ は第1文に，関心のない映画を購入することを映画館に coerce（強要する）とあるうえ，ハイライトされた文の意味とも真逆。Ⓓ は，予定表を埋めるためとは述べられていないので，不適。

8

正解 ⓒ 　　　　　　　　　　　　　　　　　　　　　　　　▶ 5　語彙

第3段落の glutted という単語に最も近い意味はどれか。
- Ⓐ 作られる
- Ⓑ 気づかされる
- Ⓒ 過度の負担をかけられる
- Ⓓ 弱められる

解説　glut は「~に過剰供給する」という意味で，本文では，映画館がレベルの低いB級映画を過剰供給されたとある。第3段落では，映画会社が映画館に望んでいない映画を購入することを強要し，B級映画の購入は1回につき4, 5本であったと述べられている。このことから，Ⓒ の overloaded が適切。Ⓐ と Ⓑ は，該当文の主語 Theaters に合わない。話の展開と with sub-par B-Movies とのつながりを考えると，Ⓓ は当てはまらない。

9

正解 Ⓐ 　　　　　　　　　　　　　　　　　　　　　　　　▶ 1　内容一致

第4段落によると，映画会社がモーションピクチャー・プロダクションコードを採用したのはどのような理由からか。
- Ⓐ 政府に規制される恐れ
- Ⓑ 独立系劇場オーナーの苦情
- Ⓒ 宗教団体の不買運動
- Ⓓ 海外の配給業者からの圧力

解説 第4段落は、スタジオシステムの self-regulating set of guidelines（自主規制のガイドライン）について述べている。第2文の物議を醸していた映画2, 3本に対し、result in official censorship（結果として政府の検閲が入る）ことを懸念し、映画会社が結束して作成したものが、モーションピクチャー・プロダクションコードであったと述べられている。したがって Ⓐ が正解。

10

正解 Ⓓ   **5 語彙**

第4段落の provision という単語に最も近い意味はどれか。
Ⓐ 緊急
Ⓑ 予感
Ⓒ 供給
Ⓓ 規則

解説 この語を含む a provision that prevented films from criticizing foreign governments は「映画による外国政府の批判を防止する provision」ということ。2つ目の■の後の文の前半、Filmmakers were prevented from speaking out on the rise of Nazism（ナチス主義の台頭に対して声に出して言うことができなかった）を踏まえると、規則を表す Ⓓ が最も適切。Ⓐ と Ⓒ では意味が通らない。prevented との関連性を考えると、Ⓑ も当てはまらない。

11

正解 Ⓑ   **2 内容不一致**

第5段落によると、米国対パラマウント・ピクチャーズ株式会社での裁判の結果でないものはどれか。
Ⓐ 銀行がその映画会社への融資を減額し始めた。
Ⓑ 俳優たちは、労働組合を結成する必要があった。
Ⓒ 映画会社は劇場の所有を停止しなければならなかった。
Ⓓ 映画は、もはや一括でまとめて売れなくなった。

解説 各選択肢を見てみると、Ⓐ は第4文の a depressing effect on investments from banks（銀行からの融資の抑制効果）に一致する。Ⓒ と Ⓓ は、第3文の the studios had to sell their theaters and were prevented from selling their movies in blocks（映画会社は劇場を売却し、ブロックで映画を販売することができなくなった）にそれぞれ一致する。記述がどこにもない Ⓑ が正解。

12

正解 Ⓓ   **5 語彙**

第5段落の shrink という単語に最も近い意味はどれか。
Ⓐ 〜を遮断する
Ⓑ 〜を連結する

ⓒ ～を急がせる
ⓓ ～を縮小する

解説 shrink は「～を縮ませる」という意味。Many studios were forced to shrink their productions（多くの映画会社は，製作業務を～することを余儀なくされた）という形で使われている。第4文に「その訴訟とテレビの人気増加によって，銀行からの融資は抑制されることとなった」とあるので，ⓓ が適切。同じ第4文には，keep their production and distribution divisions（製作と配給業務を継続する）ことを許されたとあるので，ⓐ は不適切。ⓑ は連結させるような目的語がないので，意味が通らない。ⓒ は裁判の結果から，当てはまらない。

13

正解 1つ目　　　　　　　　　　　　　　　　　　　**8 文挿入**

文中の4つの■のうち，以下の文が入るのに最も適する箇所はどこか。
そのコードは，米国モーションピクチャー協会の当時の会長と同じ名前の「ヘイズ・コード」と呼ばれることもあった。

解説 挿入文の主語が The code で，定冠詞の the がついていることから，code について書かれた文章の後に置かれると判断でき，それに当てはまるのは 1つ目の■。また 1つ目の■の直前の第4段落第2文で，called the Motion Picture Production Code（モーションピクチャー・プロダクションコードと呼ばれる）とあり，挿入文がその呼び名についての説明を追加する形になるので，文脈がつながる。

14

正解 ⓑ ⓒ ⓔ　　　　　　　　　　　　　　　　　**9 要点把握**

本文の簡単なまとめの導入文が下に与えられている。本文の最も重要な考えを述べている選択肢を3つ選んで，要約を完成させよ。いくつかの選択肢は，文章で述べられていないか，もしくは文の重要な考えではないため，要約には含まれない。この問題は2点が与えられる。
20世紀初期の大部分の間，アメリカ映画はスタジオシステムとして知られる独占的な協定によって支配されていた。
ⓐ このシステムを使用していた5つの主要な映画会社のうち最大の企業はメトロ・ゴールドウィン・メイヤーである。
ⓑ スタジオシステムには，製作の管理や競争の制限のために権力を利用する大きな映画会社が関与していた。
ⓒ 映画会社は，従業員のチャンスを制限すること，また望まない映画を劇場が購入するよう脅すことに権力を使用した。
ⓓ 政府の検閲は，監督が製作するのを許される映画の種類を限定するための方法としても使用された。
ⓔ 映画会社を解体し交渉権力を制限する国の訴訟の末に，スタジオシステムは廃止された。
ⓕ アメリカでの支配的枠組みはもはやないが，インドのような他国でそのスタジオシステムは存続している。

解説 それぞれの選択肢を吟味していこう。Ⓐ 第1段落に5つの企業の名前は書かれているが，どれが最大かは記述がない。Ⓑ 第1段落第4文の記述と一致するので正しい。Ⓒ 第2段落第2文および第3段落第1文の記述と合致するので正しい。Ⓓ 第4段落より，「政府の検閲」ではなく，「ヘイズ・コード」のことである。Ⓔ 第5段落第2, 3文と一致するので正しい。Ⓕ「インドのような他国でそのスタジオシステムは存続している」という記述はない。

【全訳】
ハリウッド映画でのスタジオシステム

[1] 1920年代後半の無声映画の終焉から第2次世界大戦終結までの時期は，アメリカの映画製作の黄金時代として知られていた。最もよく知られた映画のいくつかと最も有名な映画スターの何人かは，この時代に存在し，またこの時代に，アメリカと海外の両方で何十年にもわたって存続した基準と型が生み出された。この時代の決定的な特徴はスタジオシステムであり，5大映画会社（20世紀フォックス，RKOピクチャーズ，パラマウント・ピクチャーズ，ワーナー・ブラザーズ，そしてメトロ・ゴールドウィン・メイヤー）の協定が映画業界のあらゆる局面を支配していた。これらの企業は垂直統合，つまり，作品の製作開始から客に鑑賞される時までのあらゆる局面を支配していた。映画会社は製作 ── つまり，脚本，撮影，編集 ── 配給 ── つまり映画のリール印刷と映画館への納品 ── そして露出 ── つまり自前の，この映画会社が所有する劇場での上映を支配していた。アメリカの最も記憶に残る古典映画のいくつかがスタジオシステムのもとで製作されたが，創作活動を圧するような独占構造だったので，1940年代後半に当然ながら廃止されたのであった。

[2] スタジオシステムにおいて実に非難されるべき点は，2, 3の大企業の手中に権力を集中するやり方であった。これらの企業は，他の企業の映画製作を制限するため，そして従業員の選択の権利を制限するために権力を利用した。前者では，そのシステム以外の企業によって製作された映画を上映する独立系の映画館に，人気のある映画を販売することを拒むことによって遂行した。後者では，脚本家，監督，役者，そして撮影スタッフを，就業を制限する長期契約で縛りつけることによって遂行した。もし女優が映画会社と意見が食い違うなら，彼女は契約により他のところでの役を探すことを阻止されてしまった。映画会社が彼女に映画の役を与えなくても，やはり他で仕事を探すことを妨害されたのだ。

[3] 映画会社はまたその立場を利用して，独立系の映画館に対し，上映したいと思わない映画を購入することを強要した。映画会社は映画館に，いわゆる「ブロック」や「抱き合わせ」と呼ばれる形で映画を販売したものだった。ブロックは，豊富な予算で人気のある俳優が主役を演じて作られた評価の高い映画1本と，知名度がより低い俳優が主役を演じ，低予算で作られた「B級映画」を4, 5本という内容であった。評価の高い映画は，十中八九観客を惹き付けるものだったので，映画館は望んでいないB級映画を購入せざるを得なかった。映画会社は，これらのB級映画がどんなに出来の悪いものであっても買い手がつくことを知っていたので，できるだけ安く，そして短期間で製作することを奨励された。映画館は，娯楽性と芸術価値に欠ける低レベルのB級映画を過剰に供給されていた。

[4] 検閲もまた，スタジオシステムが君臨している間は常時厳しかった。1920年代に，物議を

醸した映画 2, 3 本に対しての否定的な反応が, 結果として政府の検閲をもたらすことを懸念し, 映画会社はモーションピクチャー・プロダクションコードと呼ばれる自主規制のガイドライン一式を作成するために結束した。₁₃ そのコードは, 米国モーションピクチャー協会の当時の会長と同じ名前の「ヘイズ・コード」と呼ばれることもあった。これらのガイドラインは, 当初はわいせつなものや露骨な暴力を抑制することを意図していたが, 広範囲にわたる指示と一貫性のない適用で, 多くの表現形式が押しつぶされる結果となった。映画は外国政府を批判できない規定だったため, 映画製作者たちはナチス主義の台頭に対して声に出して言うことができなかった。キスの時間の長さのような, 一見取るに足りないようなことでさえ, 規制されていたのだ。ヘイズ・コードは, 映画でどんな内容が許可されるかについての法律を, 政府が通過させることを見事に阻止したが, しかしながら芸術的な表現を阻み, 映画で取り上げることのできる話題を制限した。

[5] やがて, 連邦政府はスタジオシステムの独占的な性質を認識するようになり, 独占禁止法により映画会社に解散するよう求めた。このことは結局, 1948 年に, 米国対パラマウント・ピクチャーズ株式会社の最高裁訴訟という結果になった。裁判の結果, 映画会社は劇場を売却し, ブロックで映画を販売することができなくなった。映画会社は, 製作と配給の部署の存続を許可されたが, その訴訟とテレビの人気増加によって, 銀行からの融資は抑制されることとなった。多くの映画会社は製作業務を縮小し, 独立系の製作会社に映画製作の仕事を委託することを余儀なくされた。映画業界が組織的な, 非常に大きな転換から回復するのにはほぼ 10 年かかったが, より芸術の自由と表現が認められた, より公平なシステムに変わったのであった。

Word & Phrase Check			
☐ defining	決定的な	☐ integrate	〜を集約する
☐ monopolistic	独占の	☐ dismantle	〜を徐々に廃止する
☐ egregious	甚だしい	☐ leverage	〜を利用する
☐ coerce	〜に強制する	☐ controversial	物議を醸す
☐ relegate	〜を委託する	☐ equitable	公平な

問題 18

Questions **1** – **12**

SKIMMING ⏳5分 ● CD 2-07

Forestry Management

[1]　One third of the Earth's land is covered by forests. Forests, however, are hardly pristine tracts of nature preserved for beauty and their native animal population. Forests are managed to produce the maximum output of timber, firewood and pulpwood. Animal life on the territory is managed as well to maintain output.

[2]　Forests can be divided into three types based on the predominant wood in a given forest. In the north temperate zone, conifers such as pine create softwoods, and the timber produced is suitable for building materials, packaging and paper production. Moderately warmer climates have forests of temperate hardwoods, which are consumed for purposes such as the construction of furniture. Tropical areas have forests of tropical hardwoods. The wood produced in such forests may be exported as teak, mahogany and other high-quality woods.

[3]　Two forest management techniques are employed based on economic factors and other conditions. The cheapest and least disruptive is selective cutting. It starts with a survey of the land to identify trees and predict when each one should be cut for maximum yield. Individual trees are cut leaving gaps in the forest to be filled by natural seeding from nearby trees. Portions of the forest are selectively harvested in a cycle. In a typical situation, the same area will be selectively harvested again 10 years later removing other trees as they reach maximum yield. Selective cutting is normally employed in national parks where forests are maintained for esthetic reasons or on mountain slopes where the forest is needed to keep the soil intact.

[4]　Otherwise, clear-cutting is used. All the trees of an area are cut at the same time, and the land is then replanted. A single species is planted to maximize profits according to growth speed and market value. Trees planted on clear-cut land are very often non-native. Seeds are planted in nurseries and grow two to four years before they are transplanted. After 15 to 25 years, the first cutting will occur when one quarter of the trees are harvested. The cutting has the effect of thinning the forest. Every few years, the thinning process is repeated. Around 30 to 40 years for spruce or pine or 200 years for oak, the forest is ready for clear-cutting. Then, the land is planted for its next crop of managed production.

[5]　When possible, harvested trees are floated to sawmills downstream. This is the cheapest and most traditional form of transport. Some forests may be crossed by roads or rail lines, and moving the timber by truck or rail cars is also possible. Transporting timber by water takes advantage of lakes or rivers near mills for holding

the floating logs until they can be fed into the sawmill.

[6]   Two issues confronting forestry management are the need for biodiversity and climate change due to large-scale deforestation. ■ Biodiversity is the existence of a variety of plant and animal species within a forest. ■ It is necessary not only for ecological reasons, but also to maximize utilization with forestlands producing items such as mushrooms, honey, bamboo, or resins in and around the primary crop of timber. ■ Bees and birds are needed both for insect control and pollination. ■ Some animals such as fish may themselves be a harvestable resource.

[7]   Climate change due to deforestation may affect areas far from the place where the forest was. A significant effect tropical forests have on weather patterns is to redistribute energy through evaporation above forestlands, which then flows toward the poles. With the loss of large parts of the tropical forests, cold weather may become more intense in far areas and the temperature difference between polar and tropical areas would increase.

[8]   Adequate forestry management is not merely producing the wood of the greatest value in the shortest period of time. Nor is it the valuation of wood plus side crops and effects on the animal life of the area. Proper forestry management considers those two factors and goes beyond to look at the impact the forest has on the entire planet, both ecologically and economically.

1 The word pristine in paragraph 1 is closest in meaning to

- Ⓐ original
- Ⓑ unsoiled
- Ⓒ virtuous
- Ⓓ mint

2 What can be inferred about maintaining the production output in paragraph 1?

- Ⓐ It is important to preserve the natural beauty.
- Ⓑ It is necessary to maintain the native animal population.
- Ⓒ The output of timber, firewood and pulpwood is the top priority.
- Ⓓ The management of animal life is one of the keys.

3 The word disruptive in paragraph 3 is closest in meaning to

- Ⓐ addictive
- Ⓑ contaminative
- Ⓒ destructive
- Ⓓ hazardous

4 According to paragraph 3, how are trees harvested in the traditional method normally replaced?

- Ⓐ Seedlings are planted in their places by hand.
- Ⓑ Cuttings are used to grow new trees.
- Ⓒ Trees spread outward from the nursery tree beds.
- Ⓓ Nearby trees drop seeds on the empty ground.

5 Which of the sentences below expresses the essential information in the highlighted sentence in paragraph 4? Incorrect choices change the meaning in important ways or leave out essential information. ⏳ 1 分 20 秒

  Ⓐ Young plants grow in nurseries at first, and then they are transplanted on clear-cut land.
  Ⓑ It takes several years to grow trees before they are transplanted on clear-cut land.
  Ⓒ Seeds were cast on clear-cut land before, but now seedlings are planted.
  Ⓓ Seedlings are needed to grow several years before they are transplanted in nurseries.

6 The phrase **takes advantage of** in paragraph 5 is closest in meaning to ⏳ 30 秒

  Ⓐ tricks
  Ⓑ benefits from
  Ⓒ uses up
  Ⓓ relaxes with

7 According to paragraph 6, which of the followings is true? ⏳ 1 分 10 秒

  Ⓐ Biodiversity makes the land even more profitable.
  Ⓑ Timber crops need every bit of the land in a forest.
  Ⓒ Humans replace bees in pollination of managed forests.
  Ⓓ If biodiversity is achieved, profits will fall.

8 Which sentence best expresses the author's idea in paragraph 7? ⏳ 1 分 10 秒

  Ⓐ Changes in forests impact very distant places.
  Ⓑ Little, if any, evaporation occurs above forests.
  Ⓒ Climate change may make polar and tropical areas swap places.
  Ⓓ With fewer forests, world temperatures become uniform.

9 The word significant in paragraph 7 is closest in meaning to

    Ⓐ historic
    Ⓑ powerful
    Ⓒ intentional
    Ⓓ popular

10 Which of the following is the author's overall opinion in the passage?

    Ⓐ Economic impact only occurs on the particular piece of land.
    Ⓑ Forests must be kept free of insect pests.
    Ⓒ There is no justification for clear-cutting.
    Ⓓ Improving the ecology of the area can be profitable.

11 Look at the four squares [■] that indicate where the following sentence could be added into the passage.

Having multiple crops growing in a single area reduces to a certain extent losses if the primary crop drops in value.

Where would the sentence best fit?

12 **Directions:** Complete the table below by indicating answer choices that explain the two methods of forest management techniques according to the passage. **This question is worth 3 points.**

Selective Cutting	Clear-Cutting
➤	➤
➤	➤
➤	

Ⓐ Native species of trees fill most of the area.
Ⓑ An area is planted with trees from tree beds.
Ⓒ A few species are planted in an area.
Ⓓ Finally, every remaining tree will be cut at the same time.
Ⓔ New trees are seeded naturally.
Ⓕ The area's ecology is not greatly affected.
Ⓖ There are some areas where no trees are planted.

問題 18 解答解説　　　　　　　　　　　　　　　　　　　　　　　•森林経営学

LOGIC NOTE

全訳 ➡ p.310～p.311

メインポイント	economical and ecological perspectives of forestry management
[1]	forests are <u>managed</u>
[2]	3 types of forest: based on ① conifers：north temperate zone ② temperate hardwoods：moderately warmer climate ③ tropical hardwoods：tropical areas
[3]	forest management techniques ① selective cutting　cheapest and least disruptive 　　ex)　national parks（esthetic）， 　　　　　mountain slopes（needed to keep soil）
[4]	② clear cutting 　all are cut at the same time and replanted
[5]	transportation 　ex) by water (cheapest and traditional), 　　　roads, rail lines
[6]	confronting issues 　① biodiversity is necessary 　　※ also important in maximizing utilization
[7]	② climate change ← large-scale deforestation 　may affect far from the place
[8]	adequate forestry management 　= consider both economical and ecological factors

Questions 1 - 12

1

正解　Ⓐ　　　　　　　　　　　　　　　　　　　　　　　5　語彙

第1段落の pristine という単語に最も近い意味はどれか。

Ⓐ　原生の
Ⓑ　汚れていない
Ⓒ　高潔な
Ⓓ　真新しい

304

解説 pristine とは「初期の，元の状態の，(文明などに) 汚されていない」という意味。Ⓐ の original が「元の，初めの」という意味で，pristine に最も近いので，これが正解。Ⓑ の unsoiled の中の soil には「土」という意味の他に「汚す，おとしめる」という動詞の意味がある。unsoiled は「汚されていない」という意味になるが，「元の状態の」という意味合いはないので不適切。Ⓒ の virtuous は「高潔な，徳が高い」という意味で，人や人の行為について用いられるので，この文には合わない。Ⓓ の mint は，名詞の「ミント」の他に形容詞で「未使用の」という意味があるが，これも「元の状態の」ではないので不適切。

2

正解 Ⓓ   ▶ 3 推測

生産高を維持することについて第1段落で示唆されていることは何か。
Ⓐ 自然の景観を守るために重要である。
Ⓑ その土地固有の動物の生息数を維持するために必要である。
Ⓒ 木材，燃料，パルプ材の生産高が最優先事項である。
Ⓓ 生物の管理が鍵の1つである。

解説 選択肢を順に確認する。第1段落第1～2文に，自然の景観や固有の動物の生息数を守ることより，最大限の生産高を確保することが森林管理の目的となっている現状が説明されている。したがって生産高を維持することに Ⓐ と Ⓑ のような関連はない。Ⓒ は第1段落第3文に木材，燃料，パルプ材の生産高を最大限にするために森林が管理されているとあるが，それが最優先事項だとは言っていないので不適。Ⓓ は第1段落最終文に「その領域の動物の生態も，生産高を維持するために同じように管理されている」とあり，動物を管理することが生産高の維持につながると読み取れる。よって Ⓓ が正解。

3

正解 Ⓒ   ▶ 5 語彙

第3段落の disruptive という単語に最も近い意味はどれか。
Ⓐ 癖になる
Ⓑ 汚染する
Ⓒ 破壊的な
Ⓓ 危険な

解説 disruptive とは「破壊を伴う，破壊的な」という意味。Ⓒ の destructive が「破壊的な」という意味で，disruptive に最も近いので，これが正解。Ⓐ の addictive は「癖になる，依存性の」，Ⓑ の contaminative は「(汚物，不純物などで) 汚染する」，Ⓓ の hazardous は，「危険な，有害な」の意味。

4

正解 Ⓓ　　　　　　　　　　　　　　　　　　　　　　**1　内容一致**

第3段落によると，伝統的な手法で伐採される木は，通常どのように入れ替わるか。
Ⓐ　苗木がその場所に人の手によって植えられる。
Ⓑ　新しい木を育てるために，伐採が行われる。
Ⓒ　苗床から木が外に向かって広がっていく。
Ⓓ　近くの木が空いた土地に種を落とす。

解説　設問の harvest は，ここでは cut「〜を伐採する」と同じような意味で使われている。replace は「〜に取り替える」という意味の他動詞。文の主成分は How are trees replaced? であるから，trees がどう［何に］取って替わられるかが問われている。第3段落を読んでいくと，設問は第4文の cut を harvest に，fill を replace に言い換えていることに気づく。このことから，Ⓓ が正解。木材の生産のために伐採した結果，周囲の木の自然なこぼれ種から新しい木が育ち，隙間を埋めるのであるから，Ⓑ は行動と結果が逆である。Ⓐ や Ⓒ のような記述はない。

5

正解 Ⓐ　　　　　　　　　　　　　　　　　　　　　　**7　文書き換え**

第4段落でハイライトされた文の重要な情報を表しているのは以下のうちどれか。不正解の選択肢は，意味を大きく変えるか，もしくは重要な情報を含んでいない。
Ⓐ　若い樹木は，最初は苗床で生長し，その後皆伐された土地に移植される。
Ⓑ　皆伐された土地に移植するまで，樹木を育てるのに数年かかる。
Ⓒ　以前は皆伐された土地に種がまかれていたが，今は苗木が植えられる。
Ⓓ　苗木を苗床に移植する前に，数年かけて育てる必要がある。

解説　ハイライトされた部分は「種は苗床に植えられ，2〜4年育ってから，移植される」という意味。Ⓐ は種の状態から2〜4年間苗床で育つことを at first までの部分で表している。後半の transplanted on clear-cut land については，ハイライト部分には transplanted としか書かれていないが，第4段落第2文から直前の文までの内容から，皆伐された場所への植樹の説明だとわかる。よって Ⓐ が正解。Ⓑ は，苗床で育つことが述べられていないので不適当。Ⓒ はどこにも述べられてない。Ⓓ は，「苗床に」が誤り。

6

正解 Ⓑ　　　　　　　　　　　　　　　　　　　　　　**5　語彙**

第5段落の takes advantage of という語句に最も近い意味はどれか。
Ⓐ　〜をだます
Ⓑ　〜の恩恵を受ける
Ⓒ　〜を使い切る
Ⓓ　〜で和らぐ

解説 take advantage of ~は「~を（最大限に）利用する」という意味の熟語である。この意味に最も近いのは Ⓑ である。文の主語は「水路で木材を運ぶこと」。工場の近くに湖や川があるという条件を運搬だけでなく保管にも利用することを「最大限に利用する」と言っている。Ⓐ は，「（人）をだます」という意味なのでここでは不適。Ⓒ，Ⓓ もこの文脈に合わない。

7

正解 Ⓐ　　　　　　　　　　　　　　　　　　　　　　　　**1 内容一致**

第6段落によると，次のうちどれが正しいか。
- Ⓐ 生物多様性は，その土地にさらなる利益をもたらすことになる。
- Ⓑ 材木の産出は，ある森の土地の隅々までを必要とする。
- Ⓒ 管理された森林での受粉は，人がミツバチに代わって行っている。
- Ⓓ もし生物多様性が達成されれば，利益は落ちる。

解説 第6段落では，the need for biodiversity（生物多様性の必要性）について説明されている。2つ目の■の次の文では，それは「生態学的な理由だけでなく，森林の土地を最大に利用するためにも」必要であると言い，後で具体例を述べている。Ⓐ がこれに最も近い内容を表しており，正解。同じ文の後半 in and around the primary crop of timber からわかるように，別の生産物を材木と同時に産出するためにも生物多様性が必要だと言っているのであり，材木産出のために土地を隅々まで使うということではない。よって，Ⓑ は誤り。Ⓒ は，3つ目の■の次の文の「ミツバチや鳥は害虫の抑制と受粉のために必要である」という記述に反する。第6段落では生物多様性が必要である理由の1つとして，森林を最大限に利用することについて説明しているので，Ⓓ の「利益が落ちる」は論旨にそぐわない。具体例として挙げられている，周辺の副産物，樹木の生長を助けるミツバチや鳥，直接的な生産物としての魚はいずれも利益を上げることにつながるので Ⓓ は誤りである。

8

正解 Ⓐ　　　　　　　　　　　　　　　　　　　　　　　　**1 内容一致**

次のどの文が，第7段落の著者の考えを最もよく表しているか。
- Ⓐ 森林の変化は，非常に遠い場所に影響を与える。
- Ⓑ 森林の上空では，水分の気化はまずめったに起きない。
- Ⓒ 気候の変化によって，極点と熱帯地方が逆転するかもしれない。
- Ⓓ もし森林が少なくなれば，世界の気温が同じになる。

解説 まず Ⓐ から見ていくと，第7段落の冒頭の climate change due to deforestation が changes in forests と言い換えられており，内容が一致する。よって，この Ⓐ が正解。Ⓑ は，第2文の記述である「森林の上空では水分の気化が起きる」という内容に反する。Ⓒ は段落の最後の文の内容と異なる。極点と熱帯雨林の気候が逆転するのではなく，今ある気候の差がより大きくなっていくというのである。Ⓓ のようなことは書かれていない。

9

正解 Ⓑ

5 語彙

第7段落の significant という単語に最も近い意味はどれか。
- Ⓐ 歴史的な
- Ⓑ **力強い**
- Ⓒ 意図的な
- Ⓓ 人気のある

解説 significant は「重大な，著しい」など程度が甚だしく大きいことを表す。これに最も意味が近いのは「強力な，影響力の大きい」といった意味の Ⓑ powerful である。Ⓐ の historic は「歴史的な」という意味だが，現在の影響のことを述べた文なので，significant を「歴史的な」という意味に考えるのは飛躍しすぎである。熱帯雨林という自然物の「影響」についてなので，Ⓒ の intentional（意図的な）は適当ではない。Ⓓ の popular（人気がある，有名な）もまた，熱帯雨林との関係で考えると唐突である。

10

正解 Ⓓ

4 修辞意図

文章にある著者の全般的な意見は，次のうちのどれか。
- Ⓐ 経済的な影響は，ある特定の土地に起きるだけである。
- Ⓑ 森林には害虫が棲まないようにすべきである。
- Ⓒ 皆伐には正当な理由は何もない。
- Ⓓ **その土地の生態系を改善することは利益にもつながる。**

解説 選択肢の内容をそれぞれ考えていこう。まず Ⓐ は，本文最終文で「森林は生態的にも経済的にも地球全体に影響を及ぼす」ことが示唆されているので論旨に合わない。Ⓑ の害虫については，第6段落で「ミツバチや鳥が害虫抑制のために必要」と述べられているだけなので，author's overall opinion と言うには限定的すぎる。Ⓒ の皆伐については第4段落で述べられているが，この方式に対する否定的な記述は文中のどこにもない。Ⓓ は，第6段落で述べられている生物多様性を保つことが「生態系を改善すること」と言い換えられており，それにより森林を有効活用できるという本文の内容に合致する。本文全体を通して筆者は森林管理の意義について述べているので，これが全般的な意見として適切である。

11

正解 3つ目

8 文挿入

文中の4つの■のうち，以下の文が入るのに最も適する箇所はどこか。

1つの地域で多くの種類の生産物を育てることが，もし主要産物の価値が下がったとしても，損失をある程度まで減少させる。

解説 第6段落の冒頭から見ていこう。第1文は森林経営が直面する2つの問題を提示している。この直後の最初の■に挿入文を入れると「複数の生産物を持つこと」という新規の話題

308

集中トレーニング | 問題 18

へのつながりが不自然で，適当でないと判断できる。第2文は1つ目の問題である生物多様性とはどういうことかを端的に説明したもので，この後の2つ目の■に挿入文を入れてみると，やはり「複数の生産物を持つこと」という新規の話題が唐突に思われる。そこで次の文を読むと，「木材という主要生産物とともにきのこや蜂蜜〜などの商品を生産する」という内容が出てくるので，これを Having multiple crops ... と言い換えると流れがよいと判断できる。よって，正解は 3つ目の■である。その後の文では植物から動物へと話題が移っているので，4つ目の■は不適切である。

12

正解　択伐方式　Ⓐ Ⓔ Ⓕ
　　　　皆伐方式　Ⓑ Ⓓ

> 10　要点分類

本文で述べられている2つの森林管理方式を説明した選択肢を示して下の表を完成させよ。この問題は3点が与えられる。

- Ⓐ　その土地のほとんどを固有種の木が占める。
- Ⓑ　ある地域には苗床からの木が植えられる。
- Ⓒ　ある地域には少数の種類が植えられる。
- Ⓓ　最終的に，残った木はすべて同時に切られる。
- Ⓔ　新しい木が自然に実生で生まれる。
- Ⓕ　その土地の生態系は，大きな影響は受けない。
- Ⓖ　木がまったく植えられない地域もある。

解説　それぞれの選択肢の内容を吟味していこう。択伐方式は第3段落，皆伐方式は第4段落で説明されているので，**LOGIC NOTE** を参照するとよい。Ⓐ まず，第4段落第4文より，皆伐方式では多くの場合，固有種でない木が植えられるので当てはまらない。択伐方式は，択伐した後に実が落ちて次の世代の木が育つとある。つまり同じ種類が入れ替わるわけだから，択伐方式に当てはまる。Ⓑ 第4段落第5文より，皆伐方式について述べている文である。選択肢の tree beds は本文の nurseries を言い換えたもの。Ⓒ 択伐方式では人為的な植樹はしない。皆伐方式も第4段落第3文に単一種が植えられるとあるのでこれはどちらにも当てはまらない。Ⓓ 何度か間伐を終えるとすべて一度に切られるのが皆伐方式である。Ⓔ 第3段落第4文より，択伐方式である。Ⓕ 第3段落第2文の「破壊が最も少ない」という記述と合うので，択伐方式である。Ⓖ 植樹についてなので皆伐方式を確認する。第4段落第2文より，伐採後はまた植樹されるので当てはまらない。

【全訳】
森林開発

[1] 　地球の陸地の3分の1は，森林に覆われている。しかしながら，それが景観や原生動物のために保存されている天然の森林地帯であることはほとんどない。木材，燃料，パルプ材などの最大限の生産高を得るために管理されているのである。その領域の動物の生態も，生産高を維持するために同じように管理されている。

[2] 　その森林の中で大勢を占める樹木によって，森は3種類に分けられる。北温帯では，マツのような針葉樹が針葉樹林帯を形成し，そこから生産される木材は，建築材，梱包材，製紙などに適している。温帯地方には温帯広葉樹林があり，それらは家具製作などに使用される。熱帯地方には熱帯広葉樹の森林がある。こうした森林から産出された木材は，チーク，マホガニー，その他の高品質の木材として輸出される。

[3] 　経済的要素と他の条件に基づいて2つの森林管理技術が採用されている。最も費用がかからず破壊が最も少ないのが，択伐方式である。これは，木を見極め，いつそれぞれを伐採すれば最大の生産量が得られるかを予測するために，その地の調査をすることから始まる。それぞれの木を伐採すると森の中に隙間ができ，跡には近くの木から自然に種が落ちて，その隙間を埋めてくれる。森の一部が，定期的に選定されて伐採されていくのである。典型的な方法として，同じ地域で10年ごとに最大の産出に達した木を間引くことで，択伐していくことになる。通常，景観上の理由から森を手入れしている国立公園や，森の土砂が崩れないようにしておく必要がある山の斜面で，この択伐方式が採用されている。

[4] 　その他では，皆伐方式が採られる。ある地域のすべての木を同時に伐採してしまうのである。そして，その地には植樹を施す。生長速度と市場価値に基づいて最大の利益が得られるように，単一の樹種が植えられる。皆伐でできる土地に植えられる木は，そこの固有種でないことが往々にしてある。苗床で実生から2〜4年育て，移植するのである。15年〜25年で最初の伐採が行われ，4分の1が収穫される。この伐採は森林の間伐の効果がある。数年ごとに，こうした間伐が繰り返される。トウヒやマツで30年〜40年くらい，オークで200年くらい経つと，その森は皆伐に適した状態になる。その後，その土地は次の管理生産のために植林がなされるのである。

[5] 　可能であれば，伐採した木は川に浮かべて下流の製材所に運ぶ。これは最も費用がかからず，最も伝統的な輸送方法である。道路や鉄道が通っている森林もあり，そこでは，トラックや列車で木材を運ぶことも可能である。水を使って木材を運ぶ方法では，丸太を製材機にかけるまで，近くの湖や川を有効利用して浮かべておく。

[6] 　森林経営が直面している2つの問題は，生物多様化の必要性と，大規模森林破壊に起因する気候の変化である。生物多様性とは，多種多様な植物と動物が1つの森林の中に生息することを言う。これは，必ずしも生態学上の理由からだけでなく，森の主要生産物である木材とともに，きのこ，蜂蜜，竹，樹脂といった品目も産出するような森林の最大有効活用という面でも必要なことである。11 <u>1つの地域で多くの種類の生産物を育てることが，もし主要産物の価値が下がったとしても，損失をある程度まで減少させる。</u>ミツバチや鳥は，害虫抑制と受粉という両面から必要とされている。魚などの生き物は，それ自体が収穫可能なものとなるかもしれないのである。

[7] 　森林破壊による気候の変化は，その森があったところよりもはるかに遠い場所に影響を及ぼ

す可能性がある。熱帯雨林が気象形態に及ぼす重大な影響は，森林上空での水分気化作用を通じたエネルギーの再分配である。つまり，気化した水分のエネルギーは，極点に向かって流れていくのである。熱帯雨林が大規模に失われれば，遠く離れた地域で寒冷気候はより厳しくなっていき，極点と熱帯地方の寒暖の差が広がっていくことになるであろう。

[8] 適正な森林管理とは，単に最短期間で最大価値の木材を生産するということではない。木に加えて副産物やその地の生物に与える影響を見積もることでもないのである。適切な森林管理とは，こうした2つの要素を考慮し，さらにそれを超えて生態学と経済学の両側面から，森林が地球全体に与える影響を見据えることになる。

Word & Phrase Check

☐ tract	（陸・海などの）広い土地	☐ timber	材木
☐ pulpwood	パルプ材	☐ conifer	針葉樹
☐ softwood	針葉樹，軟材	☐ hardwood	広葉樹，硬材
☐ esthetic	景観に配慮した	☐ intact	無傷の，完全な
☐ nursery	苗床，託児所	☐ sawmill	製材所
☐ biodiversity	生物多様性	☐ deforestation	森林破壊
☐ resin	樹脂，松やに	☐ pollination	受粉

MEMO

確認テスト

第1回

確認テスト
第1回

問題1

SKIMMING ⏳5分 ● CD 2-08

Questions 1 - 12

Ecosystem of the Yellowstone region

[1]　The Yellowstone region, the first national park in North America, is protected and managed to conserve its natural environment. However, wolves there were consciously hunted to extinction. From 1914 to 1926, wolves were actively hunted until the last wolf pack disappeared. At that time, people felt the region would be better off without wolves as one of the main local predators. The expectation was that, without this particular predator, other animals would thrive, and the wildlife of the area would be more abundant.

[2]　The ecological disruption that followed demonstrated the interrelationships among many plant and animal species and the need to rebalance the local ecosystem. In particular, the number of elk, cottonwood trees and wolves needed to be brought back into contact to return the area to normal. In the Yellowstone region, elk are the largest native animals. When wolves were present, the elk were a food source for wolves. ■ Without wolves, the grazing behavior of the elk changed. ■ They were then able to eat the young cottonwoods, willows and berry-producing shrubs on flat land near streams that they preferred. Not only could they stay in the prime area of the small trees and shrubs, their numbers grew until a problem developed. ■ That problem was the destruction of those plant species. ■

[3]　The loss of the small trees and shrubs then meant that habitat for birds was lost. That meant the populations of some insects and fish also went out of balance. By this point, species that had no direct connection to wolves were being significantly affected. The Yellowstone region could not have a balanced ecosystem without wolves. To restore balance, wolves were reintroduced to the Yellowstone region in 1995. This has caused the elk to return to their old grazing behavior. They shifted to grazing on the slopes where they would be safer. In such areas, the return of cottonwoods and shrubs has been less conspicuous. Already the effect on plant life can be seen. Streamside cottonwoods have become more common and are taller. Ground cover of shrubs has increased as well. This has produced a differentiation of the ecosystem with more habitats for birds near streams.

[4]　The overpopulation of elk during the decades of ecological disruption can be understood as a trophic effect or a cascade of changes. With the return of the elk population to a point of balance, a better ecological situation is now close at hand. The return to full ecological balance is still to come in the Yellowstone region. There are many other elements that can effect an ecosystem other than the presence or absence of a large predator. Another significant point is whether or not fires should be stopped when they occur within the Yellowstone region. Efforts are made to stop man-made fires, but natural fires such as those caused by lightning strikes are not put out. Leaving natural fires to burn naturally brings some benefits.

[5]　Until the 1960s, fires were suppressed as much as possible in the region. After this started to change into a policy of conserving the natural environment by utilizing natural fires, an extremely large lightning-strike fire broke out in 1988. Despite the fact that Yellowstone had become overdue for a large fire, and the summer that year was quite dry, many areas did not burn. Within the areas that burned, almost half were simply ground fires that did not burn the trees. Following the fires, plant and tree species re-established themselves quickly, proof that the policy of allowing fires to burn helps to maintain the ecological balance of the region.

[6]　The Yellowstone region is well-studied ecologically and large enough to support an intricate system of plants and animals. As primarily a national park, it is required to be kept in a natural state. However, it is constantly in use as the oldest and most famous national park of the United States. It has over three million visitors a year with the vast majority coming in private cars. Fishing and snowmobiling are just two of the many uses visitors make of the park. Maintaining the park in a natural state, therefore, requires a high level of understanding of how the many environmental elements of the ecosystem relate to one another. That understanding is still something we are developing.

1 The word abundant in paragraph 1 is closest in meaning to　　　⌛ 30 秒

　Ⓐ affluent
　Ⓑ harmless
　Ⓒ peaceful
　Ⓓ vigorous

2 According to paragraph 1, what was the people's attitude toward wolf hunting before wolves disappeared?　　　⌛ 1 分 20 秒

　Ⓐ People were indifferent to wolf hunting.
　Ⓑ People believed wolf hunting would make the Yellowstone region a better place.
　Ⓒ People worried about the extinction of wolves.
　Ⓓ People thought some other animals other than wolves also should be hunted.

3 The word conspicuous in paragraph 3 is closest in meaning to　　　⌛ 30 秒

　Ⓐ noticeable
　Ⓑ preferable
　Ⓒ prevalent
　Ⓓ sufficient

4 According to paragraph 3, when did the elk begin to have predators again?　　　⌛ 1 分 20 秒

　Ⓐ Once the streamside cottonwoods were tall
　Ⓑ As soon as they began grazing near streams
　Ⓒ Near the end of the 20th century
　Ⓓ Before the big fire of 1988

5 Why does the author mention the ground cover of shrubs in paragraph 3?　　　⌛ 1 分 20 秒

　Ⓐ To refute the idea that elk eat cottonwoods
　Ⓑ To suggest where the wolves like to hide
　Ⓒ To explain what cottonwoods look like
　Ⓓ To give a second example of a plant which is recovering

6 When the author says a better ecological situation is close at hand in paragraph 4, he means it

Ⓐ will happen soon
Ⓑ exists in great numbers
Ⓒ can be seen by everyone
Ⓓ is not hard to do

7 What does the author imply in paragraph 5 about the fire of 1988?

Ⓐ Its damage was extremely severe.
Ⓑ Some of its effects were beneficial.
Ⓒ It was caused by careless handling of campfire.
Ⓓ After that, firefighting became aggressive.

8 The word intricate in paragraph 6 is closest in meaning to

Ⓐ sophisticated
Ⓑ comprehensive
Ⓒ complex
Ⓓ vulnerable

9 The word relate in paragraph 6 is closest in meaning to

Ⓐ tell
Ⓑ understand
Ⓒ interact
Ⓓ date

10 According to paragraph 6, what is banned in this area?

Ⓐ No more than one million people may enter.
Ⓑ Fish in streams may not be caught.
Ⓒ People cannot enter the park on snowmobiles.
Ⓓ Nature must not be damaged.

11 Look at the four squares [■] that indicate where the following sentence could be added into the passage.

They no longer went to the slopes above the streams to graze.

Where would the sentence best fit?   ⏳ 1 分 20 秒

12 **Directions:** Complete the table below by indicating answer choices that describes three kinds of animals and plant explained in the passage. **This question is worth 3 points.**

⏳ 3 分 20 秒

Wolves	Elk	Cottonwoods
➤	➤	➤
➤		➤

   Ⓐ Disappeared in the early 20th century
   Ⓑ Enjoyed stable numbers during all decades
   Ⓒ Changed their feeding habits due to the presence or absence of predators
   Ⓓ Still remain significantly out of balance ecologically
   Ⓔ Provide homes for insects which support birds
   Ⓕ Were consciously reintroduced to Yellowstone
   Ⓖ Hardly increased in numbers along slopes

問題 2

SKIMMING ⏳5分 🔴 CD 2-09

Questions 13 - 26

Irish-American Immigration to America

[1]　America's character as a country is largely defined by the millions who over its 200-plus years of history journeyed from abroad to its shores in search of a better life. One of the defining stories of this mass immigration is that of the Irish to the United States. Historically, Irish immigration into the U.S. came in three major waves. The first wave took place in the 18th century and was an influx of affluent Irish Protestants. The second and largest wave of immigrants came in the 19th century and was mostly impoverished, working class, and Catholic. Most of this second wave came as a result of the Great Irish Famine. The third wave of immigrants came from 1900 up through the 1920s to escape Ireland's chronically slumping economy, and were also Catholic. In each wave immigration was a result of political and economic conditions in Ireland. The conditions Irish-Americans found themselves in after they arrived also reflected the political and economic conditions of America at the time.

[2]　The 18th-century Irish immigrants differ most from later immigrants in that they were relatively well off and Protestant. They were mostly seeking greater economic opportunities rather than trying to escape great poverty. A number of these early Irish-Americans would play active roles in the American Revolution and signed the Declaration of Independence and the Constitution. These Protestant Irish-Americans would differentiate themselves from the later Catholic Irish-Americans by sometimes identifying as Scots-Irish or mainly as Protestant Americans rather than as Irish-Americans.

[3]　In the 19th century, around half of the population of Ireland emigrated to the U.S. This is an astounding number that can only be understood by taking a look at what was happening in Ireland at the time. In the 1840s a disease called the potato blight spread across northern Europe decimating the potato crop and killing 100,000 people in countries such as Belgium and Prussia. The disease soon reached Ireland and from 1845 to 1852 the country underwent the Great Famine, which killed 1 million people. Ireland was so disproportionately affected because of its heavy reliance on the potato crop and also due to laws imposed by British rule that made the problem worsen. By the 1850s, nearly 2 million Irish left their homeland for America. They landed in cities such as Boston, Philadelphia, and of course New York. By the end of the 19th century, New York City had a larger Irish population than Dublin.

[4]　While early 20th-century Irish immigrants were not escaping famine, Ireland's

economy was still largely agricultural and there was limited economic opportunity for many. Also, Ireland was engaged in a struggle for independence from the United Kingdom that culminated in a two-year war and the creation of the Republic of Ireland in 1921. This unstable political situation brought over half a million Irish immigrants to the United States in the two decades up to 1920.

[5] ■ As mentioned, the second and third wave of immigrants were Catholic instead of Protestant, and most of them were poor unskilled laborers. Unlike their Protestant predecessors from the 18th century, they were not welcome and would struggle to integrate into American society. ■ Many of them spoke the Irish native language Gaelic or spoke English with a heavy accent that further alienated them from the rest of American society. Because they had little money, they usually settled immediately in the port cities in which they had arrived. ■ Working class non-Irish-Americans in lower paying jobs felt threatened by these Irish newcomers and many cities had anti-Catholic riots and workplaces with signs saying "No Irish need apply". ■ However, many Irish-Americans fought for the United States in the Civil War and would eventually achieve a superior status and greater acceptance compared to other immigrants such as the Chinese railway laborers and African-Americans.

[6] Things slowly got better for Catholic working class Irish-Americans. They would turn their large numbers into a powerful political advantage. By the end of the 19th century, several of America's cities and states would have Irish-American mayors and governors. In cities with large Irish-American populations such as Boston and Chicago, Irish-Americans would become major supporters of the Democratic Party. This would eventually lead to the election of John F. Kennedy as the nation's first Catholic Irish-American President in 1960.

13 According to paragraph 1, which of the following is true about the Protestant Irish?

ⓐ They were mostly working class.
ⓑ They didn't arrive until the 19th century.
ⓒ They were mostly well to do.
ⓓ They came because of famine.

14 The word influx in paragraph 1 is closest in meaning to

ⓐ rush
ⓑ complication
ⓒ mass
ⓓ disease

15 Which of the following is mentioned in paragraph 2 as a reason Irish-Protestants went to America?

　Ⓐ To get away from impoverished conditions
　Ⓑ To take advantage of chances to increase their wealth
　Ⓒ To fight against the British for America's independence
　Ⓓ To separate themselves from the Catholics who controlled Ireland

16 According to paragraph 3, the potato blight hit Ireland particularly hard because

　Ⓐ Ireland was mostly an industrial nation
　Ⓑ European countries were banned from exporting potatoes
　Ⓒ many Irish farmers left for America
　Ⓓ the potato was by far Ireland's most important crop

17 In paragraph 3, the author's description of the Great Famine mentions all of the following EXCEPT

　Ⓐ how many Irish died in the famine
　Ⓑ the number of Irish who migrated to America
　Ⓒ the cause of the famine
　Ⓓ the measures the Irish government took

18 The word **disproportionately** in paragraph 3 is closest in meaning to

　Ⓐ dangerously
　Ⓑ problematically
　Ⓒ excessively
　Ⓓ disgustingly

19 The author mentions Ireland's war for independence in paragraph 4 in order to

　Ⓐ highlight the connection with the American war for independence
　Ⓑ explain why so many Irish Americans fought in the American Civil War
　Ⓒ point out one of the conditions or reasons for continuing Irish immigration
　Ⓓ show that immigration declined once the Irish gained independence

20. The word culminated in paragraph 4 refers to

Ⓐ sparked
Ⓑ reduced
Ⓒ disappeared
Ⓓ resulted in

21. According to paragraph 5, which of the following is NOT true of 19th century and early 20th Irish immigrants?

Ⓐ They largely settled in cities by the sea.
Ⓑ They mostly worked in agriculture.
Ⓒ They struggled to assimilate into American society.
Ⓓ They were mostly inexperienced laborers.

22. Which of the following can be inferred from the passage about America's view of Irish immigrants?

Ⓐ It started positive but became negative after the Civil War.
Ⓑ They would be seen in a favorable way compared to other groups.
Ⓒ Negative images of Irish immigrants persist even today.
Ⓓ Things would only improve for Protestant Irish immigrants.

23. The word alienated in paragraph 5 is closest in meaning to

Ⓐ marginalized
Ⓑ caricatured
Ⓒ denigrated
Ⓓ accentuated

24. According to paragraph 6, Irish-Americans would

Ⓐ come to dominate politics in some cities
Ⓑ become the most economically vibrant ethnicity
Ⓒ oppose the Democratic Party
Ⓓ go back to Ireland in large numbers

25 Look at the four squares [■] that indicate where the following sentence could be added into the passage.

This led to the creation of large, concentrated Irish ghettos with horrid living conditions.

Where would this sentence best fit?　　　　　　　　　　　⧖1分20秒

26 Directions: An introductory sentence for a brief summary of the passage is provided below. Complete the summary by selecting the THREE answer choices that express the most important ideas in the passage. Some sentences do not belong in the summary because they express ideas that are not presented in the passage or are minor ideas in the passage. **This question is worth 2 points.**　⧖2分40秒

Irish-American immigration is a story of overcoming great adversity to forge a better life.

- ◆
- ◆
- ◆

Ⓐ Irish-Americans came to America to escape economic and political hardship in Ireland.
Ⓑ Their difference in language would make it difficult for them to integrate into American society.
Ⓒ It would take electing an Irish-American President in 1960 in order for conditions to improve.
Ⓓ Catholic Irish-Americans had a vastly different experience from their Protestant counterparts.
Ⓔ Many Irish-Americans returned to Ireland once the political and economic situation there improved.
Ⓕ Irish-Americans today are still largely relegated to lower class labor intensive jobs.

問題 3

SKIMMING ⏳5分 🔘 CD 2-10

Questions 27 - 40

Migratory birds increasingly in danger of extinction

[1] Across the world migratory birds are in danger of extinction as changes in the Earth's climate affect their environments. In North America alone, around 350 or almost one-third of migratory birds are on the verge of extinction. Because migratory birds have multiple habitats, sometimes thousands of kilometers apart, efforts to protect migratory birds have to be coordinated between governments and organizations in different parts of the world. This makes protecting migratory birds from extinction a complex global task. Sadly, despite the ongoing predicament and loss of species all over the world, 90 percent of the world's migratory birds are not receiving adequate protection. However, governments, non-governmental organizations (NGOs), and even some private companies are working to protect migratory birds from endangerment and extinction.

[2] Before further discussing the endangerment of migratory animals, it is necessary to clarify the meaning of migration and to explain its components. Animals traveling long distances do not necessarily count as migration. Migration is seasonal long distance traveling for the purpose of moving between breeding and wintering grounds. The breeding ground is where the birds will lay eggs and raise their young until they are mature enough to fly. It is located in cooler climates where during the summer days are longer, it's not too hot, and there is plenty of food. Then before winter comes the birds will take off for warmer climates closer to the equator to escape the freezing cold and for a steady supply of food. This migration is cyclical, meaning it happens again and again every year during a specific season. The main reason birds migrate is to have an adequate supply of food all year round. In fact, some birds will choose not to migrate if there is enough food in their breeding habitat during the winter.

[3] So, what is happening to the habitats of these birds that is putting so many of them at risk for extinction? The main threats to migratory birds are habitat loss and global warming. The places where birds can breed and stay during the winter are being lost to deforestation, farming, and human population growth. In urban areas, man-made obstacles such as tall buildings and powerlines are killing birds that fly into them. Global warming is causing major problems for migratory birds because it is actually changing when the seasons change. For example, since winter is arriving later some birds such as the pied flycatcher are slow to depart for their wintering grounds. By the time they arrive, the caterpillars they were expecting to eat have

already become mature insects. Another threat to migratory birds is being hunted along flyways. Flyways are the established paths that birds take to migrate from habitat to habitat. Since flyways are predictable, many birds are killed as game along these routes.

[4] As mentioned in the beginning, efforts to protect endangered birds are complicated by the fact that migration crosses boarders and any measures taken need to be international. Internationally, migratory birds are protected by treaties such as the Migratory Bird Treaty Act (MBTA) and the African-Eurasian Migratory Waterbird Agreement (AEWA). The MBTA is an agreement between the U.S. and Canada that makes hunting and selling of over 800 migratory bird species illegal. The AEWA was created under the UN's Environment Programme's Convention on Migratory Species. As indicated by its name it aims to protect bird species migrating across Africa-Europe and is much larger and more international in scope.

[5] How exactly are countries working together to protect migratory birds? ■ One example of cooperation that took place in North America was the Trilateral Committee for Wildlife and Ecosystem Conservation and Management between Canada, Mexico, and the U.S. held in 2014 in Ottawa, Canada. ■ Another region where international action is being taken is in the Mediterranean. ■ Here international organizations including NGOs are taking action by fighting against illegal killing of birds, protecting bird resting sites, and working to remove dangerous obstacles such as wind turbines from flyways. ■

27. According to paragraph 1, which of the following is true of migratory birds?

   Ⓐ Their extinction is inevitable.
   Ⓑ Protection efforts must be international.
   Ⓒ Most endangered species are in North America.
   Ⓓ Governments are refusing to cooperate.

28. The word predicament in paragraph 1 is closest in meaning to

   Ⓐ crisis
   Ⓑ measure
   Ⓒ failure
   Ⓓ restriction

29. According to paragraph 2, which of the following is mentioned as a characteristic of migratory birds?

   Ⓐ Birds have irregular migratory schedules.
   Ⓑ Birds migrate mainly in order to escape predators.
   Ⓒ Birds will migrate even when there is enough food.
   Ⓓ Birds migrate to cooler climates to breed.

30. The words its components in paragraph 2 refer to

   Ⓐ animals which are classified as migratory birds
   Ⓑ habitats where migratory birds fly to and from
   Ⓒ the purposes of defining the word migration
   Ⓓ the valid use requirements of the term migration

31. Which of the following can be inferred from paragraph 2 about bird migration?

   Ⓐ Migration habits of birds are hard to change.
   Ⓑ It is logical and is based on survival.
   Ⓒ It varies from species to species.
   Ⓓ It is still largely not understood by researchers.

32 According to paragraph 3, which of the following is NOT a factor in the endangerment of migratory birds?

   Ⓐ Pollution and collision caused by increased air traffic
   Ⓑ Man-made obstacles such as tall buildings
   Ⓒ Hunting of birds along flyways
   Ⓓ Changes in habitat by activities such as logging

33 According to paragraph 3, climate change affects birds' migration by causing

   Ⓐ disruptive weather along flyways
   Ⓑ birds to migrate later due to warmer weather
   Ⓒ the deaths of hatchlings due to a lack of food
   Ⓓ birds to get lost on the way to wintering grounds

34 The author discusses the pied flycatcher in paragraph 3 in order to

   Ⓐ give an example of government protection efforts
   Ⓑ show how climate change affects the food supply of birds
   Ⓒ illustrate how migratory birds change their behavior
   Ⓓ demonstrate the habitat destruction caused by pollution

35 The word predictable in paragraph 3 is closest in meaning to

   Ⓐ foreseeable
   Ⓑ agreeable
   Ⓒ laudable
   Ⓓ tenable

36 The word indicated in paragraph 4 is closest in meaning to

   Ⓐ negated
   Ⓑ enhanced
   Ⓒ reflected
   Ⓓ debated

37 In paragraph 4, the author brings up international treaties as an example of

    Ⓐ the ineffectiveness of measures to protect birds
    Ⓑ the way the issue of bird endangerment is on the verge of being resolved
    Ⓒ governmental efforts, which are better suited to solve the problem than companies
    Ⓓ the complexities involved in protecting migratory birds

38 According to paragraph 5, measures taken to protect birds include

    Ⓐ stricter punishment for illegal bird traders
    Ⓑ breeding programs to increase the number of birds
    Ⓒ getting rid of dangerous man-made objects
    Ⓓ creating a European bird protection committee

39 Look at the four squares [■] that indicate where the following sentence could be added into the passage.

Their discussions led to applying measures to strengthen monitoring of habitats, better tracking of bird migration, and more basic research into the migratory patterns and habits of the various migratory species.

Where would the sentence best fit?

40 **Directions:** An introductory sentence for a brief summary of the passage is provided below. Complete the summary by selecting the THREE answer choices that express the most important ideas in the passage. Some sentences do not belong in the summary because they express ideas that are not presented in the passage or are minor ideas in the passage. **This question is worth 2 points.**　　2分40秒

Migratory birds are in danger and the efforts are undertaken to protect them.

- ◆
- ◆
- ◆

Ⓐ The caterpillars that birds eat are transforming into insects early because of warm weather.
Ⓑ Migratory birds have their habitats destroyed through activities such as farming and logging.
Ⓒ Efforts to protect migratory birds must be coordinated amongst countries to be effective.
Ⓓ Depending on the season, birds migrate to different places for food and to raise their young.
Ⓔ The endangerment of migratory birds is most severe in North America.
Ⓕ Asia countries are modeling their conservation efforts on what is being done in Europe.

確認テスト　第 1 回　解答一覧

問題 1　生態学　Questions 1 - 12

1 Ⓐ　2 Ⓑ　3 Ⓐ　4 Ⓒ　5 Ⓓ

6 Ⓐ　7 Ⓑ　8 Ⓒ　9 Ⓒ　10 Ⓓ

11 2つ目　12 オオカミ　Ⓐ Ⓕ／ヘラジカ　Ⓒ／ハコヤナギ　Ⓔ Ⓖ

問題 2　歴史学　Questions 13 - 26

13 Ⓒ　14 Ⓐ　15 Ⓑ　16 Ⓓ　17 Ⓓ

18 Ⓒ　19 Ⓒ　20 Ⓓ　21 Ⓑ　22 Ⓑ

23 Ⓐ　24 Ⓐ　25 3つ目　26 Ⓐ Ⓑ Ⓓ

問題 3　環境科学　Questions 27 - 40

27 Ⓑ　28 Ⓐ　29 Ⓓ　30 Ⓓ　31 Ⓑ

32 Ⓐ　33 Ⓑ　34 Ⓑ　35 Ⓐ　36 Ⓒ

37 Ⓓ　38 Ⓒ　39 2つ目　40 Ⓑ Ⓒ Ⓓ

確認テスト第1回 | 解説1

| 問題1　解答解説 | ●生態学 |

全訳 ➡ p.336〜p.337

Questions 1 - 12

1

正解 Ⓐ　　　　　　　　　　　　　　　　　　　　　　　5　語彙

第1段落の abundant という単語に最も近い意味はどれか。

Ⓐ 豊富な
Ⓑ 害のない
Ⓒ 平和な
Ⓓ 活力のある

解説　abundant は物が「豊富にある」という意味。この意味に最も近いのはⒶの affluent（豊富な）。Ⓑ の harmless は「害のない」，Ⓒ の peaceful は「平和な，穏やかな」，Ⓓの vigorous は「精力的な，活力のある，よく育つ」といった意味。

2

正解 Ⓑ　　　　　　　　　　　　　　　　　　　　　　　1　内容一致

第1段落によると，オオカミが絶滅する前の人々のオオカミ狩りに対する態度はどのようなものだったか。

Ⓐ オオカミ狩りに無関心だった。
Ⓑ オオカミ狩りによりイエローストーン地域はもっとよい場所になるだろうと信じていた。
Ⓒ オオカミの絶滅を懸念していた。
Ⓓ オオカミ以外の何種類かの動物も狩らねばならないと思った。

解説　第1段落の第2文以降でオオカミが絶滅に至る経緯が説明されている。第4文に「当時，人々はそこに棲む主要な捕食者の1つであるオオカミがいなくなれば，その地域はよりよくなると考えていた」とあり，この内容を言い換えたⒷが正解。Ⓐ 狩りが行われたことについて，第2文で consciously，第3文で actively と述べていることから，人々は無関心ではなかったと言える。Ⓒ 第1段落全体の記述から，オオカミの絶滅を懸念するより，むしろ望んでいたことがわかる。Ⓓ は本文で述べられていない。

確認テスト【1】

331

3

正解 Ⓐ　　　　　　　　　　　　　　　　　　　　　　　　5　語彙

第3段落の conspicuous という単語に最も近い意味はどれか。

Ⓐ 目立つ
Ⓑ 望ましい
Ⓒ 普及している
Ⓓ 十分な

解説　conspicuous は「人目を引く，顕著な」という意味。この意味に最も近いのは Ⓐ の noticeable で「人目を引く，目立つ」といった意味。Ⓑ の preferable は「好ましい」，Ⓒ の prevalent は「流布している，普及している」，Ⓓ の sufficient は「十分な，足りる」という意味。

4

正解 Ⓒ　　　　　　　　　　　　　　　　　　　　　　　　1　内容一致

第3段落によると，ヘラジカが再び捕食者を持つようになったのはいつか。

Ⓐ 小川のほとりのハコヤナギの背が高くなった時
Ⓑ 彼らが小川のほとりで草を食べ始めるとすぐに
Ⓒ 20世紀の終わり近く
Ⓓ 1988年の大きな火事の前

解説　設問文の predators の意味を誤解しないこと。「ヘラジカを食べる存在」であって「ヘラジカが食べる対象」ではない。つまりオオカミを指している。一度姿を消したオオカミが再移入されたのが1995年であると第3段落に書かれている。これが設問文の問うていることである。この1995年を「20世紀の終わり近く」と表現している Ⓒ が正解となる。Ⓐ は第3段落の最後に書かれているが，これはオオカミが再移入されてしばらく経ってからである。Ⓑ は，オオカミが絶滅してからヘラジカが始めたことで，彼らの捕食者であるオオカミの再移入まではずいぶん時間がある。Ⓓ はオオカミの再移入よりも以前のことである。

5

正解 Ⓓ　　　　　　　　　　　　　　　　　　　　　　　　4　修辞意図

著者が第3段落で灌木の地表被覆に言及しているのはなぜか。

Ⓐ ヘラジカがハコヤナギを食べるという考えに反論するため
Ⓑ オオカミがどこに隠れるのを好むかを示唆するため
Ⓒ ハコヤナギがどんな見た目をしているか説明するため
Ⓓ 回復しつつある植物の2つ目の例を挙げるため

解説　まず，設問文にある ground cover of shrubs が出ている部分を探すと，第3段落の最後，「オオカミが再移入され，ヘラジカが食草地を替え，結果として植生が復活してきた」という内容の後にある。川沿いのハコヤナギの変化についての記述に続けて，... has increased as well の as well（〜もまた）と述べていることがポイント。ハコヤナギの他にも回復したものがあ

ることを述べている。したがって Ⓓ が正解。Ⓐ は事実として挙げていることで反論していない。Ⓑ のオオカミの隠れ場所は出てこない。Ⓒ のハコヤナギの見た目については直前に背が高くなったという記述があるが、その描写と灌木の地表被覆を関連付けて述べてはいない。

6

正解　Ⓐ　　　　　　　　　　　　　　　　　　　　　　　　　　　▶ 5　語彙

第4段落で著者が、よりよい生態学的環境が close at hand であると言う時、意味しているのはそれが

- Ⓐ　すぐに起こるということ
- Ⓑ　多数存在しているということ
- Ⓒ　誰でも見ることができるということ
- Ⓓ　難なく行えるということ

解説　close at hand は「すぐ手元に」という意味のイディオムである。選択肢の中で「直近にあること」を意味しているのは「すぐに起きる」という意味の Ⓐ。この表現を含む文の前半の意味は、「ヘラジカの数がバランスのよいところまで戻るのとともに」。主文は「a better ecological situation（よりよい環境状態）となる日も近い」という意味になる。主語が a better ecological situation なので、Ⓑ と Ⓓ は適切ではない。Ⓒ も seen という語が適さない。

7

正解　Ⓑ　　　　　　　　　　　　　　　　　　　　　　　　　　　▶ 3　推測

1988年の火事について著者が第5段落で示唆していることは何か。

- Ⓐ　その損害は極めて重大だった。
- Ⓑ　その結果の中にはよいこともあった。
- Ⓒ　それはキャンプファイヤーの不始末によって起こった。
- Ⓓ　その後、消防活動が盛んになった。

解説　第5段落を見ると、1988年の火事は落雷によるもので、広い地域が燃えたものの、ほとんどは地表が燃えただけで、木が燃えることはあまりなかったと説明している。そして、火事の後、すぐに回復したものも多く、火事は生態系のバランスを立て直すのには役立ったと述べているので、Ⓑ が正解である。Ⓐ、Ⓒ は、これらの説明に反する。Ⓓ はできるだけ消火するという方針を変えたことを説明した第5段落の内容に矛盾する。

8

正解 Ⓒ

> 5 語彙

第6段落の intricate という単語に最も近い意味はどれか。
- Ⓐ 洗練された
- Ⓑ 包括的な
- Ⓒ 複雑な
- Ⓓ 傷つきやすい

解説 intricate は「入り組んだ，複雑な」という意味。この意味に最も近いのは Ⓒ の complex で「入り組んだ，錯綜した」といった意味。Ⓐ の sophisticated は「洗練された」，Ⓑ の comprehensive は「多くのものを含む，包括的な」，Ⓓ の vulnerable は「傷つきやすい，攻撃されやすい」という意味。

9

正解 Ⓒ

> 5 語彙

第6段落の relate という単語に最も近い意味はどれか。
- Ⓐ 口外する，見分ける
- Ⓑ わかる
- Ⓒ 相互に作用する
- Ⓓ 時代遅れになる，デートする

解説 relate は自動詞で「関係がある」という意味。この意味に最も近いのは「互いに影響し合う，相互に作用する」といった意味の Ⓒ interact。relate には「伝える」の意味もあるが，多くの環境的要素が互いに〜という文脈なので Ⓐ の tell「見分ける」は不適。同様に，Ⓑ の understand「わかる」の意味でも使われていない。Ⓓ の date は自動詞では「時代遅れになる，デートする，（back to 〜 で）〜にさかのぼる」などの意味である。

10

正解 Ⓓ

> 1 内容一致

第6段落によると，この地域で禁じられていることは何か。
- Ⓐ 100万人を超える人々が入場してはいけない。
- Ⓑ 小川の魚を捕まえてはいけない。
- Ⓒ 人々はこの公園にスノーモービルで入ってはならない。
- Ⓓ 自然を荒らしてはならない。

解説 ban という表現は本文に使われていないので，本文中に似た表現がないかを判断しよう。第2文に，As primarily a national park, it is required to be kept in a natural state. という表現が出てくる。be required（要求される）ということは，逆の行為は禁止されているということである。この文に書かれた to be kept in a natural state を言い換えた Ⓓ が正解である。

11

正解　2つ目　　　　　　　　　　　　　　　　　　　8　文挿入

文中の4つの■のうち，以下の文が入るのに最も適する箇所はどこか。
彼らはもはや小川を越えて傾斜地まで草を食みには行かなかった。

解説　挿入文の They とは the elk（ヘラジカ）を指すことを押さえた上で順に空所に入れてみよう。なお elk は単複同形である。1つ目の■の前は「ヘラジカはオオカミの食料源だった」ということなので，挿入文の内容につながらない。2つ目の■は前に「ヘラジカの食草行動が変化した」とあり，その後に挿入文を入れると「傾斜地には行かなくなった」が具体的な説明としてつながる。また，その後には「小川のほとりでハコヤナギなどを食べるようになった」と続くので，前後の意味が通る。3つ目の■の前後は a problem, That problem とつながっているので，挿入文の入る余地はない。また，4つ目の■では意味が通じない。

12

正解　オオカミ　Ⓐ Ⓕ　　　　　　　　　　　　　10　要点分類
　　　　ヘラジカ　Ⓒ
　　　　ハコヤナギ　Ⓔ Ⓖ

本文で説明されている3種類の動植物を示して下の表を完成させよ。この問題は3点が与えられる。

Ⓐ　20世紀初めに絶滅した
Ⓑ　すべての10年区間で安定した数に恵まれた
Ⓒ　捕食者がいるかいないかによって食餌行動を変えた
Ⓓ　いまだに生態的安定を大きく逸脱したままである
Ⓔ　鳥類を支える昆虫類に住まいを提供する
Ⓕ　意図的にイエローストーンに再移入された
Ⓖ　傾斜地沿いではほとんど数が増えなかった

解説　Ⓐはオオカミに該当する。第1段落より 1926年に最後の群れが消えたことがわかる。Ⓑ オオカミの絶滅によりヘラジカとハコヤナギの数にも影響が出たのというのが第2段落の主旨。よってどれにも該当しない。Ⓒ はヘラジカに該当。第2段落〜第3段落より，オオカミがいる時は安全な傾斜地の植物を食べ，オオカミがいない時は小川沿いの平地で植物を食べていたことわかる。Ⓓ はどれにも該当しない。第3段落〜第4段落によると，オオカミ，ヘラジカ，ハコヤナギの生態系のバランスは今ほぼ回復していて，大きく崩れてはいない。Ⓔ は第3段落冒頭で述べられている the small trees and shrubs のことで，ハコヤナギに該当する。Ⓕ は第3段落第5文よりオオカミに関する記述である。Ⓖ の傾斜地はヘラジカの食餌行動の説明に出てくる。第3段落後半，オオカミが再移入されてからヘラジカは安全な傾斜地へ食餌場所を移したため，その地でハコヤナギはあまり増えなかったことが述べられている。

【全訳】
イエローストーン地域の生態系

[1] 北アメリカ最初の国立公園，イエローストーン地域は保護され，その自然環境を守るために管理されている。しかしそこにいたオオカミは意識的に狩りが行われ，絶滅させられた。1914年から1926年にかけ，最後の一団が消滅するまで盛んにオオカミ狩りが行われた。当時の人々は，そこに棲む主要な捕食者の1つとしてのオオカミがいなくなれば，その地域はずいぶんよくなるだろうと考えていた。それは，この捕食者がいなくなれば他の動物たちが繁殖し，その地域の野生生物はより豊かになるという期待だったのである。

[2] その後に起きた生態系の断絶は，多くの植物種と動物種の間の相互のつながりや，その地域の生態系の均衡を取り戻す必要性を明らかにしてみせた。特に，この地域を通常に戻すためには，ヘラジカとハコヤナギの木，そしてオオカミの数を，三者が関わりを持つように回復させる必要があった。イエローストーン地域では，ヘラジカがそこに土着の最大の動物である。オオカミがいた時は，ヘラジカはオオカミの食糧源であった。オオカミがいなくなると，ヘラジカの食草行動は変化した。<u>11 彼らはもはや小川を越えて傾斜地まで草を食みには行かなかった。</u>若いハコヤナギの木やヤナギ，彼らが好きな小川に近い平坦な地に生える，ベリー類の実をつける灌木などを食べることができるようになったのである。彼らは若木や灌木のある最適な地域に留まることができただけでなく，ある問題が起きるまで数が増えたのである。その問題というのが，こうした植物種の破壊であった。

[3] 小さな樹木や灌木が失われたことは，つまり，鳥たちの生息環境の喪失を意味した。それは，ある種の昆虫や魚の個体数もまた不均衡に陥ることを意味した。この時点までに，オオカミとは直接の関わりを持たなかった種が，大きく影響を受けつつあったのである。イエローストーン地域は，オオカミなくしては均衡のとれた生態系を保ち得なかったのである。均衡を回復するために，1995年にオオカミがイエローストーン地域に再移入された。これによって，ヘラジカは彼らの以前の食草習慣に戻った。彼らはより安全と思われる傾斜地で草を食むことに切り替えたのである。こうした地域では，ハコヤナギや灌木類の復活はまだあまり目立っていない。植物への影響はすでに見られる。小川沿いのハコヤナギはよりよく見られるようになり，背も高くなった。灌木の土地被覆もまた拡大した。これにより，小川のそばに鳥の棲み処が多くなり，多様性のある生態系を生み出したのである。

[4] 生態系が途絶していた何十年かの間にヘラジカが増えすぎていたことは，栄養作用または変化の連鎖作用として理解することができる。ヘラジカの個体数がバランスのよいところまで戻り，よりよい生態学的状況がすぐ手の届くところに迫っている。しかし，イエローストーン地域における完全なる生態系バランスの回復はまだ訪れていない。大型の捕食者が存在するかしないか以外にも，生態系に影響を与え得る多くのほかの要素がある。もう1つの大きな点は，イエローストーン地域内で火事が起こった場合，それを消すべきか否かである。人間が出した火なら消火の努力をするが，雷の直撃など自然が起こした火事は消さない。自然な火事を自然に燃えるままにさせておくことには，いくつかの利点がある。

[5] 1960年代まで，この地域では火事をできる限り鎮圧してきた。これが自然の火事を利用して自然環境を守る方針に変わり始めた後，1988年に落雷による極めて大規模な火事が発生した。イエローストーンでは長い間大きな火事が起きておらず，しかもその年の夏はかなり乾燥していたにもかかわらず多くの地域は焼け残った。焼けた地域の中でも，ほぼ半分は地表が燃

えたに過ぎず，木々は焼かれなかった。火事の後，植物や樹木類がすぐに，おのずから回復していき，火事が焼くのに任せる方針がその地域の生態バランスを維持することを助けるという証明となった。

[6] イエローストーン地域は，生態学的にもよく研究されており，また動植物の複雑なシステムを支えるほどに広大である。まず第一に国立公園として，自然状態のまま維持されることが求められている。しかし，そこは合衆国で最も古く，また最も有名な国立公園として常に利用されている。年間300万人以上もの訪問者を迎え，その圧倒的多数は自家用車でやって来る。釣りやスノーモービルは，訪問者が公園を利用して行うさまざまな利用法のたった2つにすぎない。それゆえに，この公園を自然状態に保つことは，その生態系の多くの環境的な要因がどれだけ互いに関係しているかについての極めて高い水準の理解を必要とする。その理解は，私たちにはまだ発展途上のものである。

問題2 解答解説　　　　　　　　　　　　　　　　　　　　　　●歴史学

全訳➡p.344〜p.345

Questions 13 - 26

13

正解 Ⓒ　　　　　　　　　　　　　　　　　　　　　　1　内容一致

第1段落によると，プロテスタントのアイルランド人について正しいものはどれか。
Ⓐ　彼らは大部分が労働者階級であった。
Ⓑ　彼らは19世紀に初めてやって来た。
Ⓒ　彼らは大部分が富裕層であった。
Ⓓ　彼らは飢饉のためやって来た。

解説　アイルランド人のプロテスタント教徒について述べられているのは第1段落第4文で，3つの波のうちの1つ目の波だと書かれている。この文に出てくる affluent（裕福な）がⒸの well to do と意味が一致するので，これが正解。また同じく第4文で，The first wave が18世紀に起こったと述べられていることからⒷは当てはまらない。Ⓐの working class は，第5文で，2番目の波の時に上陸したカトリック教徒だったと書かれている。さらに第6文で，その2番目の波が a result of the Great Irish Famine と述べられているので，同じくカトリック教徒についての記述であるとわかることから，Ⓓも誤り。

14

正解 Ⓐ　　　　　　　　　　　　　　　　　　　　　　5　語彙

第1段落の influx という単語に最も近い意味はどれか。
Ⓐ　殺到
Ⓑ　複雑
Ⓒ　集団
Ⓓ　病気

解説　influx は，「流入，殺到」という意味。文の意味は「18世紀に（移民の）最初の波が起こり，裕福なアイルランドのプロテスタント教徒が殺到した」で，大人数のアイルランド人がアメリカに勢いよく流れ込んだ様子を述べている。Ⓐの rush は，「殺到，突入」という意味なので，これが正解。Ⓑの complication は「複雑」，Ⓒの mass は「集団」，Ⓓの disease は「病気」という意味。

15

正解 Ⓑ　　　　　　　　　　　　　　　　　　　　　　1　内容一致

第2段落でアイルランド系プロテスタント教徒がアメリカへ渡った理由として述べられているのはどれか。
Ⓐ　貧困状態から脱出するため
Ⓑ　財産を増やすチャンスを利用するため

338

Ⓒ　アメリカ独立のためにイギリスと戦うため
　Ⓓ　アイルランドを支配していたカトリック教徒から離れるため

解説　第2文で，アイルランド人の移民たちは，ひどい貧困から逃れようとするよりもむしろ greater economic opportunities（さらに大きい経済的なチャンス）を主に探し求めていたと述べられており，Ⓑの increase their wealth（財産を増やす）がその言い換えに当たるので，適切である。Ⓐは第2文の内容と反対のことを述べている。Ⓒアメリカの独立に関しては，移住後に積極的に関わったとはあるが，そのためにアメリカに渡ったのではないので当てはまらない。また，Ⓓの「アイルランドを支配していたカトリック教徒から離れる」という記述もないので不適切。

16

正解　Ⓓ　　　　　　　　　　　　　　　　　　　　　　　　**1　内容一致**

第3段落によると，葉枯れ病がアイルランドで特に深刻に打撃を与えた理由はどれか。
　Ⓐ　アイルランドはほぼ工業国であった
　Ⓑ　ヨーロッパの国々はジャガイモの輸出を禁止されていた
　Ⓒ　多くのアイルランド人の農業従事者がアメリカに渡った
　Ⓓ　ジャガイモは，アイルランドにとって群を抜いて重要な農作物だった

解説　第5文の because 以下がその理由である。「ジャガイモ耕作への依存度が高かったため，またイギリスの支配によって強いられた法律のため問題が悪化した」とあり，前半部分と合致するⒹがふさわしいと判断できる。第1文に「19世紀に，アイルランドの人口の半数ほどがアメリカに移住した。」と述べられているが，農業従事者とは書かれていないので，Ⓒは適切ではない。Ⓐは，第3段落には主要産業に関する記述がなく，第4段落第1文に「20世紀初期，アイルランドの経済は主に農業」とあるので誤り。Ⓑについての記述はどこにもない。

17

正解　Ⓓ　　　　　　　　　　　　　　　　　　　　　　　　**2　内容不一致**

第3段落で，筆者による大飢饉の説明として述べられていないのはどれか。
　Ⓐ　その飢饉で，アイルランド人が何人亡くなったか
　Ⓑ　アメリカに移住したアイルランド人の数
　Ⓒ　飢饉の原因
　Ⓓ　アイルランド政府が講じた対策

解説　第3段落第1文でアメリカに移住したのは half of the population of Ireland（アイルランドの人口の半数）とあるので，Ⓑについて述べられている。また，第4文で「その病（the potato blight）がアイルランドに上陸し，1845年から1852年に国家が大飢饉を被り100万人の人々が亡くなった」と書かれており，ⒶとⒸを説明している。Ⓓについては記述がなく，これが正解だと判断できる。

18

正解 Ⓒ　　　　　　　　　　　　　　　　　　　　　　　　**5　語彙**

第3段落の disproportionately という単語に最も近い意味はどれか。
- Ⓐ 危険に
- Ⓑ 厄介に
- Ⓒ 過度に
- Ⓓ うんざりして

解説　disproportionately は，「過度に，不相応に」という意味で，該当箇所の意味は「アイルランドは過度に影響を受けた」である。proportion は名詞で「つり合い，均衡」という意味。この派生語 proportionately（つり合って）に否定の接頭辞 dis- が付いた形で，つり合いが取れていない状況を指す。第4文で，葉枯れ病の流行と大飢饉で，100万人もの人々が亡くなったと記述されていることから，その影響があまりにも大きかったことがわかり，Ⓒ の excessively が当てはまる。Ⓐ の dangerously は「危険に」，Ⓑ の problematically は「厄介に」，Ⓓ の disgustingly は「うんざりして」という意味である。

19

正解 Ⓒ　　　　　　　　　　　　　　　　　　　　　　　　**4　修辞意図**

第4段落で，筆者はアイルランドの独立戦争について述べているが，その理由はどれか。
- Ⓐ アメリカの独立戦争との関係を強調するため
- Ⓑ 非常に多くのアイルランド系アメリカ人がなぜアメリカの南北戦争で戦ったのかを説明するため
- Ⓒ アイルランド人の移住が続いている状況や理由の1つを指摘するため
- Ⓓ いったんアイルランドが独立を勝ち取ると，移民が減少したことを示すため

解説　まず，第4段落の役割が20世紀初頭の第3の波に関する説明だということを踏まえて考える。独立戦争について述べられているのは，第2文の a two-year war で，この戦争とイギリスからの独立のために，アイルランドは苦闘のさなかにあったことが述べられており，第3文で「この不安定な政治状況が原因で，1920年までの20年間に50万人を超えるアイルランド人がアメリカへ移住した。」とあることから，Ⓒ が正解である。Ⓐ と Ⓑ はアメリカの独立戦争，南北戦争のことを述べており，ふさわしくない。Ⓓ の移民の減少については述べられていないので不適切。

20

正解 Ⓓ　　　　　　　　　　　　　　　　　　　　　　　　**5　語彙**

第4段落の culminated という単語が示しているのはどれか。
- Ⓐ 火花を散らした
- Ⓑ 減少した
- Ⓒ 消えた
- Ⓓ ～という結果になる

解説 culminate は「山場を迎える，頂点に達する，結果的に（〜に）なる」という意味で，当時のイギリスの状況を述べており，Ⓓ の resulted in が同意語。Ⓐ の spark は「火花を散らす」。他動詞で「〜（暴動など）への導火線となる」の意味もあるが，「佳境に入る」といった意味合いは持たない。Ⓑ の reduce は「減少する」，Ⓒ の disappear は「消える」の意味である。

21

正解 Ⓑ　　　　　　　　　　　　　　　　　　　　　　　　　2　内容不一致

第5段落によると，19世紀と20世紀初期のアイルランド人の移民について正しくないものはどれか。
Ⓐ 彼らは主に海の近くの都市に住みついた。
Ⓑ 彼らは大部分が農業に従事した。
Ⓒ 彼らはアメリカ社会に溶け込むことに苦労した。
Ⓓ 彼らは大部分が経験のない労働者であった。

解説 選択肢ごとに見ていくと，Ⓐ の内容は3つ目の■の前の文で，settled immediately in the port cities（即座に港の都市に住みついた），Ⓒ の内容は2つ目の■の前の文で，would struggle to integrate into American society（アメリカ社会に溶け込むことに苦労した），Ⓓ の内容は，1つ目の■の次の文で，poor unskilled laborers（貧しい非熟練の労働者）とあるので，いずれも正しい。Ⓑ について，第4段落に20世紀初頭のアイルランドの経済が農業中心だったとはあるが，アメリカに到達した移民が農業に従事したかどうかは本文では述べられていない。

22

正解 Ⓑ　　　　　　　　　　　　　　　　　　　　　　　　　3　推測

アイルランド人の移民に対するアメリカの意見について，本文から推測されることはどれか。
Ⓐ 最初は好意的だったが，南北戦争後に否定的になった。
Ⓑ 彼らは他のグループに比べて，好ましく見られた。
Ⓒ アイルランド人の移民の否定的なイメージは今日でも続いている。
Ⓓ プロテスタント教徒のアイルランド人の移民のみ状況が改善した。

解説 第5段落の最終文に，多くのアイルランド系アメリカ人が南北戦争で戦い，would eventually achieve a superior status and greater acceptance（最終的に高い地位やより多くの支持を勝ち取った）とある。superior, greater の比較対象として Chinese や African-Americans が挙げられており，多様な人種で構成されるアメリカ社会において，アイルランド系アメリカ人たちは他の移民グループよりも好意的に捉えられていたと推測できる。したがって Ⓑ が正解である。第6段落の第1文で，カトリック教徒で労働者階級のアイルランド系アメリカ人について things slowly got better（状況が徐々に良くなった）と述べられているので，ⒶとⒹ は当てはまらない。さらに第6段落では，アイルランド系アメリカ人の市長，州知事，さらには大統領が誕生していると述べられていることから，Ⓒ は不適切と判断できる。

23

正解 Ⓐ　　　　　　　　　　　　　　　　　　　　**5　語彙**

第5段落の alienated という単語に最も近い意味はどれか。

Ⓐ 〜を排斥した
Ⓑ 〜を風刺した
Ⓒ 〜を傷つけた
Ⓓ 〜を強調した

解説　alienate の意味は「〜を疎外する，孤立させる」。alien には形容詞と名詞があり，「なじみがない」「外国人，宇宙人」という意味があるので，動詞 alienate と合わせて覚えておこう。Ⓐ の marginalize は「〜を主流から排斥する」という意味で，最も適切である。Ⓑ の caricature は「〜を風刺的に描く」，Ⓒ の denigrate は「〜（人格・名誉など）を傷つける」，Ⓓ の accentuate は accent（アクセント，強勢）の動詞形で「〜を強調する」という意味である。

24

正解 Ⓐ　　　　　　　　　　　　　　　　　　　　**1　内容一致**

第6段落によると，アイルランド系アメリカ人がしたことはどれか。

Ⓐ いくつかの都市で政治を支配するようになる
Ⓑ 経済的に最も活気のある民族となる
Ⓒ 民主党と対立する
Ⓓ 大人数でアイルランドに帰国する

解説　第6段落では，カトリック教徒のアイルランド系アメリカ人の状況が徐々に良くなり，19世紀末には，mayors and governors（市長や州知事），1960年には President（大統領）が選出されたことが述べられている。したがって Ⓐ が正解。第4文の後半で，アイルランド系アメリカ人は major supporters of the Democratic Party（民主党の主な支援者）とあるので，Ⓒ は反対の意味。Ⓑ と Ⓓ については記述がないので当てはまらない。

25

正解　3つ目　　　　　　　　　　　　　　　　　　**8　文挿入**

文中の4つの■のうち，以下の文が入るのに最も適する箇所はどこか。

これにより，アイルランド人が1ヵ所に集結した忌まわしい生活条件の，大きなスラム街を作り出すことになった。

解説　文頭の This の内容を把握することが鍵となる。concentrated Irish ghettos（アイルランド人が1ヵ所に集結したスラム街）を作り出した原因が this の内容だと推測できる。3つ目の ■ の前文で they usually settled immediately in the port cities in which they had arrived（彼らはたいてい到着した港町に即座に住み着いた）とあり，This はこの文章の内容を指している。第5段落全体は第2，第3の波のカトリック教徒の，アメリカ社会での地位を説明しており，挿入文はスラム街に関する具体的な事例であるため，段落冒頭の1つ目の■に入る文としては

適さない。2つ目の■の前の文では，This に当たる，特定の地域に集中した原因は述べられていない。4つ目の■の前の文では，都市での排斥運動について説明されており，ある土地に住み着いた理由にはならない。

26

正解 Ⓐ Ⓑ Ⓓ　　　▶ 9　要点把握

本文の簡単なまとめの導入文が下に与えられている。本文の最も重要な考えを述べている選択肢を3つ選んで，要約を完成させよ。いくつかの選択肢は，文章で述べられていないか，もしくは文の重要な考えではないため，要約には含まれない。この問題は2点が与えられる。

アイルランド系アメリカ人の移住は，よりよい人生を築くため大きな逆境を乗り越えた物語である。

- Ⓐ **アイルランド系アメリカ人は，アイルランドでの経済的そして政治的な困難から逃れるためにアメリカにやって来た。**
- Ⓑ **言葉の相違により，彼らがアメリカ社会に溶け込むことは難しかった。**
- Ⓒ 状況を改善するために，1960年にアイルランド系アメリカ人の大統領を選出した。
- Ⓓ **カトリック教徒のアイルランド系アメリカ人は，プロテスタント教徒の人々とは非常に異なる経験をした。**
- Ⓔ いったんアイルランドの政治や経済の状況が改善されると，多くのアイルランド系アメリカ人は帰国した。
- Ⓕ 今日のアイルランド系アメリカ人は，いまだに大部分が下級階級の労働集約型の仕事に追いやられている。

解説　それぞれの選択肢を吟味していこう。Ⓐ 第1段落第8文の記述と合致するので正しい。Ⓑ 第5段落2つ目の■の後の記述と合致するので正しい。Ⓒ「状況を改善するため」という表現が第6段落の記述に反する。Ⓓ 第5段落2つ目の■の前の文の記述と合致する。Ⓔ アイルランド系アメリカ人が母国に帰国したことは述べられていない。Ⓕ 第6段落第1文の記述に反する。

【全訳】
アイルランド系アメリカ人のアメリカへの移住

[1] 国家としてのアメリカの特色は，その200年以上の歴史にわたってよりよい人生を求めて海外からその沿岸へ渡った，何百万人もの人々によって大部分は説明される。この大人数の移民に関する特徴的な物語の1つは，アメリカ合衆国へ渡ったアイルランド人のものである。歴史的に，アイルランド人のアメリカへの移民には3つの大きな波がある。18世紀に最初の波が起こり，裕福なアイルランドのプロテスタント教徒が殺到した。第2の，そして最大の移民の波は19世紀に起こり，多くは貧しい労働者階級のカトリック教徒だった。この2番目の波のほとんどは，アイルランドの大飢饉を受けたものだった。移民の第3の波は，1900年から1920年代まで，アイルランドの慢性的な経済の落ち込みから逃れるためのもので，この時もカトリック教徒であった。それぞれの移民の波は，アイルランドの政治的そして経済的な状況によるものであった。上陸後，アイルランド系アメリカ人が置かれた状況は，当時のアメリカの政治的・経済的状況をも映し出していたのである。

[2] 18世紀のアイルランド人の移民が後の移民とは最も異なっていたのは，彼らが比較的裕福でプロテスタント教徒であるという点においてだった。彼らは，ひどい貧困から逃れようとするよりもむしろ，さらに大きな経済的チャンスを主に探し求めていた。これらの初期のアイルランド系アメリカ人の多くは，アメリカ独立革命に積極的に関わり，アメリカ独立宣言と憲法への署名を行った。これらのプロテスタント教徒のアイルランド系アメリカ人は，時には自らをアイルランド系アメリカ人としてよりもむしろ，スコットランド-アイルランド系，あるいは主にプロテスタント教徒のアメリカ人とみなすことによって，後のカトリック教徒のアイルランド系アメリカ人と区別した。

[3] 19世紀には，アイルランドの人口の半数ほどがアメリカに移住した。これは，当時のアイルランドで起こったことに着目することによってしか理解できない，驚異的な数である。1840年代に，葉枯れ病というジャガイモの病気がヨーロッパ北部で猛威を振るい，ジャガイモの耕作を台なしにし，ベルギーやプロシアのような国々の10万人もの人々を死に至らせた。その病は程なくアイルランドに上陸し，1845年から1852年に国家は大飢饉を被り，100万人の人々が亡くなった。アイルランドは，ジャガイモ耕作への依存度が高かったため，またイギリスの支配によって強いられた法律のため問題が悪化し，過度に影響を受けた。1850年代までには，200万人近くのアイルランド人が祖国を去りアメリカに移住した。彼らはボストン，フィラデルフィア，そして言うまでもなくニューヨークのような都市に上陸した。19世紀の終わりまでに，ニューヨークのアイルランド人の人口はダブリンの人口を上回った。

[4] 20世紀初期，アイルランドの移民が飢饉から脱していない頃，アイルランドの経済はまだ主に農業に依存しており，多くの人々に対し限られた経済的チャンスしかなかった。さらにアイルランドは，イギリスからの独立のために苦闘のさなかにあり，それは2年間の戦争と1921年にアイルランド共和国の建国という結果となった。この不安定な政治状況が原因で，1920年までの20年間に50万人を超えるアイルランド人がアメリカへ移住した。

[5] 先に述べたように，第2，第3の移民の波は，プロテスタントではなくカトリック教徒で，彼らの大部分は貧しい単純労働者であった。18世紀からのプロテスタント教徒の先駆者とは違って，彼らは歓迎されず，アメリカ社会に溶け込むことに苦労した。彼らの多くはアイルランドの母国語のゲール語か，強いなまりの英語を話して，他のアメリカ社会からさらに孤立し

てしまった。彼らはほとんど無一文だったので，彼らはたいてい到着した港町に即座に住み着いた。25 これにより，アイルランド人が1ヵ所に集結した忌まわしい生活条件の，大きなスラム街を作り出すことになった。低賃金の仕事をしている非アイルランド系アメリカ人の労働者階級は，これらのアイルランド人の新参者に脅威を感じ，多くの都市で反カトリック騒動が起こり「アイルランド人の応募お断り」という看板を掲げる職場が現れた。しかしながら多くのアイルランド系アメリカ人は，南北戦争で合衆国側のために戦い，最終的には中国人の鉄道労働者やアフリカ系アメリカ人のような他の移民と比較して，高い地位やより多くの支持を勝ち取った。

[6]　カトリック教徒で労働者階級のアイルランド系アメリカ人の状況は徐々に改善した。彼らは人数の多さを強力な政治的優位に変えたのである。19世紀の終わりまでに，一部のアメリカの都市と州でアイルランド系アメリカ人の市長や州知事が生まれた。ボストンやシカゴのようなアイルランド系アメリカ人の人口が多い都市では，アイルランド系アメリカ人が民主党の主な支援者となった。そしてついには，最初のカトリック教徒のアイルランド系アメリカ人の大統領として，1960年にジョン・F・ケネディが選出されるに至ったのである。

問題3　解答解説　•環境科学

全訳 ➡ p.352〜p.353

Questions 27 - 40

27　正解　Ⓑ　　　　　　　　　　　　　　　　　　　　1　内容一致

第1段落によると，渡り鳥に関して正しいのはどれか。
- Ⓐ　彼らの絶滅は避けがたい。
- Ⓑ　保護の努力は国際的でなければならない。
- Ⓒ　最も危機に瀕する種は北米にいる。
- Ⓓ　政府は協力を拒んでいる。

解説　第1段落では，渡り鳥の危機的な状況，および国際的な協力による保護の必要性が記されている。渡り鳥は危機的な状況にあるが，避けがたいとは述べられていないので，Ⓐは誤り。第3文では，国際的な協力による保護の必要性が指摘されているので，Ⓑが正解。世界中で渡り鳥は絶滅の危機に瀕しているのであり，北米だけが危機という記述はないので，Ⓒは誤り。最終文には政府を含むさまざまな団体に保護の動きがあることが述べられているので，Ⓓは誤り。

28　正解　Ⓐ　　　　　　　　　　　　　　　　　　　　5　語彙

第1段落の predicament という単語に最も近い意味はどれか。
- Ⓐ　危機
- Ⓑ　測定，評定
- Ⓒ　失敗
- Ⓓ　制限，制約

解説　predicament は「苦境」という意味を表す単語。文中では the ongoing predicament and loss of species all over the world のように使われており，loss of species「種の消失」と同列で扱われるような内容で，世界中で進行していることだと考えられる。第1段落は渡り鳥が絶滅の危機に瀕していることについて述べていることから，Ⓐ「危機」が選択できる。Ⓑの measure は「測定」，Ⓒの failure は「失敗」，Ⓓの restriction は「制限」の意味で，いずれも意味が異なる。

29　正解　Ⓓ　　　　　　　　　　　　　　　　　　　　1　内容一致

第2段落によると，渡り鳥の特徴を述べているのはどれか。
- Ⓐ　鳥には不規則な渡りのスケジュールがある。
- Ⓑ　鳥は主として捕食者を避けるために渡りをする。
- Ⓒ　鳥は十分な餌がある時でも渡りをする。

Ⓓ　鳥は繁殖のために涼しい気候のところへ渡る。

解説　第2段落第7文に「渡りは特定の季節に繰り返される」と明示されており，鳥は規則的なスケジュールを持っているとわかるので，Ⓐは誤り。Ⓑのような内容については言及されていない。最終文に，「繁殖地で十分な餌があるならば渡りを選択しない」と記されているので，Ⓒは誤り。第3～5文より，繁殖のために適切な場所（涼しい気候のところ）へ移動するのが渡りの目的の1つなので，Ⓓが正解。

30

正解　Ⓓ　　　　　　　　　　　　　　　　　　　　　　　▶ 6　指示語

第2段落の its components が指しているものはどれか。
Ⓐ　渡り鳥に分類される動物
Ⓑ　渡り鳥が飛来する生息地
Ⓒ　渡りという言葉を定義する目的
Ⓓ　渡りという言葉の正しい使用要件

解説　its components の its を明らかにするために，同じ文の前半を参照すると，「渡り鳥が直面する苦境についてさらに議論する前に」と，いったん話題を転換していることがわかる。続く it is necessary が指す it は to 不定詞で導かれる2つの句で，to clarify the meaning of migration（渡りの意味を明らかにすること）と，to explain its components（その構成要素を説明すること）とある。したがって，前の句の of migration を言い換えた形が its である。また，第2段落全体では，「そもそも渡りとは」という言葉の定義をしている。言葉が持つ components（構成要素）を the valid use requirement（正しい使用要件）と言い換えたⒹが正解。Ⓐ，Ⓑ，Ⓒは its が指すものが異なる。

31

正解　Ⓑ　　　　　　　　　　　　　　　　　　　　　　　▶ 3　推測

鳥の渡りについて，第2段落から推察できることはどれか。
Ⓐ　鳥の渡りという習性は変えることは難しい。
Ⓑ　それは理にかなう行動であり，生き残りのための策である。
Ⓒ　鳥の種によって異なるものである。
Ⓓ　依然として研究者によって十分には理解されていない。

解説　鳥の渡りについて第2段落で述べられているのは，繁殖のためによりよい気候を求め，より豊富な餌のある場所に移動して繁殖活動と越冬をするために渡りをするということ。Ⓑで述べていることに合致するので，これが正解。Ⓐ，Ⓒ，Ⓓに関わることは，第2段落では言及されていない。

32

正解 Ⓐ　　　　　　　　　　　　　　　　　　　　　　　　　**2　内容不一致**

第3段落の記述によると，渡り鳥に危険をもたらす要因とならないのはどれか。

- Ⓐ 航空交通の増加によって起こる環境汚染や衝突
- Ⓑ 高層ビルのような人工の障害物
- Ⓒ 飛行路での鳥の捕獲
- Ⓓ 木材の切り出しのような人の活動による生息地の変化

解説　第3段落では，鳥たちを絶滅の危機に導く生息環境の変化の問題が述べられている。第4文では，Ⓑで述べられている，都市部での高層ビルのような人工的な障害物の危険について触れている。最終文では，Ⓒの飛行路においての捕獲について記されている。第3文では，繁殖でき，冬期に留まれる場所は，森林伐採，農場化，人口の増加により失われつつあると指摘されているので，Ⓓも要因となる。航空交通の増加によって起こる環境汚染や衝突が要因となっているという指摘はないので，Ⓐが正解。

33

正解 Ⓑ　　　　　　　　　　　　　　　　　　　　　　　　　**1　内容一致**

第3段落によると，気候変動が引き起こす鳥の渡りに影響を与えることはどれか。

- Ⓐ 鳥の飛行路の悪天候
- Ⓑ 温暖化により鳥の渡りが遅くなること
- Ⓒ 餌の不足により孵化したばかりのひなが死ぬこと
- Ⓓ 鳥が越冬地への途中で道に迷うこと

解説　この段落で，気候変動がもたらす鳥の渡りへの影響で特に述べられているのは，第2文と第5～7文にある地球温暖化による渡りの遅れである。マダラヒタキを例に挙げて説明されているように，渡りの遅れは餌の確保にも影響するから重大である。したがって，正解はⒷ。Ⓐの内容については，本文に言及されていない。Ⓒは，気候変動によって起こる鳥の移動の遅れの二次的な影響である。Ⓓについてはまったく論じられていない。

34

正解 Ⓑ　　　　　　　　　　　　　　　　　　　　　　　　　**4　修辞意図**

第3段落で著者がマダラヒタキを議論の対象にしている目的は何か。

- Ⓐ 政府による保護の取り組みの例として
- Ⓑ 気候の変化が鳥の餌の供給に与える影響を示すため
- Ⓒ 渡り鳥がどのように行動を変えるか説明するため
- Ⓓ 環境汚染によって引き起こされた生息地の破壊を説明するため

解説　著者は第3段落第6，7文で，温暖化のために鳥の渡りが遅れることの例として，マダラヒタキを挙げている。したがって正解はⒷ。政府による保護についてこの段落では述べられていないので，Ⓐは誤り。Ⓒの「渡り鳥がどのように行動を変えるか説明する」は設問

確認テスト第1回 | 解説3

で問われている内容と無縁ではないが，本文の主眼は「温暖化」なので不適切。Ⓓの「環境汚染による生息地の破壊」も本文の内容からは外れている。

35

正解 Ⓐ　　　　　　　　　　　　　　　　　　　　　　　　**5　語彙**

第3段落のpredictableという単語に最も近い意味はどれか。
- Ⓐ　予見できる
- Ⓑ　同意できる
- Ⓒ　賞賛に値する
- Ⓓ　批判に耐えられる

解説　第3段落では，flyways are predictable の形で使用されており，flyways についてはその前の文にFlyways are the established paths（飛行路は確立した経路）と記されている。この内容から，Ⓑ「同意できる」，Ⓒ「賞賛に値する」，Ⓓ「批判に耐えられる」などは当てはまらないと考えられる。predictable は「予測可能な」という意味で，そのために渡り鳥たちは，この経路沿いの地域で猟の獲物となり，捕まえられてしまう。したがって，最も近い意味の語は「予見できる」の意味のⒶ。pre（前もって）dict（言う），つまり「〜を予言する」という意味の他動詞に –able（…できる）という接尾辞が付いた形。

36

正解 Ⓒ　　　　　　　　　　　　　　　　　　　　　　　　**5　語彙**

第4段落のindicatedという単語に最も近い意味はどれか。
- Ⓐ　否定された
- Ⓑ　高められた
- Ⓒ　反映された
- Ⓓ　議論された

解説　indicate は「示された」という意味。単語が使われている部分は，As indicated by its name（その名前によって〜ように）の形。it aims to protect bird species（それは鳥の保護を目的にする）と続き，it は前文のAEWA（アフリカとユーラシア間の移動性水鳥の保護に関する取り決め）を指す。Ⓒ reflected を「反映された」の意味にとらえて，「AEWA という名前に反映されているように，それは鳥の保護を目的にする」とすると意味が通る。Ⓐ「否定された」，Ⓑ「高められた」，Ⓓ「議論された」はいずれも異なる意味の語なので，誤り。

37

正解 Ⓓ   　　　　　　　　　　　　　　　　　　　▶ 4 　修辞意図

第4段落で，著者は国際条約を何の例として取り上げているか。
- Ⓐ 鳥の保護のために効果的でない手段として
- Ⓑ 危機的状況にある鳥の問題が今にも解決に向かう方法として
- Ⓒ 問題解決のために，企業よりも適切に作用する政府機関の取り組みの例として
- Ⓓ 渡り鳥の保護に関わる複雑さとして

解説　鳥の渡りは国境を越えてなされるため，渡り鳥の保護には国際的な協力が欠かせない。ここに渡り鳥の保護に関わる問題の複雑さがあり，第4段落では，この渡り鳥の危機的な問題への対策としての国際条約が2つ挙げられている。したがって，Ⓓ が正解。Ⓑ も正解に近いが，on the verge of は「今にも〜しようとして」の意味であり，第4段落では，解決までの時間について述べられた記述はないので，誤り。Ⓐ のような内容は本文ではまったく言及されていない。Ⓒ では政府機関と企業との比較を記しているが，本文ではこのような比較をしていないので，誤り。

38

正解 Ⓒ   　　　　　　　　　　　　　　　　　　　▶ 1 　内容一致

第5段落によると，鳥を保護するためにとられた方法を含むのはどれか。
- Ⓐ 違法な鳥の売買をする人に対するより厳しい懲罰
- Ⓑ 鳥の数を増やすための繁殖計画
- Ⓒ 人が作った危険な物体の撤去
- Ⓓ ヨーロッパの鳥獣保護委員会を作ること

解説　第5段落で鳥の保護の具体策として記されていることは，第2文にあるカナダ，メキシコ，アメリカ合衆国間の三ヵ国委員会での議論，2つ目の■以降にある地中海における国際組織による複数の活動である。そのうちの「風力原動機のような危険な障害物を鳥の飛行路から撤去する」ことが Ⓒ に当てはまる。Ⓐ，Ⓑ，Ⓓ も効果的な対策と考えられるが，第5段落では言及されていない。

39

正解　2つ目　　　　　　　　　　　　　　　　　　▶ 8 　文挿入

文中の4つの■のうち，以下の文が入るのに最も適する箇所はどこか。

そこでの議論で，生息地の監視を強化するための基準を適用すること，鳥の渡りをもっと追跡すること，多様な種類の渡り鳥の渡りのパターンと習性に関する，基礎的な研究をさらに進めることなどが導かれた。

解説　1つ目の■は，挿入文の their が指すものがないので，適切ではない。2つ目の■の前では，カナダ，アメリカ合衆国，メキシコの3ヵ国委員会が2014年に開催されたと述べられている。この文では委員会の内容には触れておらず，2つ目の■の後は地中海での国際的な

活動に話題が移ってしまうため，第2文の後に挿入文を続けるのが適切。委員会で議論された内容の詳細となる。挿入文の their は the Trilateral Committee を指す。第3文は国際的な作業が地中海で行われていることを記しているだけで，会議や議論には触れていないので，3つ目の■には入らない。4つ目の■の前も，NGO など国際組織の活動を示しているので，挿入文のような議論の結果の記述にはつながらない。

40

正解 Ⓑ Ⓒ Ⓓ　　　　　　　　　　　　　　　　　　　　　9　要点把握

本文の簡単なまとめの導入文が下に与えられている。本文の最も重要な考えを述べている選択肢を3つ選んで，要約を完成させよ。いくつかの選択肢は，文章で述べられていないか，もしくは文の重要な考えではないため，要約には含まれない。この問題は2点が与えられる。
渡り鳥は危険に瀕しており，彼らを保護するために努力がなされている。
Ⓐ　鳥が食べる毛虫は温暖化のために，早い時期に変態して昆虫になる。
Ⓑ　渡り鳥の生息地は，農耕や木材の切り出しのような活動によって壊されている。
Ⓒ　渡り鳥保護の努力が効果を発するためには，国家間での協力が必要である。
Ⓓ　季節によって，鳥たちは餌を得るため，またひなを育てるために異なる場所へと渡る。
Ⓔ　渡り鳥の危機は北米で最も深刻である。
Ⓕ　アジア諸国では，ヨーロッパでなされていることをモデルとして，渡り鳥保護の取り組みを行っている。

解説　Ⓑ の内容は，第3段落第2，3文で指摘されている。Ⓒ については，第4段落と第5段落で具体的に述べられている。渡り鳥は国境を越えて広範囲を移動するので，国際的な協力，国家を超えた共同作業が欠かせない。Ⓓ については，第2段落で述べられている。渡り鳥は餌を確保し，適さない環境を避けて産卵しひなを育てるために渡りをするのであり，これは本文の主題の1つ。したがって，Ⓑ，Ⓒ，Ⓓ が適切な選択肢。Ⓐ は第3段落第7文に述べられている話題だが，温暖化のために鳥が飛来するのが遅くなるのであって，毛虫が成虫になる時期が早くなるとは述べられていない。第1段落では，渡り鳥の危機は世界的な問題だとあり，その例として北米が挙げられているだけなので，Ⓔ は誤り。アジア諸国での渡り鳥保護の取り組みについては本文で言及されていないので，Ⓕ は誤り。

【全訳】
絶滅の危機が増す渡り鳥

[1] 地球上の気候変動が渡り鳥の生存環境におよぼす影響のために，世界中で渡り鳥は絶滅の危機に瀕している。北米だけでも，およそ 350 種，つまり渡り鳥のほとんど3分の1が絶滅に向かいつつある。渡り鳥は時には数千キロメートルも離れた複数の生息地を持つので，渡り鳥を保護する努力は，世界中の異なる地域の政府およびその他の組織が連携して行う必要がある。このため，渡り鳥を絶滅から保護することは複雑な国際的作業となる。残念なことに，世界中で高まる苦境，種の消失が進んでいるにもかかわらず，世界の渡り鳥の 90 パーセントは適切な保護を受けていない。しかし，政府，非政府機関（NGO），さらにいくつかの私的な企業さえもが，渡り鳥が危機にさらされ絶滅に向かうことから守るために活動している。

[2] 渡り鳥が直面する苦境についてさらに議論する前に，渡りの意味を明らかにし，それに関わる要素を説明しておくことが必要である。動物の長距離移動が，必ずしも渡りとみなされるわけではない。渡りとは，繁殖地と越冬地の間を移動するための季節的な長距離の旅である。繁殖地とは，鳥が卵を産み，ひなを育てて，飛行するのに十分なまでに成熟させる場所である。繁殖地は，夏の間日が長く，あまり暑すぎず，餌が豊富にある涼しい気候の地にある。そして冬が来る前に鳥たちは，凍える寒冷地を避け，餌の安定的な供給のために，赤道に近いより温暖な気候を求めて飛び立つのである。この移動は周期的なもので，つまり渡りは毎年，特定の季節に繰り返されるのである。鳥が渡りをする主要な理由は，一年中十分な量の食料を得るためである。実際，鳥によっては，冬の間，繁殖地に十分な餌があるならば渡りを選択しないこともある。

[3] それでは，これらの鳥の生息地に何が起きて，多くの鳥たちを絶滅の危機に陥れているのか。渡りをする鳥たちの主たる脅威は，生息地の喪失と地球規模の温暖化である。鳥たちが繁殖でき冬期に留まれる場所は，森林伐採，農耕，人口の増加により失われつつある。都市部では，高層ビルや送電線のような人工的な障害物が，飛来してくる鳥の命を奪っている。地球温暖化は，季節が変わる時期を実際に変化させるので，渡り鳥に対する主要な問題となっている。例えば，冬の到来の遅れから，マダラヒタキなどいくつかの鳥は，彼らの冬の居住地へ飛び立つのが遅くなる。彼らが到着するまでに，彼らが餌とするであろう毛虫は，既に成虫になってしまっている。渡り鳥にとってのもう1つの恐怖は，飛行路において捕獲されることである。飛行路は鳥たちが生息地から生息地へと移動するために確立している経路である。飛行路は予測できるため，この経路沿いの獲物として多くの鳥が殺されている。

[4] 最初に述べたように，危機に瀕する鳥を守る努力は，鳥の渡りが国境を越えるという事実と，とられるべき策どもが国際的でなければならない点で複雑である。国際的には，渡り鳥は，渡り鳥条約法（MBTA）やアフリカ・ユーラシアの移動性水鳥の保護に関する取り決め（AEWA）などの条約によって保護されている。MBTA はアメリカ合衆国とカナダ間の合意で，800 種以上の鳥の捕獲や販売を違法とするものである。AEWA は渡り鳥種に関する国連の環境プログラム会議のもとに作られた。その名称に示されるように，この取り決めはアフリカとヨーロッパ間を縦断して移動する渡り鳥種の保護を目的にしており，より規模の大きな，国際的な視点を持つものである。

[5] 渡り鳥の保護のために，国々は実際にはどのように協力活動をしているのだろうか。北米でなされた協力の一例は，野生生物および生態系の保護と管理に関するカナダ，メキシコ，アメ

リカ合衆国間の三ヵ国委員会で，2014年にカナダのオタワで開催された。[39] そこでの議論で，生息地の監視を強化するための基準を適用すること，鳥の渡りをもっと追跡すること，多様な種類の渡り鳥の渡りのパターンと習性に関する，基礎的な研究をさらに進めることなどが導かれた。国際的な活動が実行されているもう1つの地域は地中海である。ここでは，NGOを含む国際組織が，違法な鳥の殺害との戦い，鳥の休息地の保護，風力原動機のような危険な障害物を鳥の飛行路から撤去するなどの活動を行っている。

MEMO

確認テスト

第2回

確認テスト
第2回

問題1

SKIMMING 5分 CD 2-11

Questions 1 - 14

Decimalization of Currency

[1] Nearly every currency in the world today is decimalized, that is, divided into subdivisions that are multiples of ten. This seems obvious, but it is actually a fairly recent international standard, much like the metric system. In ancient cultures and even into the 20th century currencies were divided into more arbitrary units. The Ancient Roman aureus was equal to 25 denarii, the 15th century Spanish peso was equal to eight reals, and in 19th century Siam the tical was equal to four salong. These days most currencies are divided to units 1/100 the value of the base unit such as the Euro, the Mexican peso, and the United States Dollar.

[2] Ancient money was usually subdivided on the basis of the value of the metal in the coin. If a gold coin was seven times as valuable as a silver coin of the same size, then a silver coin might be expressed as worth 1/7th of a gold coin. These conversions could fluctuate with the available supply of these metals. Since finance was the realm of specially trained bankers and merchants who kept up with these markets, it didn't cause much trouble.

[3] However, as the value of money became more abstract and as more common people started to use money instead of bartering, these inconsistent and confusing subdivisions became cumbersome. ■ China had various coins that were decimalized during its history, but these were adopted and abandoned over the course of its many dynasties. ■ Also, these divisions sometimes had more to do with units of weight than money. ■ The Russian ruble was the first currency that is still circulating to be decimalized. ■ In 1704 a decree was issued that a ruble would be worth 100 kopeks.

[4] The United Kingdom was one of the last countries in the world to adopt decimalization in 1971. Up until then the British pound was divided into 20 shillings or 240 pence, making a shilling worth 12 pence. There was also the farthing, four of which made one pence, but it had not been minted since the 1950s. This convoluted system included coins that were worth values of multiple subdivisions, such as the half-crown which was worth two shillings and six pence, equivalent to 1/8th a pound.

356

[5]　This system could rightfully be called confusing, but the British people were used to the way things were when the UK government made the change to bring their country in line with the rest of the world. The government took great pains to educate citizens about the change. Songs were commissioned, including one by popular musician Max Bygraves titled simply "Decimalisation" which used the British spelling of the term. Many television programs were produced to explain the consequences of the new change and introducing the new coins. One program titled "Granny Gets the Point" was specifically targeted at the country's senior citizens, who were the most accustomed to the old system.

[6]　"Decimalisation Day" as it was known, was scheduled for February 15th. February was chosen on account of it being one of the least active months for shopping and banking. Banks were shut down for four days before the switch and to accept shipments of the new coinage. The public education program paid off and the switch occurred without major incident. Some people still asked for prices using the old system, but most were able to make the conversions themselves. Nearly the only problem caused by the switch was a few merchants took the opportunity to raise rates in the hopes that no one would notice.

[7]　The broad, worldwide shift to decimalization has had several benefits in modern life. First is the fact that prices are clearer. They can be notated much more simply and relationships between subdivisions and base units are much easier to calculate. Fewer denominations need to be minted as well, especially compared to systems that had three or more subdivisions. Finally, uniformity across the globe makes it easier for foreign visitors to spend money when visiting a foreign country since they do not need to learn a whole new system.

1 According to paragraph 1, which of the following is mentioned as an example of a decimalized currency? ⏳1分10秒

  Ⓐ The Roman aureus
  Ⓑ The Spanish peso
  Ⓒ The Mexican peso
  Ⓓ The Siamese tical

2 According to paragraph 2, why might the value of a currency's subdivision change? ⏳1分10秒

  Ⓐ Merchants would start to prefer a specific subdivision.
  Ⓑ The relative value of different metals could change.
  Ⓒ A government might change its value via legislation.
  Ⓓ Bankers would have too much of a certain subdivision.

3 The word fluctuate in paragraph 2 is closest in meaning to ⏳30秒

  Ⓐ hinder
  Ⓑ vary
  Ⓒ increase
  Ⓓ qualify

4 According to paragraph 3, what reason does the author imply for the move to decimalized currencies? ⏳1分10秒

  Ⓐ Erratic changes in the value of gold
  Ⓑ Adoption by world's most powerful countries
  Ⓒ Lobbying for the change started by banks
  Ⓓ Convenience of use by the common people

5 Why did the author discuss the monetary system of ancient China in paragraph 3?

Ⓐ To show how ancient civilizations experimented with basing their money on different precious metals
Ⓑ To explain one of the few benefits of having a system that is not decimalized
Ⓒ To reiterate the fact that ancient money systems were based primarily on weight
Ⓓ To mention a precursor to modern decimalized currencies that did not catch on immediately

6 According to paragraph 4, what was true about British coins in 1970?

Ⓐ Some coins included one main unit and one subunit.
Ⓑ The farthing was the smallest coin ever minted.
Ⓒ The first decimalized coins were introduced.
Ⓓ The most valuable coin was the 240 pence coin.

7 The word convoluted in paragraph 4 is closest in meaning to

Ⓐ old-fashioned
Ⓑ valuable
Ⓒ complicated
Ⓓ tangible

8 The word commissioned in paragraph 5 is closest in meaning to

Ⓐ requested
Ⓑ performed
Ⓒ limited
Ⓓ popularized

9. According to paragraph 5, what is one way the British government taught its citizens about the change?

   Ⓐ Via government officials stationed at banks
   Ⓑ By handing out free conversion calculators
   Ⓒ With new classes in public schools
   Ⓓ Through various forms of popular culture

10. The word accustomed in paragraph 5 is closest in meaning to

    Ⓐ justifiable
    Ⓑ habituated
    Ⓒ disappointed
    Ⓓ acceptable

11. According to paragraph 6, which of the following is NOT mentioned as a method the United Kingdom's government used to smooth the transition to a decimalized currency?

    Ⓐ Performing the change during a slow time for commerce
    Ⓑ Allowing financial institutions time to prepare for the switch
    Ⓒ Engaging in broad public education campaigns
    Ⓓ Minting coins showing their value in the old and new systems

12. According to paragraph 6, what was one negative outcome of decimalization in the United Kingdom?

    Ⓐ Shops used the switch to engage in boosting pricing.
    Ⓑ Counterfeit coins were more easily passed off as real.
    Ⓒ People saved old coins instead of exchanging them.
    Ⓓ Very few people used the new system at all.

13 Look at the four squares [■] that indicate where the following sentence could be added into the passage.

Peter the Great undertook the effort as one of his many attempts to modernize the country.

Where would the sentence best fit?　　　　　　　　　　　⧗1分20秒

14 Directions: An introductory sentence for a brief summary of the passage is provided below. Complete the summary by selecting the THREE answer choices that express the most important ideas in the passage. Some sentences do not belong in the summary because they express ideas that are not presented in the passage or are minor ideas in the passage. **This question is worth 2 points.**　⧗2分40秒

Nearly all of today's currencies are decimalized, meaning they can be subdivided into units divisible by ten.

- ◆
- ◆
- ◆

Ⓐ From ancient times the norm was to divide currencies into more arbitrary subdivisions, sometimes based on different metals.
Ⓑ Most of the old currency subdivisions were based on numbers that were considered lucky or holy in their respective cultures.
Ⓒ As more people came to use money, countries adopted the simplified decimalization system.
Ⓓ One example of how complicated pre-decimal systems could be is the British pound, which contained 240 pence.
Ⓔ Efforts at decimalization failed many times before catching on in the 17th century.
Ⓕ Even though decimalized systems are considered easier, it can still take much planning and effort, such as when the United Kingdom switched over in the 1970s.

問題 2

Questions 15 - 28

SKIMMING 5分 CD 2-12

Avocado

[1]　The avocado, *Persea americana*, native to South Central Mexico and Guatemala is found in everything from gourmet French cuisine to sushi today. Most of the world just started to enjoy this fruit regularly in the 1950s, but it was eaten as early back as 10,000 B.C. in the Americas. Although avocados did take a long while to reach mainstream cuisine, they have been popular in tropical areas for several hundred years.

[2]　The big pit, or seed, inside an avocado is used to grow rootstock for a new tree. ■ The actual seed is the result of cross-pollination, so a tree resulting from this will have different characteristics than the tree that the fruit came from. ■ Sometimes trees grown from rootstock will bear fruit, but it can take up to 15 years for the tree to mature and the result may be tasteless fruit or, once again, due to cross-pollination, fruit that does not taste at all like the original. ■ In order to shorten the time and have a sort of cloning effect, most avocado trees are cultivated by grafting a scion, a stem with buds, taken from a tree that has been fruit-producing, to a stem with roots, which can be that rootstock that was homegrown by putting toothpicks in an avocado pit and setting it in water. ■ Once it becomes a mature tree, it can produce up to one million flowers.

[3]　Modern avocados can be divided into three main groups — from Mexico, the West Indies or Guatemala. Within these three groups there are actually thousands of varieties of avocados. The average person is likely to believe that avocados are mostly the same, because only a few varieties are sold commercially. The types from the West Indies are often pale green on the outside. This means that one cannot wait for the fruit to turn black to eat it, as it stays green when ripe. If it were turning black, it would be time to throw it away. One particular trait of avocados is that they do not ripen on the tree. They only start to ripen once they have been picked or fallen off the tree. In fact, some will just remain on the tree for months in their fully formed shape if no one has picked them.

[4]　The best known type, the Hass came to California via Mexico, but it was a descendent of the Guatemalan type. The fact that it can be grown in slightly cooler climates, explains the Hass avocado in California. This is the smallish, thin-skinned avocado that turns black when ripe — the kind available in the local supermarket. The Hass family patented their avocado tree, grafted from the "fuerte" variety in 1935. This was the very first time for a tree to ever receive a patent. Although the Hass

family never made much money from the venture, their name has remained a big part of the avocado business for some 80 years.

[5]　With California so highly identified as the U.S. avocado producer, it is interesting to note that the first place to produce avocados commercially in the U.S. was Florida more than 100 years earlier, in 1833. Florida avocados are the pale green West Indian type that George Washington wrote about from his travels to Barbados in the 1700s. These avocados require a warmer climate than the Mexican or Guatemalan types so they are found at lower elevations. Many of the Guatemalan and Mexican trees thrive in higher, colder places.

[6]　Because of its many choices of elevations, the mountainous Big Island of Hawaii is an avocado paradise. Much like Guatemala, it is possible to find hundreds of varieties of avocados there today. In fact, all three groups of avocados have found their way into the cultivars available in Hawaii. For many years, they were just consumed locally, but the Big Island has started to export its Sharwil variety to other states. Many gourmets prefer the taste of the Sharwil to the Hass.

[7]　Today's avocados have completely lost their borders. These days, Hass trees are a big part of Mexico's export business, so the grafted versions were apparently imported back to Mexico. Hawaii's proud Sharwil variety is a Guatemalan-Mexican crossbreed, but it actually came to Hawaii via Australia. Avocados have not only become more popular around the world, but many have done a good deal of traveling around to become the fruit we eat today.

15 According to paragraph 1, which of the following is true of avocados?

    Ⓐ They are not available in many places.
    Ⓑ They took a long time to become popular.
    Ⓒ They are tough to sell commercially.
    Ⓓ They were found in Mexico recently.

16 The word mainstream in paragraph 1 is closest in meaning to

    Ⓐ available
    Ⓑ current
    Ⓒ primary
    Ⓓ ordinary

17 According to paragraph 2, growing avocados directly from rootstock

    Ⓐ will strengthen the character of the resulting fruit
    Ⓑ takes longer and may not have good results
    Ⓒ should only be done by professional fruit growers
    Ⓓ is best for maintaining the characteristics of the tree

18 The word bear in paragraph 2 is closest in meaning to

    Ⓐ put up with
    Ⓑ produce
    Ⓒ carry the weight of
    Ⓓ take responsibility for

19 The word cultivated in paragraph 2 is closest in meaning to

    Ⓐ promoted
    Ⓑ refined
    Ⓒ chopped
    Ⓓ grown

20 Which of the following can be inferred from paragraph 3?

- Ⓐ West Indies avocados turn black very easily.
- Ⓑ The light green avocados are a better commercial item.
- Ⓒ More Guatemalan avocados should be sold commercially.
- Ⓓ Avocados need to be taken off the trees.

21 In paragraph 4, the author discusses the Hass avocado in order to

- Ⓐ contrast this variety with lesser known ones
- Ⓑ show the variety that most Americans prefer
- Ⓒ describe the background of the best known variety
- Ⓓ explain the necessity of obtaining a patent

22 The word venture in paragraph 4 is closest in meaning to

- Ⓐ project
- Ⓑ journey
- Ⓒ product
- Ⓓ fame

23 Which of the sentences below best expresses the essential information in the highlighted sentence in paragraph 5? Incorrect choices change the meaning in important ways or leave out essential information.

- Ⓐ Avocados can only grow where the weather is warm.
- Ⓑ Avocado grafting should be started on a warm day.
- Ⓒ Mexican avocados can be grown in the mountains.
- Ⓓ West Indian avocados like low, hot places.

24 According to paragraph 6, all of the following are true about avocados in Hawaii EXCEPT

- Ⓐ they grow at many different elevations
- Ⓑ the West Indies type is the most popular
- Ⓒ they are popular among certain food lovers
- Ⓓ they are sometimes sent to other states

25. According to paragraph 7, which of the following is inferred?

    Ⓐ Hawaii will overtake California in production.
    Ⓑ Avocados have been moved around extensively.
    Ⓒ Hass trees are more common outside of California.
    Ⓓ It is important to know which avocados are which.

26. The word deal in paragraph 7 is closest in meaning to

    Ⓐ portion
    Ⓑ trade
    Ⓒ contract
    Ⓓ negotiation

27. Look at the four squares [■] that indicate where the following sentence could be added into the passage.

    Roots and stems should start to sprout in two to six weeks.

    Where would the sentence best fit?

28 **Directions:** An introductory sentence for a brief summary of the passage is provided below. Complete the summary by selecting the THREE answer choices that express the most important ideas in the passage. Some sentences do not belong in the summary because they express ideas that are not presented in the passage or are minor ideas in the passage. **This question is worth 2 points.**　⧖ 2 分 40 秒

Avocados have a long history that involves cross-pollination and international travel and has created thousands of varieties.

```
◆
◆
◆
```

Ⓐ The Hass is an example of a variety that both in part came from and then went back to Mexico.
Ⓑ Since grafting creates better trees faster, most successful avocados spread from this method.
Ⓒ The Hass avocado was the first tree to ever receive a U.S. patent.
Ⓓ Mature avocado trees can produce as many as one million flowers.
Ⓔ Many different types went to places like Hawaii and evolved into even more varieties.
Ⓕ An avocado tree can be started from a store-bought avocado pit.

問題 3

Questions 29 - 42

SKIMMING 5分 CD 2-13

Memorization

[1]　Education used to be synonymous with rote memorization. We believed that the best way to truly know something was to repeat it, to memorize it, to know it perfectly. We used expressions such as "know something backwards and forwards" and "practice makes perfect." Today, however, education challenges this model.

[2]　To be prepared for real life today, we don't often need to know everything from memory. We need to be able to use what we know and access resources to find out what we don't. Learning expert Linda Darling-Hammond, of Stanford University, points out that memorizing information is not the same as learning it. She says focusing on memorization later causes students to lose most of what they thought they had learned. She worries that memorization does not encourage students to think about, talk about or use what they have studied.

[3]　Schools today are moving away from memorization. ■ Students are engaged in projects that attempt to make learning not just about what facts they know but what they can do with those facts. ■ One term for this is "deeper learning." ■ In a deeper learning situation, students use what they've studied to do something further. This is also referred to as critical thinking or problem-solving. In some situations, students may read about how to build something and then try to build a better version of it using problem-solving skills. ■

[4]　This all poses new challenges for modern educators. Rather than producing students knowledgeable of the facts, today's instructors need to equip their students with the tools to reason, solve problems and apply what they've learned to real world situations. Darling-Hammond was one of a team of experts asked to identify the competencies that are necessary for developing deeper learning skills. The team came up with following three skills: thinking and reasoning, managing behavior and emotions and the ability to articulate ideas and communicate properly.

[5]　The benefits of deeper learning can't be overstated. A recent report on schools using deeper learning, conducted by the American Institute for Research, found that these students were more likely to graduate from high school on time and that even the lower achievers often continued onto postsecondary education. Overall, students in deeper learning programs had higher academic achievements, meaning they scored better on traditional tests. In addition to this, they were able to demonstrate complex thinking, communicate and get along well socially.

[6]　Do these trends indicate that rote memorization can be completely eliminated?

While it surely does deserve to be rethought, memorization is important to some degree. Some jobs require memorization. A doctor can always look up how much medicine to prescribe, but it would be a disaster if a surgeon hadn't mastered exactly where to make the incision when cutting a patient open. Actors need to learn all the lines of a play before the performance. Religious leaders are often expected to quote lines of holy texts verbatim.

[7] When memorization is required, it helps to understand how the brain works. Most people believe if they keep repeating information they will eventually remember it. Rather than repetition, the brain does better when it recalls something. To remember the brain needs to send signals down pathways that connect to other pathways that make up the memory. The more a certain web of pathways is used the more the memory will be strong. Repeating something may not create the full web that the brain needs, but recalling or triggering something can accomplish this task. There are a variety of methods people can use to remind themselves of something including key words, notes, etc. A trick for memorizing lines is to write the first letter of each word only and practice recalling it from those cues.

[8] Once again, however, how often are the exact words necessary? Even religious leaders are reciting translations of ancient texts, so if all the ideas are present, the actual translation may be unnecessary. Actors are also encouraged to slightly change lines to make them their own. Even in these professions that were traditionally taught to memorize, memorization is not as important as it used to be. As deeper learning emerges as a big player in education rote memorization is likely to become even less common. Perhaps, one day, standardized tests will query the comprehension of concepts over facts.

29. According to paragraph 1, education

    Ⓐ used to focus a lot on perfect memorization
    Ⓑ tends to repeat the same mistakes over and over
    Ⓒ needs to keep following a very simple model
    Ⓓ has to stop moving backwards to make progress

30. The word challenges in paragraph 1 is closest in meaning to

    Ⓐ demands
    Ⓑ proves
    Ⓒ invites
    Ⓓ questions

31. According to paragraph 2, all of the following are true about learning and our lives today EXCEPT

    Ⓐ we don't need to do so many things from memory
    Ⓑ memorizing is the best way to access important resources
    Ⓒ students often tend to forget what they have memorized
    Ⓓ memorizing and learning are two different things

32. In paragraph 3 the author implies that

    Ⓐ deeper learning is a valuable tool for adults, too
    Ⓑ the education system is looking beyond memorization
    Ⓒ all students should try to build something with their class
    Ⓓ deeper learning and critical thinking are very different concepts

33. The word equip in paragraph 4 is closest in meaning to

    Ⓐ require
    Ⓑ furnish
    Ⓒ reply
    Ⓓ extend

34 Which of the sentences below expresses the essential information in the highlighted sentence in paragraph 4? Incorrect choices change the meaning in important ways or leave out essential information.

Ⓐ Darling-Hammond was involved with a group of deeper learning specialists.
Ⓑ Darling-Hammond and her colleagues determined the requirements for deeper learning abilities.
Ⓒ Darling-Hammond and her colleagues had different ideas about what it took to achieve deeper learning.
Ⓓ Darling-Hammond and her team debated the definition of deeper learning skills with schoolteachers.

35 The author discusses "deeper learning" in paragraph 5

Ⓐ to contrast new learning methods with memorization
Ⓑ to show how intelligent some of today's students are
Ⓒ to describe the motivation of students to work on tasks
Ⓓ to explain the issues students may have with problem-solving

36 In paragraph 6, the author implies that

Ⓐ Memorization still has some role to play.
Ⓑ Doctors are often good at memorization.
Ⓒ There are few jobs where memorization is useful.
Ⓓ It is important to memorize to get a degree.

37 The word deserve in paragraph 6 is closest in meaning to

Ⓐ accept
Ⓑ construct
Ⓒ relate
Ⓓ merit

38 The word accomplish in paragraph 7 is closest in meaning to

    Ⓐ achieve
    Ⓑ admit
    Ⓒ contact
    Ⓓ decrease

39 According to paragraph 7, a good way to learn lines is

    Ⓐ think about the story or logic behind it
    Ⓑ repeat them over and over to yourself
    Ⓒ try to recall the words from just the first letter
    Ⓓ create a diagram and remember it like a picture

40 The word reciting in paragraph 8 is closest in meaning to

    Ⓐ perceiving
    Ⓑ recounting
    Ⓒ recalling
    Ⓓ insisting

41 Look at the four squares [■] that indicate where the following sentence could be added into the passage.

In addition to learning how to address problems and carrying out tasks, this may help students be more social and get along with peers.

Where would the sentence best fit?

42 Directions: An introductory sentence for a brief summary of the passage is provided below. Complete the summary by selecting the THREE answer choices that express the most important ideas in the passage. Some sentences do not belong in the summary because they express ideas that are not presented in the passage or are minor ideas in the passage. **This question is worth 2 points.**　⌛2分40秒

Memorization is playing a less important role in modern educational thought.

- ◆
- ◆
- ◆

Ⓐ Many of today's students are learning how to reason, solve problems and apply their knowledge to real cases.
Ⓑ Even doctors do not need to memorize all the information involved in their jobs.
Ⓒ Linda Darling-Hammond was part of a team that looked at deeper learning closely.
Ⓓ Deeper learning is connected to developing a career path for children.
Ⓔ Despite the trend, rote memorization is still necessary to some extent.
Ⓕ Rather than just remembering facts, it is a better learning experience to be able to do something with the facts they know.

確認テスト 第2回 解答一覧

問題 1　経済史　Questions 1 - 14

1 Ⓒ　2 Ⓑ　3 Ⓑ　4 Ⓓ　5 Ⓓ

6 Ⓐ　7 Ⓒ　8 Ⓐ　9 Ⓓ　10 Ⓑ

11 Ⓓ　12 Ⓐ　13 3つ目　14 ⒶⒸⒻ

問題 2　園芸学　Questions 15 - 28

15 Ⓑ　16 Ⓓ　17 Ⓑ　18 Ⓑ　19 Ⓓ

20 Ⓓ　21 Ⓒ　22 Ⓐ　23 Ⓓ　24 Ⓑ

25 Ⓑ　26 Ⓐ　27 4つ目　28 ⒶⒷⒺ

問題 3　教育学　Questions 29 - 42

29 Ⓐ　30 Ⓓ　31 Ⓑ　32 Ⓑ　33 Ⓑ

34 Ⓑ　35 Ⓐ　36 Ⓐ　37 Ⓓ　38 Ⓐ

39 Ⓒ　40 Ⓑ　41 4つ目　42 ⒶⒺⒻ

確認テスト第2回 | 解説1

問題1　解答解説　●経済史

全訳 ➡ p.380～p.381

Questions **1** - **14**

1

正解 Ⓒ　　　　　　　　　　　　　　　　　　　　　**1** 内容一致

第1段落によれば，次のうちどれが，10進法化した通貨の例として述べられているか。

- Ⓐ ローマのアウレウス
- Ⓑ スペインのペソ
- Ⓒ メキシコのペソ
- Ⓓ シャムのティカル

解説　第1段落の最終文に These days most currencies are divided to units 1/100 the value of the base unit such as the Euro, the Mexican peso, and the United States Dollar. とある。この中に含まれているのは Ⓒ である。Ⓐ アウレウスは25デナリウスに等しいとある。Ⓑ スペインのペソは8リアルと等価，Ⓓ シャムのティカルは4サロングと等価だった。いずれも10進法ではない。

2

正解 Ⓑ　　　　　　　　　　　　　　　　　　　　　**1** 内容一致

第2段落によれば，なぜ通貨の下位単位の価値は変わるかもしれないのか。

- Ⓐ 商人たちが特定の細分を好み始める。
- Ⓑ 異なる金属の相対的価値が変化する。
- Ⓒ 政府が法律でその価値を変えるかもしれない。
- Ⓓ 銀行家たちはある特定の下位単位を持ちすぎている。

解説　第3文に These conversions could fluctuate with the available supply of these metals. とある。「こうした換算は，それらの金属の有効供給量で変動する可能性がある」の意味なので Ⓑ が正解となる。Ⓐ 商人たちは金融を専門にしていたが，換算の基準を変動させるとは述べられていないので，誤り。Ⓒ 政府が価値を変えるという記述はないので，誤り。Ⓓ 銀行家が特定の下位単位を持っているとは述べられていない。

3

正解 Ⓑ　　　　　　　　　　　　　　　　　　　　　**5** 語彙

第2段落の fluctuate という単語の意味に最も近いのはどれか。

- Ⓐ 邪魔をする
- Ⓑ 変わる
- Ⓒ 増やす
- Ⓓ 資格を得る

375

解説 第2段落を初めから読んでいくと，古代の貨幣価値が硬貨に含まれている金属の価値に基づいて細分されている，ということが説明されている。金貨1枚が銀貨7枚と等価なら，銀貨は金貨の7分の1となる。fluctuate が使われている文の意味は「そうした換算は，それらの金属の有効な供給量によって…する可能性がある」。金の供給量が少なくなれば金貨の価値も上がり，供給量が多くなれば，金貨の価値も下がると考えられるので，「供給量によって換算が変動する可能性がある」と考えるのが自然。したがって，⑧の「変わる」が正解となる。④は「邪魔をする」という意味なので，文の意味が通じない。◎は「増やす，増える」で「換算が増える」では意味を成さない。⑩「資格を得る」も金属の有効供給量には関係がないので，除外できる。

4

正解 ⑩　　　　　　　　　　　　　　　　　　　　　　　　3　推測

第3段落によれば，著者は10進法化された通貨への移行にはどのような理由があると示唆しているか。
- ④ 金の価値の不定期な変化
- ⑧ 世界の最も強力な国々による採用
- ◎ 銀行家からの変更に対する圧力
- ⑩ 一般の人々による使用の利便性

解説 第1文に as the value of money became more abstract and as more common people started to use money instead of bartering（お金の価値がより抽象的になり，より多くの一般の人々が物々交換の代わりに金を使い始めるにつれ）とある。この内容に一致するのは⑩。④ 金の価値については，この段落では述べられていない。同じく，世界の強力な国に関しても言及はないので，⑧は除外できる。◎ 銀行家からの圧力についても記述はない。

5

正解 ⑩　　　　　　　　　　　　　　　　　　　　　　　　4　修辞意図

第3段落で古代中国の貨幣システムについて著者が述べたのはなぜか。
- ④ 古代文明がどのように異なる貴金属での貨幣作りを試したかを示すため
- ⑧ 10進法化されていないシステムを持つことの数少ない利点の1つを説明するため
- ◎ 古代の貨幣システムは主に重さに基づいていたという事実を繰り返すため
- ⑩ すぐには受け入れられなかった，現代的な10進法化した通貨の先駆けに触れるため

解説 中国の長い歴史の間に，多くの王朝が10進法の硬貨を使っては止めたりを繰り返したと説明している。これは10進法の硬貨が定着するには長い時間がかかったという意味である。したがって，この内容に一致する⑩が正解となる。④ 異なる金属については触れていない。⑧ 10進法ではないシステムのメリットについては述べていない。◎ 古代の貨幣価値が主に重さに基づいていたことはこの段落で初めて述べられていることで，「繰り返すため」が誤り。また，中国の貨幣システムと「重さの単位に関係していた」ことに関連はなく，いずれも，

376

世界史における通貨の 10 進法化において，試行錯誤が繰り返されたことの例として挙げられている。

6

正解 Ⓐ　　　　　　　　　　　　　　　　　　　　　　　　　1　内容一致

第4段落によれば，1970 年の英国の硬貨について正しいのはどれか。
- Ⓐ 硬貨の中には主たる単位 1 つと副次的単位 1 つを持つものがあった。
- Ⓑ ファージングは細分化された最も小さい硬貨だった。
- Ⓒ 初めて 10 進法化された硬貨が紹介された。
- Ⓓ 最も価値ある硬貨は 240 ペンス硬貨だった。

解説　第 2 文でポンドの下位に，シリング，ペンスがあると説明し，さらに最終文で半クラウンが 2 シリング 6 ペンスに相当すると説明している。この内容は Ⓐ に一致する。but it had not been minted since the 1950s とあるので，ファージングは 1950 年から鋳造されていない。したがって，Ⓑ は除外できる。英国の 10 進法化は 1971 年なので，Ⓒ も除外できる。Ⓓ 240 ペンス硬貨があるとは述べていない。

7

正解 Ⓒ　　　　　　　　　　　　　　　　　　　　　　　　　5　語彙

第4段落の convoluted という単語の意味に最も近いのはどれか。
- Ⓐ 旧式の
- Ⓑ 価値がある
- Ⓒ 複雑な
- Ⓓ 明確な

解説　文の後半は「2 シリング 6 ペンスの価値がある半クラウンが 8 分の 1 ポンドに相当する」という例を使い，「多様な下位価値の硬貨もあった」と説明している。このシステムを何と表現すればよいかを考える。すると「複雑な」システムだと述べているのだろうと見当をつけられる。したがって，Ⓒ が正解となる。Ⓐ「旧式」とは述べていない。Ⓑ「価値がある」とは述べていない。Ⓓ「明確な」システムとは言えないので，除外できる。

8

正解 Ⓐ　　　　　　　　　　　　　　　　　　　　　　　　　5　語彙

第5段落の commissioned という単語の意味に最も近いのはどれか。
- Ⓐ 依頼された
- Ⓑ 演奏された
- Ⓒ 制限された
- Ⓓ 世に広められた

解説 単語は Songs were commissioned, including one by popular musician ... という文中で使われている。1つ前の文では政府が10進法移行を人々に教えるためにさまざまな方策を取ったと説明されているので、いろいろな歌が「発注された」と考えるのが自然。したがって最も意味の近い Ⓐ が正解となる。Ⓑ「歌が演奏された」は不適。Ⓒ「歌が制限された」では全く意味が通じない。Ⓓ「歌が広められた」では、少し意味が弱いので、不適切。

9

正解 Ⓓ　　　　　　　　　　　　　　　　　　　　　　　　　　1　内容一致

第5段落によると、英国政府が変化について国民に教えた方法の1つはどれか。
- Ⓐ 銀行に駐在した政府役人を通じて
- Ⓑ 無料の換算計算器を配ることで
- Ⓒ 公立学校の新しい授業で
- Ⓓ さまざまな形の大衆文化を通じて

解説 歌を発注し、テレビ番組を作ったりして国民を教育した、と述べられている。これに一致する Ⓓ が正解となる。Ⓐ 政府役人についての記述はない。Ⓑ 換算計算器に関する記述もないので、除外できる。Ⓒ 学校で教えたとは述べていないので、不適切。

10

正解 Ⓑ　　　　　　　　　　　　　　　　　　　　　　　　　　5　語彙

第5段落の accustomed という単語の意味に最も近いのはどれか。
- Ⓐ 正当な
- Ⓑ 慣れていた
- Ⓒ 落胆した
- Ⓓ 受け入れられる

解説 文の意味は「田舎の高齢の国民が最も古いシステムに〜だった」となる。この段落では、イギリス政府が国民に新しいシステムを受け入れてもらうために様々な工夫をしたことが述べられている。特に「おばあちゃんはわかった」というタイトルでテレビ番組を作ったのは、高齢者が新しいシステムに最もなじみにくいためである。逆に言えば、高齢者は古いシステムになじんでいたわけだ。したがって、Ⓑ「慣れていた」が最もあてはまる。Ⓐ「正当な」では文の意味が通じない。Ⓒ「落胆した」なので不適。Ⓓ「受け入れられる」は新しいものに対して使う形容詞。「古いシステム」と一緒に使うのはなじまない。人が主語になっている点からも、不適。

確認テスト第2回 | 解説1

11

正解 Ⓓ　　▶ 2　内容不一致

第6段落によれば，10進法化した通貨への移行をスムーズに行うために英国政府が使った方法として述べられていないのは，次のうちどれか。
Ⓐ 商取引が盛んでない期間に変更すること
Ⓑ 金融機関に切り替えに備える時間を与えること
Ⓒ 広く公教育キャンペーンを行うこと
Ⓓ 新旧システムにおける価値を示した硬貨を鋳造すること

解説　Ⓐ 買い物や銀行業務が活発ではない2月に切り替えが行われたので，正しい。Ⓑ 銀行は切り替え前の4日間閉鎖されたので，正しい。Ⓒ 政府は歌やテレビ番組などを使って，教育や宣伝に努めたので，これも正しい。Ⓓ 硬貨のデザインについては英国政府がとった方法として述べられていない。したがって，Ⓓ が正解となる。

12

正解 Ⓐ　　▶ 1　内容一致

第6段落によれば，英国での10進法化の1つの否定的結果はどれか。
Ⓐ 商店が切り替えを利用して値上げした。
Ⓑ 偽造硬貨が本物として通用しやすくなった。
Ⓒ 人々が古い硬貨を交換せず，貯めこんだ。
Ⓓ 新しいシステムを使った人は，ほんの少数しかいなかった。

解説　段落の最終文に Nearly the only problem caused by the switch was a few merchants took the opportunity to raise rates in the hopes that no one would notice.（移行によって起こったほぼ唯一の問題は，誰にも気づかれないことを期待して，この機会に値上げをした業者がいたことだった。）とある。この内容に一致する Ⓐ が正解。Ⓑ 偽造硬貨については記述がないので，除外できる。Ⓒ 古い硬貨を貯めたかどうかについては述べていないので不適。Ⓓ「移行は大きな問題なく行われた」という本文の内容に矛盾するので，不適。

13

正解　3つ目　　▶ 8　文挿入

文中の4つの■のうち，以下の文が入るのに最も適する箇所はどこか。
ピョートル大帝は国を近代化するための多くの試みの1つとして，取り組んだ。

解説　Peter the Great は「ピョートル大帝」で17世紀後半から18世紀初期にかけてロシアの近代化を推し進めた皇帝。したがって，ロシアの通貨について触れる付近に挿入するのが適していると考えられる。「ピョートル大帝は国の近代化に努めた」→「ロシアのルーブルは今でも流通している10進法化された貨幣としては最も古い」→「1704年に法令で定められたのだ」とすると流れが自然。1つ目の■は「お金の価値が抽象的になり，物々交換の代わりに使われるようになるにつれて，紛らわしい細分が面倒になった」という説明の直後で文脈

にそぐわない。2つ目の■は，中国について述べたすぐ後に挿入することになり，唐突なので不適。大きな説明から詳しい説明に移行するのが話の流れとして自然だが，4つ目の■に入れたのでは「中→大→小」という説明になり，スムーズな流れとは言えない。

14

正解 Ⓐ Ⓒ Ⓕ　　　　　　　　　　　　　　　　　　9　要点把握

本文の簡単なまとめの導入文が下に与えられている。本文の最も重要な考えを述べている選択肢を3つ選んで，要約を完成させよ。いくつかの選択肢は，文章で述べられていないか，もしくは文の重要な考えではないため，要約には含まれない。この問題は2点が与えられる。
今日の通貨はほぼすべて10進法化されている。つまりそれらは10の倍数に再分割されるということだ。

Ⓐ 古代から，通貨をより恣意的な細分に，時には異なる金属に基づいて分けるのが標準的やり方だった。
Ⓑ 大部分の古い通貨の補助通貨は，それぞれの文化において幸運だとか神聖だと考えられる数に基づいて分けられた。
Ⓒ より多くの人々が貨幣を使い始めると，国家は，簡便な10進法システムを採用した。
Ⓓ 10進法導入以前のシステムがどれほど複雑だったかという1つの例は，240ペンスに相当した英国のポンドであろう。
Ⓔ 10進法化の試みは17世紀に採用されるまで何度も失敗した。
Ⓕ 10進法システムはより簡単だと思われるが，それでも英国が1970年代に切り替えた時のように，多大なる計画と努力が必要である。

解説　それぞれの選択肢を吟味していこう。Ⓐ 第1段落と第2段落の記述と合致するので正しい。Ⓑ 本文にない内容なので除外できる。Ⓒ 第3段落の内容をまとめた文なので，合致している。Ⓓ 細かすぎる内容なので，要約として不適切。Ⓔ 中国は昔から何度も10進法を採用しているので，事実と異なる。また，17世紀に採用されたという点も本文と異なる。Ⓕ 第5段落から最後までの内容をまとめた文。第5，6段落では10進法化に切り替えた際の英国政府の計画と努力，第7段落では10進法システムのメリットが述べられている。この内容に一致するので，正しい。

【全訳】
通貨の10進法化

[1]　今日，世界のほとんどすべての通貨は10進法化されている。つまり，10の倍数に再分割される。これはわかりきったことのようだが，メートル法と同じように，実はかなり最近の国際基準だ。古代文化においても，また20世紀に入ってからでさえも，通貨はもっと恣意的な単位に分けられていた。古代ローマの通貨アウレウスは，25デナリウスに等しかったし，15世紀のスペインのペソは8リアルと等価だった。19世紀のシャムにおけるティカルは，4サロングに等しかった。今日では，ユーロ，メキシコペソ，米ドルなどのように，ほとんどの通貨が基本となる単位の100分の1の単位に分けられる。

[2]　古代のお金は通常，硬貨に含まれる金属の価値に基づいて細分された。金貨が同じサイズの銀貨7枚分の価値があるとすると，銀貨は金貨の7分の1の価値だと言い表される。こうした換算は，それらの金属の有効供給量で変動する可能性があった。金融はそうした市場の最新情報に通じている特別な訓練を受けた銀行家や商人たちの専門だったため，さほど問題は起こらなかった。

[3]　しかし，お金の価値がより抽象的になり，より多くの一般の人々が物々交換の代わりにお金を使い始めるにつれ，こうした一貫性のない，紛らわしい細分は面倒になった。中国ではその歴史上，10進法化されたさまざまな硬貨があったが，多くの王朝が入れ替わる間に採用されたり廃止されたりした。また，そうした補助通貨は時に貨幣価値よりも重さの単位に関係していることもあった。13 ピョートル大帝は国を近代化するための多くの試みの1つとして，取り組んだ。今も流通している10進法化された通貨で最初のものはロシアのルーブルである。1704年，ルーブルは100カペイカの価値があるとした法令が施行された。

[4]　英国は10進法を採用したのが1971年で，世界で最も遅かった国の1つである。それまでは英国のポンドは20シリングまたは240ペンスに細分され，1シリングは12ペンスの価値があった。さらにファージングというものもあり，4ファージングで1ペンスになった。しかし，これは1950年代以来鋳造されていなかった。この複雑なシステムには，2シリング6ペンスの価値がある半クラウンが8分の1ポンドに相当するといった，複数の下位価値を持つ硬貨も含まれていた。

[5]　このシステムは当然ながら紛らわしいと思われただろうが，英国の人々は現状に慣れていた。そんな時，英国政府が世界の他の国々と足並みをそろえるために変更したのだ。変更について国民を教育するのに，政府は大いに骨を折った。歌が発注され，中には，人気ミュージシャンのマックス・バイグレイブスによる，「10進法化」というわかりやすいタイトルの歌もあった。そのタイトルにはイギリス英語のつづりが使われた。新たな変更の重要性を説明し，新しい硬貨を紹介するために，数多くのテレビ番組が制作された。「おばあちゃんはわかった」という題名の番組は，特に，古いシステムに最も慣れていた高齢の国民をターゲットとしていた。

[6]　いわゆる「10進法移行の日」は2月15日に予定された。買い物や銀行業務が最も活発ではない月なので，2月が選ばれたのだ。移行の前，新硬貨の荷物を受け入れるため，銀行は4日間閉鎖された。政府による教育プログラムが功を奏し，移行は大きな問題なく行われた。中には古い制度での価格を尋ねる人もいたが，大部分の人は自分たちで変換することができた。移行によって起こったほぼ唯一の問題は，誰にも気づかれないことを期待して，この機会に値上げをした業者がいたことだった。

[7]　10進法化への世界的な大きな移行には，現代生活においていくつかのメリットがある。まず，価格がより明快だという事実である。記録するのもずっと簡単にできるし，補助通貨と基本単位との関係も計算するのがずいぶん簡単になる。3分割，あるいはそれ以上に細分してきたシステムに比べると特に言えることだが，単位名称を細かく分ける必要も少なくなる。最後に，全世界にわたる均一性は，外国人が外国を訪れた際にお金を使うのをぐっと楽にする。なぜなら新しいシステムをそっくり覚える必要がないからだ。

| 問題 2　解答解説 | ・園芸学 |

全訳 ➡ p.388～p.389

Questions 15 - 28

15

正解　B　　　　　　　　　　　　　　　　　　　　　　　　　**1　内容一致**

第1段落によると，アボカドについて正しい内容はどれか。
- Ⓐ　多くの場所で入手できない。
- Ⓑ　一般化するまでには長い時間を要した。
- Ⓒ　商業的に売るのは容易でない。
- Ⓓ　メキシコで最近になって見いだされた。

解説　第1段落では，アボカドと人類との関わりがごく簡単かつ明瞭に，歴史的な経過を含めて概観されている。第2文に，アボカドは紀元前10,000年ごろにアメリカ大陸で食されるようになり，1950年代になって普及したとあるので，Ⓑが正解。同文に，現在アボカドは世界のほとんどの場所で楽しめるとあるので，Ⓐは誤り。Ⓒ，Ⓓのような内容については言及されていない。

16

正解　D　　　　　　　　　　　　　　　　　　　　　　　　　**5　語彙**

第1段落のmainstreamという単語に最も近い意味はどれか。
- Ⓐ　手に入れることができる
- Ⓑ　現在の
- Ⓒ　最重要な
- Ⓓ　普通の

解説　Ⓐ「手に入れることができる」，Ⓒ「最重要な」も内容的には全く無関係ではないが，設問の「最も近い意味をもつ」という点からするとややニュアンスが異なる。mainstreamは直訳的には「主流」の意味だが，文中では「頻繁かつ普通に登場する主たる食材」という意味で用いられている。したがって，Ⓓが最も近い意味である。

17

正解　B　　　　　　　　　　　　　　　　　　　　　　　　　**1　内容一致**

第2段落で根茎から直接育つアボカドについて述べられているのはどれか。
- Ⓐ　生じる果実の特性を強化する
- Ⓑ　成長に長い期間を要し，またよい結果をもたらさないかもしれない
- Ⓒ　職業的な果実栽培家によってのみなされるべきものである
- Ⓓ　樹木の特性を維持するために最善である

| 確認テスト第2回 | 解説2 |

解説 アボカドを育てる手法としては，2つ目の■の次の文にあるように(1)果実の中心部にある種から根茎を生じさせ，それを育てる方法と，3つ目の■の次の文にあるように(2)接ぎ木して育てる方法の2つがある。設問で問われている(1)の方法については，簡単ではあるが2つの難点がある。1つは木の成長に長い時間がかかること，2つ目はアボカドの実は異花受粉によってできるので，品種の遺伝的な性質はどんな花粉で受粉したかに依存し，望ましくないアボカドとなる可能性があることである。したがって Ⓑ が正解。この方法は簡単で，専門家でなくともできるので，Ⓒ は誤り。Ⓐ のような内容については言及されていない。Ⓓ は(2)の方法の利点を述べているので，誤り。

18

正解 Ⓑ　　　　　　　　　　　　　　　　　　　　　　　　5 語彙

第2段落の bear という単語に最も近い意味はどれか。
- Ⓐ 〜を我慢する
- Ⓑ 〜を生産する
- Ⓒ 〜の重さを担う
- Ⓓ 〜の責任を果たす

解説 選択肢のどれも bear の意味と類似の意味を持つので，本文の文脈から考える。trees grown from rootstock will bear fruit という内容なので，ここでは fruit（果実）を「生み出す」という意味である。bear は果実だけでなく，「子を産む」という意味でも使われる言葉である。

19

正解 Ⓓ　　　　　　　　　　　　　　　　　　　　　　　　5 語彙

第2段落の cultivated という単語に最も近い意味はどれか。
- Ⓐ 促進される
- Ⓑ 純化される
- Ⓒ 切断される
- Ⓓ 作り出される

解説 cultivate は「〜を栽培する，養殖する，培養する，育成する」などの意味で用いられる語である。第2段落では most avocado trees are cultivated by ...「アボカドの木のほとんどは，…によって〜」の形で使われており，これは In order to shorten the time and have a sort of cloning effect「果実ができるまでの時間を短縮する目的と，また一種のクローンを作る効果を得るため」に行われている。したがって Ⓐ「促進される」，Ⓑ「純化される」，Ⓒ「切断される」などはいずれも適切でない。ここでは Ⓓ の「作り出される」がふさわしい。

20

正解 Ⓓ　　　　　　　　　　　　　　　　　　　　　3 ▶ 推測

第3段落より推測できるものはどれか。
- Ⓐ 西インド諸島種のアボカドは非常に容易に黒くなる。
- Ⓑ 薄緑色のアボカドはより商品価値があるものである。
- Ⓒ グアテマラ種のアボカドはもっと商業的に販売されるべきものである。
- Ⓓ アボカドは木から取り離される必要がある。

解説　第3段落第7, 8文に, One particular trait of avocados is that they do not ripen on the tree. They only start to ripen once they have been picked or fallen off the tree.（アボカドの1つの特質は，木になった状態では熟さないということである。木から採られたり，木から離れ落ちたりした時にのみ，熟し始める）と記されている。アボカドはほかの多くの果実とは異なり，木についたままの状態では熟さないということである。したがって，Ⓓ が正解。食に供する状態になるためには，「アボカドは木から取り離される必要がある」のである。Ⓐ, Ⓑ, Ⓒ の内容はどれも第3段落には記されていない。

21

正解 Ⓒ　　　　　　　　　　　　　　　　　　　　　4 ▶ 修辞意図

第4段落で著者がハス・アボカドについて論じている目的はどれか。
- Ⓐ この（アボカド）変種をより認知度の低いものと対比させるため
- Ⓑ 多くのアメリカ人が好む（アボカド）変種であることを示すため
- Ⓒ 最もよく知られている（アボカド）変種の背景を記述するため
- Ⓓ 特許をとる必要性を説明するため

解説　第4段落で，著者はすでによく知られているハス・アボカドについて説明している。内容は，ハス・アボカドという変種の由来，どのようにしてカリフォルニアに伝わり，なぜ定着しているか，さらにハス・アボカドの特性についてである。また，先駆的に特許が取られていることも記されている。これらの記述は，すべてⒸ の「最もよく知られている（アボカド）変種の背景を記述するため」に集約される。Ⓐ「ほかのアボカド変種との比較」，Ⓑ「アメリカ人が好む根拠」，Ⓓ「特許をとる必要性」については第4段落に記載はほとんどない。実際，特許はすでに取られているので，あらためてその必要性を議論する必要はない。

22

正解 Ⓐ　　　　　　　　　　　　　　　　　　　　　5 ▶ 語彙

第4段落の venture という単語と最も近い意味はどれか。
- Ⓐ 事業
- Ⓑ 旅
- Ⓒ 産物
- Ⓓ 名声，評判

解説 venture は「投機的事業」の意味。the Hass family never made much money from the venture とあるので、それによって make money「金儲け」をするものだとわかる。また、the venture が指すのはその前の 2 文の「アボカドの木で特許をとった」という内容なので、こうしたことをあわせて考えると、Ⓐ の「事業」が正解である。Ⓑ は「旅」、Ⓒ は「産物」、Ⓓ は「名声、評判」の意味があるが、ここではいずれも適切ではない。

23

正解 Ⓓ　　　　　　　　　　　　　　　　　　　　　　　　　▶ 7　文書き換え

第 5 段落でハイライトされた文の重要な情報を表しているのは以下のうちどれか。不正解の選択肢は、意味を大きく変えるか、もしくは重要な情報を含んでいない。

Ⓐ アボカドは暖かい気候のところでのみ生育できる。
Ⓑ アボカドの接ぎ木は暖かい日に始められるべきである。
Ⓒ メキシコ種のアボカドは山地で栽培される。
Ⓓ 西インド諸島種のアボカドは低地で気温の高い場所を好む。

解説 ハイライトされた文にある These avocados とは、その前の文にあるように、元来は西インド諸島に由来するカリフォルニアのアボカドのことである。したがって、Ⓓ「西インド諸島種のアボカドは低地で気温の高い場所を好むものである」ということ。メキシコ種やグアテマラ種は高地の涼しい気候のところで生育できるので、Ⓐ のようにアボカド全体を一括して言うことはできない。Ⓑ「アボカドの接ぎ木は暖かい日に始められるべきかどうか」は文章中で特に論じられてはいない。ここで論じられているのはカリフォルニアのアボカドのことなので、Ⓒ のメキシコ種のアボカドはここでの議論の主たる対象ではない。

24

正解 Ⓑ　　　　　　　　　　　　　　　　　　　　　　　　　▶ 2　内容不一致

第 6 段落によると、ハワイにおけるアボカドについて正しくないものはどれか。

Ⓐ それらは多くの異なる高度の地域で育つ
Ⓑ 西インド諸島種が最も一般的である
Ⓒ それらはある種の食通の間で一般的である
Ⓓ それらは時にはほかの州へ輸送される

解説 第 6 段落第 1、2 文には、ハワイにはさまざまなアボカド種があることが述べられている。したがって西インド諸島種が最も一般的とは言えないので、Ⓑ が正解。第 1 文にあるように、ハワイには高度が異なる山岳地があり、多様なアボカドの栽培に好都合なので、Ⓐ は正しい。最終文の「多くの美食家は〜シャーウィル・アボカドを好んでいる」より、Ⓒ は正しい。第 4 文にあるように、ハワイからほかの州へのアボカドの輸出、販売が行われているため Ⓓ も正しい。

25

正解 Ⓑ　　　　　　　　　　　　　　　　　　　　　　　3　推測

第7段落より，何が推測できるか。
Ⓐ　ハワイは生産量においてカリフォルニアを超えるだろう。
Ⓑ　アボカドは広範囲に渡って移動してきた。
Ⓒ　ハス・アボカドの木はカリフォルニア以外で，より一般化している。
Ⓓ　アボカドの種類について，どれがどれかを見分けることが大切である。

解説　第7段落では，アボカドは世界中に広まり，地域的な境界が完全になくなっていると述べられている。第2，3文にあるように，カリフォルニアに特徴的だったハス・アボカドの木はメキシコへ移動し，グアテマラ種とメキシコ種の交雑種でハワイが誇るシャーウィル種はオーストラリア経由でハワイに来たなどである。これらの事実は，Ⓑ「アボカドは広範囲にわたって移動してきた」に合致する。ハワイとカリフォルニアの生産量は比較されていないので，Ⓐは誤り。ハス・アボカドの木はカリフォルニア以外にメキシコにも広がっているが，より一般化しているとは言えないので，Ⓒは誤り。アボカドの種類の見分けは本文中で議論されていないので，Ⓓは誤り。

26

正解 Ⓐ　　　　　　　　　　　　　　　　　　　　　　　5　語彙

第7段落の deal という単語と最も近い意味はどれか。
Ⓐ　部分
Ⓑ　取引，貿易
Ⓒ　契約
Ⓓ　交渉

解説　deal は「（不特定の）量」を表現する言葉である。a good deal of は「多くの〜」の意味で使われる。ほかに a big deal of，a great deal of なども同様である。Ⓐの portion も量を意味する言葉で「部分，割り当て，（1人分の）量」などの意味を表す。a big portion of「たくさんの量（部分）の〜」などのように使われる。Ⓑの trade は「取引，貿易」，Ⓒの contract は「契約」で，deal にはこれらの意味もあるが，ここでは文意に合わない。Ⓓの negotiation は「交渉」で，deal とは異なる意味である。

27

正解　4つ目　　　　　　　　　　　　　　　　　　　　8　文挿入

文中の4つの■のうち，以下の文が入るのに最も適する箇所はどこか。
根と茎は2週間から6週間で生じ始める。

解説　1つ目の■のあとには，異花受粉で生じるアボカドの問題点の指摘が続くので，挿入する文とは無関係である。2つ目の■のあとは，種から生じる根茎からの生育では，成熟までに長期間かかることを述べている箇所で，こちらも挿入する文とは無関係である。3つ目の

■のあとは，接ぎ木法によるアボカドの木の栽培手順を述べている。この手順の結果，上記の文章のように「根と茎は2週間から6週間で生じ始める」とすると，文意が通る。そして最終文の記述につながるわけである。したがって4つ目の■にこの文を加えるのが適切である。

28

正解 Ⓐ Ⓑ Ⓔ　　　　　　　　　　　　　　　　　▶ **9** 要点把握

本文の簡単なまとめの導入文が下に与えられている。本文の最も重要な考えを述べている選択肢を3つ選んで，要約を完成させよ。いくつかの選択肢は，文章で述べられていないか，もしくは文の重要な考えではないため，要約には含まれない。この問題は2点が与えられる。
アボカドは交雑受粉，国を超えた移動，そして何千もの変種の創出などの長い歴史を持っている。

Ⓐ　ハス・アボカドはメキシコに由来し，かつメキシコへ戻った（アボカド）変種の例である。
Ⓑ　接ぎ木法はよりよい木をより速く作り出すので，もっとも優れたアボカドがこの手法により広がった。
Ⓒ　ハス・アボカドはアメリカ合州国で特許を得た最初の樹木である。
Ⓓ　成熟したアボカドは100万もの花をつけることができる。
Ⓔ　多くの異なる種類（のアボカド）がハワイなどの場所に移動し，さらに多くの変種へと進化した。
Ⓕ　アボカドの木は店で購入できるアボカドの種から育てることができる。

解説　第4段落と第7段落に記載されているように，ハス・アボカドが地域を移動しながら定着してきた過程は，多様なアボカド変種が生じてきた典型例なので，Ⓐ は正解。第2段落第4文にあるように，よりよいアボカドを速く育てるために接ぎ木法が大きな貢献をしたことが重要なことなので，Ⓑ も正解。第4段落に，特許のことが若干記されているが，主要なテーマではないので Ⓒ は不適切。第2段落最終文にあるように，アボカドがたくさんの花をつけることは事実だが，これが主題ではないので Ⓓ は不適切。第6段落で強調されているように，ハワイは低地から高地の山まで気温が異なる種々の場所があり，多様なアボカドを育てるのに恵まれていると記されているので，Ⓔ は正解。第2段落第3文にあるように，種からアボカドを育てることはできるが，育つのに長い期間を要するし，良質な実がなるとは限らないなどデメリットがあるので，Ⓕ は不適切。

【全訳】
アボカド

[1]　南部中央メキシコおよびグアテマラ原産のアボカド，学名「パーシー・アメリカーナ」は，おいしいフランス料理から寿司まで，今日あらゆる料理において見られる。この果物が世界のほとんどどの場所でも日常的に楽しまれるようになったのは 1950 年代になってからだが，アメリカ大陸では紀元前 1 万年から食されてきた。アボカドが広く料理で用いられるようになるまでには長い期間を要したが，熱帯地域では数百年に渡って一般的な食材だったのである。

[2]　アボカド内部の大きな核，すなわち種は，新しいアボカドの木の根茎を育てるために用いられる。実際の種子は異花受粉の結果としてできるため，この種から育った木は，果実が生じた元の木とは異なる特性をもつことになる。(種由来の) 根茎から育った木は，ときどきは果実を作る。しかし，木が成熟するためには 15 年ほどかかり，まずい果実ができることもある。あるいは，異花受粉が原因で，元のような味わいがまったくない果実となる場合もある。果実ができるまでの時間を短縮する目的と，一種のクローンを作る効果を得るために，アボカドの木のほとんどは，すでに果実を生産してきているアボカドの若い茎を，根を持つ茎に接ぎ木することにより栽培されている。根をもつ茎とは，アボカドの種に爪楊枝を差し込み，それを水の中に置いて，そこから自生した根茎のことである。27 根と茎は 2 週間から 6 週間で生じ始める。
　ひとたび成熟した木になれば，アボカドの木は 100 万もの花を咲かせることができる。

[3]　現存のアボカドは 3 つの主要グループに分けられる。メキシコ由来のもの，西インド諸島由来のもの，グアテマラ由来のものである。実際には，これら 3 群の中にも数千のアボカド変種が存在する。商品として売られているアボカドはほんの数種類だけなので，通常の人は，アボカドはどれもほとんど同じだと信じているようだ。西インド諸島由来のタイプのアボカドは，しばしば外側が淡い緑色をしている。この果実は熟した時にも緑色のままなので，食べるのに，黒色に変わるまで待つことはできないことを意味している。もしも黒色になったなら，廃棄するべき時期になったということだろう。アボカドの特質の 1 つは，木になった状態では熟さないということである。木から採られたり，木から離れ落ちたりした時に初めて，熟し始めるのである。実際，もしも誰も実を採らなければ，いくつかの実は完全にできあがった状態で何ヵ月も木についたまま留まっていることになるだろう。

[4]　最もよく知られた種類であるハス種は，メキシコ経由でカリフォルニアに入ってきたものだが，それはグアテマラ原産種から派生したものであった。この種類は，やや涼しい気候で生育できるため，ハス・アボカドがカリフォルニアに存在するのである。この種類はやや小ぶりの，薄い皮で覆われたアボカドで，熟すと黒く変色する。そして地域のスーパーマーケットで手に入れることができるものである。1935 年，ハス一家は「丈夫な」アボカド変種からの接ぎ木によって作った自分たちのアボカド種で特許を取得した。樹木で特許をとるということは，これがまさに最初のことであった。ハス一家はこの新規事業で大きく儲けることはなかったが，およそ 80 年間，彼らの名前はアボカドのビジネスで大きな存在感を示していた。

[5]　アメリカ合衆国のアボカド生産地としてはカリフォルニアが高く認知されているが，実は興味深いことに，アメリカでアボカドを初めて商業的に生産するようになった場所はフロリダだった。100 年以上前，1833 年のことである。フロリダのアボカドは，薄緑色をした西インド諸島種である。そのことをジョージ・ワシントンは 1700 年代のバルバドスへの旅行記で記している。このアボカドは，メキシコ種やグアテマラ種よりも暖かい気候を必要とするので，ほか

よりも標高の低い地域で見られる。グアテマラ種やメキシコ種の木の多くは標高が高く，低温の地域で育つ。

[6]　山が多いハワイ島のビッグ・アイランドはさまざまな標高があるために，アボカドの楽園とも言える。現在そこでは，グアテマラと同様に，何百種ものアボカド変種を見いだすことができる。実際，ハワイでは，3つのグループすべてのアボカドを栽培者が手に入れることが可能になっている。長年，アボカドは地域限定的に消費されてきた。しかし，ビッグ・アイランドではシャーウィル種をほかの州へ輸出し始めている。多くの美食家はハス・アボカドよりもシャーウィル・アボカドを好んでいる。

[7]　現在，アボカドは地域的な境界が完全になくなっている。最近ではハス・アボカドの木はメキシコの輸出事業の主要な部分をなしており，そのため，実際のところ，接ぎ木されたものがメキシコへ逆輸入されている。ハワイが誇るシャーウィル種はグアテマラ種とメキシコ種の交雑種だが，実際にはオーストラリア経由でハワイに来たものである。アボカドは世界中にますます広まっているだけでなく，多くは広く流通して，今我々が食べる果実となっているのである。

問題3　解答解説　　　　　　　　　　　　　　　　　　　　　　　●教育学

全訳 ➡ p.396〜p.397

Questions 29 - 42

29

正解 Ⓐ　　　　　　　　　　　　　　　　　　　　　　**1 内容一致**

第1段落によると，教育は
- Ⓐ　かつては丸暗記に大きく焦点を当てていた
- Ⓑ　何度も同じ過ちを繰り返す傾向がある
- Ⓒ　非常に単純な手本に従い続ける必要がある
- Ⓓ　進歩するために，後方に下がることをやめなければならない

解説　第1段落第2文に，何かを本当に知るには repeat it, to memorize it, to know it perfectly（復唱し，暗記し，完璧に知る）ことが一番の方法だと述べられていることが，Ⓐ の perfect memorization と一致し，正解である。過ちに関する記述はないので，Ⓑ は当てはまらない。第4文に，education challenges this model（この手本に教育は疑問を持っている）ので，手本に従うと述べている Ⓒ は不適切。Ⓓ の backwards は，第3文の "know something backwards and forwards" で出てくるが，何かを知ることについての記述で，make progress「進歩する」ことには関係がないので当てはまらない。

30

正解 Ⓓ　　　　　　　　　　　　　　　　　　　　　　**5 語彙**

第1段落の challenges という単語に最も近い意味はどれか。
- Ⓐ　〜を要求する
- Ⓑ　〜を証明する
- Ⓒ　〜を招く
- Ⓓ　〜に疑問を持つ

解説　challenge は「〜に挑戦する」という意味で使われることが多いが，「疑問を持つ，異議を唱える」などの意味もあるので覚えておこう。第1段落では，かつての機械的な暗記中心の教育が，今日では疑問視されていることが書かれている。冒頭から第3文まで，従来の教育について述べられた後，第4文で逆説の接続詞 however が出てくることがヒント。this model を肯定しないという Ⓓ が適切である。Ⓐ は「〜を要求する」，Ⓑ は「〜を証明する」という意味で，いずれも however と矛盾が生じる。Ⓒ は「〜を招く」で文意が通らない。

31

正解 Ⓑ　　　　　　　　　　　　　　　　　　　　　　**2 内容不一致**

第2段落によると，今日の学習と私たちの生活について，正しくないものはどれか。
- Ⓐ　私たちは記憶を頼りに，そんなに多くのことをする必要はない

確認テスト第2回 | 解説3

- Ⓑ 記憶することは，大切な資料にアクセスする一番の方法である
- Ⓒ 生徒は記憶したことをしばしば忘れる傾向がある
- Ⓓ 記憶することと学ぶことは2つの異なることである

解説 選択肢ごとに見ていくと，Ⓐ は第1文の we don't often need to know everything from memory（私たちは記憶からすべてを知る必要はあまりない）と一致するので正しい。Ⓑ は第2文で access resources to find out what we don't（知らないことを解明するための資料にアクセスできることが必要なのだ）と述べられており，記憶することと資料にアクセスすることは関係がない。Ⓒ は第4文に focusing on memorization later causes students to lose ...（暗記に焦点を当てることは～を失う原因になる）と述べられているので正しい。Ⓓ は第3文後半で memorizing information is not the same as learning it（情報を暗記することは，それを学習することと同様ではない）とあるので正しい。したがって Ⓑ が正解。

32

正解 Ⓑ　　　　　　　　　　　　　　　　　　　　　　　3 推測

第3段落で筆者が示唆しているのは何か。
- Ⓐ ディーパー・ラーニングは，大人にとっても価値のある手段である
- Ⓑ 教育システムは，暗記を超えたものに着目している
- Ⓒ 全生徒が授業で何かを作ろうとするべきだ
- Ⓓ ディーパー・ラーニングと批判的思考は非常に異なる概念だ

解説 第3段落では，学校が現在，暗記よりも，知っている事実で何ができるかを重視する「ディーパー・ラーニング」に移行しつつあることが述べられている。Ⓑ は1つ目の■の次の文の make learning not just about what facts they know but what they can do with those facts（学びを，どんな事実を知っているかだけでなく，それらの事実で何ができるかに関連づける）ことを説明しており正解。Ⓐ は，本文に大人についての記述がないので当てはまらない。Ⓒ は，4つ目の■の直前の文で how to build something（何かを作る方法）と述べられているが，全生徒がそうすべきとは書かれていないのでふさわしくない。Ⓓ は，ディーパー・ラーニングが is also referred to as critical thinking（批判的思考とも呼ばれる）と述べられているので当てはまらない。

33

正解 Ⓑ　　　　　　　　　　　　　　　　　　　　　　　5 語彙

第4段落の equip という単語に最も近い意味はどれか。
- Ⓐ ～を必要とする
- Ⓑ ～を備えつける
- Ⓒ ～と答える
- Ⓓ ～を伸ばす

解説 equipment（備品）からの連想からも答えられるが，equip の後の構造にも注目しておく。

391

直後に their students という目的語，その後に with the tools とあり，equip という動詞が〈動詞 + A + with B〉という型を取っている。この形を取る動詞は provide A with B などがあり，「A（人）に B を〜する」という意味になる。この形を取り，意味的にも近いことから，Ⓑ が適切。Ⓓ の extend は手足や，具体的な物質を目的語に取り「〜を広げる，伸ばす」という意味なので，不適切。

34

正解 Ⓑ　　　　　　　　　　　　　　　　　　　　　　　　　　7　文書き換え

第4段落でハイライトされた文の重要な情報を表しているのは以下のうちどれか。不正解の選択肢は，意味を大きく変えるか，もしくは重要な情報を含んでいない。

Ⓐ　ダーリング＝ハモンドは，ディーパー・ラーニングの専門家のグループと関わっていた。
Ⓑ　ダーリング＝ハモンドと彼女の同僚は，ディーパー・ラーニングの能力のための必要条件を決定した。
Ⓒ　ダーリング＝ハモンドと彼女の同僚は，ディーパー・ラーニングを達成するために必要とするものについて，異なる考えを持っていた。
Ⓓ　ダーリング＝ハモンドと彼女のチームは，ディーパー・ラーニングの技術の定義について学校教師と討論した。

解説　ハイライトされた文の訳は「ダーリング＝ハモンドは，ディーパー・ラーニングのスキルを発達させるのに必要な能力の特定を依頼されている専門家チームの1人だった」。Ⓑ の determined は該当文の identify，the requirements は the competencies，deeper learning abilities は deeper leaning skills と，それぞれ言い換えになっているので，これが正解。Ⓐ は one of a team of experts の部分しか再現していないので，誤り。Ⓒ，Ⓓ はいずれも該当文とはかけ離れた内容になっているので，不適。

35

正解 Ⓐ　　　　　　　　　　　　　　　　　　　　　　　　　　4　修辞意図

第5段落で筆者が「ディーパー・ラーニング」について考察する目的は何か。

Ⓐ　暗記と新しい学習法を比較するため
Ⓑ　今日の生徒の中にどれだけ知的な者がいるか示すため
Ⓒ　課題に取り組むための生徒の動機づけを表現するため
Ⓓ　生徒が問題解決において直面するかもしれない論点を説明するため

解説　第5段落では，ある学校の最近の報告書に書かれたディーパー・ラーニングの具体的な利点について述べており，新しい学習法（ディーパー・ラーニング）は従来の学習法（暗記）よりも優れた結果を残しているとあることから，Ⓐ が正解だと判断できる。第5段落では生徒が知的かどうかという話ではなく，生徒の改善や向上について述べられているので，Ⓑ は当てはまらない。動機づけについての記述はないので Ⓒ も当てはまらない。また，第5段落では問題解決については述べられていないので，Ⓓ も不適切。

36

正解 Ⓐ　　　　　　　　　　　　　　　　　　　　　　　3　推測

第6段落で筆者が示唆していることは何か。
- Ⓐ 暗記は，それでもやはり担う役割がある。
- Ⓑ 医者は暗記が得意であることが多い。
- Ⓒ 暗記が役立つ仕事はほとんどない。
- Ⓓ 学位を取得するために暗記は重要である。

解説　第6段落では，暗記はある程度は大切で，具体例として医者や役者といった職業において暗記が必要になる場合について述べている。Ⓐは第2文後半の memorization is important to some degree（暗記はある程度は大切である）に一致するので，これが正解。Ⓑは医者が暗記を得意とするといった記述はないので，不適。Ⓒは，暗記が役立つ仕事の例は挙げているが，数については述べられていないので，不適。Ⓓの degree は「学位」の意味。これについての記述はないので，不適。

37

正解 Ⓓ　　　　　　　　　　　　　　　　　　　　　　　5　語彙

第6段落の deserve という単語に最も近い意味の単語はどれか。
- Ⓐ ～を承諾する
- Ⓑ ～を建設する
- Ⓒ ～に関連する
- Ⓓ ～に値する

解説　問われている deserve は while（～とはいえ）の節の中に出てくる。「確かに再考に～するとはいえ，暗記はある程度は大切である」というのが全体の意味。直前の文には「これらの流れは丸暗記が完全に排除される可能性があるということを示唆するのだろうか」とある。deserve の主語 it は前文の rote memorization を受けており，「～に値する」の意を表す動詞として用いられるⒹが最も適切。Ⓐ，Ⓑ，Ⓒいずれも主語や主節とのつながりから，不適。

38

正解 Ⓐ　　　　　　　　　　　　　　　　　　　　　　　5　語彙

第7段落の accomplish という単語に最も近い意味の単語はどれか。
- Ⓐ ～を達成する
- Ⓑ ～を認める
- Ⓒ ～と連絡をとる
- Ⓓ ～を減少させる

解説　accomplish は動詞で，主語は recalling or triggering something（何かを思い出したり誘発したりすること），目的語は this task。文の前半に「何かを繰り返すことで脳が必要とする完全な網の目が作り出されることはないのかもしれないが」とある。this task はこの文の create

以下の部分を指していることから，それに合う動詞の意味としては Ⓐ が適切。Ⓑ, Ⓒ, Ⓓ はいずれも主語とも目的語とも合わない。

39

正解 Ⓒ　　　　　　　　　　　　　　　　　　　　　　　　　　　　**1　内容一致**

第7段落によると，複数の言葉を覚えるのによい方法はどれか。
- Ⓐ その背後にある物語や論理について考える
- Ⓑ 一人で何度も繰り返して言う
- Ⓒ 最初の文字だけから単語を思い出そうと試みる
- Ⓓ 図を作成し，絵のようにそれを記憶する

解説　第7段落最終文に，複数の言葉を記憶するための秘けつは to write the first letter of each word only and practice recalling it from those cues（各単語の最初の文字を書き，それらを手がかりに思い出す訓練をすること）と述べられており，Ⓒ の内容に一致するので，これが正解。Ⓐ についての記述はないので，不適。Ⓑ は第3文に Rather than repetition, the brain does better when it recalls something（繰り返しよりもむしろ，脳は何かを思い出す時によりよい働きをする）とあることから，不適。図についての記述はないので，Ⓓ も不適。

40

正解 Ⓑ　　　　　　　　　　　　　　　　　　　　　　　　　　　　**5　語彙**

第8段落の reciting という単語に最も近い意味の単語はどれか。
- Ⓐ 〜を理解する
- Ⓑ 〜を詳しく話す
- Ⓒ 〜を思い出す
- Ⓓ 〜だと言い張る

解説　reciting は are とともに現在進行形を作っており，文の動詞である。主語は religious leaders（宗教指導者）で，目的語は translations of ancient texts（古代の経典の翻訳）。「（聴衆に向かって）〜を暗誦する，〜を詳細に話す」という意味である。講演や朗読会などの場面で用いる。ほぼ同じ意味になる Ⓑ が最も適切。recount は「〜を詳しく話す，物語る」という意味である。Ⓐ と Ⓒ は「声に出して言う」という意味合いが含まれないので，不適。Ⓓ は目的語と合わないので，不適。

41

正解　4つ目　　　　　　　　　　　　　　　　　　　　　　　　　　**8　文挿入**

文中の4つの■のうち，以下の文が入るのに最も適する箇所はどこか。
問題に対処する方法を学ぶことと課題を遂行することに加え，このことによって，生徒がさらに社交的になり，同級生とうまくやっていけるかもしれない。

確認テスト第2回 | 解説3

解説 該当文の In addition to（～に加え）の後の leaning how to address problems and carrying out tasks について述べられている文の後に入るのが最も適切と考えられる。4つ目の■の直前の文に problem-solving skills とあり，その前の2文はこれについて述べている。該当文ではこれを how to address problems と言い換えていると判断できるので，4つ目の■が正解。

42

正解 Ⓐ Ⓔ Ⓕ　　　▶ 9　要点把握

本文の簡単なまとめの導入文が下に与えられている。本文の最も重要な考えを述べている選択肢を3つ選んで，要約を完成させよ。いくつかの選択肢は，文章で述べられていないか，もしくは文の重要な考えではないため，要約には含まれない。この問題は2点が与えられる。
現代の教育思想では，暗記はそれほど重要な役割を果たしていない。

Ⓐ 現代の生徒の多くは推論や問題解決，知識を実際の状況に当てはめる方法を学んでいる。
Ⓑ 医者でさえも，仕事に関わるすべての情報を暗記する必要がない。
Ⓒ リンダ・ダーリング＝ハモンドは，ディーパー・ラーニングを詳しく考察するチームの1人であった。
Ⓓ ディーパー・ラーニングは，子供の進路を開拓することと関係がある。
Ⓔ 動向にかかわらず，丸暗記はやはりある程度必要である。
Ⓕ 事実をただ記憶するよりもむしろ，知っている事実を使って何かをすることができることの方がよりよい学習経験である。

解説 それぞれの選択肢を吟味していこう。Ⓐ 第3，4段落の内容と一致するので，正解。Ⓑ 第6段落第4文に類似の記述はあるが，この文章の重要な考えとはいえないので，不適。第6段落は丸暗記が必要ないと言い切ることはできないという主旨で，丸暗記の必要な職業を紹介している。「薬の量を調べられる」と言っているのは，外科医が切開箇所がどこか正確に知らない場合を導入するための対比。Ⓒ 第4段落第3文の内容と一致するが，本文の要約に含めるべき重要な考えとは言えないので，不適。Ⓓ 第5段落でディーパー・ラーニングによる恩恵について述べられているが，子供の進路の開拓については述べられていないので，不適。Ⓔ 第6段落の内容をまとめる第2文の内容に一致するので，正解。Ⓕ 第3段落ではディーパー・ラーニングにおいては，単なる暗記でなく，知り得た事実を用いて何をするかを学ぶことが述べられている。選択肢の中の to be able to do something with the facts they know はディーパー・ラーニングを指したもの。さらに第5段落にはディーパー・ラーニングによるさまざまな成果が述べられており，選択肢の a better learning experience ということにつながるので，正解。

【全訳】
暗記法

[1] 教育とは，かつては丸暗記の代名詞であった。何かを本当に知る一番の方法は，復唱し，暗記し，完璧に知ることであると我々は信じていた。「一進一退しながら物事を知る」や「習うより慣れよ」のような言い回しを使っていた。ところが，今日では教育がこの手本に意義を唱えている。

[2] 今日の実生活に備えるには，私たちは記憶によって何でも知っている必要があることが多いということはほとんどない。自分の知っているものを使って，知らないものを解明するための資料にアクセスする能力が必要になっている。学習の専門家，スタンフォード大学のリンダ・ダーリング＝ハモンドは，情報を暗記することはそれを学習することと同様ではないことを指摘している。暗記に集中することは，後になって，生徒が自分で学習したと思っていることの大部分を失う原因となるのだと，彼女は言う。暗記をしても，生徒たちは自分たちが学んできたことについて考えたり，話したり，あるいはそれを使ったりしようとする気にはならないのだと，彼女は懸念している。

[3] 学校は現在，暗記から遠ざかりつつある。生徒たちは，単にどんな事実を知っているかでなく，それらの事実で何ができるかについて学ぼうとするプロジェクトに参加している。これを表す用語の1つは「ディーパー・ラーニング」である。ディーパー・ラーニングという状況では，生徒は自分たちが勉強してきたことを駆使して，さらに何かをする。これはまた，批判的思考や問題解決とも呼ばれる。ある状況では，生徒は何かの作り方について読んだ後，問題解決のスキルを駆使して，それをより良いものにしようと試みるのかもしれない。41 問題に対処する方法を学ぶことと課題を遂行することに加え，このことによって，生徒がさらに社交的になり，同級生とうまくやっていけるかもしれない。

[4] こうしたことはすべて，現代の教育者に新たな挑戦をもたらすものだ。事実を熟知している生徒を生み出すよりもむしろ，今日の指導者たちは，推論や問題解決，学んできたことを実世界の状況に当てはめるための道具を生徒たちに身につけさせる必要がある。ダーリング＝ハモンドは，ディーパー・ラーニングのスキルを発達させるのに必要な能力の特定を依頼されている専門家チームの1人であった。そのチームは次の3つのスキルを考案した。思考と推論，行動と感情の制御，考えを明確に述べ適切な意思疎通をする能力，の3つである。

[5] ディーパー・ラーニングの恩恵は誇張されすぎるということはない。米国研究所によって実施された，ディーパー・ラーニングを使用する学校の最近の報告書では，生徒がより高い確率で予定通りに高校を卒業し，成績の低い生徒でさえ中等教育に進むことが多くなったということがわかった。全体的に見て，ディーパー・ラーニングで学んだ生徒たちは，より高い学力に達した。つまりそれは従来のテストより高得点を取ったのである。これに加え，彼らは複雑な思考を示し，意思疎通もでき，社会的に上手にやっていくことができた。

[6] こうした流れは，丸暗記は完全に排除される可能性があることを示すのだろうか。確かに再考に値するとはいえ，暗記はある程度は大切である。暗記を要する職業もある。医者はどれだけの量の薬を処方するかをいつでも調べることができるが，もし外科医が患者の切開手術をする時に，どこを切断するかを正確に熟知していなければ，大惨事になるであろう。役者は演じる前に作品のせりふのすべてを暗記することが必要だ。宗教指導者たちは聖典の一節を一言一句引用するのが当然と思われていることが多い。

[7]　暗記が必要な時には，どのように脳が働いているのかを理解することが助けになる。多くの人々は，情報を繰り返していれば，最終的には記憶すると信じている。繰り返しよりもむしろ，脳は何かを思い出す時によりよい働きをするのである。脳に記憶させるには，経路に信号を送ることが必要で，その経路が他の経路とつながって記憶を作り出す。網目状の経路がより使用されればされるほど，記憶は強化されるだろう。何かを繰り返すことでは，脳が必要とする十分な網目を作り出さないかもしれないが，何かを思い出すことや誘発することでこの役割を果たすことができるのだ。人々が何かを思い出すのに使用できる方法はキーワードやメモなど，いろいろある。複数の言葉を記憶するための秘けつは，各単語の最初の文字だけを書き，それらを手がかりに思い出す訓練をすることだ。

[8]　しかしながら，繰り返しになるが，正確な言葉が必要になることがどれだけあるだろうか。宗教指導者は，古代の経典の翻訳を話して聞かせるのだとしても，理解がすべて自分のものであるのならば，実際の翻訳は不要なのかもしれない。役者もまた，自分のものにするために，せりふをほんの少し変えることを奨励されている。伝統的に暗記の方法を教えられていたこれらの職業でも，暗記は以前ほど大事ではないのだ。ディーパー・ラーニングが教育において，重要な役割を果たすことになると，丸暗記ははるかに一般的でなくなっていくだろう。もしかしたら，いつの日か，標準テストは事実よりも概念の方の理解力を問うことになるのかもしれない。

【音声収録時間】
Disk 1：69 分 40 秒　　　Disk 2：66 分 47 秒
【音声吹き込み】
Edith Kayumi（カナダ），Josh Keller（アメリカ），Jack Merluzzi（アメリカ）
【執筆・校閲協力】
（問題執筆）　Kevin Glenz，池田紗弥子，株式会社 シー・レップス
（解説執筆）　上田雅美，岡崎恭子，株式会社 シー・レップス
（校閲）　　　豊田佐恵子，中尾千奈美

書籍のアンケートにご協力ください

抽選で図書カードをプレゼント！

Z会の「個人情報の取り扱いについて」はZ会Webサイト (https://www.zkai.co.jp/home/policy/) に掲載しておりますのでご覧ください。

TOEFL iBT® TEST リーディングのエッセンス

初版第 1 刷発行……2016 年 9 月 10 日
初版第 7 刷発行……2025 年 3 月 20 日
編者………………Ｚ会編集部
発行人……………藤井孝昭
発行………………Ｚ会
　　　　　　〒 411-0033　静岡県三島市文教町 1-9-11
　　　　　　【販売部門：書籍の乱丁・落丁・返品・交換・注文】
　　　　　　TEL 055-976-9095
　　　　　　【書籍の内容に関するお問い合わせ】
　　　　　　https://www.zkai.co.jp/books/contact/
　　　　　　【ホームページ】
　　　　　　https://www.zkai.co.jp/books/

装丁………………末房志野
DTP………………株式会社 デジタルプレス
録音・編集………株式会社 メディアスタイリスト
印刷・製本………日経印刷株式会社

ⓒ Z 会 2016　★無断で複写・複製することを禁じます
定価はカバーに表示してあります
乱丁・落丁はお取替えいたします
ISBN978-4-86290-201-6　C0082